国有企业工资分配
常用政策文件汇编

《国有企业工资分配常用政策文件汇编》编写组　组织编写

中国劳动社会保障出版社

图书在版编目(CIP)数据

国有企业工资分配常用政策文件汇编/《国有企业工资分配常用政策文件汇编》编写组组织编写. -- 北京：中国劳动社会保障出版社，2022

ISBN 978-7-5167-5311-8

Ⅰ.①国… Ⅱ.①国… Ⅲ.①国有企业-工资制度-文件-汇编-中国 Ⅳ.①F279.241

中国版本图书馆 CIP 数据核字(2022)第 198613 号

中国劳动社会保障出版社出版发行

(北京市惠新东街 1 号 邮政编码：100029)

*

保定市中画美凯印刷有限公司印刷装订 新华书店经销

880 毫米×1230 毫米 32 开本 19.125 印张 454 千字

2022 年 11 月第 1 版 2025 年 9 月第 3 次印刷

定价：58.00 元

营销中心电话：400-606-6496

出版社网址：http://www.class.com.cn

版权专有 侵权必究

如有印装差错，请与本社联系调换：(010) 81211666

我社将与版权执法机关配合，大力打击盗印、销售和使用盗版图书活动，敬请广大读者协助举报，经查实将给予举报者奖励。

举报电话：(010) 64954652

目　　录

一、综合类

中华人民共和国国民经济和社会发展第十四个五年规划和2035年远景目标纲要（节选）（2021年3月12日） …………………………………………………………（1）

中华人民共和国企业国有资产法（2008年10月28日） …………………………………………………………（7）

中华人民共和国公司法（节选）（2018年10月26日） …………………………………………………………（22）

中共中央　国务院关于深化国有企业改革的指导意见（2015年8月24日） ………………………………（27）

中共中央　国务院关于完善国有金融资本管理的指导意见（2018年6月30日） ……………………………（42）

国务院办公厅关于印发文化体制改革中经营性文化事业单位转制为企业和进一步支持文化企业发展两个规定的通知（2018年12月18日） …………………（53）

二、工资类

中国共产党纪律处分条例（节选）（2018年8月18日）
………………………………………………………………（64）
中华人民共和国公职人员政务处分法（节选）（2020年
6月20日）…………………………………………………（67）
中华人民共和国科学技术进步法（节选）（2021年12月
24日）………………………………………………………（70）
国务院关于改革国有企业工资决定机制的意见（2018年
5月13日）…………………………………………………（72）
国务院批转发展改革委等部门关于深化收入分配制度改革
若干意见的通知（2013年2月3日）……………………（80）
中共中央办公厅 国务院办公厅关于实行以增加知识价值为
导向分配政策的若干意见（2016年11月7日）…………（94）
中共中央办公厅 国务院办公厅关于提高技术工人待遇的
意见（2018年3月22日）………………………………（102）
国有企业富余职工安置规定（1993年4月20日）………（109）
劳动部关于贯彻执行《中华人民共和国劳动法》若干
问题的意见（节选）（1995年8月4日）………………（112）
劳动和社会保障部关于印发进一步深化企业内部分配制度
改革指导意见的通知（2000年11月6日）……………（118）
人力资源社会保障部办公厅关于企业工资总额管理有关
口径问题的函（2010年1月23日）……………………（124）

人力资源社会保障部办公厅关于印发《技能人才薪酬分配
　　指引》的通知（2021年1月26日）……………………（125）
人力资源社会保障部办公厅关于国有企业负责人涉嫌违纪
　　违法被调查期间薪酬支付问题有关意见的函（节选）
　　（2020年5月13日）…………………………………（139）
人力资源社会保障部办公厅关于实施国有企业新设企业或
　　机构增人增资有关政策规定意见的函（2022年7月29日）
　　…………………………………………………………（140）
人力资源社会保障部办公厅关于2022年国有企业招聘高校
　　毕业生增人增资有关意见的函（2022年9月5日）…（142）
工资支付暂行规定（1994年12月6日）……………………（143）
对《工资支付暂行规定》有关问题的补充规定（1995年
　　5月12日）………………………………………………（147）
劳动和社会保障部　国家发展和改革委员会　财政部关于
　　调整煤矿井下艰苦岗位津贴有关工作的通知（2006年
　　7月12日）………………………………………………（150）
劳动和社会保障部关于职工全年月平均工作时间和工资
　　折算问题的通知（2008年1月3日）…………………（152）
防暑降温措施管理办法（2012年6月29日）………………（154）
民政部关于加强和改进社会组织薪酬管理的指导意见
　　（2016年6月14日）……………………………………（160）
财政部关于印发《国有企业境外投资直派财务负责人管理
　　办法》的通知（2022年2月23日）……………………（164）
人力资源社会保障部关于健全完善新时代技能人才职业
　　技能等级制度的意见（试行）（2022年3月18日）…（175）
商业银行稳健薪酬监管指引（2010年2月21日）…………（184）

证券公司治理准则（节选）（2012年12月11日）………(192)

证券公司和证券投资基金管理公司合规管理办法（节选）（2017年6月6日）………………………………(197)

中国证券业协会关于发布《证券公司建立稳健薪酬制度指引》的通知（2022年5月13日）……………(201)

中国证券投资基金业协会关于发布《基金管理公司绩效考核与薪酬管理指引》的通知（2022年6月10日）………………………………………………(206)

中国保险监督管理委员会关于印发《保险公司薪酬管理规范指引（试行）》的通知（2012年7月19日）…(213)

中国银保监会办公厅印发关于建立完善银行保险机构绩效薪酬追索扣回机制指导意见的通知（2021年1月28日）………………………………………………(222)

财政部关于印发《商业保险公司绩效评价办法》的通知（2022年6月16日）………………………………(226)

中央企业工资总额管理办法（2018年12月27日）……(245)

中央企业专职外部董事薪酬管理暂行办法（2019年11月12日）……………………………………………………(254)

国务院国有企业改革领导小组办公室关于印发《"双百企业"推行经理层成员任期制和契约化管理操作指引》和《"双百企业"推行职业经理人制度操作指引》的通知（2020年1月22日）………………………(262)

国有企业工资内外收入监督管理规定（节选）（2022年8月30日）………………………………………………(277)

三、福利类

国务院关于职工探亲待遇的规定（1981年3月14日）
....（282）
企业年金办法（2017年12月18日）.................（284）
国有金融企业年金管理办法（2012年12月6日）......（291）
财政部关于企业加强职工福利费财务管理的通知（2009年
　11月12日）...................................（298）
财政部　劳动和社会保障部关于企业补充医疗保险有关
　问题的通知（2002年5月21日）..................（302）
建设部　财政部　中国人民银行关于住房公积金管理若干
　具体问题的指导意见（2005年1月10日）..........（304）
中央企业负责人履职待遇、业务支出管理办法（2015年）
....（309）
住房城乡建设部　财政部　人民银行关于改进住房公积金
　缴存机制进一步降低企业成本的通知（2018年4月28日）
....（319）
财政部　全国总工会　发展改革委　教育部　科技部　国防
　科工委　人事部　劳动保障部　国资委　国家税务总局
　全国工商联关于印发《关于企业职工教育经费提取与使用
　管理的意见》的通知（2006年6月19日）..........（321）
基层工会经费收支管理办法（2017年12月15日）......（327）
国家机关事务管理局　中共中央直属机关事务管理局

财政部　人力资源社会保障部　住房城乡建设部关于在京中央和国家机关职工住宅区物业管理和供热采暖改革的意见（节选）（2014年11月6日） ……………… (336)

人力资源社会保障部　财政部关于印发《企业职工基本养老保险遗属待遇暂行办法》的通知（2021年2月22日） ……………………………………… (338)

四、中长期激励类

中华人民共和国促进科技成果转化法（节选）（2015年8月29日） ……………………………………… (341)

证监会关于上市公司实施员工持股计划试点的指导意见（2014年6月20日） ……………………… (344)

中共中央办公厅　国务院办公厅印发《关于实行以增加知识价值为导向分配政策的若干意见》（2016年11月7日） ……………………………………… (350)

国资委　财政部　证监会关于印发《关于国有控股混合所有制企业开展员工持股试点的意见》的通知（2016年8月2日） ……………………………………… (358)

国有科技型企业股权和分红激励暂行办法（2016年2月26日） ……………………………………… (364)

国资委　财政部关于规范国有控股上市公司实施股权激励制度有关问题的通知（2008年10月21日） ……… (377)

上市公司股权激励管理办法（2018年8月15日） ……… (384)

国有控股上市公司（境外）实施股权激励试行办法
（2006年1月27日） ………………………………………（403）
国资委关于印发《中央科技型企业实施分红激励工作指引》
的通知（2017年8月25日） ……………………………（411）
国资委关于进一步做好中央企业控股上市公司股权激励
工作有关事项的通知（2019年10月24日） …………（424）
中央企业控股上市公司实施股权激励工作指引（2020年
4月23日） ………………………………………………（428）
国资委关于做好中央科技型企业股权和分红激励工作的
通知（2016年10月31日） ……………………………（458）
国资委关于在部分中央企业开展分红权激励试点工作的
通知（2010年10月11日） ……………………………（463）
"双百企业"和"科改示范企业"超额利润分享机制操作
指引（2021年1月19日） ………………………………（469）

五、财务会计类

企业财务通则（2006年12月4日） ………………………（479）
金融企业财务规则（2006年12月7日） …………………（496）
企业会计准则第9号——职工薪酬（2014年1月27日）
……………………………………………………………（514）
《企业会计准则第9号——职工薪酬》应用指南（2006年）
……………………………………………………………（524）

财政部关于企业重组有关职工安置费用财务管理问题的
通知（2009年6月25日）……………………………（528）
财政部关于中央企业重组中退休人员统筹外费用财务管理
问题的通知（2010年5月21日）……………………（531）
中共中央办公厅　国务院办公厅印发《关于进一步完善
中央财政科研项目资金管理等政策的若干意见》（2016年
7月31日）……………………………………………（534）
国务院办公厅关于改革完善中央财政科研经费管理的若干
意见（2021年8月5日）……………………………（540）
财政部关于进一步加强国有金融企业财务管理的通知
（2022年7月20日）…………………………………（548）

六、税收等其他类

中华人民共和国个人所得税法（节选）（2018年8月31日）
………………………………………………………………（557）
中华人民共和国个人所得税法实施条例（节选）（2018年
12月18日）……………………………………………（564）
财政部　国家税务总局关于基本养老保险费、基本医疗保
险费、失业保险费、住房公积金有关个人所得税政策的
通知（2006年6月27日）……………………………（569）
国家税务总局关于中央企业负责人年度绩效薪金延期兑现
收入和任期奖励征收个人所得税问题的通知（2007年
10月29日）……………………………………………（571）

国家税务总局关于企业工资薪金及职工福利费扣除问题的通知（2009年1月4日） …………………………………… (573)

国家税务总局关于企业工资薪金和职工福利费等支出税前扣除问题的公告（2015年5月8日） ……………………… (575)

财政部 国家税务总局 证监会关于上市公司股息红利差别化个人所得税政策有关问题的通知（2015年9月7日） …………………………………………………………… (577)

财政部 国家税务总局 保监会关于将商业健康保险个人所得税试点政策推广到全国范围实施的通知（2017年4月28日） ………………………………………… (579)

财政部 税务总局 人力资源社会保障部 银保监会 证监会关于开展个人税收递延型商业养老保险试点的通知（2018年4月2日） ……………………………… (583)

财政部 税务总局 科技部关于科技人员取得职务科技成果转化现金奖励有关个人所得税政策的通知（2018年5月29日） …………………………………… (587)

财政部 税务总局关于个人所得税法修改后有关优惠政策衔接问题的通知（2018年12月27日） ……………… (590)

财政部 税务总局关于个人取得有关收入适用个人所得税应税所得项目的公告（2019年6月13日） ………… (596)

财政部 税务总局关于延续实施全年一次性奖金等个人所得税优惠政策的公告（2021年12月31日） ……… (599)

一、综合类

中华人民共和国国民经济和社会发展第十四个五年规划和 2035 年远景目标纲要（节选）

（2021 年 3 月 12 日　新华社受权发布）

第二篇　坚持创新驱动发展　全面塑造发展新优势

坚持创新在我国现代化建设全局中的核心地位，把科技自立自强作为国家发展的战略支撑，面向世界科技前沿、面向经济主战场、面向国家重大需求、面向人民生命健康，深入实施科教兴国战略、人才强国战略、创新驱动发展战略，完善国家创新体系，加快建设科技强国。

第四章　强化国家战略科技力量

制定科技强国行动纲要，健全社会主义市场经济条件下新型举国体制，打好关键核心技术攻坚战，提高创新链整体效能。

第一节　整合优化科技资源配置

以国家战略性需求为导向推进创新体系优化组合，加快构建以国家实验室为引领的战略科技力量。聚焦量子信息、光子与微纳电子、网络通信、人工智能、生物医药、现代能源系统等重大创新领域组建一批国家实验室，重组国家重点实验室，形成结构合理、运行高效的实验室体系。优化提升国家工程研究中心、国家技术创新中心等创新基地。推进科研院所、高等院校和企业科研力量优化配置和资源共享。支持发展新型研究型大学、新型研发机构等新型创新主体，推动投入主体多元化、管理制度现代化、运行机制市场化、用人机制灵活化。

第二节　加强原创性引领性科技攻关

在事关国家安全和发展全局的基础核心领域，制定实施战略性科学计划和科学工程。瞄准人工智能、量子信息、集成电路、生命健康、脑科学、生物育种、空天科技、深地深海等前沿领域，实施一批具有前瞻性、战略性的国家重大科技项目。从国家急迫需要和长远需求出发，集中优势资源攻关新发突发传染病和生物安全风险防控、医药和医疗设备、关键元器件零部件和基础材料、油气勘探开发等领域关键核心技术。

第三节　持之以恒加强基础研究

强化应用研究带动，鼓励自由探索，制定实施基础研究十年行动方案，重点布局一批基础学科研究中心。加大基础研究财政投入力度、优化支出结构，对企业投入基础研究实行税收优惠，鼓励社会以捐赠和建立基金等方式多渠道投入，形成持续稳定投入机制，基础研究经费投入占研发经费投入比重提高到8%以上。建立健全符合科学规律的评价体系和激励机制，对基础研究探索实行长周期评价，创造有利于基础研究的良好科研生态。

第四节 建设重大科技创新平台

支持北京、上海、粤港澳大湾区形成国际科技创新中心，建设北京怀柔、上海张江、大湾区、安徽合肥综合性国家科学中心，支持有条件的地方建设区域科技创新中心。强化国家自主创新示范区、高新技术产业开发区、经济技术开发区等创新功能。适度超前布局国家重大科技基础设施，提高共享水平和使用效率。集约化建设自然科技资源库、国家野外科学观测研究站（网）和科学大数据中心。加强高端科研仪器设备研发制造。构建国家科研论文和科技信息高端交流平台。

第五章 提升企业技术创新能力

完善技术创新市场导向机制，强化企业创新主体地位，促进各类创新要素向企业集聚，形成以企业为主体、市场为导向、产学研用深度融合的技术创新体系。

第一节 激励企业加大研发投入

实施更大力度的研发费用加计扣除、高新技术企业税收优惠等普惠性政策。拓展优化首台（套）重大技术装备保险补偿和激励政策，发挥重大工程牵引示范作用，运用政府采购政策支持创新产品和服务。通过完善标准、质量和竞争规制等措施，增强企业创新动力。健全鼓励国有企业研发的考核制度，设立独立核算、免于增值保值考核、容错纠错的研发准备金制度，确保中央国有工业企业研发支出年增长率明显超过全国平均水平。完善激励科技型中小企业创新的税收优惠政策。

第六章 激发人才创新活力

贯彻尊重劳动、尊重知识、尊重人才、尊重创造方针,深化人才发展体制机制改革,全方位培养、引进、用好人才,充分发挥人才第一资源的作用。

第一节 培养造就高水平人才队伍

遵循人才成长规律和科研活动规律,培养造就更多国际一流的战略科技人才、科技领军人才和创新团队,培养具有国际竞争力的青年科技人才后备军,注重依托重大科技任务和重大创新基地培养发现人才,支持设立博士后创新岗位。加强创新型、应用型、技能型人才培养,实施知识更新工程、技能提升行动,壮大高水平工程师和高技能人才队伍。加强基础学科拔尖学生培养,建设数理化生等基础学科基地和前沿科学中心。实行更加开放的人才政策,构筑集聚国内外优秀人才的科研创新高地。完善外籍高端人才和专业人才来华工作、科研、交流的停居留政策,完善外国人在华永久居留制度,探索建立技术移民制度。健全薪酬福利、子女教育、社会保障、税收优惠等制度,为海外科学家在华工作提供具有国际竞争力和吸引力的环境。

第二节 激励人才更好发挥作用

完善人才评价和激励机制,健全以创新能力、质量、实效、贡献为导向的科技人才评价体系,构建充分体现知识、技术等创新要素价值的收益分配机制。选好用好领军人才和拔尖人才,赋予更大技术路线决定权和经费使用权。全方位为科研人员松绑,拓展科研管理"绿色通道"。实行以增加知识价值为导向的分配政策,完善科研人员职务发明成果权益分享机制,探索赋予科研人员职务科技成果所有权或长期使用权,提高科研人员收益分享比例。深化院士制度改革。

第四十八章 优化收入分配结构

坚持居民收入增长和经济增长基本同步、劳动报酬提高和劳动生产率提高基本同步，持续提高低收入群体收入，扩大中等收入群体，更加积极有为地促进共同富裕。

第一节 拓展居民收入增长渠道

坚持按劳分配为主体、多种分配方式并存，提高劳动报酬在初次分配中的比重。健全工资决定、合理增长和支付保障机制，完善最低工资标准和工资指导线形成机制，积极推行工资集体协商制度。完善按要素分配政策制度，健全各类生产要素由市场决定报酬的机制，探索通过土地、资本等要素使用权、收益权增加中低收入群体要素收入。完善国有企业市场化薪酬分配机制，普遍实行全员绩效管理。改革完善体现岗位绩效和分级分类管理的事业单位薪酬制度。规范劳务派遣用工行为，保障劳动者同工同酬。多渠道增加城乡居民财产性收入，提高农民土地增值收益分享比例，完善上市公司分红制度，创新更多适应家庭财富管理需求的金融产品。完善国有资本收益上缴公共财政制度，加大公共财政支出用于民生保障力度。

第二节 扩大中等收入群体

实施扩大中等收入群体行动计划，以高校和职业院校毕业生、技能型劳动者、农民工等为重点，不断提高中等收入群体比重。提高高校、职业院校毕业生就业匹配度和劳动参与率。拓宽技术工人上升通道，畅通非公有制经济组织、社会组织、自由职业专业技术人员职称申报和技能等级认定渠道，提高技能型人才待遇水平和社会地位。实施高素质农民培育计划,运用农业农村资源和现代经营方式增加收入。完善小微创业者扶持政策,支持个体工商户、灵活就业人员等群体勤劳致富。

第三节 完善再分配机制

加大税收、社会保障、转移支付等调节力度和精准性,发挥慈善等第三次分配作用,改善收入和财富分配格局。健全直接税体系,完善综合与分类相结合的个人所得税制度,加强对高收入者的税收调节和监管。增强社会保障待遇和服务的公平性可及性,完善兜底保障标准动态调整机制。规范收入分配秩序,保护合法收入,合理调节过高收入,取缔非法收入,遏制以垄断和不正当竞争行为获取收入。建立完善个人收入和财产信息系统。健全现代支付和收入监测体系。

中华人民共和国企业国有资产法

(2008年10月28日第十一届全国人民代表大会常务委员会第五次会议通过 2008年10月28日中华人民共和国主席令第5号公布)

目 录

第一章 总则
第二章 履行出资人职责的机构
第三章 国家出资企业
第四章 国家出资企业管理者的选择与考核
第五章 关系国有资产出资人权益的重大事项
  第一节 一般规定
  第二节 企业改制
  第三节 与关联方的交易
  第四节 资产评估
  第五节 国有资产转让
第六章 国有资本经营预算
第七章 国有资产监督
第八章 法律责任
第九章 附则

第一章 总　　则

第一条　为了维护国家基本经济制度，巩固和发展国有经济，加强对国有资产的保护，发挥国有经济在国民经济中的主导作用，促进社会主义市场经济发展，制定本法。

第二条　本法所称企业国有资产（以下称国有资产），是指国家对企业各种形式的出资所形成的权益。

第三条　国有资产属于国家所有即全民所有。国务院代表国家行使国有资产所有权。

第四条　国务院和地方人民政府依照法律、行政法规的规定，分别代表国家对国家出资企业履行出资人职责，享有出资人权益。

国务院确定的关系国民经济命脉和国家安全的大型国家出资企业，重要基础设施和重要自然资源等领域的国家出资企业，由国务院代表国家履行出资人职责。其他的国家出资企业，由地方人民政府代表国家履行出资人职责。

第五条　本法所称国家出资企业，是指国家出资的国有独资企业、国有独资公司，以及国有资本控股公司、国有资本参股公司。

第六条　国务院和地方人民政府应当按照政企分开、社会公共管理职能与国有资产出资人职能分开、不干预企业依法自主经营的原则，依法履行出资人职责。

第七条　国家采取措施，推动国有资本向关系国民经济命脉和国家安全的重要行业和关键领域集中，优化国有经济布局和结构，推进国有企业的改革和发展，提高国有经济的整体素质，增强国有经济的控制力、影响力。

第八条　国家建立健全与社会主义市场经济发展要求相适应的国有资产管理与监督体制，建立健全国有资产保值增值考核和责任追究制度，落实国有资产保值增值责任。

第九条 国家建立健全国有资产基础管理制度。具体办法按照国务院的规定制定。

第十条 国有资产受法律保护，任何单位和个人不得侵害。

第二章 履行出资人职责的机构

第十一条 国务院国有资产监督管理机构和地方人民政府按照国务院的规定设立的国有资产监督管理机构，根据本级人民政府的授权，代表本级人民政府对国家出资企业履行出资人职责。

国务院和地方人民政府根据需要，可以授权其他部门、机构代表本级人民政府对国家出资企业履行出资人职责。

代表本级人民政府履行出资人职责的机构、部门，以下统称履行出资人职责的机构。

第十二条 履行出资人职责的机构代表本级人民政府对国家出资企业依法享有资产收益、参与重大决策和选择管理者等出资人权利。

履行出资人职责的机构依照法律、行政法规的规定，制定或者参与制定国家出资企业的章程。

履行出资人职责的机构对法律、行政法规和本级人民政府规定须经本级人民政府批准的履行出资人职责的重大事项，应当报请本级人民政府批准。

第十三条 履行出资人职责的机构委派的股东代表参加国有资本控股公司、国有资本参股公司召开的股东会会议、股东大会会议，应当按照委派机构的指示提出提案、发表意见、行使表决权，并将其履行职责的情况和结果及时报告委派机构。

第十四条 履行出资人职责的机构应当依照法律、行政法规以及企业章程履行出资人职责，保障出资人权益，防止国有资产损失。

履行出资人职责的机构应当维护企业作为市场主体依法享有的权利,除依法履行出资人职责外,不得干预企业经营活动。

第十五条 履行出资人职责的机构对本级人民政府负责,向本级人民政府报告履行出资人职责的情况,接受本级人民政府的监督和考核,对国有资产的保值增值负责。

履行出资人职责的机构应当按照国家有关规定,定期向本级人民政府报告有关国有资产总量、结构、变动、收益等汇总分析的情况。

第三章 国家出资企业

第十六条 国家出资企业对其动产、不动产和其他财产依照法律、行政法规以及企业章程享有占有、使用、收益和处分的权利。

国家出资企业依法享有的经营自主权和其他合法权益受法律保护。

第十七条 国家出资企业从事经营活动,应当遵守法律、行政法规,加强经营管理,提高经济效益,接受人民政府及其有关部门、机构依法实施的管理和监督,接受社会公众的监督,承担社会责任,对出资人负责。

国家出资企业应当依法建立和完善法人治理结构,建立健全内部监督管理和风险控制制度。

第十八条 国家出资企业应当依照法律、行政法规和国务院财政部门的规定,建立健全财务、会计制度,设置会计账簿,进行会计核算,依照法律、行政法规以及企业章程的规定向出资人提供真实、完整的财务、会计信息。

国家出资企业应当依照法律、行政法规以及企业章程的规定,向出资人分配利润。

第十九条 国有独资公司、国有资本控股公司和国有资本参股公司依照《中华人民共和国公司法》的规定设立监事会。国有独资企业由履行出资人职责的机构按照国务院的规定委派监事组成监事会。

国家出资企业的监事会依照法律、行政法规以及企业章程的规定,对董事、高级管理人员执行职务的行为进行监督,对企业财务进行监督检查。

第二十条 国家出资企业依照法律规定,通过职工代表大会或者其他形式,实行民主管理。

第二十一条 国家出资企业对其所出资企业依法享有资产收益、参与重大决策和选择管理者等出资人权利。

国家出资企业对其所出资企业,应当依照法律、行政法规的规定,通过制定或者参与制定所出资企业的章程,建立权责明确、有效制衡的企业内部监督管理和风险控制制度,维护其出资人权益。

第四章 国家出资企业管理者的选择与考核

第二十二条 履行出资人职责的机构依照法律、行政法规以及企业章程的规定,任免或者建议任免国家出资企业的下列人员:

(一)任免国有独资企业的经理、副经理、财务负责人和其他高级管理人员;

(二)任免国有独资公司的董事长、副董事长、董事、监事会主席和监事;

(三)向国有资本控股公司、国有资本参股公司的股东会、股东大会提出董事、监事人选。

国家出资企业中应当由职工代表出任的董事、监事,依照有关法律、行政法规的规定由职工民主选举产生。

第二十三条 履行出资人职责的机构任命或者建议任命的董

事、监事、高级管理人员,应当具备下列条件:

(一) 有良好的品行;

(二) 有符合职位要求的专业知识和工作能力;

(三) 有能够正常履行职责的身体条件;

(四) 法律、行政法规规定的其他条件。

董事、监事、高级管理人员在任职期间出现不符合前款规定情形或者出现《中华人民共和国公司法》规定的不得担任公司董事、监事、高级管理人员情形的,履行出资人职责的机构应当依法予以免职或者提出免职建议。

第二十四条 履行出资人职责的机构对拟任命或者建议任命的董事、监事、高级管理人员的人选,应当按照规定的条件和程序进行考察。考察合格的,按照规定的权限和程序任命或者建议任命。

第二十五条 未经履行出资人职责的机构同意,国有独资企业、国有独资公司的董事、高级管理人员不得在其他企业兼职。未经股东会、股东大会同意,国有资本控股公司、国有资本参股公司的董事、高级管理人员不得在经营同类业务的其他企业兼职。

未经履行出资人职责的机构同意,国有独资公司的董事长不得兼任经理。未经股东会、股东大会同意,国有资本控股公司的董事长不得兼任经理。

董事、高级管理人员不得兼任监事。

第二十六条 国家出资企业的董事、监事、高级管理人员,应当遵守法律、行政法规以及企业章程,对企业负有忠实义务和勤勉义务,不得利用职权收受贿赂或者取得其他非法收入和不当利益,不得侵占、挪用企业资产,不得超越职权或者违反程序决定企业重大事项,不得有其他侵害国有资产出资人权益的行为。

第二十七条 国家建立国家出资企业管理者经营业绩考核制

度。履行出资人职责的机构应当对其任命的企业管理者进行年度和任期考核,并依据考核结果决定对企业管理者的奖惩。

履行出资人职责的机构应当按照国家有关规定,确定其任命的国家出资企业管理者的薪酬标准。

第二十八条 国有独资企业、国有独资公司和国有资本控股公司的主要负责人,应当接受依法进行的任期经济责任审计。

第二十九条 本法第二十二条第一款第一项、第二项规定的企业管理者,国务院和地方人民政府规定由本级人民政府任免的,依照其规定。履行出资人职责的机构依照本章规定对上述企业管理者进行考核、奖惩并确定其薪酬标准。

第五章 关系国有资产出资人权益的重大事项

第一节 一般规定

第三十条 国家出资企业合并、分立、改制、上市,增加或者减少注册资本,发行债券,进行重大投资,为他人提供大额担保,转让重大财产,进行大额捐赠,分配利润,以及解散、申请破产等重大事项,应当遵守法律、行政法规以及企业章程的规定,不得损害出资人和债权人的权益。

第三十一条 国有独资企业、国有独资公司合并、分立,增加或者减少注册资本,发行债券,分配利润,以及解散、申请破产,由履行出资人职责的机构决定。

第三十二条 国有独资企业、国有独资公司有本法第三十条所列事项的,除依照本法第三十一条和有关法律、行政法规以及企业章程的规定,由履行出资人职责的机构决定的以外,国有独资企业由企业负责人集体讨论决定,国有独资公司由董事会决定。

第三十三条 国有资本控股公司、国有资本参股公司有本法

第三十条所列事项的,依照法律、行政法规以及公司章程的规定,由公司股东会、股东大会或者董事会决定。由股东会、股东大会决定的,履行出资人职责的机构委派的股东代表应当依照本法第十三条的规定行使权利。

第三十四条 重要的国有独资企业、国有独资公司、国有资本控股公司的合并、分立、解散、申请破产以及法律、行政法规和本级人民政府规定应当由履行出资人职责的机构报经本级人民政府批准的重大事项,履行出资人职责的机构在作出决定或者向其委派参加国有资本控股公司股东会会议、股东大会会议的股东代表作出指示前,应当报请本级人民政府批准。

本法所称的重要的国有独资企业、国有独资公司和国有资本控股公司,按照国务院的规定确定。

第三十五条 国家出资企业发行债券、投资等事项,有关法律、行政法规规定应当报经人民政府或者人民政府有关部门、机构批准、核准或者备案的,依照其规定。

第三十六条 国家出资企业投资应当符合国家产业政策,并按照国家规定进行可行性研究;与他人交易应当公平、有偿,取得合理对价。

第三十七条 国家出资企业的合并、分立、改制、解散、申请破产等重大事项,应当听取企业工会的意见,并通过职工代表大会或者其他形式听取职工的意见和建议。

第三十八条 国有独资企业、国有独资公司、国有资本控股公司对其所出资企业的重大事项参照本章规定履行出资人职责。具体办法由国务院规定。

第二节 企业改制

第三十九条 本法所称企业改制是指:

(一)国有独资企业改为国有独资公司;

（二）国有独资企业、国有独资公司改为国有资本控股公司或者非国有资本控股公司；

（三）国有资本控股公司改为非国有资本控股公司。

第四十条 企业改制应当依照法定程序，由履行出资人职责的机构决定或者由公司股东会、股东大会决定。

重要的国有独资企业、国有独资公司、国有资本控股公司的改制，履行出资人职责的机构在作出决定或者向其委派参加国有资本控股公司股东会会议、股东大会会议的股东代表作出指示前，应当将改制方案报请本级人民政府批准。

第四十一条 企业改制应当制定改制方案，载明改制后的企业组织形式、企业资产和债权债务处理方案、股权变动方案、改制的操作程序、资产评估和财务审计等中介机构的选聘等事项。

企业改制涉及重新安置企业职工的，还应当制定职工安置方案，并经职工代表大会或者职工大会审议通过。

第四十二条 企业改制应当按照规定进行清产核资、财务审计、资产评估，准确界定和核实资产，客观、公正地确定资产的价值。

企业改制涉及以企业的实物、知识产权、土地使用权等非货币财产折算为国有资本出资或者股份的，应当按照规定对折价财产进行评估，以评估确认价格作为确定国有资本出资额或者股份数额的依据。不得将财产低价折股或者有其他损害出资人权益的行为。

第三节　与关联方的交易

第四十三条 国家出资企业的关联方不得利用与国家出资企业之间的交易，谋取不当利益，损害国家出资企业利益。

本法所称关联方，是指本企业的董事、监事、高级管理人员及其近亲属，以及这些人员所有或者实际控制的企业。

第四十四条 国有独资企业、国有独资公司、国有资本控股公司不得无偿向关联方提供资金、商品、服务或者其他资产,不得以不公平的价格与关联方进行交易。

第四十五条 未经履行出资人职责的机构同意,国有独资企业、国有独资公司不得有下列行为:

(一)与关联方订立财产转让、借款的协议;

(二)为关联方提供担保;

(三)与关联方共同出资设立企业,或者向董事、监事、高级管理人员或者其近亲属所有或者实际控制的企业投资。

第四十六条 国有资本控股公司、国有资本参股公司与关联方的交易,依照《中华人民共和国公司法》和有关行政法规以及公司章程的规定,由公司股东会、股东大会或者董事会决定。由公司股东会、股东大会决定的,履行出资人职责的机构委派的股东代表,应当依照本法第十三条的规定行使权利。

公司董事会对公司与关联方的交易作出决议时,该交易涉及的董事不得行使表决权,也不得代理其他董事行使表决权。

第四节 资产评估

第四十七条 国有独资企业、国有独资公司和国有资本控股公司合并、分立、改制,转让重大财产,以非货币财产对外投资,清算或者有法律、行政法规以及企业章程规定应当进行资产评估的其他情形的,应当按照规定对有关资产进行评估。

第四十八条 国有独资企业、国有独资公司和国有资本控股公司应当委托依法设立的符合条件的资产评估机构进行资产评估;涉及应当报经履行出资人职责的机构决定的事项的,应当将委托资产评估机构的情况向履行出资人职责的机构报告。

第四十九条 国有独资企业、国有独资公司、国有资本控股公司及其董事、监事、高级管理人员应当向资产评估机构如实提供有关情况和资料，不得与资产评估机构串通评估作价。

第五十条 资产评估机构及其工作人员受托评估有关资产，应当遵守法律、行政法规以及评估执业准则，独立、客观、公正地对受托评估的资产进行评估。资产评估机构应当对其出具的评估报告负责。

第五节　国有资产转让

第五十一条 本法所称国有资产转让，是指依法将国家对企业的出资所形成的权益转移给其他单位或者个人的行为；按照国家规定无偿划转国有资产的除外。

第五十二条 国有资产转让应当有利于国有经济布局和结构的战略性调整，防止国有资产损失，不得损害交易各方的合法权益。

第五十三条 国有资产转让由履行出资人职责的机构决定。履行出资人职责的机构决定转让全部国有资产的，或者转让部分国有资产致使国家对该企业不再具有控股地位的，应当报请本级人民政府批准。

第五十四条 国有资产转让应当遵循等价有偿和公开、公平、公正的原则。

除按照国家规定可以直接协议转让的以外，国有资产转让应当在依法设立的产权交易场所公开进行。转让方应当如实披露有关信息，征集受让方；征集产生的受让方为两个以上的，转让应当采用公开竞价的交易方式。

转让上市交易的股份依照《中华人民共和国证券法》的规定进行。

第五十五条 国有资产转让应当以依法评估的、经履行出资人职责的机构认可或者由履行出资人职责的机构报经本级人民政府核准的价格为依据，合理确定最低转让价格。

第五十六条 法律、行政法规或者国务院国有资产监督管理机构规定可以向本企业的董事、监事、高级管理人员或者其近亲属，或者这些人员所有或者实际控制的企业转让的国有资产，在转让时，上述人员或者企业参与受让的，应当与其他受让参与者平等竞买；转让方应当按照国家有关规定，如实披露有关信息；相关的董事、监事和高级管理人员不得参与转让方案的制定和组织实施的各项工作。

第五十七条 国有资产向境外投资者转让的，应当遵守国家有关规定，不得危害国家安全和社会公共利益。

第六章 国有资本经营预算

第五十八条 国家建立健全国有资本经营预算制度，对取得的国有资本收入及其支出实行预算管理。

第五十九条 国家取得的下列国有资本收入，以及下列收入的支出，应当编制国有资本经营预算：

（一）从国家出资企业分得的利润；

（二）国有资产转让收入；

（三）从国家出资企业取得的清算收入；

（四）其他国有资本收入。

第六十条 国有资本经营预算按年度单独编制，纳入本级人民政府预算，报本级人民代表大会批准。

国有资本经营预算支出按照当年预算收入规模安排，不列赤字。

第六十一条 国务院和有关地方人民政府财政部门负责国有资本经营预算草案的编制工作，履行出资人职责的机构向财政部门提出由其履行出资人职责的国有资本经营预算建议草案。

第六十二条 国有资本经营预算管理的具体办法和实施步骤，由国务院规定，报全国人民代表大会常务委员会备案。

第七章　国有资产监督

第六十三条　各级人民代表大会常务委员会通过听取和审议本级人民政府履行出资人职责的情况和国有资产监督管理情况的专项工作报告,组织对本法实施情况的执法检查等,依法行使监督职权。

第六十四条　国务院和地方人民政府应当对其授权履行出资人职责的机构履行职责的情况进行监督。

第六十五条　国务院和地方人民政府审计机关依照《中华人民共和国审计法》的规定,对国有资本经营预算的执行情况和属于审计监督对象的国家出资企业进行审计监督。

第六十六条　国务院和地方人民政府应当依法向社会公布国有资产状况和国有资产监督管理工作情况,接受社会公众的监督。

任何单位和个人有权对造成国有资产损失的行为进行检举和控告。

第六十七条　履行出资人职责的机构根据需要,可以委托会计师事务所对国有独资企业、国有独资公司的年度财务会计报告进行审计,或者通过国有资本控股公司的股东会、股东大会决议,由国有资本控股公司聘请会计师事务所对公司的年度财务会计报告进行审计,维护出资人权益。

第八章　法　律　责　任

第六十八条　履行出资人职责的机构有下列行为之一的,对其直接负责的主管人员和其他直接责任人员依法给予处分:

(一)不按照法定的任职条件,任命或者建议任命国家出资企业管理者的;

(二)侵占、截留、挪用国家出资企业的资金或者应当上缴的国有资本收入的；

（三）违反法定的权限、程序，决定国家出资企业重大事项，造成国有资产损失的；

（四）有其他不依法履行出资人职责的行为，造成国有资产损失的。

第六十九条 履行出资人职责的机构的工作人员玩忽职守、滥用职权、徇私舞弊，尚不构成犯罪的，依法给予处分。

第七十条 履行出资人职责的机构委派的股东代表未按照委派机构的指示履行职责，造成国有资产损失的，依法承担赔偿责任；属于国家工作人员的，并依法给予处分。

第七十一条 国家出资企业的董事、监事、高级管理人员有下列行为之一，造成国有资产损失的，依法承担赔偿责任；属于国家工作人员的，并依法给予处分：

（一）利用职权收受贿赂或者取得其他非法收入和不当利益的；

（二）侵占、挪用企业资产的；

（三）在企业改制、财产转让等过程中，违反法律、行政法规和公平交易规则，将企业财产低价转让、低价折股的；

（四）违反本法规定与本企业进行交易的；

（五）不如实向资产评估机构、会计师事务所提供有关情况和资料，或者与资产评估机构、会计师事务所串通出具虚假资产评估报告、审计报告的；

（六）违反法律、行政法规和企业章程规定的决策程序，决定企业重大事项的；

（七）有其他违反法律、行政法规和企业章程执行职务行为的。

国家出资企业的董事、监事、高级管理人员因前款所列行为取得的收入，依法予以追缴或者归国家出资企业所有。

履行出资人职责的机构任命或者建议任命的董事、监事、高级管理人员有本条第一款所列行为之一,造成国有资产重大损失的,由履行出资人职责的机构依法予以免职或者提出免职建议。

第七十二条 在涉及关联方交易、国有资产转让等交易活动中,当事人恶意串通,损害国有资产权益的,该交易行为无效。

第七十三条 国有独资企业、国有独资公司、国有资本控股公司的董事、监事、高级管理人员违反本法规定,造成国有资产重大损失,被免职的,自免职之日起五年内不得担任国有独资企业、国有独资公司、国有资本控股公司的董事、监事、高级管理人员;造成国有资产特别重大损失,或者因贪污、贿赂、侵占财产、挪用财产或者破坏社会主义市场经济秩序被判处刑罚的,终身不得担任国有独资企业、国有独资公司、国有资本控股公司的董事、监事、高级管理人员。

第七十四条 接受委托对国家出资企业进行资产评估、财务审计的资产评估机构、会计师事务所违反法律、行政法规的规定和执业准则,出具虚假的资产评估报告或者审计报告的,依照有关法律、行政法规的规定追究法律责任。

第七十五条 违反本法规定,构成犯罪的,依法追究刑事责任。

第九章 附 则

第七十六条 金融企业国有资产的管理与监督,法律、行政法规另有规定的,依照其规定。

第七十七条 本法自2009年5月1日起施行。

中华人民共和国公司法（节选）

（1993年12月29日第八届全国人民代表大会常务委员会第五次会议通过　根据1999年12月25日第九届全国人民代表大会常务委员会第十三次会议《关于修改〈中华人民共和国公司法〉的决定》第一次修正　根据2004年8月28日第十届全国人民代表大会常务委员会第十一次会议《关于修改〈中华人民共和国公司法〉的决定》第二次修正　2005年10月27日第十届全国人民代表大会常务委员会第十八次会议修订　根据2013年12月28日第十二届全国人民代表大会常务委员会第六次会议《关于修改〈中华人民共和国海洋环境保护法〉等七部法律的决定》第三次修正　根据2018年10月26日第十三届全国人民代表大会常务委员会第六次会议《关于修改〈中华人民共和国公司法〉的决定》第四次修正）

第二章　有限责任公司的设立和组织机构

第二节　组织机构

第三十六条　有限责任公司股东会由全体股东组成。股东会是公司的权力机构，依照本法行使职权。

第三十七条　股东会行使下列职权：

（一）决定公司的经营方针和投资计划；

（二）选举和更换非由职工代表担任的董事、监事，决定有关董事、监事的报酬事项；

（三）审议批准董事会的报告；

（四）审议批准监事会或者监事的报告；

（五）审议批准公司的年度财务预算方案、决算方案；

（六）审议批准公司的利润分配方案和弥补亏损方案；

（七）对公司增加或者减少注册资本作出决议；

（八）对发行公司债券作出决议；

（九）对公司合并、分立、解散、清算或者变更公司形式作出决议；

（十）修改公司章程；

（十一）公司章程规定的其他职权。

对前款所列事项股东以书面形式一致表示同意的，可以不召开股东会会议，直接作出决定，并由全体股东在决定文件上签名、盖章。

第四十六条 董事会对股东会负责，行使下列职权：

（一）召集股东会会议，并向股东会报告工作；

（二）执行股东会的决议；

（三）决定公司的经营计划和投资方案；

（四）制订公司的年度财务预算方案、决算方案；

（五）制订公司的利润分配方案和弥补亏损方案；

（六）制订公司增加或者减少注册资本以及发行公司债券的方案；

（七）制订公司合并、分立、解散或者变更公司形式的方案；

（八）决定公司内部管理机构的设置；

（九）决定聘任或者解聘公司经理及其报酬事项，并根据经理的提名决定聘任或者解聘公司副经理、财务负责人及其报酬事项；

（十）制定公司的基本管理制度；

（十一）公司章程规定的其他职权。

第四节　国有独资公司的特别规定

第六十四条　国有独资公司的设立和组织机构，适用本节规定；本节没有规定的，适用本章第一节、第二节的规定。

本法所称国有独资公司，是指国家单独出资、由国务院或者地方人民政府授权本级人民政府国有资产监督管理机构履行出资人职责的有限责任公司。

第六十五条　国有独资公司章程由国有资产监督管理机构制定，或者由董事会制定报国有资产监督管理机构批准。

第六十六条　国有独资公司不设股东会，由国有资产监督管理机构行使股东会职权。国有资产监督管理机构可以授权公司董事会行使股东会的部分职权，决定公司的重大事项，但公司的合并、分立、解散、增加或者减少注册资本和发行公司债券，必须由国有资产监督管理机构决定；其中，重要的国有独资公司合并、分立、解散、申请破产的，应当由国有资产监督管理机构审核后，报本级人民政府批准。

前款所称重要的国有独资公司，按照国务院的规定确定。

第六十七条　国有独资公司设董事会，依照本法第四十六条、第六十六条的规定行使职权。董事每届任期不得超过三年。董事会成员中应当有公司职工代表。

董事会成员由国有资产监督管理机构委派；但是，董事会成员中的职工代表由公司职工代表大会选举产生。

董事会设董事长一人，可以设副董事长。董事长、副董事长由国有资产监督管理机构从董事会成员中指定。

第六十八条 国有独资公司设经理，由董事会聘任或者解聘。经理依照本法第四十九条规定行使职权。

经国有资产监督管理机构同意，董事会成员可以兼任经理。

第六十九条 国有独资公司的董事长、副董事长、董事、高级管理人员，未经国有资产监督管理机构同意，不得在其他有限责任公司、股份有限公司或者其他经济组织兼职。

第七十条 国有独资公司监事会成员不得少于五人，其中职工代表的比例不得低于三分之一，具体比例由公司章程规定。

监事会成员由国有资产监督管理机构委派；但是，监事会成员中的职工代表由公司职工代表大会选举产生。监事会主席由国有资产监督管理机构从监事会成员中指定。

监事会行使本法第五十三条第（一）项至第（三）项规定的职权和国务院规定的其他职权。

第十三章 附　　则

第二百一十六条 本法下列用语的含义：

（一）高级管理人员，是指公司的经理、副经理、财务负责人，上市公司董事会秘书和公司章程规定的其他人员。

（二）控股股东，是指其出资额占有限责任公司资本总额百分之五十以上或者其持有的股份占股份有限公司股本总额百分之五十以上的股东；出资额或者持有股份的比例虽然不足百分之五十，但依其出资额或者持有的股份所享有的表决权已足以对股东会、股东大会的决议产生重大影响的股东。

（三）实际控制人，是指虽不是公司的股东，但通过投资关系、协议或者其他安排，能够实际支配公司行为的人。

（四）关联关系，是指公司控股股东、实际控制人、董事、监事、高级管理人员与其直接或者间接控制的企业之间的关系，以及可能导致公司利益转移的其他关系。但是，国家控股的企业之间不仅因为同受国家控股而具有关联关系。

中共中央　国务院关于深化国有企业改革的指导意见

(2015年8月24日)

国有企业属于全民所有，是推进国家现代化、保障人民共同利益的重要力量，是我们党和国家事业发展的重要物质基础和政治基础。改革开放以来，国有企业改革发展不断取得重大进展，总体上已经同市场经济相融合，运行质量和效益明显提升，在国际国内市场竞争中涌现出一批具有核心竞争力的骨干企业，为推动经济社会发展、保障和改善民生、开拓国际市场、增强我国综合实力做出了重大贡献，国有企业经营管理者队伍总体上是好的，广大职工付出了不懈努力，成就是突出的。但也要看到，国有企业仍然存在一些亟待解决的突出矛盾和问题，一些企业市场主体地位尚未真正确立，现代企业制度还不健全，国有资产监管体制有待完善，国有资本运行效率需进一步提高；一些企业管理混乱，内部人控制、利益输送、国有资产流失等问题突出，企业办社会职能和历史遗留问题还未完全解决；一些企业党组织管党治党责任不落实、作用被弱化。面向未来，国有企业面临日益激烈的国际竞争和转型升级的巨大挑战。在推动我国经济保持中高速增长和迈向中高端水平、完善和发展中国特色社会主义制度、实现中华民族伟大复兴中国梦的进程中，国有企业肩负着重大历史使命和责任。要认真贯彻落实党中央、国务院战略决策，按照

"四个全面"战略布局的要求,以经济建设为中心,坚持问题导向,继续推进国有企业改革,切实破除体制机制障碍,坚定不移做强做优做大国有企业。为此,提出以下意见。

一、总体要求

(一) 指导思想

高举中国特色社会主义伟大旗帜,认真贯彻落实党的十八大和十八届三中、四中全会精神,深入学习贯彻习近平总书记系列重要讲话精神,坚持和完善基本经济制度,坚持社会主义市场经济改革方向,适应市场化、现代化、国际化新形势,以解放和发展社会生产力为标准,以提高国有资本效率、增强国有企业活力为中心,完善产权清晰、权责明确、政企分开、管理科学的现代企业制度,完善国有资产监管体制,防止国有资产流失,全面推进依法治企,加强和改进党对国有企业的领导,做强做优做大国有企业,不断增强国有经济活力、控制力、影响力、抗风险能力,主动适应和引领经济发展新常态,为促进经济社会持续健康发展、实现中华民族伟大复兴中国梦做出积极贡献。

(二) 基本原则

——坚持和完善基本经济制度。这是深化国有企业改革必须把握的根本要求。必须毫不动摇巩固和发展公有制经济,毫不动摇鼓励、支持、引导非公有制经济发展。坚持公有制主体地位,发挥国有经济主导作用,积极促进国有资本、集体资本、非公有资本等交叉持股、相互融合,推动各种所有制资本取长补短、相互促进、共同发展。

——坚持社会主义市场经济改革方向。这是深化国有企业改革必须遵循的基本规律。国有企业改革要遵循市场经济规律和企业发展规律,坚持政企分开、政资分开、所有权与经营权分离,坚持权利、义务、责任相统一,坚持激励机制和约束机制相结合,促使国有企业真正成为依法自主经营、自负盈亏、自担风险、自我约束、自我发展的独立市场主体。社会主义市场经济条件下的国有企业,要成为自觉履行社会责任的表率。

——坚持增强活力和强化监管相结合。这是深化国有企业改革必须把握的重要关系。增强活力是搞好国有企业的本质要求,加强监管是搞好国有企业的重要保障,要切实做到两者的有机统一。继续推进简政放权,依法落实企业法人财产权和经营自主权,进一步激发企业活力、创造力和市场竞争力。进一步完善国有企业监管制度,切实防止国有资产流失,确保国有资产保值增值。

——坚持党对国有企业的领导。这是深化国有企业改革必须坚守的政治方向、政治原则。要贯彻全面从严治党方针,充分发挥企业党组织政治核心作用,加强企业领导班子建设,创新基层党建工作,深入开展党风廉政建设,坚持全心全意依靠工人阶级,维护职工合法权益,为国有企业改革发展提供坚强有力的政治保证、组织保证和人才支撑。

——坚持积极稳妥统筹推进。这是深化国有企业改革必须采用的科学方法。要正确处理推进改革和坚持法治的关系,正确处理改革发展稳定关系,正确处理搞好顶层设计和尊重基层首创精神的关系,突出问题导向,坚持分类推进,把握好改革的次序、节奏、力度,确保改革扎实推进、务求实效。

(三) 主要目标

到2020年,在国有企业改革重要领域和关键环节取得决定性成果,形成更加符合我国基本经济制度和社会主义市场经济发展要求的国有资产管理体制、现代企业制度、市场化经营机制,国有资本布局结构更趋合理,造就一大批德才兼备、善于经营、充满活力的优秀企业家,培育一大批具有创新能力和国际竞争力的国有骨干企业,国有经济活力、控制力、影响力、抗风险能力明显增强。

——国有企业公司制改革基本完成，发展混合所有制经济取得积极进展，法人治理结构更加健全，优胜劣汰、经营自主灵活、内部管理人员能上能下、员工能进能出、收入能增能减的市场化机制更加完善。

——国有资产监管制度更加成熟，相关法律法规更加健全，监管手段和方式不断优化，监管的科学性、针对性、有效性进一步提高，经营性国有资产实现集中统一监管，国有资产保值增值责任全面落实。

——国有资本配置效率显著提高，国有经济布局结构不断优化、主导作用有效发挥，国有企业在提升自主创新能力、保护资源环境、加快转型升级、履行社会责任中的引领和表率作用充分发挥。

——企业党的建设全面加强，反腐倡廉制度体系、工作体系更加完善，国有企业党组织在公司治理中的法定地位更加巩固，政治核心作用充分发挥。

二、分类推进国有企业改革

（四）划分国有企业不同类别。根据国有资本的战略定位和发展目标，结合不同国有企业在经济社会发展中的作用、现状和发展需要，将国有企业分为商业类和公益类。通过界定功能、划分类别，实行分类改革、分类发展、分类监管、分类定责、分类考核，提高改革的针对性、监管的有效性、考核评价的科学性，推动国有企业同市场经济深入融合，促进国有企业经济效益和社会效益有机统一。按照谁出资谁分类的原则，由履行出资人职责的机构负责制定所出资企业的功能界定和分类方案，报本级政府批准。各地区可结合实际，划分并动态调整本地区国有企业功能类别。

（五）推进商业类国有企业改革。商业类国有企业按照市场化要求实行商业化运作，以增强国有经济活力、放大国有资本功能、实现国有资产保值增值为主要目标,依法独立自主开展生产经营活动,实现优胜劣汰、有序进退。

主业处于充分竞争行业和领域的商业类国有企业,原则上都要实行公司制股份制改革,积极引入其他国有资本或各类非国有资本实现股权多元化,国有资本可以绝对控股、相对控股,也可以参股,并着力推进整体上市。对这些国有企业,重点考核经营业绩指标、国有资产保值增值和市场竞争能力。

主业处于关系国家安全、国民经济命脉的重要行业和关键领域、主要承担重大专项任务的商业类国有企业,要保持国有资本控股地位,支持非国有资本参股。对自然垄断行业,实行以政企分开、政资分开、特许经营、政府监管为主要内容的改革,根据不同行业特点实行网运分开、放开竞争性业务,促进公共资源配置市场化;对需要实行国有全资的企业,也要积极引入其他国有资本实行股权多元化;对特殊业务和竞争性业务实行业务板块有效分离,独立运作、独立核算。对这些国有企业,在考核经营业绩指标和国有资产保值增值情况的同时,加强对服务国家战略、保障国家安全和国民经济运行、发展前瞻性战略性产业以及完成特殊任务的考核。

(六)推进公益类国有企业改革。公益类国有企业以保障民生、服务社会、提供公共产品和服务为主要目标,引入市场机制,提高公共服务效率和能力。这类企业可以采取国有独资形式,具备条件的也可以推行投资主体多元化,还可以通过购买服务、特许经营、委托代理等方式,鼓励非国有企业参与经营。对公益类国有企业,重点考核成本控制、产品服务质量、营运效率和保障能力,根据企业不同特点有区别地考核经营业绩指标和国有资产保值增值情况,考核中要引入社会评价。

三、完善现代企业制度

(七)推进公司制股份制改革。加大集团层面公司制改革力度，积极引入各类投资者实现股权多元化，大力推动国有企业改制上市，创造条件实现集团公司整体上市。根据不同企业的功能定位，逐步调整国有股权比例，形成股权结构多元、股东行为规范、内部约束有效、运行高效灵活的经营机制。允许将部分国有资本转化为优先股，在少数特定领域探索建立国家特殊管理股制度。

（八）健全公司法人治理结构。重点是推进董事会建设，建立健全权责对等、运转协调、有效制衡的决策执行监督机制，规范董事长、总经理行权行为，充分发挥董事会的决策作用、监事会的监督作用、经理层的经营管理作用、党组织的政治核心作用，切实解决一些企业董事会形同虚设、"一把手"说了算的问题，实现规范的公司治理。要切实落实和维护董事会依法行使重大决策、选人用人、薪酬分配等权利，保障经理层经营自主权，法无授权任何政府部门和机构不得干预。加强董事会内部的制衡约束，国有独资、全资公司的董事会和监事会均应有职工代表，董事会外部董事应占多数，落实一人一票表决制度，董事对董事会决议承担责任。改进董事会和董事评价办法，强化对董事的考核评价和管理，对重大决策失误负有直接责任的要及时调整或解聘，并依法追究责任。进一步加强外部董事队伍建设，拓宽来源渠道。

（九）建立国有企业领导人员分类分层管理制度。坚持党管干部原则与董事会依法产生、董事会依法选择经营管理者、经营管理者依法行使用人权相结合，不断创新有效实现形式。上级党组织和国有资产监管机构按照管理权限加强对国有企业领导人员的管理，广开推荐渠道，依规考察提名，严格履行选用程序。根据不同企业类别和层级，实行选任制、委任制、聘任制等不同选人用人方式。推行职业经理人制度，实行内部培养和外部引进相结合，畅通现有经营管理者与职业经理人身份转换通道，董事会按市场化方式选聘和管理职业经理人，合理增加市场化选聘比例，加快建立退出机制。推行企业经理层成员任期制和契约化管理，明确责任、权利、义务，严格任期管理和目标考核。

（十）实行与社会主义市场经济相适应的企业薪酬分配制度。企业内部的薪酬分配权是企业的法定权利，由企业依法依规自主决定，完善既有激励又有约束、既讲效率又讲公平、既符合企业一般规律又体现国有企业特点的分配机制。建立健全与劳动力市场基本适应、与企业经济效益和劳动生产率挂钩的工资决定和正常增长机制。推进全员绩效考核，以业绩为导向，科学评价不同岗位员工的贡献，合理拉开收入分配差距，切实做到收入能增能减和奖惩分明，充分调动广大职工积极性。对国有企业领导人员实行与选任方式相匹配、与企业功能性质相适应、与经营业绩相挂钩的差异化薪酬分配办法。对党中央、国务院和地方党委、政府及其部门任命的国有企业领导人员，合理确定基本年薪、绩效年薪和任期激励收入。对市场化选聘的职业经理人实行市场化薪酬分配机制，可以采取多种方式探索完善中长期激励机制。健全与激励机制相对称的经济责任审计、信息披露、延期支付、追索扣回等约束机制。严格规范履职待遇、业务支出，严禁将公款用于个人支出。

（十一）深化企业内部用人制度改革。建立健全企业各类管理人员公开招聘、竞争上岗等制度，对特殊管理人员可以通过委托人才中介机构推荐等方式，拓宽选人用人视野和渠道。建立分级分类的企业员工市场化公开招聘制度，切实做到信息公开、过程公开、结果公开。构建和谐劳动关系，依法规范企业各类用工管理，建立健全以合同管理为核心、以岗位管理为基础的市场化用工制度，真正形成企业各类管理人员能上能下、员工能进能出的合理流动机制。

四、完善国有资产管理体制

（十二）以管资本为主推进国有资产监管机构职能转变。国有资产监管机构要准确把握依法履行出资人职责的定位，科学界定国有资产出资人监管的边界，建立监管权力清单和责任清单，实现以管企业为主向以管资本为主的转变。该管的要科学管理、决不缺位，重点管好国有资本布局、规范资本运作、提高资本回报、维护资本安全；不该管的要依法放权、决不越位，将依法应由企业自主经营决策的事项归位于企业，将延伸到子企业的管理事项原则上归位于一级企业，将配合承担的公共管理职能归位于相关政府部门和单位。大力推进依法监管，着力创新监管方式和手段，改变行政化管理方式，改进考核体系和办法，提高监管的科学性、有效性。

（十三）以管资本为主改革国有资本授权经营体制。改组组建国有资本投资、运营公司，探索有效的运营模式，通过开展投资融资、产业培育、资本整合，推动产业集聚和转型升级，优化国有资本布局结构；通过股权运作、价值管理、有序进退，促进国有资本合理流动，实现保值增值。科学界定国有资本所有权和经营权的边界，国有资产监管机构依法对国有资本投资、运营公司和其他直接监管的企业履行出资人职责，并授权国有资本投资、运营公司对授权范围内的国有资本履行出资人职责。国有资本投资、运营公司作为国有资本市场化运作的专业平台，依法自主开展国有资本运作，对所出资企业行使股东职责，按照责权对应原则切实承担起国有资产保值增值责任。开展政府直接授权国有资本投资、运营公司履行出资人职责的试点。

（十四）以管资本为主推动国有资本合理流动优化配置。坚持以市场为导向、以企业为主体，有进有退、有所为有所不为，优化国有资本布局结构，增强国有经济整体功能和效率。紧紧围绕服务国家战略，落实国家产业政策和重点产业布局调整总体要求,优化国有资本重点投资方向和领域,推动国有资本向关系国家安全、国民经济命脉和国计民生的重要行业和关键领域、重点基础设施集中,向前瞻性战略性产业集中,向具有核心竞争力的优势企业集中。发挥国有资本投资、运营公司的作用,清理退出一批、重组整合一批、创新发展一批国有企业。建立健全优胜劣汰市场化退出机制,充分发挥失业救济和再就业培训等的作用,解决好职工安置问题,切实保障退出企业依法实现关闭或破产,加快处置低效无效资产,淘汰落后产能。支持企业依法合规通过证券交易、产权交易等资本市场,以市场公允价格处置企业资产,实现国有资本形态转换,变现的国有资本用于更需要的领域和行业。推动国有企业加快管理创新、商业模式创新,合理限定法人层级,有效压缩管理层级。发挥国有企业在实施创新驱动发展战略和制造强国战略中的骨干和表率作用,强化企业在技术创新中的主体地位,重视培养科研人才和高技能人才。支持国有企业开展国际化经营,鼓励国有企业之间以及与其他所有制企业以资本为纽带,强强联合、优势互补,加快培育一批具有世界一流水平的跨国公司。

（十五）以管资本为主推进经营性国有资产集中统一监管。稳步将党政机关、事业单位所属企业的国有资本纳入经营性国有资产集中统一监管体系,具备条件的进入国有资本投资、运营公司。加强国有资产基础管理,按照统一制度规范、统一工作体系的原则,抓紧制定企业国有资产基础管理条例。建立覆盖全部国有企业、分级管理的国有资本经营预算管理制度,提高国有资本收益上缴公共财政比例,2020 年提高到 30%,更多用于保障和改善民生。划转部分国有资本充实社会保障基金。

五、发展混合所有制经济

（十六）推进国有企业混合所有制改革。以促进国有企业转换经营机制,放大国有资本功能,提高国有资本配置和运行效率，实现各种所有制资本取长补短、相互促进、共同发展为目标，稳妥推动国有企业发展混合所有制经济。对通过实行股份制、上市等途径已经实行混合所有制的国有企业，要着力在完善现代企业制度、提高资本运行效率上下功夫；对于适宜继续推进混合所有制改革的国有企业，要充分发挥市场机制作用，坚持因地施策、因业施策、因企施策，宜独则独、宜控则控、宜参则参，不搞拉郎配，不搞全覆盖，不设时间表，成熟一个推进一个。改革要依法依规、严格程序、公开公正，切实保护混合所有制企业各类出资人的产权权益，杜绝国有资产流失。

（十七）引入非国有资本参与国有企业改革。鼓励非国有资本投资主体通过出资入股、收购股权、认购可转债、股权置换等多种方式，参与国有企业改制重组或国有控股上市公司增资扩股以及企业经营管理。实行同股同权，切实维护各类股东合法权益。在石油、天然气、电力、铁路、电信、资源开发、公用事业等领域，向非国有资本推出符合产业政策、有利于转型升级的项目。依照外商投资产业指导目录和相关安全审查规定，完善外资安全审查工作机制。开展多类型政府和社会资本合作试点，逐步推广政府和社会资本合作模式。

（十八）鼓励国有资本以多种方式入股非国有企业。充分发挥国有资本投资、运营公司的资本运作平台作用，通过市场化方式，以公共服务、高新技术、生态环保、战略性产业为重点领域，对发展潜力大、成长性强的非国有企业进行股权投资。鼓励国有企业通过投资入股、联合投资、重组等多种方式，与非国有企业进行股权融合、战略合作、资源整合。

（十九）探索实行混合所有制企业员工持股。坚持试点先行，在取得经验基础上稳妥有序推进，通过实行员工持股建立激励约束长效机制。优先支持人才资本和技术要素贡献占比较高的转制科研院所、高新技术企业、科技服务型企业开展员工持股试点，支持对企业经营业绩和持续发展有直接或较大影响的科研人员、经营管理人员和业务骨干等持股。员工持股主要采取增资扩股、出资新设等方式。完善相关政策，健全审核程序，规范操作流程，严格资产评估，建立健全股权流转和退出机制，确保员工持股公开透明，严禁暗箱操作，防止利益输送。

六、强化监督防止国有资产流失

（二十）强化企业内部监督。完善企业内部监督体系，明确监事会、审计、纪检监察、巡视以及法律、财务等部门的监督职责，完善监督制度，增强制度执行力。强化对权力集中、资金密集、资源富集、资产聚集的部门和岗位的监督，实行分事行权、分岗设权、分级授权，定期轮岗，强化内部流程控制，防止权力滥用。建立审计部门向董事会负责的工作机制。落实企业内部监事会对董事、经理和其他高级管理人员的监督。进一步发挥企业总法律顾问在经营管理中的法律审核把关作用，推进企业依法经营、合规管理。集团公司要依法依规、尽职尽责加强对子企业的管理和监督。大力推进厂务公开，健全以职工代表大会为基本形式的企业民主管理制度，加强企业职工民主监督。

（二十一）建立健全高效协同的外部监督机制。强化出资人监督，加快国有企业行为规范法律法规制度建设，加强对企业关键业务、改革重点领域、国有资本运营重要环节以及境外国有资产的监督，规范操作流程，强化专业检查，开展总会计师由履行出资人职责机构委派的试点。加强和改进外派监事会制度，明确职责定位，强化与有关专业监督机构的协作，加强当期和事中监督，强化监督成果运用，建立健全核查、移交和整改机制。健全国有资本审计监督体系和制度，实行企业国有资产审计监督全覆盖，建立对企业国有资本的经常性审计制度。加强纪检监察监督和巡视工作，强化对企业领导人员廉洁从业、行使权力等的监督，加大大案要案查处力度，狠抓对存在问题的整改落实。整合出资人监管、外派监事会监督和审计、纪检监察、巡视等监督力量，建立监督工作会商机制，加强统筹，创新方式，共享资源，减少重复检查，提高监督效能。建立健全监督意见反馈整改机制，形成监督工作的闭环。

（二十二）实施信息公开加强社会监督。完善国有资产和国有企业信息公开制度，设立统一的信息公开网络平台，依法依规、及时准确披露国有资本整体运营和监管、国有企业公司治理以及管理架构、经营情况、财务状况、关联交易、企业负责人薪酬等信息，建设阳光国企。认真处理人民群众关于国有资产流失等问题的来信、来访和检举，及时回应社会关切。充分发挥媒体舆论监督作用，有效保障社会公众对企业国有资产运营的知情权和监督权。

（二十三）严格责任追究。建立健全国有企业重大决策失误和失职、渎职责任追究倒查机制，建立和完善重大决策评估、决策事项履职记录、决策过错认定标准等配套制度，严厉查处侵吞、贪污、输送、挥霍国有资产和逃废金融债务的行为。建立健全企业国有资产的监督问责机制，对企业重大违法违纪问题敷衍不追、隐匿不报、查处不力的，严格追究有关人员失职渎职责任，视不同情形给予纪律处分或行政处分，构成犯罪的，由司法机关依法追究刑事责任。

七、加强和改进党对国有企业的领导

（二十四）充分发挥国有企业党组织政治核心作用。把加强党的领导和完善公司治理统一起来，将党建工作总体要求纳入国有企业章程，明确国有企业党组织在公司法人治理结构中的法定地位，创新国有企业党组织发挥政治核心作用的途径和方式。在国有企业改革中坚持党的建设同步谋划、党的组织及工作机构同步设置、党组织负责人及党务工作人员同步配备、党的工作同步开展，保证党组织工作机构健全、党务工作者队伍稳定、党组织和党员作用得到有效发挥。坚持和完善双向进入、交叉任职的领导体制，符合条件的党组织领导班子成员可以通过法定程序进入董事会、监事会、经理层，董事会、监事会、经理层成员中符合条件的党员可以依照有关规定和程序进入党组织领导班子；经理层成员与党组织领导班子成员适度交叉任职；董事长、总经理原则上分设，党组织书记、董事长一般由一人担任。

国有企业党组织要切实承担好、落实好从严管党治党责任。坚持从严治党、思想建党、制度治党，增强管党治党意识，建立健全党建工作责任制，聚精会神抓好党建工作，做到守土有责、守土负责、守土尽责。党组织书记要切实履行党建工作第一责任人职责，党组织班子其他成员要切实履行"一岗双责"，结合业务分工抓好党建工作。中央企业党组织书记同时担任企业其他主要领导职务的，应当设立1名专职抓企业党建工作的副书记。加强国有企业基层党组织建设和党员队伍建设，强化国有企业基层党建工作的基础保障，充分发挥基层党组织战斗堡垒作用、共产党员先锋模范作用。加强企业党组织对群众工作的领导，发挥好工会、共青团等群团组织的作用，深入细致做好职工群众的思想政治工作。把建立党的组织、开展党的工作，作为国有企业推进混合所有制改革的必要前提，根据不同类型混合所有制企业特点，科学确定党组织的设置方式、职责定位、管理模式。

（二十五）进一步加强国有企业领导班子建设和人才队伍建设。根据企业改革发展需要，明确选人用人标准和程序，创新选人用人方式。强化党组织在企业领导人员选拔任用、培养教育、管理监督中的责任，支持董事会依法选择经营管理者、经营管理者依法行使用人权，坚决防止和整治选人用人中的不正之风。加强对国有企业领导人员尤其是主要领导人员的日常监督管理和综合考核评价，及时调整不胜任、不称职的领导人员，切实解决企业领导人员能上不能下的问题。以强化忠诚意识、拓展世界眼光、提高战略思维、增强创新精神、锻造优秀品行为重点，加强企业家队伍建设，充分发挥企业家作用。大力实施人才强企战略，加快建立健全国有企业集聚人才的体制机制。

（二十六）切实落实国有企业反腐倡廉"两个责任"。国有企业党组织要切实履行好主体责任，纪检机构要履行好监督责任。加强党性教育、法治教育、警示教育，引导国有企业领导人员坚定理想信念，自觉践行"三严三实"要求，正确履职行权。建立切实可行的责任追究制度，与企业考核等挂钩，实行"一案双查"。推动国有企业纪律检查工作双重领导体制具体化、程序化、制度化，强化上级纪委对下级纪委的领导。加强和改进国有企业巡视工作，强化对权力运行的监督和制约。坚持运用法治思维和法治方式反腐败，完善反腐倡廉制度体系，严格落实反"四风"规定，努力构筑企业领导人员不敢腐、不能腐、不想腐的有效机制。

八、为国有企业改革创造良好环境条件

（二十七）完善相关法律法规和配套政策。加强国有企业相关法律法规立改废释工作，确保重大改革于法有据。切实转变政府职能，减少审批、优化制度、简化手续、提高效率。完善公共服务体系，推进政府购买服务，加快建立稳定可靠、补偿合理、公开透明的企业公共服务支出补偿机制。完善和落实国有企业重组整合涉及的资产评估增值、土地变更登记和国有资产无偿划转等方面税收优惠政策。完善国有企业退出的相关政策，依法妥善处理劳动关系调整、社会保险关系接续等问题。

（二十八）加快剥离企业办社会职能和解决历史遗留问题。完善相关政策，建立政府和国有企业合理分担成本的机制，多渠道筹措资金，采取分离移交、重组改制、关闭撤销等方式，剥离国有企业职工家属区"三供一业"和所办医院、学校、社区等公共服务机构，继续推进厂办大集体改革，对国有企业退休人员实施社会化管理，妥善解决国有企业历史遗留问题，为国有企业公平参与市场竞争创造条件。

（二十九）形成鼓励改革创新的氛围。坚持解放思想、实事求是，鼓励探索、实践、创新。全面准确评价国有企业，大力宣传中央关于全面深化国有企业改革的方针政策，宣传改革的典型案例和经验，营造有利于国有企业改革的良好舆论环境。

（三十）加强对国有企业改革的组织领导。各级党委和政府要统一思想，以高度的政治责任感和历史使命感，切实履行对深化国有企业改革的领导责任。要根据本指导意见，结合实际制定实施意见，加强统筹协调、明确责任分工、细化目标任务、强化督促落实，确保深化国有企业改革顺利推进，取得实效。

金融、文化等国有企业的改革，中央另有规定的依其规定执行。

中共中央 国务院关于完善国有金融资本管理的指导意见

(2018年6月30日)

国有金融资本是推进国家现代化、维护国家金融安全的重要保障,是我们党和国家事业发展的重要物质基础和政治基础。国有金融机构是服务实体经济、防控金融风险、深化金融改革的重要支柱,是促进经济和金融良性循环健康发展的重要力量。近年来,我国国有金融资本规模稳步增长,实力日益壮大,管理体制机制不断健全,国有金融机构改革持续推进,运营效益明显提升,为促进社会主义市场经济平稳健康发展做出了重要贡献。但也要看到,当前国有金融资本管理还存在职责分散、权责不明、授权不清、布局不优,以及配置效率有待提高、法治建设不到位等矛盾和问题,需要进一步完善国有金融资本体制机制,优化管理制度。面向未来,在决胜全面建成小康社会、实现社会主义现代化和中华民族伟大复兴的进程中,要认真贯彻落实党中央、国务院决策部署,按照全国金融工作会议要求,继续发挥国有金融资本的重要作用,依法依规管住管好用好、坚定不移做强做优做大国有金融资本,不断增强国有经济的活力、控制力、影响力和抗风险能力。现就完善国有金融资本管理提出如下意见。

一、总体要求

(一)指导思想。高举中国特色社会主义伟大旗帜,以习近平新时代中国特色社会主义思想为指导,全面贯彻党的十九大和全国金融工作会议精神,坚持和完善社会主义基本经济制度,以依法保护各类产权为前提,以提高国有金融资本效益和国有金融机构活力、竞争力和可持续发展能力为中心,以尊重市场经济规律和企业发展规律为原则,以服务实体经济、防控金融风险、深化金融改革为导向,统筹国有金融资本战略布局,完善国有金融资本管理体制,优化国有金融资本管理制度,促进国有金融机构持续健康经营,为推动金融治理体系和治理能力现代化,保障国家金融安全,促进经济社会持续健康发展提供强大支撑。

(二) 基本原则

——坚持服务大局。毫不动摇地巩固和发展公有制经济,保持国有金融资本在金融领域的主导地位,保持国家对重点金融机构的控制力,更好服务于我国社会主义市场经济的发展。

——坚持统一管理。通过法治思维和法治方式推动国有金融资本管理制度创新。加强国有金融资本的统一管理、穿透管理和统计监测,强化国有产权的全流程监管,落实全口径报告制度。

——坚持权责明晰。厘清金融监管部门、履行国有金融资本出资人职责的机构和国有金融机构的权责,完善授权经营体系,清晰委托代理关系。放管结合,健全激励约束机制,严防国有金融资本流失。

——坚持问题导向。聚焦制约国有金融资本管理的问题和障碍,加强协调,统筹施策,理顺管理体制机制,完善基本管理制度,促进国有金融资本布局优化、运作规范和保值增值,切实维护资本安全。

——坚持党的领导。落实全面从严治党要求,加强国有金融机构党的领导和党的建设,推动管资本与管党建相结合,保证党的路线方针政策和重大决策部署不折不扣贯彻落实。

(三) 主要目标

建立健全国有金融资本管理的"四梁八柱",优化国有金融资本战略布局,理顺国有金融资本管理体制,增强国有金融机构活力与控制力,促进国有金融资本保值增值,更好地实现服务实体经济、防控金融风险、深化金融改革三大基本任务。

——法律法规更加健全。制定出台国有金融资本管理法律法规,明晰出资人的法律地位,实现权由法授、权责法定。履行国有金融资本出资人职责的机构依法行使相关权利,按照权责匹配、权责对等原则,承担管理责任。

——资本布局更加合理。有进有退、突出重点,进一步提高国有金融资本配置效率,有效发挥国有金融资本在金融领域的主导作用,继续保持国家对重点国有金融机构的控制力,显著增强金融服务实体经济的能力。

——资本管理更加完善。以资本为纽带,以产权为基础,规范委托代理关系,完善国有金融资本管理方式,创新资本管理机制,强化资本管理手段,发挥激励约束作用,加强基础设施建设,进一步提高管理的科学性、有效性。

——党的建设更加强化。加强党对国有金融机构的领导,强化国有金融机构党的建设,巩固党委(党组)在公司治理中的法定地位,发挥党委(党组)的领导作用,为国有金融资本管理提供坚强有力的政治保证、组织保证和人才支撑。

二、完善国有金融资本管理体制

国有金融资本是指国家及其授权投资主体直接或间接对金融机构出资所形成的资本和应享有的权益。凭借国家权力和信用支持的金融机构所形成的资本和应享有的权益,纳入国有金融资本管理,法律另有规定的除外。

(四)优化国有金融资本配置格局。统筹规划国有金融资本战略布局,适应经济发展需要,有进有退、有所为有所不为,合理调整国有金融资本在银行、保险、证券等行业的比重，提高资本配置效率，实现战略性、安全性、效益性目标的统一。既要减少对国有金融资本的过度占用，又要确保国有金融资本在金融领域保持必要的控制力。对于开发性和政策性金融机构，保持国有独资或全资的性质。对于涉及国家金融安全、外溢性强的金融基础设施类机构，保持国家绝对控制力。对于在行业中具有重要影响的国有金融机构，保持国有金融资本控制力和主导作用。对于处于竞争领域的其他国有金融机构，积极引入各类资本，国有金融资本可以绝对控股、相对控股，也可以参股。继续按照市场化原则，稳妥推进国有金融机构混合所有制改革。

（五）明确国有金融资本出资人职责。国有金融资本属于国家所有即全民所有。国务院代表国家行使国有金融资本所有权。国务院和地方政府依照法律法规，分别代表国家履行出资人职责。按照权责匹配、权责对等、权责统一的原则，各级财政部门根据本级政府授权，集中统一履行国有金融资本出资人职责。国务院授权财政部履行国有金融资本出资人职责。地方政府授权地方财政部门履行地方国有金融资本出资人职责。履行出资人职责的各级财政部门对相关金融机构，依法依规享有参与重大决策、选择管理者、享有收益等出资人权利，并应当依照法律法规和企业章程等规定，履职尽责，保障出资人权益。

（六）加强国有金融资本统一管理。完善国有金融资本管理体制，根据统一规制、分级管理的原则，财政部负责制定全国统一的国有金融资本管理规章制度。各级财政部门依法依规履行国有金融资本管理职责，负责组织实施基础管理、经营预算、绩效考核、负责人薪酬管理等工作。严格规范金融综合经营和产融结合，国有金融资本管理应当与实业资本管理相隔离，建立风险防火墙，避免风险相互传递。各级财政部门根据需要，可以分级分类委托其他部门、机构管理国有金融资本。

（七）明晰国有金融机构的权利与责任。充分尊重企业法人财产权利，赋予国有金融机构更大经营自主权和风险责任。国有金融机构应当严格遵守有关法律法规，加强经营管理，提高经济效益，接受政府及其有关部门、机构依法实施的管理和监督。国有金融机构应当依照法律法规以及企业章程等规定，积极支持国家重大战略实施，建立和完善法人治理结构，健全绩效考核、激励约束、风险控制、利润分配和内部监督管理制度，完善重大决策、重要人事任免、重大项目安排和大额度资金运作决策制度。

（八）以管资本为主加强资产管理。履行国有金融资本出资人职责的机构应当准确把握自身职责定位，科学界定出资人管理边界，按照相关法律法规，逐步建立管理权力和责任清单，更好地实现以管资本为主加强国有资产管理的目标。遵循实质重于形式的原则，以公司治理为基础，以产权监管为手段，对国有金融机构股权出资实施资本穿透管理，防止出现内部人控制。按照市场经济理念，积极发挥国有金融资本投资、运营公司作用，着力创新管理方式和手段，不断完善激励约束机制，提高国有金融资本管理的科学性、有效性。

（九）防范国有金融资本流失。强化国有金融资本内外部监督，严格股东资质和资金来源审查，加快形成全面覆盖、制约有力的监督体系。坚持出资人管理和监督的有机统一，强化出资人监督，动态监测国有金融资本运营。加强对国有金融资本重大布局调整、产权流转和境外投资的监督。完善国有金融机构内部监督体系，明确相关部门监督职责，完善监事会监督制度，强化内部流程控制。加强审计、评估等外部监督和社会公众监督，依法依规、及时准确披露国有金融机构经营状况，提升国有金融资本运营透明度。

三、优化国有金融资本管理制度

（十）健全国有金融资本基础管理制度。建立健全全流程、全覆盖的国有金融资本基础管理体系，完善产权登记、产权评估、产权转让等管理制度，做好国有金融资本清产核资、资本金权属界定、统计分析等工作。加强金融企业国有产权流转管理，及时、全面、准确反映国有金融资本产权变动情况。规范金融企业产权进场交易流程，确保转让过程公开、透明。加强国有金融资本评估监管，独立、客观、公正地体现资产价值。整合金融行业投资者保险保障资源，完善国有重点金融机构恢复和处置机制，强化股东、实际控制人及债权人自我救助责任。

（十一）落实国有金融资本经营预算管理制度。按照统一政策、分级管理、全面覆盖的原则，加强金融机构国有资本收支管理。规范国家与国有金融机构的分配关系，全面完整反映国有金融资本经营收入，合理确定国有金融机构利润上缴比例，平衡好分红和资本补充。结合国有金融资本布局需要，不断优化国有金融资本经营预算支出结构，建立国有金融机构资本补充和动态调整机制，健全国有金融资本经营收益合理使用的有效机制。国有金融资本经营预算决算依法接受人大及其常委会的审查监督。

（十二）严格国有金融资本经营绩效考核制度。通过界定功能、划分类别，分行业明确差异化考核目标，实行分类定责、分类考核，提高考核的科学性、有效性，综合反映国有金融机构资产营运水平和社会贡献，推动金融机构加强经营管理，促进金融机构健康发展，有效服务国家战略。加强绩效考核结果运用，建立考核结果与企业负责人履职尽责情况、员工薪酬水平的奖惩联动机制。

（十三）健全国有金融机构薪酬管理制度。对国有金融机构领导人员实行与选任方式相匹配、与企业功能性质相适应、与绩效考核相挂钩的差异化薪酬分配办法。对党中央、国务院，地方党委和政府及相关机构任命的国有金融机构领导人员，建立正向激励机制，合理确定基本年薪、绩效年薪和任期激励收入。对市场化选聘的职业经理人，实行市场化薪酬分配机制。探索建立国有金融机构高管人员责任追究和薪酬追回制度。探索实施国有金融企业员工持股计划。

（十四）加强金融机构和金融管理部门财政财务监管。财政部门负责制定金融机构和金融管理部门财务预算制度，并监督执行。进一步完善金融企业财务规则，完善中国人民银行独立财务预算制度和其他金融监管部门财务制度，建立金融控股公司等金融集团和重点金融基础设施财务管理制度。各级财政部门依法对本级国有金融机构进行财务监管，规范企业财务行为，维护国有金融资本权益。继续加强银行、证券、保险、期货、信托等领域保障基金财政财务管理，健全财务风险监测与评价机制，防范和化解财务风险，保护相关各方合法权益。

四、促进国有金融机构持续健康经营

（十五）深化公司制股份制改革。加大国有金融机构公司制改革力度，推动具备条件的国有金融机构整体改制上市。推进凭借国家权力和信用支持的金融机构稳步实施公司制改革。根据不同金融机构的功能定位，逐步调整国有股权比例，形成股权结构多元、股东行为规范、内部约束有效、运行高效灵活的经营机制。

（十六）健全公司法人治理结构。规范股东（大）会、董事会、监事会与经营管理层关系，健全国有金融机构授权经营体系，出资人依法履行职责。推进董事会建设，完善决策机制，加强董事会在重大决策、选人用人和激励机制等方面的重要职责。按照市场监管与出资人职责相分离的原则，理顺国有金融机构管理体制。建立董事会与管理层制衡机制，规范董事长、总经理（总裁、行长）履职行为，建立健全权责对等、运转协调、有效制衡的国有金融机构决策执行监督机制，充分发挥股东（大）会的权力机构作用、董事会的决策机构作用、监事会的监督机构作用、高级管理层的执行机构作用、党委（党组）的领导作用。

（十七）建立国有金融机构领导人员分类分层管理制度。坚持党管干部原则与董事会依法产生、董事会依法选择经营管理者、经营管理者依法行使用人权相结合，不断创新实现形式。上级党组织和履行国有金融资本出资人职责的机构按照管理权限，加强对国有金融机构领导人员的管理，根据不同机构类别和层级，实行不同的选人用人方式。推行职业经理人制度，董事会按市场化方式选聘和管理职业经理人，并建立相应退出机制。

（十八）推动国有金融机构回归本源、专注主业。推动国有金融机构牢固树立与实体经济俱荣俱损理念，加强并改进对重点领域和薄弱环节的服务，围绕实体经济需要，开发新产品、开拓新业务。规范金融综合经营，依法合规开展股权投资，严禁国有金融企业凭借资金优势控制非金融企业。发挥好绩效目标的导向作用，引导国有金融机构把握好发展方向、战略定位、经营重点，突出主业、做精专业，提高稳健发展能力、服务能力与核心竞争力。

（十九）督促国有金融机构防范风险。强化国有金融机构防范风险的主体责任。推动国有金融机构细化完善内控体系，严守财务会计规则和金融监管要求，强化自身资本管理和偿付能力管理，保证充足的风险吸收能力。督促国有金融机构坚持审慎经营，加强风险源头控制，动态排查信用风险等各类风险隐患，健全风险防范和应急处置机制。规范产融结合，按照金融行业准入条件，严格限制和规范非金融企业投资参股国有金融企业，参股资金必须使用自有资金。各级财政部门、中央和国家机关有关部委以及地方政府不得干预金融监管部门依法监管。

五、加强党对国有金融机构的领导

（二十）充分发挥党委（党组）的领导作用。坚持党要管党、从严治党，坚持党对国有金融机构的领导不动摇，发挥党委

（党组）的领导作用。坚持党的建设与国有金融机构改革同步谋划、党的组织及工作机构同步设置、党委（党组）负责人及党务工作人员同步配备、党建工作同步开展。国有金融机构党委（党组）把方向、管大局、保落实，重点管政治方向、领导班子、基本制度、重大决策和党的建设，切实承担好、落实好从严管党治党责任。把加强党的领导和完善公司治理统一起来，将党建工作总体要求纳入国有金融机构章程，明确国有金融机构党委（党组）在公司治理结构中的法定地位，规范党委（党组）参与重大决策的内容和程序规则，把党委（党组）会议研究讨论作为董事会决策重大问题的前置程序。合理确定党委（党组）领导班子成员和董事会、监事会、管理层双向进入、交叉任职比例。

（二十一）进一步加强领导班子和人才队伍建设。坚持党管干部原则，坚持好干部标准，建设高素质领导班子。按照对党忠诚、勇于创新、治企有方、兴企有为、清正廉洁的要求，选优配强国有金融机构一把手，认真落实"一岗双责"。把党委（党组）领导与董事会依法选聘管理层、管理层依法行使用人权有机结合起来，加大市场化选聘力度。健全领导班子考核制度。培养德才兼备的优秀管理人员，造就兼具经济金融理论与实践经验的复合型人才。制订金融高端人才计划，重视从一线发现人才，精准引进海外高层次人才，加快建立健全国有金融机构集聚人才的体制机制。

（二十二）切实落实全面从严治党"两个责任"。压紧压实国有金融机构党委（党组）主体责任和纪检监察机构监督责任。健全国有金融机构领导人员职业道德约束制度，加强党性教育、法治教育、警示教育，引导国有金融机构领导人员坚定理想信念，正确履职行权，廉洁从业，勤勉敬业。依法依规规范金融管理部门工作人员到金融机构从业行为，相关部门要制定实施细则，严格监督执行，限制金融管理部门工作人员离职后到原任职务管辖业务范围内的金融机构、原工作业务直接相关的金融机构工作，规范国有金融机构工作人员离职后到与原工作业务相关单位从业行为，完善国有金融管理部门和国有金融机构工作人员任职回避制度，杜绝里应外合、利益输送行为，防范道德风险。坚持运用法治思维和法治方式反腐败，完善标本兼治的制度体系，加强纪检监察、巡视监督和日常监管，严格落实中央八项规定及其实施细则精神，深入推进党风廉政建设和反腐败斗争，努力构筑国有金融机构领导人员不敢腐、不能腐、不想腐的有效机制。

六、协同推进强化落实

（二十三）加强法治建设。健全国有金融资本管理法律法规体系，做好相关法律法规的立改废释工作。按照法定程序，加快制定国有金融资本管理条例，明确授权经营体制，为完善国有金融资本管理体制机制夯实法律基础。研究建立统一的国有金融资本出资人制度，明确出资人的权利、义务和责任。完善和落实国有金融资本管理各项配套政策。

（二十四）加强协调配合。履行国有金融资本出资人职责的机构要与人民银行、金融监管部门加强沟通协调和信息共享，形成工作合力。履行国有金融资本出资人职责的机构在制定完善国有金融资本管理制度时，涉及其他金融管理部门有关监管职责的，应当主动征求有关部门意见。其他金融管理部门在制定发布相关监管政策时，要及时向履行国有金融资本出资人职责的机构通报相关情况。

（二十五）严格责任追究。建立健全国有金融机构重大决策失误和失职、渎职责任追究倒查机制，严厉查处侵吞、贪污、输送、挥霍国有金融资本的行为。建立健全国有金融资本管理的监督问责机制，对形成风险没有发现的失职行为，对发现风险没有及时提示和处置的渎职行为，加大惩戒力度。对重大违法违纪问题敷衍不追、隐匿不报、查处不力的,严格追究有关部门和相关人员责任,构成犯罪的,坚决依法追究刑事责任。

(二十六)加强信息披露。建立统一的国有金融资本统计监测和报告制度,完整反映国有金融资本的总量、投向、布局、处置、收益等内容,编制政府资产负债表,报告国有金融机构改革、资产监管、风险控制、高级管理人员薪酬等情况。国有金融资本情况要全口径向党中央报告,并按规定向全国人大常委会报告国有金融资产管理情况,具体报告责任由财政部承担。各级财政部门定期向同级政府报告国有金融资本管理情况。国务院和地方政府应当对履行出资人职责机构的履职情况进行监督,依法向社会公布国有金融资本状况,接受社会公众的监督。

各级党委和政府要统一思想,以高度的政治责任感和历史使命感,切实履行对完善国有金融资本管理工作的领导责任。要根据本意见,结合实际制定实施意见,加强统筹协调、明确责任分工、细化目标任务、强化督促落实,确保国有金融资本管理得到有效加强。

国务院办公厅关于印发文化体制改革中经营性文化事业单位转制为企业和进一步支持文化企业发展两个规定的通知

（2018年12月18日 国办发〔2018〕124号）

各省、自治区、直辖市人民政府，国务院各部委、各直属机构：

中央宣传部会同中央网信办、发展改革委、科技部、财政部、人力资源社会保障部、自然资源部、商务部、文化和旅游部、人民银行、税务总局、市场监管总局、广电总局等有关部门和单位拟定的《文化体制改革中经营性文化事业单位转制为企业的规定》和《进一步支持文化企业发展的规定》已经国务院同意，现印发给你们，请认真贯彻执行。

文化体制改革中经营性文化事业单位转制为企业的规定

为进一步深化文化体制改革，继续推进国有经营性文化事业单位转企改制，特制定以下规定：

一、关于公司制股份制改革

（一）经营性文化事业单位转制为企业，要依法登记为有限责任公司或股份有限公司，加快构建有文化特色的现代企业制度，坚持正确导向和经营方向，坚持国有资本主导地位，积极稳妥推进混合所有制改革，形成有效制衡的公司法人治理结构和灵活高效的市场化经营机制，推动企业做强做优做大。

（二）完善法人治理结构。公司党委（党组）领导班子成员依法定程序，以双向进入、交叉任职的方式进入董事会、经理层、内设监事会，党委（党组）书记同时任董事长（执行董事）、为公司法定代表人，党员总经理一般担任党委（党组）副书记，专职副书记一般进入董事会。党委（党组）发挥领导作用，把方向、管大局、保落实，依照规定研究讨论涉及内容导向管理的重大事项及公司运营与发展的重大决策、重要人事任免、重大项目安排、大额度资金使用等事项，并作为董事会、经理层决策的前置程序。建立健全决策合法性审查机制，充分发挥法律顾问、公司律师的作用，促进依法经营、依法管理。

（三）从事内容创作生产传播的公司，设立总编辑或艺术总监等专门岗位，设董事会的，须设立编辑委员会或艺术委员会等专门委员会，为董事会有关内容导向管理的重大事项提供决策咨询。

（四）推进国有文化企业内部资源整合，进一步聚焦主业，压缩企业管理层级，将投资决策权向三级以上企业集中，减少法人户数。

二、关于国有文化资产管理

（五）建立健全党委和政府监管国有文化资产的管理机构，完善党委和政府监管有机结合、宣传部门有效主导的管理模式，实现管人管事管资产管导向相统一，推动党政部门与其所属的文化企业进一步理顺关系，推动主管主办制度与出资人制度相衔接。

（六）经营性文化事业单位转制为企业，要认真做好资产清查、资产评估、产权登记等基础工作，依法落实原有债权债务。国有文化企业公司章程制定和修改、注册资本增减、重组整合、破产解散、改制上市、国有产权转让、无偿划拨、组建集团、发行债券、法定代表人变更等重大变动事项，报同级国有文化资产管理机构审批，并按有关程序和规定办理。

（七）国有文化企业依照相关规定定期报告财务状况、生产经营状况、国有资产保值增值状况和社会效益情况。加强国有文化企业社会效益和经济效益综合考核，探索建立国有资产保值增值考核与社会效益考核相结合的综合评价体系。

（八）建立健全文化企业国有资本经营预算制度，通过国有资本金注入，优化国有资本配置，发挥国有资本引导作用，推进国有文化企业兼并重组、转型升级，促进文化产业布局优化。

（九）推进国有文化资本授权经营，形成国有文化资本流动重组、布局调整的有效平台，优化资源配置，推动国有文化企业增强实力、活力、抗风险能力，更好地发挥控制力、影响力。

三、关于资产和土地处置

（十）经营性文化事业单位在转制过程中，对于清查出的资产损失按规定报经批准后进行核销；切实维护银行合法债权安全，严肃处理各类借转制之名逃废银行债务行为，维护金融安全稳定。转制后财务制度应执行《企业财务通则》，会计制度应执行《企业会计准则》或《小企业会计准则》。

（十一）经营性文化事业单位转制涉及的原划拨土地，转制后符合《划拨用地目录》的，可继续以划拨方式使用；不符合《划拨用地目录》的，应当依法实行有偿使用。经省级以上人民政府批准，经营性文化事业单位转制为国有独资或国有控股企业的，原生产经营性划拨用地，经批准可采用作价出资（入股）方式配置；经营性文化事业单位转制为国有参股企业或非国有企业的，原生产经营性划拨用地可采用协议出让或租赁方式进行土地资产处置。

四、关于收入分配

（十二）转制后执行企业收入分配制度。按照国家有关规定实行工资总额预算管理，由国有文化企业自主编制，按规定履行内部决策程序后，报有关部门核准或备案后执行。完善工资与效益联动机制，工资效益联动指标应同时选取反映社会效益和经济效益、国有资本保值增值的指标。建立健全以岗位工资为主的基本工资制度，以岗位价值为依据，以业绩为导向，参照劳动力市场工资价位并结合企业社会效益和经济效益，合理确定不同岗位的工资水平，使职工工资收入与其工作业绩和实际贡献紧密挂钩，合理拉开工资分配差距。人力资源社会保障部门、国有文化资产管理机构和企业主管主办部门要加强对国有文化企业工资收入分配的指导和监督，规范国有文化企业收入分配秩序。

（十三）完善国有文化企业负责人薪酬管理机制，国有独资及国有控股公司的负责人收入分配应与社会效益和经济效益综合评价考核结果挂钩。

五、关于社会保障

（十四）转制后自企业登记注册的次月起按企业办法参加社会保险。转制时在职人员按国家规定计算的连续工龄，视同缴费年限，不再补缴基本养老保险费。

（十五）离休人员的医疗保障继续执行现行办法，也可按照所在统筹地区相关规定纳入离休人员医药费单独统筹，所需资金按原渠道解决；转制前已退休人员中，原享受公费医疗的，在享受基本医疗保险待遇的基础上，可以参照国家公务员医疗补助办法，实行医疗补助。

（十六）中央各部门各单位设在地方的出版单位、中央各部门各单位出版单位在地方的派出（分支）机构的人员，转制后按规定纳入当地社会保障体系。

六、关于人员安置

（十七）对转制时距国家法定退休年龄五年以内的原事业编制内人员，本人申请并经转制单位批准，可以提前离岗，离岗期间的工资福利等基本待遇不变，单位和个人继续按规定缴纳各项社会保险费，达到国家法定退休年龄时，按照国家规定办理退休手续。

（十八）转制时，要按照国家相关法律规定，自企业登记注册之日起与在职职工全部签订劳动合同。职工在事业单位的工作年限合并计算为转制后企业的工作年限。转制后根据经营方向确需分流人员的，应按照规定处理劳动关系，对符合支付经济补偿条件的，应依法支付经济补偿。

（十九）转制企业应当切实保障职工的合法权益。转制时，对提前离岗人员所需的基本待遇及各项社会保险费、分流人员所需的经济补偿金，可从评估后的净资产中预留或从国有产权转让收入中优先支付。净资产不足的，财政部门也可给予一次性补助。

七、关于财政税收

（二十）财税部门应认真落实适用于转制企业的现行财税优惠政策。

（二十一）原事业编制内职工的住房公积金、住房补贴中由财政负担部分，转制后继续由财政部门在预算中拨付；转制前人员经费由财政负担的离退休人员的住房补贴尚未解决的，转制时由财政部门一次性拨付解决；转制前人员经费自理的离退休人员以及转制后离退休人员和在职职工住房补贴资金，由转制单位按照所在地市、县级人民政府有关企业住房分配货币化改革政策以及企业财务会计制度的规定，从本单位相应资金渠道列支。转制后原有的正常事业费继续拨付。

（二十二）为确保转制工作顺利进行，同级财政可一次性拨付一定数额的资金，主要用于资产评估、审计、政策法律咨询等。

（二十三）经营性文化事业单位转制为企业后，五年内免征企业所得税。2018年12月31日之前已完成转制的企业，自2019年1月1日起可继续免征五年企业所得税。

（二十四）由财政部门拨付事业经费的经营性文化事业单位转制为企业，对其自用房产五年内免征房产税。2018年12月31日之前已完成转制的企业，自2019年1月1日起对其自用房产可继续免征五年房产税。

（二十五）对经营性文化事业单位转制中资产评估增值、资产转让或划转涉及的企业所得税、增值税、城市维护建设税、契税等，符合现行规定的享受相应税收优惠政策。

（二十六）党报、党刊将其发行、印刷业务及相应的经营性资产剥离组建的文化企业，所取得的党报、党刊发行收入和印刷收入免征增值税。

（二十七）经省级人民政府批准，2020年年底前省属重点文化企业可免缴国有资本收益。

八、关于法人登记

（二十八）转制后的企业名称，应当符合企业名称登记管理的规定。原单位名称中冠以"中国""中华""全国""国家""国际"等字样的，按有关规定经批准可继续注册使用。

（二十九）转制后须核销事业编制，注销事业单位法人，并依法办理企业登记注册。

九、关于党的建设

（三十）经营性文化事业单位在转制过程中，要按照党章和有关党内法规，做好党组织设置工作，理顺党组织隶属关系，坚持党的建设同步谋划、党的组织及工作机构同步设置、党组织负责人及党务工作人员同步配备、党的工作同步开展，实现体制对接、机制对接、制度对接和工作对接，充分发挥企业党委（党组）领导作用。把党建工作要求写入企业章程，明确党组织的地位作用、职责权限、设置形式、经费保障等内容和要求，确保企业党的组织和党的工作全覆盖。企业党组织的领导关系要按照有利于加强党的领导和开展党的工作，有利于促进企业改革和发展的原则确定。党委宣传部门、组织部门要加强对国有文化企业党建工作的指导。

（三十一）转制企业要认真学习贯彻习近平新时代中国特色社会主义思想，坚持正确政治方向，站稳政治立场。根据实际需要设立党建工作机构、配备党务工作人员，大型文化企业（集团）应设置专门的党建工作机构和专职抓党建工作的副书记。积极吸收各方面人才特别是优秀青年入党，着力扩大在采编、创作等岗位的党员比例。建立企业党建工作责任制和意识形态工作责任制落实情况报告制度，开展党委（党组）书记抓基层党建述职评议考核工作。加强党员教育管理，推进"两学一做"学习教育常态化制度化，加强党支部标准化、规范化建设，创新党组织活动方式，充分发挥基层党组织战斗堡垒作用和党员先锋模范作用。

中央所属转制文化企业的认定，由中央宣传部会同财政部、税务总局确定并发布名单；地方所属转制文化企业的认定，按照登记管理权限，由地方各级宣传部门会同同级财政、税务部门确定和发布名单，并按程序抄送中央宣传部、财政部和税务总局。除第二十三条、第二十四条所列政策外，上述政策凡未注明具体期限的，执行期限为2019年1月1日至2023年12月31日。

进一步支持文化企业发展的规定

为进一步深化文化体制改革，促进文化企业发展，特制定以下规定：

一、关于财政税收

（一）中央财政和地方财政应通过文化产业发展专项资金等现有资金渠道，创新资金投入方式，完善政策扶持体系，支持文化企业发展。

（二）对电影制片企业销售电影拷贝（含数字拷贝）、转让版权取得的收入，电影发行企业取得的电影发行收入，电影放映企业在农村的电影放映收入免征增值税。一般纳税人提供的城市电影放映服务，可以按现行政策规定，选择按照简易计税办法计算缴纳增值税。

（三）对广播电视运营服务企业收取的有线数字电视基本收视维护费和农村有线电视基本收视费，免征增值税。

（四）落实和完善有利于文化内容创意生产、非物质文化遗产项目经营的税收优惠政策。

（五）加大对国家文化出口重点企业和项目扶持力度，加强国家文化出口基地建设。

（六）加大财政对文化科技创新的支持，将文化科技纳入国家相关科技发展规划和计划，加强国家文化和科技融合示范基地建设，积极鼓励文化与科技深度融合，促进文化企业、文化产业转型升级，发展新型文化业态。

（七）通过政府购买、消费补贴等途径，引导和支持文化企业提供更多文化产品和服务，鼓励出版适应群众购买能力的图书报刊，鼓励在商业演出和电影放映中安排低价场次或门票，鼓励网络文化运营商开发更多低收费业务。加大对文化消费基础设施建设、改造投资力度，完善政府投入方式，建立健全社会力量、社会资本参与机制，促进多层次多业态文化消费设施发展。

（八）认真落实支持现代服务业、中小企业特别是小微企业等发展的有关优惠政策，促进中小文化企业发展。

二、关于投资和融资

（九）对投资兴办文化企业的，有关行政主管部门应当提高行政审批效率，并不得收取国家规定之外的任何附加费用。

（十）在国家许可范围内，鼓励和引导社会资本以多种形式投资文化产业，参与国有经营性文化事业单位转企改制，允许以控股形式参与国有影视制作机构、文艺院团改制经营，在投资核准、银行贷款、土地使用、税收优惠、上市融资、发行债券、对外贸易等方面给予支持。

（十一）鼓励国有文化产业投资基金作为文化产业的战略投资者，对重点领域的文化企业进行股权投资。创新基金投资模式，更好地发挥各类文化产业投资基金的引导和杠杆作用，推动文化企业跨地区、跨行业、跨所有制兼并重组，切实维护国家文化安全。

（十二）创新文化产业投融资体制，推动文化资源与金融资本有效对接，鼓励有条件的文化企业利用资本市场发展壮大，推动资产证券化，鼓励文化企业充分利用金融资源，投资开发战略性、先导性文化项目。

（十三）通过公司制改建实现投资主体多元化的文化企业，符合条件的可申请上市。鼓励符合条件的已上市文化企业通过公开增发、定向增发等再融资方式进行并购和重组。鼓励符合条件的文化企业进入中小企业板、创业板、新三板、科创板等融资。鼓励符合条件的文化企业通过发行企业债券、公司债券、非金融企业债务融资工具等方式扩大融资，鼓励以商标权、专利权等无形资产和项目未来收益权提供质押担保以及第三方公司提供增信措施等形式，提高文化企业的融资能力，实现融资渠道多元化。

（十四）针对文化企业的特点，研究制定知识产权、文化品牌等无形资产的评估、质押、登记、托管、投资、流转和变现等办法，完善无形资产和收益权抵（质）押权登记公示制度，鼓励金融机构积极开展金融产品和服务方式创新。在风险可控、商业可持续原则下,进一步推广知识产权质押融资、供应链融资、并购融资、订单融资等贷款业务,加大对文化企业的有效信贷投入。鼓励开发文化消费信贷产品。

(十五)探索建立符合文化企业特点的公共信用综合评价制度。加强对文化企业的分类监管,鼓励各类担保机构对文化企业提供融资担保,通过再担保、联合担保以及担保与保险相结合等方式分散风险。

三、关于资产和土地处置

(十六)发生分立、合并、重组、改制、撤销等经济行为涉及国有资产或产权结构重大变动的文化企业,应当按照国家有关规定进行清产核资,清产核资工作中发现的资产损失经确认后应当依次冲减未分配利润、盈余公积、资本公积、实收资本。

(十七)文化企业改制涉及的原划拨土地,改制后符合《划拨用地目录》的,可继续以划拨方式使用;不符合《划拨用地目录》的,应当依法实行有偿使用。经省级以上人民政府批准,国有文化企业改制为授权经营或国有控股企业的,原生产经营性划拨用地,经批准可采用作价出资(入股)方式配置。文化企业改制为一般竞争性企业的,原生产经营性划拨用地可采用协议出让或租赁方式进行土地资产处置。

(十八)利用划拨方式取得的存量房产、土地兴办文化产业的,符合《划拨用地目录》的,可按划拨方式办理用地手续;不符合《划拨用地目录》的,在符合国家有关规定的前提下可采取协议出让方式办理。

(十九)将文化类建设用地纳入城乡规划、土地利用总体规划,有效保障文化产业设施、项目用地需求。鼓励利用闲置设施、盘活存量建设用地发展文化产业。鼓励将城市转型中退出的工业用地根据相关规划优先用于发展文化产业。企业利用历史建筑、旧厂房、仓库等存量房产、土地，或生产装备、设施发展文化产业，可实行继续按原用途和土地权利类型使用土地的过渡期政策。

四、关于工商管理

（二十）允许投资人以知识产权等无形资产评估作价出资组建文化企业，具体按国家法律规定执行。

上述政策适用于所有文化企业，执行期限为2019年1月1日至2023年12月31日。

二、工资类

中国共产党纪律处分条例（节选）

（2018年8月18日）

第六条 本条例适用于违犯党纪应当受到党纪责任追究的党组织和党员。

第八条 对党员的纪律处分种类：
（一）警告；
（二）严重警告；
（三）撤销党内职务；
（四）留党察看；
（五）开除党籍。

第八十七条 纵容、默许配偶、子女及其配偶等亲属、身边工作人员和其他特定关系人利用党员干部本人职权或者职务上的影响谋取私利，情节较轻的，给予警告或者严重警告处分；情节较重的，给予撤销党内职务或者留党察看处分；情节严重的，给予开除党籍处分。

党员干部的配偶、子女及其配偶等亲属和其他特定关系人不实际工作而获取薪酬或者虽实际工作但领取明显超出同职级标准薪酬,党员干部知情未予纠正的,依照前款规定处理。

第九十四条 违反有关规定从事营利活动,有下列行为之一,情节较轻的,给予警告或者严重警告处分;情节较重的,给予撤销党内职务或者留党察看处分;情节严重的,给予开除党籍处分:

(一)经商办企业的;
(二)拥有非上市公司(企业)的股份或者证券的;
(三)买卖股票或者进行其他证券投资的;
(四)从事有偿中介活动的;
(五)在国(境)外注册公司或者投资入股的;
(六)有其他违反有关规定从事营利活动的。

利用参与企业重组改制、定向增发、兼并投资、土地使用权出让等决策、审批过程中掌握的信息买卖股票,利用职权或者职务上的影响通过购买信托产品、基金等方式非正常获利的,依照前款规定处理。

违反有关规定在经济组织、社会组织等单位中兼职,或者经批准兼职但获取薪酬、奖金、津贴等额外利益的,依照第一款规定处理。

第一百零三条 违反有关规定组织、参加用公款支付的宴请、高消费娱乐、健身活动,或者用公款购买赠送或者发放礼品、消费卡(券)等,对直接责任者和领导责任者,情节较轻的,给予警告或者严重警告处分;情节较重的,给予撤销党内职务或者留党察看处分;情节严重的,给予开除党籍处分。

第一百零四条 违反有关规定自定薪酬或者滥发津贴、补贴、奖金等,对直接责任者和领导责任者,情节较轻的,给予警告或者严重警告处分;情节较重的,给予撤销党内职务或者留党察看处分;情节严重的,给予开除党籍处分。

中华人民共和国公职人员
政务处分法（节选）

（2020年6月20日第十三届全国人民代表大会
常务委员会第十九次会议通过）

第一条 为了规范政务处分，加强对所有行使公权力的公职人员的监督，促进公职人员依法履职、秉公用权、廉洁从政从业、坚持道德操守，根据《中华人民共和国监察法》，制定本法。

第二条 本法适用于监察机关对违法的公职人员给予政务处分的活动。

本法第二章、第三章适用于公职人员任免机关、单位对违法的公职人员给予处分。处分的程序、申诉等适用其他法律、行政法规、国务院部门规章和国家有关规定。

本法所称公职人员，是指《中华人民共和国监察法》第十五条规定的人员。

第七条 政务处分的种类为：

（一）警告；

（二）记过；

（三）记大过；

（四）降级；

（五）撤职；

（六）开除。

第八条 政务处分的期间为：

（一）警告，六个月；

（二）记过，十二个月；

（三）记大过，十八个月；

（四）降级、撤职，二十四个月。

政务处分决定自作出之日起生效，政务处分期自政务处分决定生效之日起计算。

第二十一条 国有企业管理人员在政务处分期内，不得晋升职务、岗位等级和职称；其中，被记过、记大过、降级、撤职的，不得晋升薪酬待遇等级。被撤职的，降低职务或者岗位等级，同时降低薪酬待遇。

第二十二条 基层群众性自治组织中从事管理的人员有违法行为的，监察机关可以予以警告、记过、记大过。

基层群众性自治组织中从事管理的人员受到政务处分的，应当由县级或者乡镇人民政府根据具体情况减发或者扣发补贴、奖金。

第二十三条 《中华人民共和国监察法》第十五条第六项规定的人员有违法行为的，监察机关可以予以警告、记过、记大过。情节严重的，由所在单位直接给予或者监察机关建议有关机关、单位给予降低薪酬待遇、调离岗位、解除人事关系或者劳动关系等处理。

《中华人民共和国监察法》第十五条第二项规定的人员，未担任公务员、参照《中华人民共和国公务员法》管理的人员、事业单位工作人员或者国有企业人员职务的，对其违法行为依照前款规定处理。

第二十六条 公职人员被开除的，自政务处分决定生效之日起,应当解除其与所在机关、单位的人事关系或者劳动关系。

公职人员受到开除以外的政务处分,在政务处分期内有悔改表现,并且没有再发生应当给予政务处分的违法行为的,政务处分期满后自动解除,晋升职务、职级、衔级、级别、岗位和职员等级、职称、薪酬待遇不再受原政务处分影响。但是,解除降级、撤职的,不恢复原职务、职级、衔级、级别、岗位和职员等级、职称、薪酬待遇。

第三十五条 有下列行为之一,情节较重的,予以警告、记过或者记大过;情节严重的,予以降级或者撤职:

(一)违反规定设定、发放薪酬或者津贴、补贴、奖金的;

(二)违反规定,在公务接待、公务交通、会议活动、办公用房以及其他工作生活保障等方面超标准、超范围的;

(三)违反规定公款消费的。

第三十六条 违反规定从事或者参与营利性活动,或者违反规定兼任职务、领取报酬的,予以警告、记过或者记大过;情节较重的,予以降级或者撤职;情节严重的,予以开除。

第六十条 公职人员的政务处分决定被变更,需要调整该公职人员的职务、职级、衔级、级别、岗位和职员等级或者薪酬待遇等的,应当按照规定予以调整。政务处分决定被撤销的,应当恢复该公职人员的级别、薪酬待遇,按照原职务、职级、衔级、岗位和职员等级安排相应的职务、职级、衔级、岗位和职员等级,并在原政务处分决定公布范围内为其恢复名誉。没收、追缴财物错误的,应当依法予以返还、赔偿。

公职人员因有本法第五十七条、第五十八条规定的情形被撤销政务处分或者减轻政务处分的,应当对其薪酬待遇受到的损失予以补偿。

中华人民共和国科学技术进步法（节选）

（1993年7月2日第八届全国人民代表大会常务委员会第二次会议通过　2007年12月29日第十届全国人民代表大会常务委员会第三十一次会议第一次修订　2021年12月24日第十三届全国人民代表大会常务委员会第三十二次会议第二次修订）

第四十六条　国有企业应当建立健全有利于技术创新的研究开发投入制度、分配制度和考核评价制度，完善激励约束机制。

国有企业负责人对企业的技术进步负责。对国有企业负责人的业绩考核，应当将企业的创新投入、创新能力建设、创新成效等情况纳入考核范围。

第六十条　各级人民政府、企业事业单位和社会组织应当采取措施，完善体现知识、技术等创新要素价值的收益分配机制，优化收入结构，建立工资稳定增长机制，提高科学技术人员的工资水平；对有突出贡献的科学技术人员给予优厚待遇和荣誉激励。

利用财政性资金设立的科学技术研究开发机构和高等学校的科学技术人员，在履行岗位职责、完成本职工作、不发生利益冲突的前提下，经所在单位同意，可以从事兼职工作获得合法收入。技术开发、技术咨询、技术服务等活动的奖酬金提取,按照科技成果转化有关规定执行。

国家鼓励科学技术研究开发机构、高等学校、企业等采取股权、期权、分红等方式激励科学技术人员。

国务院关于改革国有企业工资
决定机制的意见

(2018年5月13日 国发〔2018〕16号)

各省、自治区、直辖市人民政府，国务院各部委、各直属机构：

国有企业工资决定机制改革是完善国有企业现代企业制度的重要内容，是深化收入分配制度改革的重要任务，事关国有企业健康发展，事关国有企业职工切身利益，事关收入分配合理有序。改革开放以来，国家对国有大中型企业实行工资总额同经济效益挂钩办法，对促进国有企业提高经济效益、调动广大职工积极性发挥了重要作用。随着社会主义市场经济体制逐步健全和国有企业改革不断深化，现行国有企业工资决定机制还存在市场化分配程度不高、分配秩序不够规范、监管体制尚不健全等问题，已难以适应改革发展需要。为改革国有企业工资决定机制，现提出以下意见。

一、总体要求

（一）指导思想。

全面贯彻党的十九大精神，以习近平新时代中国特色社会主义思想为指导，认真落实党中央、国务院决策部署，统筹推进"五位一体"总体布局和协调推进"四个全面"战略布局，坚持以人民为中心的发展思想，牢固树立和贯彻落实新发展理念，按照深化国有企业改革、完善国有资产管理体制和坚持按劳分配原则、完善按要素分配体制机制的要求,以增强国有企业活力、提升国有企业效率为中心,建立健全与劳动力市场基本适应、与国有企业经济效益和劳动生产率挂钩的工资决定和正常增长机制,完善国有企业工资分配监管体制,充分调动国有企业职工的积极性、主动性、创造性,进一步激发国有企业创造力和提高市场竞争力,推动国有资本做强做优做大,促进收入分配更合理、更有序。

(二)基本原则。

——坚持建立中国特色现代国有企业制度改革方向。坚持所有权和经营权相分离,进一步确立国有企业的市场主体地位,发挥企业党委(党组)领导作用,依法落实董事会的工资分配管理权,完善既符合企业一般规律又体现国有企业特点的工资分配机制,促进国有企业持续健康发展。

——坚持效益导向与维护公平相统一。国有企业工资分配要切实做到既有激励又有约束、既讲效率又讲公平。坚持按劳分配原则,健全国有企业职工工资与经济效益同向联动、能增能减的机制,在经济效益增长和劳动生产率提高的同时实现劳动报酬同步提高。统筹处理好不同行业、不同企业和企业内部不同职工之间的工资分配关系,调节过高收入。

——坚持市场决定与政府监管相结合。充分发挥市场在国有企业工资分配中的决定性作用,实现职工工资水平与劳动力市场价位相适应、与增强企业市场竞争力相匹配。更好发挥政府对国有企业工资分配的宏观指导和调控作用,改进和加强事前引导和事后监督,规范工资分配秩序。

——坚持分类分级管理。根据不同国有企业功能性质定位、行业特点和法人治理结构完善程度,实行工资总额分类管理。按照企业国有资产产权隶属关系,健全工资分配分级监管体制,落实各级政府职能部门和履行出资人职责机构(或其他企业主管部门，下同）的分级监管责任。

二、改革工资总额决定机制

（三）改革工资总额确定办法。按照国家工资收入分配宏观政策要求，根据企业发展战略和薪酬策略、年度生产经营目标和经济效益，综合考虑劳动生产率提高和人工成本投入产出率、职工工资水平市场对标等情况，结合政府职能部门发布的工资指导线，合理确定年度工资总额。

（四）完善工资与效益联动机制。企业经济效益增长的，当年工资总额增长幅度可在不超过经济效益增长幅度范围内确定。其中，当年劳动生产率未提高、上年人工成本投入产出率低于行业平均水平或者上年职工平均工资明显高于全国城镇单位就业人员平均工资的，当年工资总额增长幅度应低于同期经济效益增长幅度；对主业不处于充分竞争行业和领域的企业，上年职工平均工资达到政府职能部门规定的调控水平及以上的，当年工资总额增长幅度应低于同期经济效益增长幅度，且职工平均工资增长幅度不得超过政府职能部门规定的工资增长调控目标。

企业经济效益下降的，除受政策调整等非经营性因素影响外，当年工资总额原则上相应下降。其中，当年劳动生产率未下降、上年人工成本投入产出率明显优于行业平均水平或者上年职工平均工资明显低于全国城镇单位就业人员平均工资的，当年工资总额可适当少降。

企业未实现国有资产保值增值的，工资总额不得增长，或者适度下降。

企业按照工资与效益联动机制确定工资总额，原则上增人不增工资总额、减人不减工资总额，但发生兼并重组、新设企业或机构等情况的，可以合理增加或者减少工资总额。

（五）分类确定工资效益联动指标。根据企业功能性质定位、行业特点，科学设置联动指标，合理确定考核目标，突出不同考核重点。

对主业处于充分竞争行业和领域的商业类国有企业，应主要选取利润总额（或净利润）、经济增加值、净资产收益率等反映经济效益、国有资本保值增值和市场竞争能力的指标。对主业处于关系国家安全、国民经济命脉的重要行业和关键领域、主要承担重大专项任务的商业类国有企业，在主要选取反映经济效益和国有资本保值增值指标的同时，可根据实际情况增加营业收入、任务完成率等体现服务国家战略、保障国家安全和国民经济运行、发展前瞻性战略性产业以及完成特殊任务等情况的指标。对主业以保障民生、服务社会、提供公共产品和服务为主的公益类国有企业，应主要选取反映成本控制、产品服务质量、营运效率和保障能力等情况的指标，兼顾体现经济效益和国有资本保值增值的指标。对金融类国有企业，属于开发性、政策性的，应主要选取体现服务国家战略和风险控制的指标，兼顾反映经济效益的指标；属于商业性的，应主要选取反映经济效益、资产质量和偿付能力的指标。对文化类国有企业，应同时选取反映社会效益和经济效益、国有资本保值增值的指标。劳动生产率指标一般以人均增加值、人均利润为主，根据企业实际情况，可选取人均营业收入、人均工作量等指标。

三、改革工资总额管理方式

（六）全面实行工资总额预算管理。工资总额预算方案由国有企业自主编制，按规定履行内部决策程序后，根据企业功能性质定位、行业特点并结合法人治理结构完善程度，分别报履行出资人职责机构备案或核准后执行。

对主业处于充分竞争行业和领域的商业类国有企业，工资总额预算原则上实行备案制。其中，未建立规范董事会、法人治理结构不完善、内控机制不健全的企业，经履行出资人职责机构认定，其工资总额预算应实行核准制。

对其他国有企业，工资总额预算原则上实行核准制。其中，已建立规范董事会、法人治理结构完善、内控机制健全的企业，经履行出资人职责机构同意，其工资总额预算可实行备案制。

（七）合理确定工资总额预算周期。国有企业工资总额预算一般按年度进行管理。对行业周期性特征明显、经济效益年度间波动较大或存在其他特殊情况的企业，工资总额预算可探索按周期进行管理，周期最长不超过三年，周期内的工资总额增长应符合工资与效益联动的要求。

（八）强化工资总额预算执行。国有企业应严格执行经备案或核准的工资总额预算方案。执行过程中，因企业外部环境或自身生产经营等编制预算时所依据的情况发生重大变化，需要调整工资总额预算方案的，应按规定程序进行调整。

履行出资人职责机构应加强对所监管企业执行工资总额预算情况的动态监控和指导，并对预算执行结果进行清算。

四、完善企业内部工资分配管理

（九）完善企业内部工资总额管理制度。国有企业在经备案或核准的工资总额预算内，依法依规自主决定内部工资分配。企业应建立健全内部工资总额管理办法，根据所属企业功能性质定位、行业特点和生产经营等情况，指导所属企业科学编制工资总额预算方案，逐级落实预算执行责任，建立预算执行情况动态监控机制，确保实现工资总额预算目标。企业集团应合理确定总部工资总额预算，其职工平均工资增长幅度原则上应低于本企业全部职工平均工资增长幅度。

（十）深化企业内部分配制度改革。国有企业应建立健全以岗位工资为主的基本工资制度，以岗位价值为依据，以业绩为导向，参照劳动力市场工资价位并结合企业经济效益，通过集体协商等形式合理确定不同岗位的工资水平，向关键岗位、生产一线岗位和紧缺急需的高层次、高技能人才倾斜，合理拉开工资分配差距,调整不合理过高收入。加强全员绩效考核,使职工工资收入与其工作业绩和实际贡献紧密挂钩,切实做到能增能减。

(十一)规范企业工资列支渠道。国有企业应调整优化工资收入结构,逐步实现职工收入工资化、工资货币化、发放透明化。严格清理规范工资外收入,将所有工资性收入一律纳入工资总额管理,不得在工资总额之外以其他形式列支任何工资性支出。

五、健全工资分配监管体制机制

(十二)加强和改进政府对国有企业工资分配的宏观指导和调控。人力资源社会保障部门负责建立企业薪酬调查和信息发布制度,定期发布不同职业的劳动力市场工资价位和行业人工成本信息;会同财政、国资监管等部门完善工资指导线制度,定期制定和发布工资指导线、非竞争类国有企业职工平均工资调控水平和工资增长调控目标。

(十三)落实履行出资人职责机构的国有企业工资分配监管职责。履行出资人职责机构负责做好所监管企业工资总额预算方案的备案或核准工作,加强对所监管企业工资总额预算执行情况的动态监控和执行结果的清算,并按年度将所监管企业工资总额预算执行情况报同级人力资源社会保障部门,由人力资源社会保障部门汇总报告同级人民政府。同时,履行出资人职责机构可按规定将有关情况直接报告同级人民政府。

(十四)完善国有企业工资分配内部监督机制。国有企业董事会应依照法定程序决定工资分配事项,加强对工资分配决议执行情况的监督。落实企业监事会对工资分配的监督责任。将企业职工工资收入分配情况作为厂务公开的重要内容,定期向职工公开,接受职工监督。

(十五)建立国有企业工资分配信息公开制度。履行出资人职责机构、国有企业每年定期将企业工资总额和职工平均工资水平等相关信息向社会披露，接受社会公众监督。

（十六）健全国有企业工资内外收入监督检查制度。人力资源社会保障部门会同财政、国资监管等部门，定期对国有企业执行国家工资收入分配政策情况开展监督检查，及时查处违规发放工资、滥发工资外收入等行为。加强与出资人监管和审计、税务、纪检监察、巡视等监督的协同，建立工作会商和资源共享机制，提高监督效能，形成监督合力。

对企业存在超提、超发工资总额及其他违规行为的，扣回违规发放的工资总额，并视违规情形对企业负责人和相关责任人员依照有关规定给予经济处罚和纪律处分；构成犯罪的，由司法机关依法追究刑事责任。

六、做好组织实施工作

（十七）国有企业工资决定机制改革是一项涉及面广、政策性强的工作，各地区、各有关部门要统一思想认识，以高度的政治责任感和历史使命感，切实加强对改革工作的领导，做好统筹协调，细化目标任务，明确责任分工，强化督促检查，及时研究解决改革中出现的问题，推动改革顺利进行。各省（自治区、直辖市）要根据本意见，结合当地实际抓紧制定改革国有企业工资决定机制的实施意见，认真抓好贯彻落实。各级履行出资人职责机构要抓紧制定所监管企业的具体改革实施办法，由同级人力资源社会保障部门会同财政部门审核后实施。各级人力资源社会保障、财政、国资监管等部门和工会要各司其职，密切配合，共同做好改革工作，形成推进改革的合力。广大国有企业要自觉树立大局观念，认真执行国家有关改革规定，确保改革政策得到落实。要加强舆论宣传和政策解读，引导全社会正确理解和支持改革，营造良好社会环境。

（十八）本意见适用于国家出资的国有独资及国有控股企业。中央和地方有关部门或机构作为实际控制人的企业，参照本意见执行。

　　本意见所称工资总额,是指由企业在一个会计年度内直接支付给与本企业建立劳动关系的全部职工的劳动报酬总额,包括工资、奖金、津贴、补贴、加班加点工资、特殊情况下支付的工资等。

国务院批转发展改革委等部门关于深化收入分配制度改革若干意见的通知

(2013年2月3日　国发〔2013〕6号)

各省、自治区、直辖市人民政府,国务院各部委、各直属机构:

国务院同意发展改革委、财政部、人力资源社会保障部《关于深化收入分配制度改革的若干意见》,现转发给你们,请认真贯彻执行。

收入分配制度是经济社会发展中一项带有根本性、基础性的制度安排,是社会主义市场经济体制的重要基石。改革开放以来,我国收入分配制度改革不断推进,与基本国情、发展阶段相适应的收入分配制度基本建立。同时,收入分配领域仍存在一些亟待解决的突出问题,城乡区域发展差距和居民收入分配差距依然较大,收入分配秩序不规范,隐性收入、非法收入问题比较突出,部分群众生活比较困难。当前,我国已经进入全面建成小康社会的决定性阶段,按照党的十八大提出的千方百计增加居民收入的战略部署,要继续深化收入分配制度改革,优化收入分配结构,调动各方面积极性,促进经济发展方式转变,维护社会公平正义与和谐稳定,实现发展成果由人民共享,为全面建成小康社会奠定扎实基础。

我国仍处于并将长期处于社会主义初级阶段,当前收入分配领域出现的问题是发展中的矛盾、前进中的问题,必须通过促进发展、深化改革来逐步加以解决。解决这些问题，也是城乡居民在收入普遍增加、生活不断改善过程中的新要求新期待。同时也应该看到，深化收入分配制度改革，是一项十分艰巨复杂的系统工程，不可能一蹴而就，必须从我国基本国情和发展阶段出发，立足当前、着眼长远、克难攻坚、有序推进。

深化收入分配制度改革，要坚持共同发展、共享成果。倡导勤劳致富、支持创业创新、保护合法经营，在不断创造社会财富、增强综合国力的同时，普遍提高人民富裕程度。坚持注重效率、维护公平。初次分配和再分配都要兼顾效率和公平，初次分配要注重效率，创造机会公平的竞争环境，维护劳动收入的主体地位；再分配要更加注重公平，提高公共资源配置效率，缩小收入差距。坚持市场调节、政府调控。充分发挥市场机制在要素配置和价格形成中的基础性作用，更好地发挥政府对收入分配的调控作用，规范收入分配秩序，增加低收入者收入，调节过高收入。坚持积极而为、量力而行。妥善处理好改革发展稳定的关系，着力解决人民群众反映突出的矛盾和问题，突出增量改革，带动存量调整。

各地区、各部门要深入学习和全面贯彻落实党的十八大精神，充分认识深化收入分配制度改革的重大意义，将其列入重要议事日程，建立统筹协调机制，把落实收入分配政策、增加城乡居民收入、缩小收入分配差距、规范收入分配秩序作为重要任务。各有关部门要围绕重点任务，明确工作责任，抓紧研究出台配套方案和实施细则，及时跟踪评估政策实施效果。各地区要结合本地实际，制定具体措施，确保改革各项任务落到实处。要坚持正确的舆论导向，引导社会预期，回应群众关切，凝聚各方共识，形成改革合力，为深化收入分配制度改革营造良好的社会环境。

关于深化收入分配制度改革的若干意见

为贯彻落实党的十八大提出的"实现发展成果由人民共享,必须深化收入分配制度改革"要求,深入推进"十二五"规划实施,完善收入分配结构和制度,增加城乡居民收入,缩小收入分配差距,规范收入分配秩序,现提出以下意见:

一、充分认识深化收入分配制度改革的重要性和艰巨性

改革开放以来,我国收入分配制度改革逐步推进,破除了传统计划经济体制下平均主义的分配方式,在坚持按劳分配为主体的基础上,允许和鼓励资本、技术、管理等要素按贡献参与分配,不断加大收入分配调节力度。经过三十多年的探索与实践,按劳分配为主体、多种分配方式并存的分配制度基本确立,以税收、社会保障、转移支付为主要手段的再分配调节框架初步形成,有力地推动了社会主义市场经济体制的建立,极大地促进了国民经济快速发展,城乡居民人均实际收入平均每十年翻一番,家庭财产稳定增加,人民生活水平显著提高。实践证明,我国收入分配制度是与基本国情、发展阶段总体相适应的。

特别是党的十六大以来,按照科学发展观和构建社会主义和谐社会的要求,充分发挥再分配调节功能,加大对保障和改善民生的投入,彻底取消农业税,大幅增加涉农补贴,全面实施免费义务教育,加快建立社会保障体系,深入推进医药卫生体制改革,大力加强保障性住房建设,城乡最低生活保障标准和扶贫标准大幅提升,企业退休人员基本养老金水平持续提高,近年来农村居民收入增速快于城镇居民,城乡收入差距缩小态势开始显现,居民收入占国民收入比重有所提高,收入分配制度改革取得新的进展。

同时,也要看到收入分配领域仍存在一些亟待解决的突出问题,主要是城乡区域发展差距和居民收入分配差距依然较大,收入分配秩序不规范,隐性收入、非法收入问题比较突出,部分群众生活比较困难,宏观收入分配格局有待优化。这些问题的产生,既与我国基本国情、发展阶段密切相关,具有一定的客观必然性和阶段性特征,也与收入分配及相关领域的体制改革不到位、政策不落实等直接相关。

当前,我国已经进入全面建成小康社会的决定性阶段。深化收入分配制度改革,优化收入分配结构,构建扩大消费需求的长效机制,是加快转变经济发展方式的迫切需要;深化收入分配制度改革,切实解决一些领域分配不公问题,防止收入分配差距过大,规范收入分配秩序,是维护社会公平正义与和谐稳定的根本举措;深化收入分配制度改革,处理好劳动与资本、城市与农村、政府与市场等重大关系,推动相关领域改革向纵深发展,是完善社会主义市场经济体制的重要内容;深化收入分配制度改革,使发展成果更多更公平惠及全体人民,为逐步实现共同富裕奠定物质基础和制度基础,是体现社会主义本质的必然要求。

我国仍处于并将长期处于社会主义初级阶段,是世界上人口最多的发展中国家,区域之间发展条件差异大,城乡二元结构短期内难以根本改变,工业化、信息化、城镇化和农业现代化还在深入发展。要充分认识到,当前收入分配领域出现的问题是发展中的矛盾、前进中的问题,必须通过促进发展、深化改革来逐步加以解决。解决这些问题,也是城乡居民在收入普遍增加、生活不断改善过程中的新要求新期待。同时也应该看到,深化收入分配制度改革,是一项十分艰巨复杂的系统工程,涉及方方面面利益调整,不可能一蹴而就,必须从我国基本国情和发展阶段出发,立足当前、着眼长远、克难攻坚、有序推进。

二、准确把握深化收入分配制度改革的总体要求和主要目标

1. 总体要求。

全面贯彻落实党的十八大精神，以邓小平理论、"三个代表"重要思想、科学发展观为指导，立足基本国情，坚持以经济建设为中心，在发展中调整收入分配结构，着力创造公开公平公正的体制环境，坚持按劳分配为主体、多种分配方式并存，坚持初次分配和再分配调节并重，继续完善劳动、资本、技术、管理等要素按贡献参与分配的初次分配机制，加快健全以税收、社会保障、转移支付为主要手段的再分配调节机制，以增加城乡居民收入、缩小收入分配差距、规范收入分配秩序为重点，努力实现居民收入增长和经济发展同步，劳动报酬增长和劳动生产率提高同步，逐步形成合理有序的收入分配格局，促进经济持续健康发展和社会和谐稳定。

2. 主要目标。

——城乡居民收入实现倍增。到2020年实现城乡居民人均实际收入比2010年翻一番，力争中低收入者收入增长更快一些，人民生活水平全面提高。

——收入分配差距逐步缩小。城乡、区域和居民之间收入差距较大的问题得到有效缓解，扶贫对象大幅减少，中等收入群体持续扩大，"橄榄型"分配结构逐步形成。

——收入分配秩序明显改善。合法收入得到有力保护，过高收入得到合理调节，隐性收入得到有效规范，非法收入予以坚决取缔。

——收入分配格局趋于合理。居民收入在国民收入分配中的比重、劳动报酬在初次分配中的比重逐步提高，社会保障和就业等民生支出占财政支出比重明显提升。

三、继续完善初次分配机制

完善劳动、资本、技术、管理等要素按贡献参与分配的初次分配机制。实施就业优先战略和更加积极的就业政策，扩大就业创业规模，创造平等就业环境，提升劳动者获取收入能力，实现更高质量的就业。深化工资制度改革，完善企业、机关、事业单位工资决定和增长机制。推动各种所有制经济依法平等使用生产要素、公平参与市场竞争、同等受到法律保护，形成主要由市场决定生产要素价格的机制。

3. 促进就业机会公平。大力支持服务业、劳动密集型企业、小型微型企业和创新型科技企业发展，创造更多就业岗位。完善税费减免和公益性岗位、岗位培训、社会保险、技能鉴定补贴等政策，促进以高校毕业生为重点的青年、农村转移劳动力、城镇困难人员、退役军人就业。完善和落实小额担保贷款、财政贴息等鼓励自主创业政策。借鉴推广公务员招考的办法，完善和落实事业单位公开招聘制度，在国有企业全面推行分级分类的公开招聘制度，切实做到信息公开、过程公开、结果公开。

4. 提高劳动者职业技能。健全面向全体劳动者的职业培训制度，足额提取并合理使用企业职工教育培训经费，保障职工带薪最短培训时间。新增财政教育投入向职业教育倾斜，逐步实行中等职业教育免费制度。建立健全向农民工免费提供职业教育和技能培训制度。完善社会化职业技能培训、考核、鉴定、认证体系，规范职业技能鉴定收费标准。提高技能人才经济待遇和社会地位。

5. 促进中低收入职工工资合理增长。建立反映劳动力市场供求关系和企业经济效益的工资决定及正常增长机制。完善工资指导线制度，建立统一规范的企业薪酬调查和信息发布制度。根据经济发展、物价变动等因素，适时调整最低工资标准，到2015年绝大多数地区最低工资标准达到当地城镇从业人员平均工资的40%以上。研究发布部分行业最低工资标准。以非公有制企业为重点，积极稳妥推行工资集体协商和行业性、区域性工资集体协商，到2015年，集体合同签订率达到80%，逐步解决一些行业企业职工工资过低的问题。落实新修订的劳动合同法，研究出台劳务派遣规定等配套规章，严格规范劳务派遣用工行为，依法保障被派遣劳动者的同工同酬权利。

6. **加强国有企业高管薪酬管理。**对部分过高收入行业的国有及国有控股企业，严格实行企业工资总额和工资水平双重调控政策，逐步缩小行业工资收入差距。建立与企业领导人分类管理相适应、选任方式相匹配的企业高管人员差异化薪酬分配制度，综合考虑当期业绩和持续发展，建立健全根据经营管理绩效、风险和责任确定薪酬的制度，对行政任命的国有企业高管人员薪酬水平实行限高，推广薪酬延期支付和追索扣回制度。缩小国有企业内部分配差距，高管人员薪酬增幅应低于企业职工平均工资增幅。对非国有金融企业和上市公司高管薪酬，通过完善公司治理结构，增强董事会、薪酬委员会和股东大会在抑制畸高薪酬方面的作用。

7. **完善机关事业单位工资制度。**建立公务员和企业相当人员工资水平调查比较制度，完善科学合理的职务与职级并行制度，适当提高基层公务员工资水平；调整优化工资结构，降低津贴补贴所占比例，提高基本工资占比；提高艰苦边远地区津贴标准，抓紧研究地区附加津贴实施方案。结合分类推进事业单位改革，建立健全符合事业单位特点、体现岗位绩效和分级分类管理的工资分配制度。

8. **健全技术要素参与分配机制。**建立健全以实际贡献为评价标准的科技创新人才薪酬制度，鼓励企事业单位对紧缺急需的高层次、高技能人才实行协议工资、项目工资等。加强知识产权保护，完善有利于科技成果转移转化的分配政策，探索建立科技成果入股、岗位分红权激励等多种分配办法，保障技术成果在分配中的应得份额。完善高层次、高技能人才特殊津贴制度。允许和鼓励品牌、创意等参与收入分配。

9. **多渠道增加居民财产性收入。**加快发展多层次资本市场，落实上市公司分红制度,强化监管措施,保护投资者特别是中小投资者合法权益。推进利率市场化改革,适度扩大存贷款利率浮动范围,保护存款人权益。严格规范银行收费行为。丰富债券基金、货币基金等基金产品。支持有条件的企业实施员工持股计划。拓宽居民租金、股息、红利等增收渠道。

10. 建立健全国有资本收益分享机制。全面建立覆盖全部国有企业、分级管理的国有资本经营预算和收益分享制度,合理分配和使用国有资本收益,扩大国有资本收益上交范围。适当提高中央企业国有资本收益上交比例,"十二五"期间在现有比例上再提高5个百分点左右,新增部分的一定比例用于社会保障等民生支出。

11. 完善公共资源占用及其收益分配机制。建立健全资源有偿使用制度和生态环境补偿机制。完善公开公平公正的国有土地、海域、森林、矿产、水等公共资源出让机制,加强对自然垄断行业的监管,防止通过不正当手段无偿或低价占有和使用公共资源。建立健全公共资源出让收益全民共享机制,出让收益主要用于公共服务支出。

四、加快健全再分配调节机制

加快健全以税收、社会保障、转移支付为主要手段的再分配调节机制。健全公共财政体系,完善转移支付制度,调整财政支出结构,大力推进基本公共服务均等化。加大税收调节力度,改革个人所得税,完善财产税,推进结构性减税,减轻中低收入者和小型微型企业税费负担,形成有利于结构优化、社会公平的税收制度。全面建成覆盖城乡居民的社会保障体系,按照全覆盖、保基本、多层次、可持续方针,以增强公平性、适应流动性、保证可持续性为重点,不断完善社会保险、社会救助和社会福利制度,稳步提高保障水平,实行全国统一的社会保障卡制度。

12. 集中更多财力用于保障和改善民生。加大对教育、就业、社会保障、医疗卫生、保障性住房、扶贫开发等方面的支出,进一步加大对中西部地区特别是革命老区、民族地区、边疆地区和贫困地区的财力支持。严格控制行政事业单位机构编制,"十二五"期间中央和地方机构编制总量只减不增,减少领导职数,降低行政成本。坚决反对铺张浪费,严格控制"三公"经费预算,全面公开"三公"经费使用情况。"十二五"时期社会保障和就业支出占财政支出比重提高2个百分点左右。

13. 加大促进教育公平力度。合理配置教育资源,重点向农村、边远、贫困、民族地区倾斜。全面落实九年义务教育免费政策,严格规范教育收费行为。进一步完善普通高中、普通本科高校、中等职业学校和高等职业院校家庭经济困难学生国家资助政策,逐步提高补助标准。为家庭经济困难儿童、孤儿和残疾儿童接受学前教育提供补助。切实解决农民工随迁子女平等接受义务教育和参加当地中考、高考问题。

14. 加强个人所得税调节。加快建立综合与分类相结合的个人所得税制度。完善高收入者个人所得税的征收、管理和处罚措施,将各项收入全部纳入征收范围,建立健全个人收入双向申报制度和全国统一的纳税人识别号制度,依法做到应收尽收。取消对外籍个人从外商投资企业取得的股息、红利所得免征个人所得税等税收优惠。

15. 改革完善房地产税等。完善房产保有、交易等环节税收制度,逐步扩大个人住房房产税改革试点范围,细化住房交易差别化税收政策,加强存量房交易税收征管。扩大资源税征收范围,提高资源税税负水平。合理调整部分消费税的税目和税率,将部分高档娱乐消费和高档奢侈消费品纳入征收范围。研究在适当时期开征遗产税问题。

16. 完善基本养老保险制度。全面落实城镇职工基本养老保险省级统筹,"十二五"期末实现基础养老金全国统筹。分类推进事业单位养老保险制度改革,研究推进公务员养老保险制度改革。提高农民工养老保险参保率。健全城镇居民和新型农村社会养老保险制度。建立兼顾各类人员的养老保障待遇确定机制和正常调整机制。发展企业年金和职业年金,发挥商业保险补充性作用。扩大社会保障基金筹资渠道,建立社会保险基金投资运营制度。

17. 加快健全全民医保体系。提高城镇居民基本医疗保险和新型农村合作医疗筹资和待遇水平,整合城乡居民基本医疗保险制度。稳步推进职工医保、城镇居民医保和新农合门诊统筹。"十二五"期末基本医疗保险政策范围内医保基金支付水平达到75%以上,明显缩小与实际住院费用报销支付比例的差距。建立城乡居民大病保险制度,完善城乡医疗救助制度。全面实现统筹区域和省内异地就医即时结算。逐步增加人均基本公共卫生服务经费,提高基本公共卫生服务水平。

18. 加大保障性住房供给。建立市场配置和政府保障相结合的住房制度,加强保障性住房建设和管理,满足困难家庭基本需求。"十二五"期末全国城镇保障性住房覆盖面达到20%左右,按质量标准完成农村困难家庭危房改造1 000万户以上,实现全国游牧民定居目标。

19. 加强对困难群体救助和帮扶。健全城乡低收入群体基本生活保障标准与物价上涨挂钩的联动机制,逐步提高城乡居民最低生活保障水平。提高优抚对象抚恤补助标准。建立健全经济困难的高龄、独居、失能等老年人补贴制度。完善孤儿基本生活保障制度,推进孤儿集中供养,建立其他困境儿童生活救助制度。建立困难残疾人生活补贴和重度残疾人护理补贴制度。

20. 大力发展社会慈善事业。积极培育慈善组织,简化公益慈善组织的审批程序,鼓励有条件的企业、个人和社会组织举办医院、学校、养老服务等公益事业。落实并完善慈善捐赠税收优惠政策，对企业公益性捐赠支出超过年度利润总额12%的部分，允许结转以后年度扣除。加强慈善组织监督管理。

五、建立健全促进农民收入较快增长的长效机制

坚持工业反哺农业、城市支持农村和多予少取放活方针，加快完善城乡发展一体化体制机制，加大强农惠农富农政策力度，促进工业化、信息化、城镇化和农业现代化同步发展，促进公共资源在城乡之间均衡配置、生产要素在城乡之间平等交换和自由流动，促进城乡规划、基础设施、公共服务一体化，建立健全农业转移人口市民化机制，统筹推进户籍制度改革和基本公共服务均等化。

21. 增加农民家庭经营收入。健全农产品价格保护制度，稳步提高重点粮食品种最低收购价，完善大宗农产品临时收储政策。着力推进农业产业化，大力发展农民专业合作和股份合作，培养新型经营主体，支持适度规模经营，加大对农村社会化服务体系的投入，促进产销对接和农超对接，使农民合理分享农产品加工、流通增值收益。因地制宜培育发展特色高效农业和乡村旅游，使农民在农业功能拓展中获得更多收益。

22. 健全农业补贴制度。建立健全农业补贴稳定增长机制，完善良种补贴、农资综合补贴和粮食直补政策，增加农机购置补贴规模，完善农资综合补贴动态调整机制，新增农业补贴向粮农和种粮大户倾斜。完善林业、牧业和渔业扶持政策。逐步扩大农业保险保费补贴范围，适当提高保费补贴比例，进一步细化和稳步扩大农村金融奖补政策。

23. 合理分享土地增值收益。搞好农村土地确权、登记、颁证工作，依法保障农民的土地财产权。按照依法自愿有偿原则，允许农民以多种形式流转土地承包经营权，确保农民分享流转收益。完善农村宅基地制度，保障农户宅基地用益物权。改革征地制度，依法保障农民合法权益，提高农民在土地增值收益中的分

配比例。

24. 加大扶贫开发投入。大幅增加财政专项扶贫资金，新增部分主要用于支持集中连片特殊困难地区扶贫攻坚，加大以工代赈力度，努力实现贫困地区农民人均收入增长幅度高于全国平均水平。"十二五"时期，对240万生存条件恶劣地区的农村贫困人口实施异地扶贫搬迁；按照人均2 300元（2010年不变价）的扶贫标准，到2015年扶贫对象减少8 000万人左右。

25. 有序推进农业转移人口市民化。制定公开透明的各类城市农业转移人口落户政策，探索建立政府、企业、个人共同参与的市民化成本分担机制，把有稳定劳动关系、在城镇居住一定年限并按规定参加社会保险的农业转移人口逐步转为城镇居民，重点推进解决举家迁徙及新生代农民工落户问题。实施全国统一的居住证制度，努力实现城镇基本公共服务常住人口全覆盖。

六、推动形成公开透明、公正合理的收入分配秩序

大力整顿和规范收入分配秩序，加强制度建设，健全法律法规，加强执法监管，加大反腐力度，加强信息公开，实行社会监督，加强基础工作，提升技术保障，保护合法收入，规范隐性收入，取缔非法收入。

26. 加快收入分配相关领域立法。研究出台社会救助、慈善事业、扶贫开发、企业工资支付保障、集体协商、国有资本经营预算、财政转移支付管理等方面法律法规，及时修订完善土地管理、矿产资源管理、税收征管、房产税等方面法律法规。建立健全财产登记制度，完善财产法律保护制度，保障公民合法财产权益。

27. 维护劳动者合法权益。健全工资支付保障机制，将拖欠工资问题突出的领域和容易发生拖欠的行业纳入重点监控范围，完善与企业信用等级挂钩的差别化工资保证金缴纳办法。落实清偿欠薪的工程总承包企业负责制、行政司法联动打击恶意欠薪制度、保障工资支付属地政府负责制度。完善劳动争议处理机制，加大劳动保障监察执法力度。

28. 清理规范工资外收入。严格规范党政机关各种津贴补贴和奖金发放行为，抓紧出台规范改革性补贴的实施意见。加强事业单位创收管理，规范科研课题和研发项目经费管理使用，严格公务招待费审批和核算等制度规定。严格控制国有及国有控股企业高管人员职务消费，规范车辆配备和使用、业务招待、考察培训等职务消费项目和标准，职务消费接受职工民主监督，相关账目要公开透明。

29. 加强领导干部收入管理。全面落实《关于领导干部报告个人有关事项的规定》，严格执行各级领导干部如实报告收入、房产、投资、配偶子女从业等情况的规定，对隐报瞒报、弄虚作假等行为，通过抽查、核查，及时纠正，严肃处理。继续规范领导干部离职、辞职或退（离）休后的个人从业行为，严格按照有关程序、条件和要求办理兼职任职审批事项。

30. 严格规范非税收入。按照正税清费的原则，继续推进费改税，进一步清理整顿各种行政事业性收费和政府性基金，坚决取消不合法、不合理的收费和基金项目，收费项目适当降低收费标准。建立健全政府非税收入收缴管理制度。

31. 打击和取缔非法收入。围绕国企改制、土地出让、矿产开发、工程建设等重点领域，强化监督管理，堵住获取非法收入的漏洞。严厉打击走私贩私、偷税逃税、内幕交易、操纵股市、制假售假、骗贷骗汇等经济犯罪活动。严厉查处权钱交易、行贿受贿行为。深入治理商业贿赂。加强反洗钱工作和资本外逃监控。

32. 健全现代支付和收入监测体系。大力推进薪酬支付工资化、货币化、电子化，加快现代支付结算体系建设，落实金融账户实名制，推广持卡消费，规范现金管理。完善机关和国有企事业单位发票管理和财务报销制度,全面推行公务卡支付结算制度。整合公安、民政、社保、住房、银行、税务、工商等相关部门信息资源,建立健全社会信用体系和收入信息监测系统,完善个人所得税信息管理系统。建立城乡住户收支调查一体化制度。

七、加强深化收入分配制度改革的组织领导

33. 统一认识,加强领导。各地区、各部门要深入学习和全面贯彻落实党的十八大精神,充分认识深化收入分配制度改革的重大意义,将其列入重要议事日程,建立统筹协调机制,把落实收入分配政策、增加城乡居民收入、缩小收入分配差距、规范收入分配秩序作为重要任务,纳入日常考核。各有关部门要深入调查研究,加强工作指导,强化监督检查,认真总结经验,及时解决改革中出现的突出矛盾和问题。

34. 突出重点,强化实施。收入分配制度改革要与国有企业、行政体制、财税金融体制等相关重点领域改革有机结合、协同推进。各有关部门要围绕重点任务,明确工作责任,抓紧研究出台配套方案和实施细则,及时跟踪评估政策实施效果。各地区要结合本地实际,制定具体措施,确保改革各项任务落到实处。鼓励部分地区、部分领域先行先试,积极探索。

35. 深入宣传,注重引导。坚持正确的舆论导向,引导全社会从基本国情和发展阶段出发,正确认识当前存在的收入分配问题,深入宣传坚持科学发展是解决收入分配问题的根本途径,实现社会公平正义是我们坚定不移的目标。切实做好各项改革政策的解读工作,加深对收入分配制度改革艰巨性、复杂性的认识,引导社会预期,回应群众关切,凝聚各方共识,形成改革合力,为深化收入分配制度改革营造良好的社会环境。

中共中央办公厅 国务院办公厅
关于实行以增加知识价值为导向分配政策的若干意见

(2016年11月7日 新华社受权发布)

为加快实施创新驱动发展战略,激发科研人员创新创业积极性,在全社会营造尊重劳动、尊重知识、尊重人才、尊重创造的氛围,现就实行以增加知识价值为导向的分配政策提出以下意见。

一、总体要求

(一) 基本思路

全面贯彻党的十八大和十八届三中、四中、五中全会以及全国科技创新大会精神,深入学习贯彻习近平总书记系列重要讲话精神,加快实施创新驱动发展战略,实行以增加知识价值为导向的分配政策,充分发挥收入分配政策的激励导向作用,激发广大科研人员的积极性、主动性和创造性,鼓励多出成果、快出成果、出好成果,推动科技成果加快向现实生产力转化。统筹自然科学、哲学社会科学等不同科学门类,统筹基础研究、应用研究、技术开发、成果转化全创新链条,加强系统设计、分类管理。充分发挥市场机制作用,通过稳定提高基本工资、加大绩效工资分配激励力度、落实科技成果转化奖励等激励措施,使科研人员收入与岗位职责、工作业绩、实际贡献紧密联系,在全社会形成知识创造价值、价值创造者得到合理回报的良性循环，构建体现增加知识价值的收入分配机制。

（二）主要原则

——坚持价值导向。针对我国科研人员实际贡献与收入分配不完全匹配、股权激励等对创新具有长期激励作用的政策缺位、内部分配激励机制不健全等问题，明确分配导向，完善分配机制，使科研人员收入与其创造的科学价值、经济价值、社会价值紧密联系。

——实行分类施策。根据不同创新主体、不同创新领域和不同创新环节的智力劳动特点，实行有针对性的分配政策，统筹宏观调控和定向施策，探索知识价值实现的有效方式。

——激励约束并重。把人作为政策激励的出发点和落脚点，强化产权等长期激励，健全中长期考核评价机制，突出业绩贡献。合理调控不同地区、同一地区不同类型单位收入水平差距。

——精神物质激励结合。采用多种激励方式，在加大物质收入激励的同时，注重发挥精神激励的作用，大力表彰创新业绩突出的科研人员，营造鼓励探索、激励创新的社会氛围。

二、推动形成体现增加知识价值的收入分配机制

（一）逐步提高科研人员收入水平。在保障基本工资水平正常增长的基础上，逐步提高体现科研人员履行岗位职责、承担政府和社会委托任务等的基础性绩效工资水平，并建立绩效工资稳定增长机制。加大对做出突出贡献科研人员和创新团队的奖励力度，提高科研人员科技成果转化收益分享比例。强化绩效评价与考核，使收入分配与考核评价结果挂钩。

（二）发挥财政科研项目资金的激励引导作用。对不同功能和资金来源的科研项目实行分类管理，在绩效评价基础上，加大对科研人员的绩效激励力度。完善科研项目资金和成果管理制度，对目标明确的应用型科研项目逐步实行合同制管理。对社会科学研究机构和智库，推行政府购买服务制度。

（三）鼓励科研人员通过科技成果转化获得合理收入。积极探索通过市场配置资源加快科技成果转化、实现知识价值的有效方式。财政资助科研项目所产生的科技成果在实施转化时，应明确项目承担单位和完成人之间的收益分配比例。对于接受企业、其他社会组织委托的横向委托项目，允许项目承担单位和科研人员通过合同约定知识产权使用权和转化收益，探索赋予科研人员科技成果所有权或长期使用权。逐步提高稿费和版税等付酬标准，增加科研人员的成果性收入。

三、扩大科研机构、高校收入分配自主权

（一）引导科研机构、高校实行体现自身特点的分配办法。赋予科研机构、高校更大的收入分配自主权，科研机构、高校要履行法人责任，按照职能定位和发展方向，制定以实际贡献为评价标准的科技创新人才收入分配激励办法，突出业绩导向，建立与岗位职责目标相统一的收入分配激励机制，合理调节教学人员、科研人员、实验设计与开发人员、辅助人员和专门从事科技成果转化人员等的收入分配关系。对从事基础性研究、农业和社会公益研究等研发周期较长的人员，收入分配实行分类调节，通过优化工资结构，稳步提高基本工资收入，加大对重大科技创新成果的绩效奖励力度，建立健全后续科技成果转化收益反馈机制，使科研人员能够潜心研究。对从事应用研究和技术开发的人员，主要通过市场机制和科技成果转化业绩实现激励和奖励。对从事哲学社会科学研究的人员，以理论创新、决策咨询支撑和社会影响作为评价基本依据，形成合理的智力劳动补偿激励机制。完善相关管理制度，加大对科研辅助人员的激励力度。科学设置考核周期，合理确定评价时限，避免短期频繁考核，形成长期激励导向。

（二）完善适应高校教学岗位特点的内部激励机制。把教学业绩和成果作为教师职称晋升、收入分配的重要依据。对专职从事教学的人员，适当提高基础性绩效工资在绩效工资中的比重，加大对教学型名师的岗位激励力度。对高校教师开展的教学理论研究、教学方法探索、优质教学资源开发、教学手段创新等，在绩效工资分配中给予倾斜。

（三）落实科研机构、高校在岗位设置、人员聘用、绩效工资分配、项目经费管理等方面自主权。对科研人员实行岗位管理，用人单位根据国家有关规定，结合实际需要，合理确定岗位等级的结构比例，建立各级专业技术岗位动态调整机制。健全绩效工资管理，科研机构、高校自主决定绩效考核和绩效分配办法。赋予财政科研项目承担单位对间接经费的统筹使用权。合理调节单位内部各类岗位收入差距，除科技成果转化收入外，单位内部收入差距要保持在合理范围。积极解决部分岗位青年科研人员和教师收入待遇低等问题，加强学术梯队建设。

（四）重视科研机构、高校中长期目标考核。结合科研机构、高校分类改革和职责定位，加强对科研机构、高校中长期目标考核，建立与考核评价结果挂钩的经费拨款制度和员工收入调整机制，对评价优秀的加大绩效激励力度。对有条件的科研机构，探索实行合同管理制度，按合同约定的目标完成情况确定拨款、绩效工资水平和分配办法。完善科研机构、高校财政拨款支出、科研项目收入与支出、科研成果转化及收入情况等内部公开公示制度。

四、进一步发挥科研项目资金的激励引导作用

（一）发挥财政科研项目资金在知识价值分配中的激励作用。根据科研项目特点完善财政资金管理，加大对科研人员的激励力度。对实验设备依赖程度低和实验材料耗费少的基础研究、软件开发和软科学研究等智力密集型项目，项目承担单位应在国家政策框架内，建立健全符合自身特点的劳务费、间接经费管理方式。项目承担单位可结合科研人员工作实绩,合理安排间接经费中绩效支出。建立符合科技创新规律的财政科技经费监管制度,探索在有条件的科研项目中实行经费支出负面清单管理。个人收入不与承担项目多少、获得经费高低直接挂钩。

(二)完善科研机构、高校横向委托项目经费管理制度。对于接受企业、其他社会组织委托的横向委托项目,人员经费使用按照合同约定进行管理。技术开发、技术咨询、技术服务等活动的奖酬金提取,按照《中华人民共和国促进科技成果转化法》及《实施〈中华人民共和国促进科技成果转化法〉若干规定》执行;项目合同没有约定人员经费的,由单位自主决定。科研机构、高校应优先保证科研人员履行科研、教学等公益职能;科研人员承担横向委托项目,不得影响其履行岗位职责、完成本职工作。

(三)完善哲学社会科学研究领域项目经费管理制度。对符合条件的智库项目,探索采用政府购买服务制度,项目资金由项目承担单位按照服务合同约定管理使用。修订国家社会科学基金、教育部高校哲学社会科学繁荣计划的项目资金管理办法,取消劳务费比例限制,明确劳务费开支范围,加大对项目承担单位间接成本补偿和科研人员绩效激励力度。

五、加强科技成果产权对科研人员的长期激励

(一)强化科研机构、高校履行科技成果转化长期激励的法人责任。坚持长期产权激励与现金奖励并举,探索对科研人员实施股权、期权和分红激励,加大在专利权、著作权、植物新品种权、集成电路布图设计专有权等知识产权及科技成果转化形成的股权、岗位分红权等方面的激励力度。科研机构、高校应建立健全科技成果转化内部管理与奖励制度,自主决定科技成果转化收益分配和奖励方案,单位负责人和相关责任人按照《中华人民共和国促进科技成果转化法》及《实施〈中华人民共和国促进科技成果转化法〉若干规定》予以免责,构建对科技人员的股权激励等中长期激励机制。以科技成果作价入股作为对科技人员的奖励涉及股权注册登记及变更的,无须报科研机构、高校的主管部门审批。加快出台科研机构、高校以科技成果作价入股方式投资未上市中小企业形成的国有股,在企业上市时豁免向全国社会保障基金转持的政策。

(二)完善科研机构、高校领导人员科技成果转化股权奖励管理制度。科研机构、高校的正职领导和领导班子成员中属中央管理的干部,所属单位中担任法人代表的正职领导,在担任现职前因科技成果转化获得的股权,任职后应及时予以转让,逾期未转让的,任期内限制交易。限制股权交易的,在本人不担任上述职务一年后解除限制。相关部门、单位要加快制定具体落实办法。

(三)完善国有企业对科研人员的中长期激励机制。尊重企业作为市场经济主体在收入分配上的自主权,完善国有企业科研人员收入与科技成果、创新绩效挂钩的奖励制度。国有企业科研人员按照合同约定薪酬,探索对聘用的国际高端科技人才、高端技能人才实行协议工资、项目工资等市场化薪酬制度。符合条件的国有科技型企业,可采取股权出售、股权奖励、股权期权等股权方式,或项目收益分红、岗位分红等分红方式进行激励。

(四)完善股权激励等相关税收政策。对符合条件的股票期权、股权期权、限制性股票、股权奖励以及科技成果投资入股等实施递延纳税优惠政策,鼓励科研人员创新创业,进一步促进科技成果转化。

六、允许科研人员和教师依法依规适度兼职兼薪

(一)允许科研人员从事兼职工作获得合法收入。科研人员在履行好岗位职责、完成本职工作的前提下,经所在单位同意,可以到企业和其他科研机构、高校、社会组织等兼职并取得合法报酬。鼓励科研人员公益性兼职，积极参与决策咨询、扶贫济困、科学普及、法律援助和学术组织等活动。科研机构、高校应当规定或与科研人员约定兼职的权利和义务，实行科研人员兼职公示制度，兼职行为不得泄露本单位技术秘密，损害或侵占本单位合法权益，违反承担的社会责任。兼职取得的报酬原则上归个人，建立兼职获得股权及红利等收入的报告制度。担任领导职务的科研人员兼职及取酬，按中央有关规定执行。经所在单位批准，科研人员可以离岗从事科技成果转化等创新创业活动。兼职或离岗创业收入不受本单位绩效工资总量限制，个人须如实将兼职收入报单位备案，按有关规定缴纳个人所得税。

（二）允许高校教师从事多点教学获得合法收入。高校教师经所在单位批准，可开展多点教学并获得报酬。鼓励利用网络平台等多种媒介，推动精品教材和课程等优质教学资源的社会共享，授课教师按照市场机制取得报酬。

七、加强组织实施

（一）强化联动。各地区各部门要加强组织领导，健全工作机制，强化部门协同和上下联动，制定实施细则和配套政策措施，加强督促检查，确保各项任务落到实处。加强政策解读和宣传，加强干部学习培训，激发广大科研人员的创新创业热情。

（二）先行先试。选择一些地方和单位结合实际情况先期开展试点，鼓励大胆探索、率先突破，及时推广成功经验。对基层因地制宜的改革探索建立容错机制。

（三）加强考核。各地区各部门要抓紧制定以增加知识价值为导向的激励、考核和评价管理办法，建立第三方评估评价机制，规范相关激励措施，在全社会形成既充满活力又规范有序的正向激励。

本意见适用于国家设立的科研机构、高校和国有独资企业

(公司)。其他单位对知识型、技术型、创新型劳动者可参照本意见精神,结合各自实际,制定具体收入分配办法。国防和军队系统的科研机构、高校、企业收入分配政策另行制定。

中共中央办公厅　国务院办公厅关于提高技术工人待遇的意见

(2018年3月22日)

为落实《新时期产业工人队伍建设改革方案》，创新技能导向的激励机制，进一步鼓励辛勤劳动、诚实劳动、创造性劳动，增强生产服务一线岗位对劳动者吸引力，建设知识型、技能型、创新型劳动者大军，营造劳动光荣的社会风尚和精益求精的敬业风气，现就提高技术工人待遇提出如下意见。

一、指导思想

全面贯彻党的十九大精神，以习近平新时代中国特色社会主义思想为指导，紧紧围绕统筹推进"五位一体"总体布局和协调推进"四个全面"战略布局，牢固树立和贯彻落实新发展理念，坚持以人民为中心的发展思想，坚持全心全意依靠工人阶级的方针，充分发挥政府、企业、社会的协同作用，完善技术工人培养、评价、使用、激励、保障等措施，实现技高者多得、多劳者多得，增强技术工人获得感、自豪感、荣誉感，激发技术工人积极性、主动性、创造性，为实施人才强国战略和创新驱动发展战略，实现"两个一百年"奋斗目标、实现中华民族伟大复兴的中国梦，提供坚实的人才保障。

二、基本原则

——加强领导，形成合力。坚持党管人才原则，充分发挥市场在资源配置中的决定性作用,更好发挥政府作用,进一步增强企业主体作用、工会监督作用、群团组织动员作用和社会支持作用,完善多方参与的工作体系,形成齐抓共促的工作格局。

——重点突破,多措并举。以为国家做出突出贡献的高技能领军人才为重点支持对象,着力提高技术工人收入水平,完善工资正常增长机制,拓宽收入渠道,加大培养培训力度,强化评价使用激励,优化社会环境,全面改善技术工人待遇水平。

——立足当前,着眼长远。加强政策引导,着力改变技术工人社会地位偏低现状,促进广大技术工人爱岗敬业;坚持长期稳定支持,不断营造良好社会氛围,让全体技术工人焕发劳动热情,释放创造潜能,创造更加美好的生活。

三、突出"高精尖缺"导向,大力提高高技能领军人才待遇水平

(一)全面加强对高技能领军人才的服务保障。对为国家经济发展和重大战略实施做出突出贡献,具有高超技艺技能和一流业绩水平,并长期坚守在生产服务一线岗位工作的高技能领军人才,全面采取措施,切实加强服务保障和提高待遇水平。高技能领军人才包括获得全国劳动模范、全国五一劳动奖章、中华技能大奖、全国技术能手等荣誉以及享受省级以上政府特殊津贴的人员,或各省(自治区、直辖市)政府认定的"高精尖缺"高技能人才。各地要设立高技能领军人才服务窗口,负责协调落实相关待遇政策,并结合实际制定支持政策。

(二)提高高技能领军人才的政治待遇。探索实行高技能领军人才在工会等群团组织中挂职和兼职,纳入党委联系专家范围。鼓励行业主管部门、群团组织、行业协会、企业及社会各方面力量,以多种方式对高技能领军人才进行特殊奖励。定期组织高技能领军人才国情研修考察、面向社会进行咨询服务等活动。鼓励企业吸纳高技能领军人才参与经营管理决策,适当提高其在职工代表大会中的比例。

（三）提高高技能领军人才的经济待遇。鼓励企业为高技能领军人才制定职业发展规划和年资（年功）工资制度，科学评价技能水平和业绩贡献，合理确定年资起加点和工资级差。试行高技能领军人才年薪制和股权期权激励，鼓励各类企业设立特聘岗位津贴、带徒津贴等，参照高级管理人员标准落实经济待遇。对于参与国家科技计划项目的高技能领军人才，鼓励所在单位根据其在项目中的实际贡献给予绩效奖励。落实中央财政科研项目资金管理等政策，制定间接费用统筹使用内部管理办法，对高技能领军人才进行绩效奖励，提高高技能领军人才创新创造的积极性。对于解决重大工艺技术难题和重大质量问题、技术创新成果获得省部级以上奖项、"师带徒"业绩突出的，取消学历、年限等限制，破格晋升技术等级。

（四）提高高技能领军人才的社会待遇。鼓励各地根据实际情况，研究探索对高技能领军人才在购（租）住房、安家补贴、子女接受义务教育等方面的支持政策，通过提供人才公寓和发放房租补贴等方式，解决引进高技能领军人才的住房问题。实施积分落户的城市，要重点考虑高技能领军人才落户需求并放宽落户条件限制。对经济结构调整中出现困难的企业，要保障高技能领军人才稳定就业，对他们的配偶、子女有就业愿望但未就业的，由有关部门积极提供职业指导和就业前培训，推荐就业岗位。

（五）发挥高技能领军人才在技术创新等方面的重要作用。鼓励高技能领军人才更多参与国家科研项目，开展科技攻关活动。增加高技能领军人才参与全国创新争先奖等奖项的推荐名额。支持高技能领军人才参加创新成果评选、展示和创业创新等活动，切实保护高技能领军人才的知识产权和技术创新成果转化权益。支持高技能领军人才参与所在企业（地区、集团、行业组织）的职工教育培训，在制定人才发展规划、高技能人才选拔、职称（技能等级）评审或认定、教学实践等工作中发挥骨干作用。多渠道组织高技能领军人才参与国际大型工业展、国际发明展等海外交流活动，海外交流活动可按程序报批列入政府出国培训团组计划。宣传高技能领军人才先进事迹，开展先进操作法总结、命名，推广绝招、绝技、绝活，制作教育纪录片，树立宣传典型。

四、实施工资激励计划，提高技术工人收入水平

（一）完善符合技术工人特点的企业工资分配制度。指导企业深化工资分配制度改革，建立基于岗位价值、能力素质、业绩贡献的工资分配机制，强化工资收入分配的技能价值激励导向。鼓励企业在工资结构中设置体现技术技能价值的工资单元，或对关键技术岗位、关键工序和紧缺急需的技术工人实行协议工资、项目工资、年薪制等分配形式，提高技术工人工资待遇。鼓励企业建立针对技术工人的补助性津贴制度，提高技术工人津贴水平。

（二）建立企业技术工人工资正常增长机制。推动企业建立健全反映劳动力市场供求关系和企业经济效益的工资决定及正常增长机制，积极推进工资集体协商，引导企业科学确定技术工人工资水平并实现合理增长。国有企业工资总额分配要向高技能人才倾斜，高技能人才人均工资增幅应不低于本单位管理人员人均工资增幅。

（三）探索技术工人长效激励机制。制定企业技术工人技能要素和创新成果按贡献参与分配的办法，推动技术工人享受促进科技成果转化的有关政策。鼓励企业对高技能人才实行技术创新成果入股、岗位分红等激励方式，促进长期稳定提高技术工人收入水平。

五、构建技能形成与提升体系，支持技术工人凭技能提高待遇

（一）加强终身职业技能培训。适应产业结构转型升势，大力弘扬劳模精神和工匠精神，根据劳动者不同就业阶段特点，加强职业素质培养，开展就业技能培训、岗位技能提升培训、创业创新培训，着力缓解就业结构性矛盾。充分发挥企业在技术工人培训中的主体作用，引导企业结合生产经营和技术创新需要，制定技术工人培养规划和培训制度，发挥工会支持、监督和共青团动员、组织作用，确保企业职工教育培训资金落实到位，并向一线技术工人倾斜。加大政府支持力度，按规定对参加职业培训的技术工人提供职业培训补贴和职业技能鉴定补贴。发挥失业保险基金支持参保职工提升职业技能作用，按规定为参保职工提供技能提升补贴。探索"互联网+"远程职业培训新模式。

（二）深入实施高技能人才振兴计划。紧密结合先进制造业、战略性新兴产业、现代服务业发展需要，重点实施高技能人才培训基地、技师培训等项目，推动具备条件的行业企业建立首席技师制度，加大技能大师工作室、劳模和工匠人才创新工作室、职工创新工作室、青创先锋工作室等建设力度。企业可从职工教育经费中列支相关工作室专项经费，支持高技能人才"师带徒"。

（三）加大校企合作培养技术工人力度。充分发挥国民教育对技术工人成长发展的支撑作用，促进职业院校（含技工院校）、本科高校与企业充分合作，改革人才培养模式，提高应用型和技术技能型人才培养培训能力。积极发展职工培训和学历继续教育。提高职业教育质量，促进产教融合。完善职业教育"文化素质+职业技能"的考试招生方式。支持职业院校（含技工院校）、本科高校与企业共同开发教学资源和培训项目。统筹规范现代学徒制和企业新型学徒制。逐步扩大高等职业院校招收有实践经历人员的比例。鼓励企业、职业院校（含技工院校）、本科高校、职业培训机构合作建设现代化产业人才培养培训基地（中心），健全企业参与校企合作的成本补偿等政策，培养符合企业岗位需求的技术工人。鼓励各地根据实际打造具备实践经验的高素质职业教育师资队伍。

六、强化评价使用激励工作，畅通技术工人成长成才通道

（一）完善技术工人评价工作。健全技术工人评价选拔制度，突破年龄、学历、资历、身份等限制，促进优秀技术工人脱颖而出。完善职业技能等级认定政策，引导和支持企业自主开展技能评价并落实待遇。鼓励企业增加技术工人的技能等级层次，拓宽技术工人晋升通道，探索设立技能专家、首席技师、特级技师等岗位。

（二）加大劳动和技能竞赛培养选拔技术工人工作力度。制定出台全国职业技能竞赛管理办法，围绕重大战略、重大工程、重大项目、重点产业，组织开展劳动和技能竞赛。建立以企业岗位练兵和技术比武为基础、以国家和行业竞赛为主体、国内竞赛与国际竞赛相衔接的职业技能竞赛体系。积极参与世界技能大赛，对优秀选手给予奖励和荣誉激励。支持工会、共青团、妇联等群团组织、行业协会在职业技能竞赛工作中积极发挥作用。

（三）完善技术工人平等享受待遇政策。建立职业资格、职业技能等级与相应职称比照认定制度，制定高技能人才参加工程技术人才职称评审或认定的政策。鼓励企业对在聘的高级工、技师、高级技师在学习进修、岗位聘任、职务职级晋升等方面，比照相应层级工程技术人员享受同等待遇。

（四）落实好技术工人休息休假权利。落实《职工带薪年休假条例》和《企业职工带薪年休假实施办法》，加强劳动执法监察，确保技术工人休息休假权利。建立优秀技术工人休疗养制度，定期组织、分级实施休疗养活动。

（五）广泛宣传技术工人劳动成果和创造价值。大力弘扬工匠精神，组织形式多样的宣传活动，展示优秀技术工人风采。鼓励各地区各部门大力开展技术工人表彰活动。做好"五一"国际劳动节、世界青年技能日、职业教育活动周、高技能人才评选表彰等集中宣传工作，继续办好"技能中国行""中国大能手"等品牌活动和"大国工匠"系列专题宣传，引导社会各界创作更多反映技术工人时代风貌的优秀文艺作品，营造劳动光荣、技能宝贵、创造伟大的社会氛围，使技术工人获得更多职业荣誉感，不断提高技术工人社会地位。

七、加强组织领导

各地区各部门要充分认识提高技术工人待遇的重大意义，列入重要议事日程，持续推动技术工人待遇水平的提高，对成熟有效的做法要及时上升为法规政策。建立多方协调机制，人力资源社会保障部门要加强统筹协调，发展改革、教育、科技、工业和信息化、公安、财政、住房城乡建设、文化、国资、税务、外专等有关部门和工会、共青团、妇联、科协等群团组织要各尽其职、紧密配合。各有关部门要深入调查研究，加强工作指导和对技术工人的教育管理，广泛听取各类企业、行业协会、技术工人、社会公众的意见，密切跟踪技术工人待遇政策落实情况，加强督查检查，认真总结经验，推动各项政策措施落到实处。国有企业要带头落实本意见明确的各项政策措施。推动非国有企业结合实际，进一步完善提高技术工人待遇水平的措施。

国有企业富余职工安置规定

(1993年4月20日 中华人民共和国国务院令第111号)

第一条 为了妥善安置国有企业富余职工,增强企业活力,提高企业经济效益,制定本规定。

第二条 安置国有企业(以下简称企业)中的富余职工,应当遵循企业自行安置为主、社会帮助安置为辅,保障富余职工基本生活的原则。

第三条 企业安置富余职工应当依照本规定采取拓展多种经营、组织劳务活动、发展第三产业、综合利用资源和其他措施。

企业行政主管部门、劳动行政主管部门和工会组织应当指导、帮助和支持企业做好富余职工安置工作,积极创造条件,培育和完善劳务市场,开辟社会安置渠道。

第四条 企业为安置富余职工而兴办的从事第三产业的独立核算企业,自开业之日起两年免征、三年减半征收企业所得税。

第五条 企业开办的劳动就业服务企业,应当承担安置本企业富余职工的任务。企业应当按照国家有关国有资产管理的规定,在资金、场地、原材料和设备等方面给予扶持。

第六条 企业组织本企业富余职工依法兴办的独立核算企业,可以承担本企业中原由外单位承包的技术改造或者劳务项目。

第七条 企业可以对富余职工实行待岗和转业培训,培训期间的工资待遇由企业自行确定。

第八条 经企业职工代表大会讨论同意并报企业行政主管部门备案,企业可以对职工实行有限期的放假。职工放假期间,由企业发给生活费。

孕期或者哺乳期的女职工,经本人申请,企业可以给予不超过二年的假期,放假期间发给生活费。假期内含产假的,产假期间按照国家规定发给工资。

第九条 职工距退休年龄不到五年的,经本人申请,企业领导批准,可以退出工作岗位休养。职工退出工作岗位休养期间,由企业发给生活费。已经实行退休费用统筹的地方,企业和退出工作岗位休养的职工应当按照有关规定缴纳基本养老保险费。职工退出工作岗位休养期间达到国家规定的退休年龄时,按照规定办理退休手续。职工退出工作岗位休养期间视为工龄,与其以前的工龄合并计算。

第十条 职工可以申请辞职。经企业批准辞职的职工,在办理辞职手续时,企业应当按照国家有关规定发给一次性生活补助费。

第十一条 按照本规定第八条、第九条规定发放的生活费在企业工资基金中列支,生活费标准由企业自主确定,但是不得低于省、自治区、直辖市人民政府规定的最低标准。

第十二条 企业因生产经营发生重大变化,必须裁减职工的,对劳动合同制职工,经企业职工代表大会讨论同意,可以提前解除劳动合同,但是应当按照合同约定履行义务;合同没有约定的,企业对被提前解除劳动合同的职工,按照其在本企业工作的年限,工龄每满一年,发给相当于本人一个月标准工资的补偿费。

第十三条 各级劳动行政主管部门和企业行政主管部门应当

做好富余职工的社会安置和调剂工作,鼓励和帮助富余职工组织起来就业和自谋职业。企业之间调剂职工,可以正式调动,也可以临时借调;临时借调的,借调期间的工资和福利待遇由双方企业在协议中商定。

第十四条 富余职工由企业自行安置有困难到社会待业的,在待业期间,依法享受待业保险待遇。劳动行政主管部门和有关行政主管部门应当创造条件,帮助职工再就业。

第十五条 企业依照本规定兴办的独立核算企业安置的职工,按照国家有关规定纳入新办企业的职工人数和经济指标的统计范围。

第十六条 省、自治区、直辖市人民政府可以根据本规定制定实施办法。

第十七条 本规定由国务院劳动行政主管部门负责解释。

第十八条 本规定自发布之日起施行。

劳动部关于贯彻执行《中华人民共和国劳动法》若干问题的意见（节选）

（1995年8月4日 劳部发〔1995〕309号）

《中华人民共和国劳动法》（以下简称劳动法）已于1995年1月1日起施行，现就劳动法在贯彻执行中遇到的若干问题提出以下意见。

一、适用范围

1. 劳动法第二条中的"个体经济组织"是指一般雇工在7人以下的个体工商户。

2. 中国境内的企业、个体经济组织与劳动者之间，只要形成劳动关系，即劳动者事实上已成为企业、个体经济组织的成员，并为其提供有偿劳动，适用劳动法。

3. 国家机关、事业组织、社会团体实行劳动合同制度的以及按规定应实行劳动合同制度的工勤人员；实行企业化管理的事业组织的人员；其他通过劳动合同与国家机关、事业组织、社会团体建立劳动关系的劳动者，适用劳动法。

4. 公务员和比照实行公务员制度的事业组织和社会团体的工作人员，以及农村劳动者（乡镇企业职工和进城务工、经商的农民除外）、现役军人和家庭保姆等不适用劳动法。

5. 中国境内的企业、个体经济组织在劳动法中被称为用人单位。国家机关、事业组织、社会团体和与之建立劳动合同关系的劳动者依照劳动法执行。根据劳动法的这一规定,国家机关、事业组织、社会团体应当视为用人单位。

28. 劳动者涉嫌违法犯罪被有关机关收容审查、拘留或逮捕的,用人单位在劳动者被限制人身自由期间,可与其暂时停止劳动合同的履行。

暂时停止履行劳动合同期间,用人单位不承担劳动合同规定的相应义务。劳动者经证明被错误限制人身自由的,暂时停止履行劳动合同期间劳动者的损失,可由其依据《国家赔偿法》要求有关部门赔偿。

三、工资
(一) 最低工资

53. 劳动法中的"工资"是指用人单位依据国家有关规定或劳动合同的约定,以货币形式直接支付给本单位劳动者的劳动报酬,一般包括计时工资、计件工资、奖金、津贴和补贴、延长工作时间的工资报酬以及特殊情况下支付的工资等。"工资"是劳动者劳动收入的主要组成部分。

劳动者的以下劳动收入不属于工资范围:(1)单位支付给劳动者个人的社会保险福利费用,如丧葬抚恤救济费、生活困难补助费、计划生育补贴等;(2)劳动保护方面的费用,如用人单位支付给劳动者的工作服、解毒剂、清凉饮料费用等;(3)按规定未列入工资总额的各种劳动报酬及其他劳动收入,如根据国家规定发放的创造发明奖、国家星火奖、自然科学奖、科学技术进步奖、合理化建议和技术改进奖、中华技能大奖等,以及稿费、讲课费、翻译费等。

54. 劳动法第四十八条中的"最低工资"是指劳动者在法定工作时间内履行了正常劳动义务的前提下,由其所在单位支付的最低劳动报酬。最低工资不包括延长工作时间的工资报酬，以货币形式支付的住房和用人单位支付的伙食补贴，中班、夜班、高温、低温、井下、有毒、有害等特殊工作环境和劳动条件下的津贴，国家法律、法规、规章规定的社会保险福利待遇。

55. 劳动法第四十四条中的"劳动者正常工作时间工资"是指劳动合同规定的劳动者本人所在工作岗位（职位）相对应的工资。鉴于当前劳动合同制度尚处于推进过程中，按上述规定执行确有困难的用人单位，地方或行业劳动部门可在不违反劳动部《关于工资〈支付暂行规定〉有关问题的补充规定》（劳部发〔1995〕226号）文件所确定的总的原则的基础上，制定过渡办法。

56. 在劳动合同中，双方当事人约定的劳动者在未完成劳动定额或承包任务的情况下，用人单位可低于最低工资标准支付劳动者工资的条款不具有法律效力。

57. 劳动者与用人单位形成或建立劳动关系后，试用、熟练、见习期间，在法定工作时间内提供了正常劳动，其所在的用人单位应当支付其不低于最低工资标准的工资。

58. 企业下岗待工人员，由企业依据当地政府的有关规定支付其生活费，生活费可以低于最低工资标准，下岗待工人员中重新就业的，企业应停发其生活费。女职工因生育、哺乳请长假而下岗的，在其享受法定产假期间，依法领取生育津贴；没有参加生育保险的企业，由企业照发原工资。

59. 职工患病或非因工负伤治疗期间，在规定的医疗期间内由企业按有关规定支付其病假工资或疾病救济费，病假工资或疾病救济费可以低于当地最低工资标准支付，但不能低于最低工资标准的80%。

（二）延长工作时间的工资报酬

60. 实行每天不超过8小时，每周不超过44小时或40小时标准工作时间制度的企业,以及经批准实行综合计算工时工作制的企业,应当按照劳动法的规定支付劳动者延长工作时间的工资报酬。全体职工已实行劳动合同制度的企业,一般管理人员(实行不定时工作制人员除外)经批准延长工作时间的,可以支付延长工作时间的工资报酬。

61. 实行计时工资制的劳动者的日工资,按其本人月工资标准除以平均每月法定工作天数(实行每周40小时工作制的为21.16天,实行每周44小时工作制的为23.33天)进行计算。

62. 实行综合计算工时工作制的企业职工,工作日正好是周休息日的,属于正常工作;工作日正好是法定节假日时,要依照劳动法第四十四条第(三)项的规定支付职工的工资报酬。

(三)有关企业工资支付的政策

63. 企业克扣或无故拖欠劳动者工资的,劳动监察部门应根据劳动法第九十一条、劳动部《违反和解除劳动合同的经济补偿办法》第三条、《违反〈中华人民共和国劳动法〉行政处罚办法》第六条予以处理。

64. 经济困难的企业执行劳动部《工资支付暂行规定》(劳部发〔1994〕489号)确有困难,应根据以下规定执行:

(1)《关于做好国有企业职工和离退休人员基本生活保障工作的通知》(国发〔1993〕76号)的规定,"企业发放工资确有困难时,应发给职工基本生活费,具体标准由各地区、各部门根据实际情况确定";

(2)《关于国有企业流动资金贷款的紧急通知》(银传〔1994〕34号)的规定,"地方政府通过财政补贴,企业主管部门有可能也要拿出一部分资金,银行要拿出一部分贷款,共同保证职工基本生活和社会的稳定";

(3)《国有企业富余职工安置规定》(国务院令第111号,1993年发布)的规定,"企业可以对职工实行有限期的放假。职工放假期间,由企业发给生活费"。

四、工作时间和休假

(一)综合计算工作时间

65. 经批准实行综合计算工作时间的用人单位,分别以周、月、季、年等为周期综合计算工作时间,但其平均日工作时间和平均周工作时间应与法定标准工作时间基本相同。

66. 对于那些在市场竞争中,由于外界因素的影响,生产任务不均衡的企业的部分职工,经劳动行政部门严格审批后,可以参照综合计算工时工作制的办法实施,但用人单位应采取适当方式确保职工的休息休假权利和生产、工作任务的完成。

67. 经批准实行不定时工作制的职工,不受劳动法第四十一条规定的日延长工作时间标准和月延长工作时间标准的限制,但用人单位应采用弹性工作时间等适当的工作和休息方式,确保职工的休息休假权利和生产、工作任务的完成。

68. 实行标准工时制度的企业,延长工作时间应严格按劳动法第四十一条的规定执行,不能按季、年综合计算延长工作时间。

69. 中央直属企业、企业化管理的事业单位实行不定时工作制和综合计算工时工作制等其他工作和休息办法的,须经国务院行业主管部门审核,报国务院劳动行政部门批准。地方企业实行不定时工作制和综合计算工时工作制等其他工作和休息办法的审批办法,由省、自治区、直辖市人民政府劳动行政部门制定,报国务院劳动行政部门备案。

(二)延长工作时间

70. 休息日安排劳动者工作的,应先按同等时间安排其补休,不能安排补休的应按劳动法第四十四条第(二)项的规定支付劳动者延长工作时间的工资报酬。法定节假日(元旦、春节、劳动节、国庆节)安排劳动者工作的,应按劳动法第四十四条第（三）项支付劳动者延长工作时间的工资报酬。

71. 协商是企业决定延长工作时间的程序（劳动法第四十二条和《劳动部贯彻〈国务院关于职工工作时间的规定〉的实施办法》第七条规定除外），企业确因生产经营需要，必须延长工作时间时，应与工会和劳动者协商。协商后，企业可以在劳动法限定的延长工作时数内决定延长工作时间，对企业违反法律、法规强迫劳动者延长工作时间的，劳动者有权拒绝。若由此发生劳动争议，可以提请劳动争议处理机构予以处理。

（三）休假

72. 实行新工时制度后，企业职工原有的年休假制度仍然实行。在国务院尚未作出新的规定之前，企业可以按照1991年6月5日《中共中央国务院关于职工休假问题的通知》，安排职工休假。

劳动和社会保障部关于印发进一步深化企业内部分配制度改革指导意见的通知

(2000年11月6日 劳社部发〔2000〕21号)

各省、自治区、直辖市劳动和社会保障厅（局），国务院有关部委劳动和社会保障工作机构：

为了深化企业内部分配制度改革，加快建立与现代企业制度相适应的工资收入分配制度，建立工资分配的激励和约束机制，我们提出了《进一步深化企业内部分配制度改革的指导意见》，现印发给你们，希望各地区加强对这项工作的指导，坚持改革方向，认真总结经验，结合本地区实际情况贯彻执行。

进一步深化企业内部分配制度改革的指导意见

为贯彻落实党的十五届四中全会《决定》和五中全会《建议》的精神，建立与现代企业制度相适应的工资收入分配制度，现就进一步深化企业内部分配制度改革提出如下指导意见。

一、指导思想

紧紧围绕建立现代企业工资收入分配制度的总体目标，坚持以按劳分配为主体，多种分配方式并存和效率优先、兼顾公平的原则，允许和鼓励资本、技术等生产要素参与收益分配；在国家的宏观指导下，企业结合推进劳动用人制度等项配套改革，根据生产经营特点自主建立科学、规范的工资收入分配制度；充分发挥劳动力市场价格的调节作用，合理确定职工工资水平，拉开各类人员工资收入分配差距。通过改革形成有效的分配激励与约束机制，以及工资能增能减的机制，充分调动各方面的积极性，促进企业经济效益的提高。

二、建立健全企业内部工资收入分配激励机制

1. 建立以岗位工资为主的基本工资制度。

按照建立现代企业工资收入分配制度的要求并根据人力资源管理的特点，积极探索建立以岗位工资为主的基本工资制度。提倡推行各种形式的岗位工资制，如岗位绩效工资制、岗位薪点工资制、岗位等级工资制等。要进行科学的岗位设置、定员定额和岗位测评，做到以岗定薪。要以岗位测评为依据，参照劳动力市场工资指导价位合理确定岗位工资标准和工资差距。提高关键性管理、技术岗位和高素质短缺人才岗位的工资水平。岗位工资标准要与企业经济效益相联系，随之上下浮动。

职工个人工资根据其劳动贡献大小能增能减。企业内部实行竞争上岗，人员能上能下，岗变薪变。

企业可以根据生产经营特点采取灵活多样的工资支付形式，如计件工资、浮动工资以及营销人员的销售收入提成等办法。无论哪一种形式，都应与职工的岗位职责、工作业绩和实际贡献挂钩，真正形成重实绩、重贡献的分配激励机制。

结合基本工资制度改革调整工资收入结构，使职工收入工资化、货币化、透明化。把工资总额中的部分补贴、津贴纳入岗位工资，提高岗位工资的比重。清理并取缔企业违规违纪发放的工资外收入，净化收入渠道。通过调整收入结构，提高工资占人工成本的比重。积极推行银行代发工资和企业代扣代缴个人所得税的办法。

2. 实行董事会、经理层成员按职责和贡献取得报酬的办法。

要在具备条件的企业积极试行董事长、总经理年薪制。董事会和经理层其他成员的工资分配，执行企业内部工资分配制度，按照其承担的岗位职责和做出的贡献确定工资收入，并实行严格的考核和管理办法。一般情况下，对董事会成员要考核其资产运营和投资决策方面的业绩，主要以资产保值增值为评价标准；对经理层成员要考核其履行经营管理职责和取得业绩情况。要将考核结果与董事会、经理层成员的工资收入相联系，拉开工资收入差距。董事会成员的工资分配办法要通过股东大会讨论决定，经理层成员的工资分配办法要通过董事会讨论决定。

3. 对科技人员实行收入激励政策。

科技人员实行按岗位、按任务、按业绩确定报酬的工资收入分配制度。要合理拉开科技人员与普通职工、做出重大贡献的科技人员与一般科技人员的工资收入差距。企业可以根据生产经营需要并参照劳动力市场工资指导价位，同科技人员分别签订工资协议。实行按科技成果奖励办法，如项目成果奖、科技产品销售收入或利润提成等，对做出突出贡献的科技人员给予重奖。奖励办法，公司制企业由企业董事会提出，经股东会讨论后决定；非公司制企业由企业领导班子提出，经职代会讨论后决定。

三、积极稳妥开展按生产要素分配的试点工作

1. 探索进行企业内部职工持股试点。

按照建立现代企业制度的要求，实行股份制改造或产权管理清晰的竞争性企业，可以进行职工持股试点，试点方案要因地制宜、因企制宜，经过审批后稳步推行。

坚持职工持股自愿原则。职工持股资格、认购股份数额和股份认购方案，要通过职工集体讨论或其他方式民主决定，并经股东大会或产权单位同意后执行。经营管理人员、业务和技术骨干的持股数额可适当高于一般职工，但企业股份不能过分集中在少数人手里。经营者持股数额一般以本企业职工平均持股数的 5 至

15倍为宜。

要严格资产评估,防止国有资产流失。

职工持股可以实行多种形式,要以职工出资认购股份为主,也可对职工实行奖励股份等办法。

2. 积极试行技术入股,探索技术要素参与收益分配办法。

具备条件的企业可以试行科技成果和技术专利作价折股,由科技发明者和贡献者持有。以科技成果入股的,科技成果作价金额一般不超过企业注册资本的20%。以高新技术成果入股的,高新技术成果的作价金额一般不超过企业注册资本的35%。

由本企业形成的科技成果,可根据《中华人民共和国促进科技成果转化法》规定,将过去3~5年实施转化成功的科技成果所形成利润按规定的比例折股分配。群体或个人从企业外带入的科技成果和专利技术,可直接在企业作价折股分配。在研究开发和科技成果转化中做出主要贡献的人员,所得股份应占有较大的比重。

科技成果评估作价可由企业与科技发明、贡献者协商确定,也可委托具有法定资格的评估机构评估确定。

技术入股方案,公司制企业由董事会提出,非公司制企业由经营领导班子提出,经股东大会或职工代表大会讨论决定,并报产权主管部门和劳动保障部门审核。

3. 具备条件的小企业可以探索试行劳动分红办法。

劳动分红办法,原则上只在资本回报率和净资产收益率高于社会平均水平的小企业试行。公司制企业,经董事会或股东大会同意,非公司制企业,经产权主管部门同意,可以试行劳动分红办法。劳动分红的方案要征求职代会或工会的意见,并报劳动保障部门和产权主管部门审核。

4. 正确处理按劳分配与按生产要素分配的关系。

按资本、技术等生产要素分配要遵循国家有关法律法规和政策规定。股份分红应以企业盈利为前提，按照《中华人民共和国公司法》进行利润分配，既要维护劳动者的合法权益，又不得损害国家和其他股东的合法利益。股份分红不能侵蚀工资，工资分配不能侵蚀利润。实行职工持股和技术入股的企业，要完善工资支付制度，按照当地政府颁布的工资指导线和政府的有关政策规定，合理增加工资。要坚持投资风险与收益一致的原则，职工持股、技术入股与其他股份实行同股同利原则。

不论职工以何种形式入股，均应承担相应的风险，不得实行与经济效益相脱离的"保底分红"和"保息分红"办法。

四、加强基础管理，建立健全企业内部工资分配约束机制

1. 加强企业内部分配基础管理工作。

要继续建立健全岗位测评、定员定额和考试考核制度，搞好工资统计、管理台账、职工奖惩、经济核算等各项基础管理工作，并在日常管理中狠抓制度的落实。

要根据国家有关法律法规，结合企业内部用人制度、职工培训制度改革，制定适合本企业特点的工资支付办法，规范工资支付行为。要规范经营管理人员的职位消费行为，提高收入分配透明度。

2. 实行人工成本的合理约束。

企业内部要建立以人工成本管理为主要内容的约束机制，从有利于产品市场竞争和节约人工成本目的出发，加强人工成本的监控与管理，对工资增长进行合理约束。提倡实行"模拟市场核算、实行成本否决"的人工成本控制办法。

3. 职工民主参与决策和监督。

要进一步完善职工民主参与收入分配决策和民主监督的制度。在明确股东会、董事会、监事会职责，建立有效制衡的公司法人治理结构的基础上，结合实行厂务公开制度，充分发挥工会和职工代表大会在工资收入管理和改革中的积极作用。

探索建立具有中国特色的工资集体协商制度。在非国有企业，只要建立了企业工会的，都要大力推行工资集体协商制度；在国有企业特别是已改制的国有企业中要积极进行工资集体协商试点。

五、进一步转变政府职能，加强对企业内部分配的指导工作

劳动保障行政部门要按照社会主义市场经济的要求，切实转变工资收入管理职能，尊重企业分配自主权，进一步加强对企业内部分配的指导工作。要加强对企业工资改革、职工持股、技术入股、工资集体协商等方面的政策指导，并根据实际情况，会同有关部门完善按生产要素分配的有关政策。通过建立和组织实施工资指导线制度、劳动力市场工资指导价位和人工成本预测预警制度，指导企业合理确定工资水平和工资关系。通过完善工资支付有关法律法规和政策，督促企业严格执行最低工资保障制度，规范工资支付行为。要及时总结企业工资分配的典型经验加以推广，积极为企业提供咨询和信息服务。

人力资源社会保障部办公厅关于企业工资总额管理有关口径问题的函

(2010年1月23日 人社厅函〔2010〕51号)

上海市人力资源和社会保障局：

你局《关于企业工资总额有关口径的请示》（沪人社综字〔2009〕109号）收悉。经研究，现答复如下：

将企业发放给职工的住房补贴、交通补贴等收入纳入工资管理，有利于加强对企业工资分配的宏观调控，推进职工收入工资化、货币化、透明化。在国有企业工资总额管理工作中，应按照《关于企业加强职工福利费财务管理的通知》（财企〔2009〕242号）的规定，将按月按标准发放或支付给职工的住房补贴、交通补贴或者车改补贴、通讯补贴以及节日补助、按月发放的午餐费补贴等统一纳入职工工资总额管理。实行工效挂钩办法的企业，在与企业经济效益直接挂钩工资总额基数外单列，不作为计提新增效益工资的基数。

人力资源社会保障部办公厅关于印发《技能人才薪酬分配指引》的通知

(2021年1月26日 人社厅发〔2021〕7号)

各省、自治区、直辖市及新疆生产建设兵团人力资源社会保障厅(局):

为更好服务中国制造、中国创造,深入实施人才强国、创新驱动发展战略,推动企业建立健全符合技能人才特点的工资分配制度,激励广大青年走技能成才、技能报国之路,我部组织编写了《技能人才薪酬分配指引》,现印发给你们,供指导企业时参考。

各地区要高度重视提高技能人才工资待遇,加强对企业工资分配的指导和服务,抓好宣传培训,推广典型经验,结合本地实际,加强示范引领,推动培养造就一支高素质技能人才队伍。

技能人才薪酬分配指引

第一章 总 则

第一条 为健全技能人才培养、使用、评价、激励制度,推动企业建立多职级的技能人才职业发展通道,建立以体现技能价值为导向的技能人才薪酬分配制度,大力提高技能人才职业荣誉感和经济待遇，不断发展壮大技能人才队伍，为中国制造和中国创造提供重要人才支撑，结合企业薪酬分配理论实践和技能人才特点，特制定本指引。

第二条 本指引旨在为企业提供技能人才薪酬分配可供参考的方式方法。企业可结合实际，借鉴本指引，不断建立健全适应本企业发展需要的技能人才薪酬分配体系。

第三条 本指引所称技能人才，是指在生产或服务一线从事技能操作的人员。

第四条 技能人才薪酬分配应遵循以下原则：

（一）坚持按劳分配和按要素贡献参与分配。体现多劳者多得、技高者多得的价值分配导向，合理评价技能要素贡献。

（二）坚持职业发展设计与薪酬分配相配套。充分考虑企业的组织架构、职位体系、定岗定编、岗位评价、薪酬分配、绩效管理等相互联系、相互制约的实际，使技能人才薪酬分配与职业发展通道相衔接。

（三）坚持统筹处理好工资分配关系。参考岗位测评结果、市场标杆岗位的薪酬价位，综合考虑企业内部操作技能、专业技术和经营管理等类别实际，统筹确定技能操作岗位和企业内部其他类别岗位之间薪酬分配关系。

第二章 技能人才职业发展通道设计

第五条 本指引所称技能人才职业发展通道，是在企业岗位体系的基础上，形成横向按工作性质、内容等划分不同技能序列，纵向按技能人才专业知识、技术技能、资历经验、工作业绩等因素划分层级的有机系统，既体现技能人才个人能力，又反映岗位差别。

第六条 技能人才职业发展通道一般应与企业的经营管理类、专业技术类职业发展通道并行设置，层级互相对照。企业可根据发展需要,贯通工程技术领域操作技能与工程技术序列融合发展的路径,并逐步拓宽贯通领域,扩大贯通规模。对制造业的技能人才,可以设置基本生产技能操作、辅助生产技能操作等细分类别,纵向设置多个职级(详见附表1)。其他行业企业可结合实际参照设置。

纵向成长通道一般应基于不同类别岗位的重要程度、复杂程度等因素,并考虑不同类别岗位人员的职业发展规律作出差别化安排。纵向成长通道具体层级设置数量可根据企业发展战略、主体业务、员工队伍状况等实际进行调整。

企业内部不同类别之间对应关系,技能操作类的正常成长通道最高可与部门正职/分厂厂长/分支机构正职等中层正职相当,高精尖的高技能领军人才可与企业高层管理岗相当。对企业技能操作中的基本生产技能操作工种、辅助生产技能操作工种和熟练服务工种等,一般应设置差别化成长通道。同时,在满足任职资格条件基础上,不同职业发展通道可以相互贯通。

第七条 为实现职业发展通道有效运转,需定责权,即对具体职位在工作职责、管理权限等方面作出统一规范和界定。定责权,主要是解决好职业发展通道和企业内部管理岗位之间的关系问题,总的原则是以事定责、按责配权,实现权责利的统一。职责权限的划分根据相关业务流程,通过编制岗位说明书等方式进行明确,并结合实际动态调整。

处于高职级的技能人才对本领域业务工作负有组织制定(修订)标准、指导落实、监控、审查、结果判定等职责和权限;同时,需承担本业务领域难度较大、创新性的工作任务,并负有编制培训教材、培训授课、平时指导等培训指导职责。

第八条 职业发展通道有效运转需定数量,即根据企业战略和相应的人力资源规划,参考企业所在业务领域专业细分结果,结合企业对各职位的需求以及人员结构情况,制定各职级的职数标准和比例结构。

设置职位数量的规则，一般采取两头放开、中间择优的方式安排。高层职级一般按资格条件管理，不设具体职位数量，成熟一个聘任一个，宁缺毋滥；基层职级一般不设职数，符合条件即可正常晋升；中间层级可按照细分专业数量设置职数，也可以按照一定比例进行安排。

第九条 职业发展通道有效运转需定资格，即根据履行职位职责的要求，对职位任职人员所应具备的学历、资历、能力、经验、业绩等多维度任职条件作出统一规范和界定。职位任职资格标准可将经人社部门公布的技能人才评价机构评价的职业技能等级作为重要参考，并明确相互间对应关系。

结合人才成长规律，职业发展通道一般可按三个阶段设置，形成全职业周期的成长发展通道。新进技能人才在第一个十年中，每二至三年晋升一个职级，在基层岗位职位上正常成长；第二个十年中，在中间层级岗位职位上择优晋升发展；第三个十年中，在高层级岗位职位上逐步成长为专家权威。同时，对具有特殊技能和突出贡献的高技能人才应有破格晋升的制度安排。

随着新生代劳动者成长预期的变化，以及不同类型企业的技能操作难度有差异，对技能人才的成长年限安排以及相应的任职资格标准可有所不同。

第十条 职业发展通道有效运转需定考评，即明确各类人员进入所在职级通道的考评办法，根据考评结果组织聘任，实现能上能下。

第十一条 职业发展通道有效运转需待遇，即对进入职业发展通道的技能人才，可对新职级职位按照岗位进行管理，职位职级变化时执行岗变薪变规则。各职级人员聘任到位后，按相应岗位工资标准执行，根据绩效考核结果发放绩效工资。

第十二条 职业发展通道有效运转需动态管理，即对职位职数标准、任职人员配置以及职位体系框架的动态管理。

其中，职位职级聘任应有任期规定，高职级职位的任期可比低职级长。任期期满重新进行评聘。在职位职数规定范围内，对任期评聘成绩优秀并达到上一职级任职资格的可予以晋升，考评合格的可保留原职级，考评不合格的可降低职级。

第三章 技能人才薪酬分配制度设计

第一节 工资结构设计

第十三条 按照为岗位付酬、为能力付酬、为绩效付酬的付酬因素，技能人才工资结构可由体现岗位价值的岗位工资单元、体现能力差别的能力工资单元和体现绩效贡献的绩效工资单元等组成。

第十四条 为稳定职工队伍，保障职工基本生活，企业可结合实际增加设置体现保障基本生活的基础工资单元和体现员工历史贡献积累的年功工资单元。

第十五条 在各工资单元功能不重复体现的原则下，为补偿技能人才在特定环境或承担特定任务的额外付出，可设置相应的津贴单元，包括体现夜班工作条件下额外劳动付出的夜班津贴、体现高温噪声污染等艰苦环境条件下额外劳动付出的作业环境津贴、体现技能人才技能水平的技能津贴、体现技能人才班组长额外劳动付出的班组长津贴、体现技能人才师傅带徒弟额外劳动付出的带徒津贴等。根据需要，还可设置鼓励多学技能、向复合型人才发展的多能津贴或通岗津贴等。

第十六条 企业根据需要可以合并、减少或增加相关工资单元。例如，能力工资单元可以采用设置技能人才特殊岗位津贴的形式体现，也可以采用将职级通道直接纳入岗位工资单元进行体现；年功工资单元可在岗位工资单元中设置一岗多薪、一岗多档,岗级体现不同岗位的价值度,档次用于体现同一岗位上不同员工的岗位任职时间、业绩贡献、年度正常增长等因素。

第二节 岗位工资单元设计

第十七条 岗位工资等级应以岗位评价结果为基础。岗位评价是实现不同岗位之间价值可比,体现企业薪酬分配内部公平的重要基础工作。

岗位评价一般有四种方法:一是排序法,将企业全部岗位视为一个系列,根据各个岗位对组织的贡献度和作用度不同,对岗位次序进行排列的一种方法,一般适用于工作性质单一、岗位较少的企业。二是分类套级法,将企业全部岗位分为若干系列、每个系列分为若干级别,分类别对岗位次序进行排列的一种方法。三是因素比较法,事先确定测评要素和若干主要岗位(或称标杆岗位),将每一个主要岗位的每个影响因素分别加以排序或评价。其他岗位按影响因素与已测评标杆岗位各因素测评结果分别进行比较,进而确定岗位的价值等级。四是要素计分法,根据预先规定的衡量标准,对岗位的主要影响因素逐一进行评比、估量,由此得出各个岗位的量值。

第十八条 企业采用要素计分法对技能操作类岗位进行岗位评价,通常考虑岗位对上岗人员技能水平要求的高低,岗位工作量及质量责任的轻重,体力或脑力劳动强度的大小和岗位工作条件的好差等进行评价。在此基础上,要遵循战略导向原则,从突出企业关键重要岗位的角度选择评价要素,确定评价要素权重。

第十九条 企业在评价要素的选择、评价权重的设置、评价过程的组织等方面应贯彻公正、公开原则,得到员工认可。第一步是初评,企业内各二级单位评价确定本单位内部技能操作岗位纵向岗位关系;第二步进行复测,在各单位初评结果中筛选出标杆岗位,选取熟悉技能操作类岗位职责情况、公信力高的岗位评价代表进行复测,确定不同单位之间技能操作类岗位的等级关系。

第二十条 岗位工资可采取一岗一薪、岗变薪变,也可采取一岗多薪、宽带薪酬形式。一岗多薪、宽带薪酬指的是在每个岗位等级内设多个工资档次,以体现同岗级人员不同能力、资历和不同业绩贡献的差别。一岗多薪、宽带薪酬既能体现员工的岗位价值,又能体现员工的能力素质,还可以兼顾到员工薪资的正常晋升,这一做法在实践中被较多企业选择。

实行一岗多薪、宽带薪酬的企业,技能人才可通过晋档实现工资正常增长。其中,档次晋升调整可与技能人才年度绩效考核结果挂钩,合格及以上的技能人才每年可在本岗级上晋升一档,少部分优秀的可晋升两档,个别贡献突出的还可以奖励更多晋档,极少数表现不合格的可不晋升或降档。

第二十一条 岗位工资采用一岗多薪、宽带薪酬,具体晋档条件有三种表现形式。一是条件规定形式,即明确晋档应当达到的规定条件。晋档条件有一个以上的,各条件要素需有互补性规定。针对技能操作类岗位,可设置学历与工作年限的互补条件,较长工作年限可在一定程度上弥补学历的不足。二是综合系数表现形式,即按各个晋档要素之间相对关系,将晋档条件转换为系数分数。综合系数表现形式直接实现了各个晋档要素的综合互补。晋档综合系数的确定首先依据不同职级岗位任职资格的要求来确定起步档次的条件。其次,需要将各个条件之间的相对价值进行比较,确定系数标准值,实现各个条件之间的平衡互补。三是特殊贡献表现形式。可将技能人才参加一定层级技能大赛获奖情况、技术攻关和创新等贡献情况,作为晋档或跨档条件。

第二十二条 岗位工资标准的设计,一般参考以下三个因素:一是岗位价值度评估分数。企业可参考技能操作类岗位价值度评估分数之间的倍数关系,确定不同技能操作岗位工资标准之间差别。二是人力资源市场价位情况。企业可参考人力资源市场类似岗位工资价位的绝对水平，确定技能操作类岗位工资标准；或参考市场上相应典型岗位的薪酬比例关系，优化调整相应技能操作类岗位工资标准。三是企业内部标杆技能操作类岗位之间的历史分配关系。企业可结合市场工资价位，重新评估内部技能操作岗位间的分配关系，如果体现岗位价值度的工资标准与市场比差距过小，可以调整优化，适当拉开差距。

第二十三条　岗位工资标准的设计，一般按以下步骤进行：一是首先确定内部关键点岗位（最高岗位、最低岗位、主体标杆岗位等）工资标准之间的比例关系。二是按照一定规律确定每个关键点之间不同层级的岗位工资标准关系，一般可以用等差数列关系确定（差别相对较小），也可以用等比数列确定（差别相对较大）。三是结合技能操作类内部层级因素适当调整。跨职级的差距可适当拉大，同一职级内部差距可适当缩小。经过验证，模拟测算调整，通过比较工资标准高低是否与预先设定的目标一致，最终确定岗位工资标准。

第二十四条　岗位工资标准的表现形式，一般有两种：一是以工资水平绝对值的形式表现；二是以岗位工资系数值（或薪点数）的形式表现。对不同的工资单元可以采用不同的工资标准表现形式。对于效益波动比较大的企业，岗位工资、绩效工资可采取具体的系数或薪点标准。基数值或薪点值可结合企业效益情况、工资总额承受能力、市场价位变动情况等相应确定。

第三节　绩效工资单元设计

第二十五条　绩效工资单元是体现员工实际业绩差别的工资单元，根据绩效考核结果浮动发放，对发挥工资的激励功能具有重要作用。企业可按照绩效工资总量考核发放、授权二次分配、加强监控指导的管理原则，建立绩效工资与企业效益情况（影响工资总额变动)、本部门绩效考核结果(影响本部门绩效工资额度变动)、本人绩效考核结果(影响本人实际绩效所得)联动的分配机制。年度绩效考核除影响绩效工资外,还可与岗位调整、培训、职级升降挂钩。

第二十六条 绩效考核周期的确定需综合考虑行业特点、岗位特征、考评可操作性等因素。技能人才绩效显现时间相对于管理人员、专业技术人员一般较短,可按月为主计发绩效工资。

第二十七条 绩效考核可根据技能人才的工作性质和岗位特征,采取分类考核办法。例如,主要以个人计件计酬的岗位,可以按月设立基础任务量,超过基础任务量部分可分档设立不同计件单价,根据任务完成情况核定绩效工资。

对于以班组、车间为单元集体作业的基本生产技能岗位人员,可参照上述办法将团队绩效工资总额分配到班组、车间,再由班组长、车间主任根据规定程序,按照个人工作量和个人绩效进行合理分配。

对于辅助生产技能岗位人员,可依据其支持服务的基本生产技能岗位人员月绩效工资平均值的一定比例(比如 70% 至 95%),作为人均绩效工资分配额度,以此为基础计算辅助生产技能岗位人员绩效工资总量,再按照绩效工资系数、组织和个人绩效考核的结果进行分配。

第四节 专项津贴单元设计

第二十八条 专项津贴是对特殊条件下的额外劳动付出的补偿。针对技能人才的劳动特点,制造型企业可结合实际需求,可设置夜班津贴、作业环境津贴、技能津贴、班组长津贴、师带徒津贴等。

第二十九条 夜班津贴是对劳动者在夜晚工作额外付出的补偿,主要适用于基本生产技能岗位人员。夜班劳动对于劳动者的体力、精力、心理压力等带来较大影响。实践中,部分"四班三运转"岗位人员的月度夜班津贴水平一般占月度应发工资收入的15%至20%。企业可结合职工薪酬收入水平、当地经济社会发展实际,合理确定夜班津贴的标准水平。

第三十条 作业环境津贴是对劳动者在井下、高空、高温、低温、物理粉尘辐射、化工有毒有害等环境下作业额外付出的补偿,主要适用于技能操作类人员。企业可结合实际,根据作业环境的艰苦程度划分出不同档次,设置差别化的作业环境津贴。

第三十一条 技能等级除作为职业发展通道的晋升条件外,考虑到高技能人才整体仍然短缺的实际,企业可以设置技能津贴,对于取得高级工、技师、高级技师,并在相关技能操作类岗位工作的技能人才,发放一定额度的技能津贴,鼓励技能人才学技术、长本领。取得相应技能等级资质的技能人才,聘任到较高技能操作职级上,除适用技能津贴外,还可同时执行相应发展通道职级的工资标准。技能津贴可同样适用于"双师"(工程师、技师)型技能人才。

第三十二条 班组一般是企业管理的最基层单元,班组长在基础管理、分配任务、考勤考绩等方面均有较多的付出。对于非专职脱产人员担任班组长的,可设置班组长津贴。班组长津贴标准可采取两种方式进行安排:一是按照班组管理幅度,按照具体人数确定适用津贴标准。可在基本标准基础上,每增加1名技能人才,相应增加津贴标准。二是按照班组类别和难度大小,设置不同的档次标准。但对于班组长工资待遇已在岗位工资等级或者档次体现的,可不再重复设置班组长津贴。

第三十三条 师带徒津贴是对师傅培养培训徒弟额外劳动付出的补偿。对于签订带徒协议、明确师傅徒弟权利义务的,可向师傅支付一定额度带徒津贴。协议期满根据考核结果可另行给予奖励。徒弟在技能大赛等获奖的,也可额外对师傅进行奖励,建立徒弟成才、师傅受益的联动机制。企业通过推行"传帮带""师带徒""老带新"等多种措施,不仅可以促进整体生产效率的提升,而且能够帮助企业在长期内形成较为稳定的技能人才梯队,积蓄技能人才资源。师带徒,通过企业实践培训提高,针对性强,效果好,应大力推行。

第三十四条 津贴设置应坚持不重复体现原则。本节所提到的夜班津贴、作业环境津贴、技能津贴、班组长津贴、师带徒津贴等各类津贴,如在岗位评价要素或者职级成长通道任职资格条件中已有充分体现的,应本着不重复的原则不再单独设置。

第五节 技能人才与其他人才工资分配关系设计

第三十五条 企业可参考岗位测评结果确定技能人才岗位和其他类别岗位之间薪酬分配关系。如果不同类别岗位测评采用的要素和参评专家不同,则测评分数之间的相互关系不宜简单对应,应选择不同系列的典型岗位进行跨类别岗位测评以确定对应关系。

第三十六条 企业可参考市场标杆岗位之间的薪酬分配关系确定对应关系。如将市场上某技能操作岗位与某管理岗位等薪酬水平的对应关系,作为确定不同类别岗位分配关系的参考。同时,标杆岗位中市场招聘的薪酬价位,可以作为确定技能操作岗位和其他类别岗位起点薪酬分配关系的参考。

第三十七条 技能人才特别是高技能人才,其人力资本是个人努力和长期操作经验的累积结果,在薪酬标准上应体现其人力资本及技能要素贡献。对掌握关键操作技能、代表专业技能较高水平、能够组织技改攻关项目的,其薪酬水平可达到工程技术类人员的较高薪酬水平,或者相当于中层管理岗位薪酬水平,行业佼佼者薪酬待遇可与工程技术类高层级专家级别和企业高层管理岗的薪酬水平相当。

第四章　高技能领军人才薪酬待遇制度设计

第三十八条　高技能领军人才包括获得全国劳动模范、全国五一劳动奖章、中华技能大奖、全国技术能手等荣誉以及享受省级以上政府特殊津贴的人员，或各省（自治区、直辖市）政府认定的"高精尖缺"高技能人才。高技能领军人才是技能人才队伍中的关键少数，应提高其薪酬待遇，鼓励参照高级管理人员标准落实经济待遇。

第三十九条　年薪制是以年度为单位，依据生产经营规模和经营业绩，确定并支付薪酬的分配方式。年薪制一般适用于公司经营班子成员以及承担财务损益责任的分子公司负责人。

高技能领军人才可探索实行年薪制，应把握以下三个方面：一是合理界定适用范围。年薪制适用范围较小，一般适用于承担经营风险、业绩显现周期较长且需建立有效激励约束机制的人员。高技能领军人才具有稀缺性，贡献价值度高，可将其纳入年薪制适用范围。二是明确薪酬结构。一般由基本年薪和绩效年薪为主的薪酬构成，基本年薪占比相对较小、按月发放，绩效年薪占比相对较大、按年发放，体现业绩导向。三是建立相应的激励和约束机制。高技能领军人才应建立体现高技能领军人才特点、体现短期和长期贡献的业绩考核办法，如将关键任务攻关、技能人才队伍培养等作为年度或任期绩效考核目标，业绩考核结果与薪酬挂钩，实现业绩升、薪酬升、业绩降、薪酬降，体现责任、风险和利益的统一。

第四十条　协议薪酬制是企业和劳动者双方协商谈判确定薪酬的分配方式，主要适用于人力资源市场稀缺的核心关键岗位人才或企业重点吸引和留用的紧缺急需人才。

企业要处理好薪酬内部公平性和外部竞争性的平衡。在此基础上，对高技能领军人才实行协议薪酬，应把握以下三个方面：

一是合理确定适用范围。一般而言,协议薪酬主要适用于面向社会公开招聘实行市场化管理的高技能领军人才。二是实行任期聘任制。实行协议薪酬制的高技能领军人才,可按任期聘任,按合同规定条件予以续聘或解聘。三是事先约定绩效考核要求。对实行协议薪酬制的高技能领军人才,既协商薪酬也应协商绩效要求,应签订《绩效目标责任书》,确定考评周期内的绩效目标和激励约束规则。同时,实行协议薪酬制人员,薪酬待遇按协议约定执行,一般不再适用企业主体薪酬制度中的岗位工资、绩效奖金、津补贴等分配方式。

第四十一条 专项特殊奖励是对做出重大贡献的部门和个人的专项奖励。

实行专项特殊奖励,应把握以下三个方面:一是专项特殊奖励不仅适用于高技能领军人才,也适用于包括技能人才在内的所有员工。二是对在正常绩效激励中未体现的特殊贡献,均可适用特殊奖励。其中,包括为企业生产效率提高、工作任务完成、新品试制、技改攻关等做出的巨大贡献,或为社会做出突出贡献,或为企业取得重大社会荣誉等(比如技能大赛获得名次)。三是专项特殊奖励属于非常规激励。为避免滥发或不发,应制定较为规范的企业内部专项特殊奖励管理办法。

第四十二条 结合实际探索对技能人才特别是高技能领军人才实行股权激励(包括业绩股票、股票期权、虚拟股票、股票增值权、限制性股票、员工持股等形式)、超额利润分享、项目跟投、项目分红或岗位分红等中长期激励方式。中长期激励应符合国家相关规定。

第四十三条 超额利润分享以超过企业目标利润的部分作为基数,科学合理地设计提取规则,主要适用于企业中的关键核心人才。

应把握以下三个方面:一是将技能人才特别是高技能领军人

才纳入实施范围，引导企业构建"目标一致、责任共担、成果共享"的发展共同体。二是明确激励总量的确定规则。激励总量可以本年度超目标净利润增量（或减亏额）为基数，按一定比例计提，并与企业综合绩效系数挂钩调节。其中，净利润目标一般可分为基本目标、激励目标和挑战目标，计提比例可根据净利润实际达成情况按不同比例分段提取。三是明确激励额度分配办法。员工个人激励额度一般可依据激励对象的岗位系数和个人绩效考核结果系数综合确定。其中，个人岗位系数应体现所在岗位职位的正常激励水平，个人绩效考核结果系数应根据实际绩效设置，既关注岗位职位，也关注实际贡献。

第四十四条 岗位分红以企业经营收益为标的，主要适用于对企业重要岗位人员实施激励。对高技能领军人才实施岗位分红的，企业应建立规范的内部财务管理制度和员工绩效考核评价制度，评估高技能领军人才在企业的重要性和贡献，明确实施岗位分红的企业业绩和个人业绩条件。同时，处理好岗位分红所得与薪酬所得的关系，合理确定分红标准。

第五章 附 则

第四十五条 各地人力资源社会保障部门应结合本地实际，加强宣传培训，可分行业或分职业类别进一步细化相关内容，发布典型案例，强化示范引领。创新企业工资宏观调控指导方式，推动企业建立健全技能人才薪酬分配体系，不断提高对本地区企业技能人才薪酬分配的指导实效。

附表（略）

人力资源社会保障部办公厅关于国有企业负责人涉嫌违纪违法被调查期间薪酬支付问题有关意见的函(节选)

(2020年5月13日 人社厅发〔2020〕54号)

国有企业负责人涉嫌违纪违法,被纪检监察机关或司法机关依法采取留置或刑事拘留、逮捕等强制措施的,企业应停止支付其在此期间薪酬。被错误采取上述措施的,依据有关规定申请国家赔偿,企业不再补发其薪酬。

国有企业负责人涉嫌违纪违法,被纪检监察机关或司法机关调查但未被采取上述措施,对无法正常履职的,企业应暂缓支付其无法正常履职期间的薪酬,按照不超过本人当年基本年薪月发放标准计发生活费。经调查认定不存在违纪违法事实的,企业应补发其应发薪酬。存在违纪违法事实的,企业应根据处理结果按照相关规定扣减其薪酬。

人力资源社会保障部办公厅关于实施国有企业新设企业或机构增人增资有关政策规定意见的函

(2022年7月29日　人社厅函〔2022〕119号)

各省、自治区、直辖市及新疆生产建设兵团人力资源社会保障厅（局），党中央有关部门办公厅（室），国务院有关部委、直属机构办公厅（室），全国人大常委会办公厅、全国政协办公厅秘书局，国家监委、最高人民法院、最高人民检察院办公厅，有关民主党派中央办公厅（室），有关人民团体办公厅（室）：

为进一步贯彻落实《国务院关于改革国有企业工资决定机制的意见》（国发〔2018〕16号），明确关于新设企业或机构等情况可以合理增加工资总额的有关规定，现提出如下意见：

一、国有资本发起设立国有一级企业或者国有企业新设立并取得营业执照的子公司、分公司、分支机构的，可以按照新设企业或机构合理增加工资总额。有关新设企业或机构应积极落实聚焦主业等要求。关闭、划出企业或机构应当按照相同原则，根据减少人员上年度实发工资相应核减工资总额。

二、根据新设企业或机构新增人员数量（不含企业集团内部调整至新设企业或机构的现有人员），统筹考虑离退休人员等自然减员因素，参考企业现有职工平均工资水平、市场薪酬价位等因素，合理确定应当增加的工资总额。

三、新设企业或机构核定增人增资期限自取得营业执照当月起计算，原则上为12个月。确因特殊原因长期未开展经营的，经履行出资人职责机构（或其他企业主管部门，下同）同意，期限可自开始经营当月起计算。根据企业特点、生产经营及效益状况等，期满后仍难以通过工资效益联动机制满足企业设立初期增人增资需要的，经履行出资人职责机构同意可适当延长期限，但最长不得超过36个月。

四、新设企业或机构在实行增人增资政策期间，已实现一定营收、盈利的，集团公司按照工资效益联动机制编制企业整体工资总额时，应在核算企业整体经济效益中合理剔除新设企业或机构产生的效益，按同口径计算经济效益增减幅度。关闭、划出企业或机构按照相同原则处理。

五、除国家有明确规定外，企业不得在按照工资效益联动机制确定的工资总额外，以新增内设机构或部门、新扩建项目、招聘人员、引进人才、人员晋级晋职、设立津补贴和奖励等各种名义额外核增或单列工资总额。

人力资源社会保障部办公厅关于 2022 年国有企业招聘高校毕业生增人增资有关意见的函

(2022 年 9 月 5 日 人社厅函〔2022〕132 号)

各省、自治区、直辖市及新疆生产建设兵团人力资源社会保障厅(局),党中央有关部门办公厅(室),国务院有关部委、直属机构办公厅(室),全国人大常委会办公厅、全国政协办公厅秘书局,国家监委、最高人民法院、最高人民检察院办公厅,有关民主党派中央办公厅(室),有关人民团体办公厅(室):

为贯彻落实党中央、国务院关于稳就业的有关要求,鼓励和支持国有企业 2022 年扩大高校毕业生招聘规模,现提出以下意见:

国有企业根据党中央、国务院关于稳就业的有关要求,积极扩大高校毕业生招聘规模,按照工资效益联动机制确定的工资总额难以满足扩大高校毕业生招聘需求的,经履行出资人职责机构或其他企业主管部门同意,统筹考虑企业招聘高校毕业生人数、离退休减员情况和现有职工工资水平等因素,2022 年可给予一次性增人增资,核增部分据实计入工资总额并作为下一年度工资总额预算基数。

工资支付暂行规定

(1994年12月6日 劳部发〔1994〕489号)

第一条 为维护劳动者通过劳动获得劳动报酬的权利,规范用人单位的工资支付行为,根据《中华人民共和国劳动法》有关规定,制定本规定。

第二条 本规定适用于在中华人民共和国境内的企业、个体经济组织(以下统称用人单位)和与之形成劳动关系的劳动者。

国家机关、事业组织、社会团体和与之建立劳动合同关系的劳动者,依照本规定执行。

第三条 本规定所称工资是指用人单位依据劳动合同的规定,以各种形式支付给劳动者的工资报酬。

第四条 工资支付主要包括:工资支付项目、工资支付水平、工资支付形式,工资支付对象、工资支付时间以及特殊情况下的工资支付。

第五条 工资应当以法定货币支付。不得以实物及有价证券替代货币支付。

第六条 用人单位应将工资支付给劳动者本人。劳动者本人因故不能领取工资时,可由其亲属或委托他人代理。

用人单位可委托银行代发工资。

用人单位必须书面记录支付劳动者工资的数额、时间、领取者的姓名以及签字,并保存两年以上备查。用人单位在支付工资时应向劳动者提供一份其个人的工资清单。

第七条 工资必须在用人单位与劳动者约定的日期支付。如遇节假日或休息日，则应提前在最近的工作日支付。工资至少每月支付一次，实行周、日、小时工资制的可按周、日、小时支付工资。

第八条 对完成一次性临时劳动或某项具体工作的劳动者，用人单位应按有关协议或合同规定在其完成劳动任务后即支付工资。

第九条 劳动关系双方依法解除或终止劳动合同时，用人单位应在解除或终止劳动合同时一次付清劳动者工资。

第十条 劳动者在法定工作时间内依法参加社会活动期间，用人单位应视同其提供了正常劳动而支付工资。社会活动包括：依法行使选举权或被选举权；当选代表出席乡（镇）、区以上政府、党派、工会、青年团、妇女联合会等组织召开的会议；出任人民法院证明人；出席劳动模范、先进工作者大会；《中华人民共和国工会法》规定的不脱产工会基层委员会委员因工会活动占用的生产或工作时间；其他依法参加的社会活动。

第十一条 劳动者依法享受年休假、探亲假、婚假、丧假期间，用人单位应按劳动合同规定的标准支付劳动者工资。

第十二条 非因劳动者原因造成单位停工、停产在一个工资支付周期内的，用人单位应按劳动合同规定的标准支付劳动者工资。超过一个工资支付周期的，若劳动者提供了正常劳动，则支付给劳动者的劳动报酬不得低于当地的最低工资标准；若劳动者没有提供正常劳动，应按国家有关规定办理。

第十三条 用人单位在劳动者完成劳动定额或规定的工作任务后，根据实际需要安排劳动者在法定标准工作时间以外工作的，应按以下标准支付工资：

（一）用人单位依法安排劳动者在日法定标准工作时间以外

延长工作时间的,按照不低于劳动合同规定的劳动者本人小时工资标准的150%支付劳动者工资;

(二)用人单位依法安排劳动者在休息日工作,而又不能安排补休的,按照不低于劳动合同规定的劳动者本人日或小时工资标准的200%支付劳动者工资;

(三)用人单位依法安排劳动者在法定休假节日工作的,按照不低于劳动合同规定的劳动者本人日或小时工资标准的300%支付劳动者工资。

实行计件工资的劳动者,在完成计件定额任务后,由用人单位安排延长工作时间的,应根据上述规定的原则,分别按照不低于其本人法定工作时间计件单价的150%、200%、300%支付其工资。

经劳动行政部门批准实行综合计算工时工作制的,其综合计算工作时间超过法定标准工作时间的部分,应视为延长工作时间,并应按本规定支付劳动者延长工作时间的工资。

实行不定时工时制度的劳动者,不执行上述规定。

第十四条 用人单位依法破产时,劳动者有权获得其工资。在破产清偿中用人单位应按《中华人民共和国企业破产法》规定的清偿顺序,首先支付欠付本单位劳动者的工资。

第十五条 用人单位不得克扣劳动者工资。有下列情况之一的,用人单位可以代扣劳动者工资:

(一)用人单位代扣代缴的个人所得税;

(二)用人单位代扣代缴的应由劳动者个人负担的各项社会保险费用;

(三)法院判决、裁定中要求代扣的抚养费、赡养费;

(四)法律、法规规定可以从劳动者工资中扣除的其他费用。

第十六条 因劳动者本人原因给用人单位造成经济损失的,

用人单位可按照劳动合同的约定要求其赔偿经济损失。经济损失的赔偿,可从劳动者本人的工资中扣除。但每月扣除的部分不得超过劳动者当月工资的20%。若扣除后的剩余工资部分低于当地月最低工资标准,则按最低工资标准支付。

第十七条 用人单位应根据本规定,通过与职工大会、职工代表大会或者其他形式协商制定内部的工资支付制度,并告知本单位全体劳动者,同时抄报当地劳动行政部门备案。

第十八条 各级劳动行政部门有权监察用人单位工资支付的情况。用人单位有下列侵害劳动者合法权益行为的,由劳动行政部门责令其支付劳动者工资和经济补偿,并可责令其支付赔偿金:

(一)克扣或者无故拖欠劳动者工资的;

(二)拒不支付劳动者延长工作时间工资的;

(三)低于当地最低工资标准支付劳动者工资的。

经济补偿和赔偿金的标准,按国家有关规定执行。

第十九条 劳动者与用人单位因工资支付发生劳动争议的,当事人可依法向劳动争议仲裁机关申请仲裁。对仲裁裁决不服的,可以向人民法院提起诉讼。

第二十条 本规定自1995年1月1日起执行。

对《工资支付暂行规定》
有关问题的补充规定

(1995年5月12日 劳部发〔1995〕226号)

根据《工资支付暂行规定》(劳部发〔1994〕489号,以下简称《规定》)确定的原则,现就有关问题作出如下补充规定:

一、《规定》第十一条、第十二条、第十三条所称"按劳动合同规定的标准",系指劳动合同规定的劳动者本人所在的岗位(职位)相对应的工资标准。

因劳动合同制度尚处于推进的过程中,按上述条款规定执行确有困难的,地方或行业劳动行政部门可在不违反《规定》所确定的总的原则基础上,制定过渡措施。

二、关于加班加点的工资支付问题

1.《规定》第十三条第(一)、(二)、(三)款规定的在符合法定标准工作时间的制度工时以外延长工作时间及安排休息日和法定休假节日工作应支付的工资,是根据加班加点的多少,以劳动合同确定的正常工作时间工资标准的一定倍数所支付的劳动报酬,即凡是安排劳动者在法定工作日延长工作时间或安排在休息日工作而又不能补休的,均应支付给劳动者不低于劳动合同规定的劳动者本人小时或日工资标准150%、200%的工资;安排在法定休假节日工作的,应另外支付给劳动者不低于劳动合同规定的劳动者本人小时或日工资标准300%的工资。

2. 关于劳动者日工资的折算。由于劳动定额等劳动标准都与制度工时相联系，因此，劳动者日工资可统一按劳动者本人的月工资标准除以每月制度工作天数进行折算。

根据国家关于职工每日工作 8 小时，每周工作时间为 40 小时的规定，每月制度工时天数为 21.5 天，考虑到国家允许施行每周 40 小时工作制度有困难的企业最迟可以延期到 1997 年 5 月 1 日施行，因此，在过渡期内，实行每周 44 小时工时制度的企业，其日工资折算可仍按每月制度工作天数 23.5 天执行。

三、《规定》第十五条中所称"克扣"系指用人单位无正当理由扣减劳动者应得工资（即在劳动者已提供正常劳动的前提下用人单位按劳动合同规定的标准应当支付给劳动者的全部劳动报酬）。不包括以下减发工资的情况：（1）国家的法律、法规中有明确规定的；（2）依法签订的劳动合同中有明确规定的；（3）用人单位依法制定并经职代会批准的厂规、厂纪中有明确规定的；（4）企业工资总额与经济效益相联系，经济效益下浮时，工资必须下浮的（但支付给劳动者工资不得低于当地的最低工资标准）；（5）因劳动者请事假等相应减发工资等。

四、《规定》第十八条所称"无故拖欠"系指用人单位无正当理由超过规定付薪时间未支付劳动者工资。不包括：（1）用人单位遇到非人力所能抗拒的自然灾害、战争等原因，无法按时支付工资；（2）用人单位确因生产经营困难、资金周转受到影响，在征得本单位工会同意后，可暂时延期支付劳动者工资，延期时间的最长限制可由各省、自治区、直辖市劳动行政部门根据各地情况确定。其他情况下拖欠工资均属无故拖欠。

五、关于特殊人员的工资支付问题

1. 劳动者受处分后的工资支付：（1）劳动者受行政处分后仍在原单位工作（如留用察看、降级等）或受刑事处分后重新就业的，应主要由用人单位根据具体情况自主确定其工资报酬；

（2）劳动者受刑事处分期间，如收容审查、拘留（羁押）、缓刑、监外执行或劳动教养期间，其待遇按国家有关规定执行。

2. 学徒工、熟练工、大中专毕业生在学徒期、熟练期、见习期、试用期及转正定级后的工资待遇由用人单位自主确定。

3. 新就业复员军人的工资待遇由用人单位自主确定；分配到企业的军队转业干部的工资待遇，按国家有关规定执行。

劳动和社会保障部 国家发展和改革委员会 财政部关于调整煤矿井下艰苦岗位津贴有关工作的通知

(2006年7月12日 劳社部发〔2006〕24号)

各省、自治区、直辖市劳动和社会保障厅（局）、发展改革委、财政厅（局）：

为贯彻落实《国务院关于促进煤炭工业健康发展的若干意见》（国发〔2005〕18号）的精神，提高煤矿工人的工资收入，稳定煤矿职工队伍，促进煤炭行业持续稳定健康发展，现就调整煤矿井下工人岗位津贴有关工作通知如下：

一、煤矿井下艰苦岗位津贴的执行范围

井下艰苦岗位津贴适用于各类煤炭企业的井下作业职工，不包括露天煤矿职工。具体发放范围为：井下采掘工人、辅助工人、安检人员及下井工作且编制在井下采掘、辅助队的基层干部、技术人员和管理人员。

二、煤矿井下艰苦岗位津贴的种类及标准

井下艰苦岗位津贴包括：井下津贴、班中餐补贴和夜班津贴。

（一）井下津贴

1. 井下采掘工：15~30元/工。

2. 井下辅助工：10~20元/工。

3. 安检人员、基层干部、技术人员及管理人员的井下津贴标准按井下辅助工标准执行。

（二）班中餐补贴：6~10元/工。

班中餐补贴由企业集中用于井下作业职工的伙食，不得挪作他用，也不得直接支付给职工个人。

（三）夜班津贴

1. 前夜班：6~10元/工。

2. 后夜班：8~12元/工。

三、调整煤矿井下艰苦岗位津贴的资金来源

调整井下艰苦岗位津贴所需资金可在企业成本中列支。实行工资总额同经济效益挂钩的企业，调整津贴标准增加的工资在挂钩工资基数外单列。

四、煤矿井下艰苦岗位津贴的实施

各类煤炭企业要认真执行国家关于井下艰苦岗位津贴的有关规定，切实落实井下人员的相关待遇。企业发放的井下艰苦岗位津贴不得低于各地确定的标准。实行吨煤工资含量计件制的企业，应结合职工出勤情况，在吨煤工资以外发放井下艰苦岗位津贴。企业要结合提高井下艰苦岗位津贴，采取多种措施，提高井下职工的收入水平，使工资分配向井下一线职工倾斜，形成合理的井下人员与地面人员的工资收入分配关系。

各类煤炭企业要在提高井下艰苦岗位津贴的同时，积极改善劳动条件和劳动环境，切实保证职工的身体健康。

五、有关工作要求

各省、自治区、直辖市应在上述标准区间内，综合考虑井下劳动强度、工作时间、煤层的赋存条件以及水、火、瓦斯等自然灾害和粉尘、温度、湿度、噪声等作业环境，合理确定本地区煤矿井下艰苦岗位津贴的具体标准，在2个月内提出本地区调整煤矿井下艰苦岗位津贴标准的具体意见，并分别报送劳动保障部、发展改革委、财政部备案。

劳动和社会保障部关于职工全年月平均工作时间和工资折算问题的通知

(2008年1月3日 劳社部发〔2008〕3号)

各省、自治区、直辖市劳动和社会保障厅（局）：

根据《全国年节及纪念日放假办法》（国务院令第513号）的规定，全体公民的节日假期由原来的10天增设为11天。据此，职工全年月平均制度工作天数和工资折算办法分别调整如下：

一、制度工作时间的计算

年工作日：365天-104天（休息日）-11天（法定节假日）=250天

季工作日：250天÷4季=62.5天/季

月工作日：250天÷12月=20.83天/月

工作小时数的计算：以月、季、年的工作日乘以每日的8小时。

二、日工资、小时工资的折算

按照《劳动法》第五十一条的规定，法定节假日用人单位应当依法支付工资，即折算日工资、小时工资时不剔除国家规定的11天法定节假日。据此，日工资、小时工资的折算为：

日工资：月工资收入÷月计薪天数

小时工资：月工资收入÷（月计薪天数×8小时）

月计薪天数=（365天-104天）÷12月=21.75天

三、2000年3月17日劳动保障部发布的《关于职工全年月平均工作时间和工资折算问题的通知》（劳社部发〔2000〕8号）同时废止。

防暑降温措施管理办法

(2012年6月29日国家安全生产监督管理总局、卫生部、人力资源社会保障部、中华全国总工会发布 安监总安健〔2012〕89号)

第一条 为了加强高温作业、高温天气作业劳动保护工作，维护劳动者健康及其相关权益，根据《中华人民共和国职业病防治法》《中华人民共和国安全生产法》《中华人民共和国劳动法》《中华人民共和国工会法》等有关法律、行政法规的规定，制定本办法。

第二条 本办法适用于存在高温作业及在高温天气期间安排劳动者作业的企业、事业单位和个体经济组织等用人单位。

第三条 高温作业是指有高气温，或有强烈的热辐射，或伴有高气湿（相对湿度≥80%RH）相结合的异常作业条件、湿球黑球温度指数（WBGT指数）超过规定限值的作业。

高温天气是指地市级以上气象主管部门所属气象台站向公众发布的日最高气温35℃以上的天气。

高温天气作业是指用人单位在高温天气期间安排劳动者在高温自然气象环境下进行的作业。

工作场所高温作业WBGT指数测量依照《工作场所物理因素测量第7部分：高温》（GBZ/T 189.7）执行，高温作业职业接触限值依照《工作场所有害因素职业接触限值第2部分：物理因素》（GBZ 2.2）执行，高温作业分级依照《工作场所职业病危害作业分级第 3 部分：高温》（GBZ/T 229.3）执行。

第四条 国务院安全生产监督管理部门、卫生行政部门、人力资源社会保障行政部门依照相关法律、行政法规和国务院确定的职责，负责全国高温作业、高温天气作业劳动保护的监督管理工作。

县级以上地方人民政府安全生产监督管理部门、卫生行政部门、人力资源社会保障行政部门依据法律、行政法规和各自职责，负责本行政区域内高温作业、高温天气作业劳动保护的监督管理工作。

第五条 用人单位应当建立、健全防暑降温工作制度，采取有效措施，加强高温作业、高温天气作业劳动保护工作，确保劳动者身体健康和生命安全。

用人单位的主要负责人对本单位的防暑降温工作全面负责。

第六条 用人单位应当根据国家有关规定，合理布局生产现场，改进生产工艺和操作流程，采用良好的隔热、通风、降温措施，保证工作场所符合国家职业卫生标准要求。

第七条 用人单位应当落实以下高温作业劳动保护措施：

（一）优先采用有利于控制高温的新技术、新工艺、新材料、新设备，从源头上降低或者消除高温危害。对于生产过程中不能完全消除的高温危害，应当采取综合控制措施，使其符合国家职业卫生标准要求。

（二）存在高温职业病危害的建设项目，应当保证其设计符合国家职业卫生相关标准和卫生要求，高温防护设施应当与主体工程同时设计，同时施工，同时投入生产和使用。

（三）存在高温职业病危害的用人单位，应当实施由专人负责的高温日常监测，并按照有关规定进行职业病危害因素检测、评价。

（四）用人单位应当依照有关规定对从事接触高温危害作业劳动者组织上岗前、在岗期间和离岗时的职业健康检查，将检查结果存入职业健康监护档案并书面告知劳动者。职业健康检查费用由用人单位承担。

（五）用人单位不得安排怀孕女职工和未成年工从事《工作场所职业病危害作业分级第 3 部分：高温》（GBZ/T 229.3）中第三级以上的高温工作场所作业。

第八条　在高温天气期间，用人单位应当按照下列规定，根据生产特点和具体条件，采取合理安排工作时间、轮换作业、适当增加高温工作环境下劳动者的休息时间和减轻劳动强度、减少高温时段室外作业等措施：

（一）用人单位应当根据地市级以上气象主管部门所属气象台当日发布的预报气温，调整作业时间，但因人身财产安全和公众利益需要紧急处理的除外：

1. 日最高气温达到 40 ℃以上，应当停止当日室外露天作业；

2. 日最高气温达到 37 ℃以上、40 ℃以下时，用人单位全天安排劳动者室外露天作业时间累计不得超过 6 小时，连续作业时间不得超过国家规定，且在气温最高时段 3 小时内不得安排室外露天作业；

3. 日最高气温达到 35 ℃以上、37 ℃以下时，用人单位应当采取换班轮休等方式，缩短劳动者连续作业时间，并且不得安排室外露天作业劳动者加班。

（二）在高温天气来临之前，用人单位应当对高温天气作业的劳动者进行健康检查，对患有心、肺、脑血管性疾病、肺结核、中枢神经系统疾病及其他身体状况不适合高温作业环境的劳动者，应当调整作业岗位。职业健康检查费用由用人单位承担。

（三）用人单位不得安排怀孕女职工和未成年工在 35 ℃以上的高温天气期间从事室外露天作业及温度在 33 ℃以上的工作

场所作业。

（四）因高温天气停止工作、缩短工作时间的，用人单位不得扣除或降低劳动者工资。

第九条 用人单位应当向劳动者提供符合要求的个人防护用品，并督促和指导劳动者正确使用。

第十条 用人单位应当对劳动者进行上岗前职业卫生培训和在岗期间的定期职业卫生培训，普及高温防护、中暑急救等职业卫生知识。

第十一条 用人单位应当为高温作业、高温天气作业的劳动者供给足够的、符合卫生标准的防暑降温饮料及必需的药品。

不得以发放钱物替代提供防暑降温饮料。防暑降温饮料不得充抵高温津贴。

第十二条 用人单位应当在高温工作环境设立休息场所。休息场所应当设有座椅，保持通风良好或者配有空调等防暑降温设施。

第十三条 用人单位应当制定高温中暑应急预案，定期进行应急救援的演习，并根据从事高温作业和高温天气作业的劳动者数量及作业条件等情况，配备应急救援人员和足量的急救药品。

第十四条 劳动者出现中暑症状时，用人单位应当立即采取救助措施，使其迅速脱离高温环境，到通风阴凉处休息，供给防暑降温饮料，并采取必要的对症处理措施；病情严重者，用人单位应当及时送医疗卫生机构治疗。

第十五条 劳动者应当服从用人单位合理调整高温天气作息时间或者对有关工作地点、工作岗位的调整安排。

第十六条 工会组织代表劳动者就高温作业和高温天气劳动保护事项与用人单位进行平等协商，签订集体合同或者高温作业和高温天气劳动保护专项集体合同。

第十七条 劳动者从事高温作业的，依法享受岗位津贴。

用人单位安排劳动者在 35 ℃ 以上高温天气从事室外露天作业以及不能采取有效措施将工作场所温度降低到 33 ℃ 以下的，应当向劳动者发放高温津贴，并纳入工资总额。高温津贴标准由省级人力资源社会保障行政部门会同有关部门制定，并根据社会经济发展状况适时调整。

第十八条　承担职业性中暑诊断的医疗卫生机构，应当经省级人民政府卫生行政部门批准。

第十九条　劳动者因高温作业或者高温天气作业引起中暑，经诊断为职业病的，享受工伤保险待遇。

第二十条　工会组织依法对用人单位的高温作业、高温天气劳动保护措施实行监督。发现违法行为，工会组织有权向用人单位提出，用人单位应当及时改正。用人单位拒不改正的，工会组织应当提请有关部门依法处理，并对处理结果进行监督。

第二十一条　用人单位违反职业病防治与安全生产法律、行政法规，危害劳动者身体健康的，由县级以上人民政府相关部门依据各自职责责令用人单位整改或者停止作业；情节严重的，按照国家有关法律法规追究用人单位及其负责人的相应责任；构成犯罪的，依法追究刑事责任。

用人单位违反国家劳动保障法律、行政法规有关工作时间、工资津贴规定，侵害劳动者劳动保障权益的，由县级以上人力资源社会保障行政部门依法责令改正。

第二十二条　各省级人民政府安全生产监督管理部门、卫生行政部门、人力资源社会保障行政部门和工会组织可以根据本办法，制定实施细则。

第二十三条　本办法由国家安全生产监督管理总局会同卫生部、人力资源社会保障部、全国总工会负责解释。

第二十四条　本办法所称"以上"摄氏度（℃）含本数，"以下"摄氏度（℃）不含本数。

第二十五条 本办法自发布之日起施行。1960年7月1日卫生部、劳动部、全国总工会联合公布的《防暑降温措施暂行办法》同时废止。

民政部关于加强和改进社会组织
薪酬管理的指导意见

(2016年6月14日 民发〔2016〕101号)

各省、自治区、直辖市民政厅（局），各计划单列市民政局，新疆生产建设兵团民政局：

薪酬是吸引人才、激励人才、留住人才的重要手段，也是社会组织人才队伍建设的重要保障。改革开放以来，随着社会主义市场经济体制的建立和完善，大多数社会组织根据相关法律法规，建立了以岗位为基础的薪酬管理制度。社会组织从业人员"五险一金"制度不断推广，各类补充保险积极探索。但从总体上看，尚未形成与社会组织从业人员相适应的薪酬管理体系。目前，社会组织从业人员薪酬水平总体偏低，缺乏激励，吸引力不足。正常的薪酬增长机制有待建立，职业上升空间亟待拓宽。一些社会组织薪酬管理存在分配不公平、发放不规范等问题，有的甚至还存在有法不依现象。薪酬问题已成为近年来社会组织从业人员反映最集中最突出的问题。根据党中央、国务院关于构建和谐劳动关系以及薪酬改革的有关精神，为引导社会组织合理确定从业人员薪酬水平，改进薪酬管理，建立健全薪酬水平正常增长机制，以更加有力的举措建设一支与社会组织发展相适应的数量充足、结构合理、素质优良、甘于奉献的专业人才队伍，现就加强和改进社会组织薪酬管理提出以下意见。

一、总体要求和基本原则

加强和改进社会组织薪酬管理的总体要求是：紧紧围绕改革发展这个大局，服务于社会组织人才队伍建设这个主题，以岗位绩效为导向，以规范化为基础，以制度建设为重点，不断提高薪酬管理的科学化水平，建立健全与社会组织发展相适应的薪酬管理体系。

加强和改进社会组织薪酬管理，要坚持以下原则：坚持注重效率与维护公平相协调，使社会组织从业人员既有平等参与机会又能充分发挥自身潜力，不断激发社会组织活力；坚持激励与约束相统一，按照社会组织从业人员承担的责任和履职的差异，做到薪酬水平同责任、风险和贡献相适应；坚持薪酬制度改革与相关改革配套进行，建立健全社会组织从业人员薪酬水平正常增长机制；坚持物质激励与精神激励相结合，提倡奉献精神，充分调动社会组织从业人员的积极性、主动性和创造性。

二、合理确定薪酬标准

社会组织对内部薪酬分配享有自主权，其从业人员主要实行岗位绩效工资制，薪酬一般由基础工资、绩效工资、津贴和补贴等部分构成。

基础工资是从业人员年度或月度的基本收入，主要根据社会组织自身发展情况、所从事的业务领域和所在地区经济发展水平等因素综合确定。

绩效工资应与个人业绩紧密挂钩，科学评价不同岗位从业人员的贡献，合理拉开收入分配差距，切实做到收入能增能减和奖惩分明。工资分配要向关键岗位和核心人才倾斜，对社会组织发展有突出贡献的从业人员，要加大激励力度。

津贴和补贴是社会组织为了补偿从业人员额外的劳动消耗和因其他特殊原因而支付的辅助工资，以及为了保证从业人员工资水平不受物价影响支付的生活补助费用。

对市场化选聘和管理的社会组织负责人、引进的急需紧缺人才，结合社会组织发展实际，其薪酬水平可由双方协商确定。

三、及时足额兑现薪酬

基础工资、绩效工资、津贴和补贴应列入社会组织管理成本，其中绩效工资根据考核结果及社会组织自身发展情况，可按月度、季度、半年分期兑现或年底集中兑现。薪酬应当以法定货币支付，不得以实物及有价证券替代货币支付。鼓励支付方式电子化。

从业人员依法享受年休假、探亲假、婚假及丧假，其间社会组织应按劳动合同规定的标准支付薪酬。

四、着力规范薪酬管理

社会组织应建立薪酬管理制度，并将其纳入会员（代表）大会或理事会决策事项中，一经确定，应由社会组织在适当范围内予以公布，接受民主监督。应根据薪酬管理制度编制工资总额预算，并严格按工资总额预算执行，不得超提、超发薪酬。

社会组织应建立工资台账，支付工资时应提供工资清单。工资台账须至少保存两年。

退（离）休领导干部在社会组织兼职期间，其薪酬问题按照《中共中央组织部关于规范退（离）休领导干部在社会团体兼职问题的通知》（中组发〔2014〕11号）规定执行。

五、逐步建立薪酬水平正常增长机制

社会组织应根据所处业务领域的整体薪酬水平，参考住所地人力资源社会保障部门发布的工资指导价位和工资指导线，以及行业薪酬调查报告发布的劳动力市场指导价位，就工资收入水平和调整幅度等事项，与从业人员进行平等协商，并在协商一致的基础上签订工资协议，确保从业人员薪酬水平与经济发展水平相协调、与劳动生产率提高相适应。

六、不断完善社保公积金缴存机制

社会保险和住房公积金按照国家有关法律法规执行，有条件的社会组织可建立企业年金及其他补充保险。

社会组织应依法为从业人员缴存社会保险和住房公积金。社会保险和住房公积金应由个人承担的部分，由用人单位代扣代缴；应由用人单位承担的部分，应及时申报缴纳。社会保险和住房公积金缴费基数按有关法律法规执行。

七、切实加强薪酬管理工作的组织领导

各级登记管理机关要高度重视，切实引导和督促社会组织做好薪酬管理工作，将其作为加强社会组织内部管理和人才队伍建设的重要举措，列入日常管理的重要日程。

社会组织要厉行节约反对浪费，切实履行职责，加强制度建设，严格按预算支出经费。要加强对财务人员的管理，提高财务人员工作能力，依照民间非营利组织会计制度要求，建立规范的财务管理制度，使资金和资源得到有效合理利用。要挖掘潜力，拓宽合法收入来源，不断提高社会组织从业人员的薪酬水平。要大力弘扬奉献精神，建立健全社会组织从业人员荣誉激励机制，进一步激发社会组织从业人员的工作热情。鼓励社会力量捐助社会组织人工成本。

各级民政部门要结合实际，重点指导本级社会组织做好薪酬管理和服务工作。

财政部关于印发《国有企业境外投资直派财务负责人管理办法》的通知

(2022年2月23日 财资〔2022〕5号)

党中央有关部门，国务院各部委、各直属机构，各省、自治区、直辖市、计划单列市财政厅（局），新疆生产建设兵团财政局，各中央管理企业：

为加强国有企业财务人员队伍建设，提升境外投资管理水平和效益，防范境外投资财务风险，依据《中华人民共和国公司法》《中华人民共和国会计法》《企业财务通则》（财政部令第41号）和《国有企业境外投资财务管理办法》（财资〔2017〕24号）等规定，财政部制定了《国有企业境外投资直派财务负责人管理办法》。现予印发，请遵照执行。

国有企业境外投资直派财务负责人管理办法

第一章 总 则

第一条 为提升境外投资管理水平和效益，防范境外投资财务风险，依据《中华人民共和国公司法》《中华人民共和国会计法》《企业财务通则》（财政部令第41号）和《国有企业境外投资财务管理办法》（财资〔2017〕24号）等规定，制定本办法。

第二条 本办法适用于国有独资企业、国有独资公司以及国有资本控股公司,包括中央和地方国有资产监督管理机构和其他部门所监管的企业本级及其逐级投资形成的企业(以下称国有企业)。与国有企业合营的企业、国有资本参股的企业可以参照执行。

本办法所称境外投资,是指上述国有企业在香港特别行政区、澳门特别行政区和台湾地区以及中华人民共和国以外的国家和地区〔以下称所在国(地区)〕,通过新设、并购、合营、参股及其他方式,取得企业法人和非法人项目(以下称境外企业)所有权、控制权、经营管理权及其他权益的行为。

本办法所称财务负责人,是指境外企业高级管理人员中,根据股东会(或类似机构,下同)授权全面负责财务管理工作的财务总监、首席财务官、副总经理等。境外企业明确财务总监或者首席财务官作为财务负责人的,其经理层不再设置分管财务的副职。

第三条 对于从事具体生产经营、投资、管理活动且符合下列情形之一的全资或控股境外企业,持有其权益的境内国有企业(以下称股东单位)应当直派财务负责人。

(一)对该境外企业的单项或累计投资金额达到股东单位界定的重大投资项目标准,或者超过股东单位总资产的5%。

(二)境外企业资金难以纳入集中统一管理、不能按照股东单位或其集团要求报送会计信息等。

(三)近三年内发生过财务舞弊事件,且未采取有效整顿措施。

属于上述情形,但因境外企业所在国(地区)法律限制、企业章程(投资合同)另有约定等,不能按照本办法派出财务负责人的,股东单位应当就加强境外企业财务管控制定替代方案,并就有关情况逐级报告至一级集团公司(以下称集团总部)。

第四条 境外企业财务负责人直派工作应当遵循以下原则:

(一)合法合规。股东单位应当根据境内与境外企业所在国(地区)有关法律法规及制度规定派出财务负责人。股东单位在签订投资合同、拟订境外企业章程时,应当依法对财务负责人派出作出约定和制度安排。

(二)谁投资谁派出。原则上由股东单位负责派出财务负责人,股东单位为财务负责人派出企业。集团总部出于管理需要明确由股东单位以外的其他企业负责派出财务负责人的,其他企业为派出企业。

(三)择优选拔。派出企业应当按照本办法规定,结合境外企业财务管理实际,明确财务负责人履职内容和任职条件,严格按照任职要求择优选拔。派出企业应当对财务负责人依法开展背景调查,向境外企业推荐符合任职条件的人选。

(四)权责一致。派出企业应当通过境外企业内部治理程序赋予财务负责人职责权限,明确其享有的权限和承担的责任。财务负责人承担的责任应当与其权限相匹配。

第五条 境外企业应当遵循投资合同、章程约定等,通过内部治理程序聘任或解聘财务负责人,为财务负责人履职提供条件,支持财务负责人参加培训和述职。

派出企业应当建立健全财务负责人年度述职和履职评价制度,通过境外企业内部治理程序,对不胜任的财务负责人提出处理建议,对未向财务负责人提供履职条件的境外企业提出整改要求。

集团总部应当对集团内境外企业财务负责人直派工作进行指导和监督,指导集团内国有企业加强财务管理人才队伍建设。有条件的集团可通过建立财务负责人人才库,组织开展培训等方式做好人才储备工作。

履行出资人职责机构对所出资境外企业财务负责人直派工作进行指导和监督。

第二章 财务负责人职责和履职保障

第六条 财务负责人属于境外企业高管人员,按派出约定和境外企业章程,对派出企业和境外企业董事会及总经理负责。财务负责人履行以下决策、执行及监督职责:

(一) 参与重大财务和业务事项决策。

(二) 组织执行有关财务决策。

(三) 组织建立健全财务制度和财务内控制度。

(四) 牵头负责预算、资金、税务、外汇、会计等管理工作。

(五) 制订财务部门设置方案,提出财务主管(指财务部门负责人)人选建议。

(六) 统筹规划财务管理人才队伍建设。

(七) 境外企业通过章程约定、内部制度等明确由财务负责人履行的其他职责。

境外企业和派出企业利益冲突时,财务负责人应当对派出企业负责。

第七条 境外企业应当赋予财务负责人对战略规划、预算、投融资、对外担保、利润分配、重要合同或协议签订等重大财务和业务事项决策的参与权,包括但不限于投票、列席会议、发表意见等权利。

财务负责人对境外企业决策事项存在违法违规、损害有关方合法权益、投资收益低于资金成本等重大风险,提出不同意见或者书面征询但未得到合理回应的,有权要求在会议纪要、决议等文件中如实反映该情况。有关文件未能客观记载的,财务负责人有权拒绝签字,并应当及时向派出企业报告。

第八条 境外企业应当为财务负责人组织执行股东会和董事会有关财务决策提供必要条件,支持财务负责人建立健全财务制度和相关内控制度。

财务负责人组织执行财务决策涉及重大业务问题的,相关业务部门和主管该业务部门的高管应当予以配合。不予配合的,财务负责人应当及时向总经理和董事长以及派出企业报告。

第九条 境外企业应当为财务负责人组织财务预算编制、执行、分析、调整、考核等提供必要条件,支持财务负责人通过加强预算管理促进资源有效配置,为实现年度经营计划和战略目标提供财务保障。

财务预算执行中需要调整的,有关部门或人员应当及时履行内部报告和审批程序。财务负责人应当就重大调整事项向总经理和董事长以及派出企业报告。

第十条 财务负责人应当对境外企业大额资金调度、银行账户设立变动等实施有效管控。

境外企业资金往来未严格履行联签制度的,财务部门不予支付,并应当报告财务负责人。财务负责人应当告知有关高管或者直接向总经理和董事长报告。总经理、董事长违反重大资金往来联签制度规定的,财务负责人应当及时向派出企业报告。

第十一条 境外企业的业务部门对佣金、回扣、手续费、劳务费、提成、返利、进场费、业务奖励等费用的真实性、合规性进行审核,财务部门对符合企业内部财务规定的费用予以支付,并及时入账核算。

业务部门对上述费用疏于管理的,财务负责人发现后应当向主管该业务部门的高管提示风险、建议整改。业务部门不及时整改,或者违法违规开支上述费用的,财务负责人应当及时向总经理和董事长以及派出企业报告。

第十二条 财务负责人应当重视境外企业税务和外汇的合规

管理及风险管控,加强与所在国(地区)税收征管、外汇管理部门(机构)的沟通与协调。

业务部门及其人员疏忽失职、故意隐瞒或者提供虚假业务信息,可能造成税收、外汇违法违规风险的,财务负责人发现后应当向主管该业务部门的高管提示风险、建议整改。业务部门不及时整改,或者已造成严重后果的,财务负责人应当及时向总经理和董事长以及派出企业报告。

第十三条　财务负责人应当建立健全境外企业会计管理制度,规范境外企业凭证、账簿、报表等会计资料的形成、审核和保管,保障会计信息真实、完整,持续提高会计信息质量。

财务负责人应当组织拟定并推动实施财会信息化建设方案,除所在国(地区)另有规定外,还应当实现与集团总部或者股东单位境内信息化系统的有效对接。

业务部门及其人员疏忽失职、故意隐瞒或者提供虚假业务信息,可能造成会计信息失真的,财务负责人发现后应当向主管该业务部门的高管提示风险、建议整改。业务部门不及时整改,或者已造成严重后果的,财务负责人应当及时向总经理和董事长以及派出企业报告。

第十四条　除本办法第七条至第十三条规定外,境外企业财务负责人对履职过程中发现的其他重大财务违规、内部控制重大缺陷、会计基础工作混乱、会计信息严重失真、国有资产损失等事项,应当按照本办法以及内部治理规定,及时向总经理和董事长以及派出企业报告。

董事长和总经理应当及时听取财务负责人的报告,并采取适当措施纠正问题、消除风险、挽回损失等。

境外企业不及时纠正、未消除风险、未挽回损失的,财务负责人应当牵头向派出企业作出书面说明,并提出意见建议。

第十五条　境外企业应当为财务负责人参与决策、执行决策和开展监督提供必要条件。财务负责人正常履职受限的,可以向总经理、董事长或者派出企业反映。

财务负责人反映问题后正常履职依然受限的,有权直接向集团总部反映情况和问题。

第十六条 派出企业和境外企业可以统筹考虑财务负责人胜任能力和工作强度、所在国(地区)同类人员的薪酬水平、当地物价、风险补偿等因素,对直派财务负责人实施与境内不同的薪酬管理政策。国家另有规定的从其规定。

对于境外企业无正当理由拖欠、扣减财务负责人薪酬的,财务负责人有权向派出企业报告。派出企业核实后应当通过境外企业内部治理程序要求境外企业纠正,维护财务负责人合法权益。

第三章　财务负责人任职要求

第十七条 境外企业财务负责人应当同时符合以下基本条件:

(一)遵纪守法,廉洁自律,勤勉尽责,爱岗敬业,职业道德操守和个人信用记录良好。

(二)具有5年及以上财务(含会计、审计、税务,下同)岗位工作经验,或者6年及以上与该境外企业生产经营相关的其他岗位和1年及以上财务岗位工作经验。

(三)熟悉有关财经法律法规和政策规定、国家通用的企业财务制度和统一的会计制度、派出企业及集团总部管控要求等。

(四)具备履职需要的组织协调、战略管控、专业判断、沟通执行等管理能力。

对取得境内注册会计师或所在国(地区)会计职业资格的人员,前款第(二)项工作年限可以适当放宽。

第十八条 有下列情形之一的人员,不得担任境外企业财务负责人:

（一）近五年内因违反财经或保密法律法规等受到刑事处罚。

（二）近五年内因财务会计和保密违纪违规行为被财政、金融监管、监察机关等主管部门处罚或者记入诚信档案。

（三）因涉嫌严重违法违规行为正在接受有关部门立案调查。

（四）个人及其配偶、子女有已到期但未清偿的境内外大额债务。

（五）其近亲属在该境外企业及其投资的企业担任高管或从事财务工作，或者存在按规定个人应回避的其他情形。

（六）无民事行为能力或者限制民事行为能力。

（七）影响正常履职的其他情形。

第十九条 有下列情形之一的人员，同等条件下优先派出：

（一）参加财政部及省级高端会计人才长期培养项目并取得毕业证书。

（二）具有跨国公司财务工作经历。

（三）具有财务、业务、法律多岗位工作经历。

（四）熟练运用所在国（地区）工作语言。

（五）熟悉所在国（地区）财经法律法规和政策制度。

第二十条 派出企业可以商境外企业对本办法规定的任职条件作出细化，据此开展境外财务管理人才内部培训、内部选拔交流和外部聘用。

第二十一条 境外企业财务负责人实行任期制，三年为一个任期。任期履职评价合格的，可以连任，任职年限原则上不超过六年；任期履职评价不合格的，应当解聘。

第四章 财务负责人培训和述职

第二十二条 为保障和督促直派财务负责人正常履职，派出企业应当建立健全财务负责人培训和述职制度,据此开展常态化培训和履职评价,并将有关情况记入财务负责人履职档案。

第二十三条 派出企业或境外企业应当在财务负责人赴境外企业任职前对其进行岗前培训,并在其任职期间定期进行培训,所需培训费用从企业职工教育经费列支。

财务负责人应当持续加强境内和所在国(地区)财经法律法规、政策制度和财会专业知识学习,提升专业素质和履职能力。

第二十四条 财务负责人应当于年度终了及时向派出企业提交年度书面述职报告。有条件的派出企业可以由财务负责人返回境内开展述职谈话,谈话应当形成书面记录,并由派出企业谈话人和财务负责人双方签字。

述职报告或者谈话记录经派出企业的财务负责人阅签后,由派出企业和财务负责人分别保存。

第二十五条 派出企业应当对财务负责人年度履职情况进行评价,并向境外企业和财务负责人个人反馈评价结果。财务负责人任期结束后,派出企业结合各年度履职评价和离任审计情况,对其进行任期履职评价。

对于勤勉廉洁、业绩优秀、监管尽责的财务负责人,派出企业应当给予表彰奖励、重点培养、提拔使用等激励,同时可建议境外企业给予适当激励。

对于不履行职责、不正确履行职责的财务负责人,派出企业应当予以提醒,涉及违法违规的及时予以处理。

第二十六条 集团总部应当汇总形成本集团境外企业财务负责人履职情况,及时向主管财政机关报告。

第二十七条 财政部可以组织对境外投资直派财务负责人开展集中培训和经验交流,发布境外投资财务管理案例和指引,提高直派财务负责人履职能力。

第二十八条 财政部可以组织部分中央企业境外投资直派财务负责人进行座谈,结合履职情况分析境外投资财务运行情况及存在风险,调研企业财政政策和制度需求。

第五章 财务负责人监督管理

第二十九条 境外企业按照本企业章程约定和内部制度,对包括财务负责人在内的高管实施监督管理。对财务负责人不按照本办法及内部规定履行职责的,应当及时向派出企业通报,并提出处理意见。

第三十条 派出企业通过年度和任期述职对财务负责人实施监督管理,对财务负责人履职中存在问题应当及时指出,要求其改正。

第三十一条 现任境外企业财务负责人出现下列情形之一的,派出企业应当督促境外企业通过内部治理程序予以解聘:

(一)根据本办法第十八条规定不再适合担任财务负责人的。

(二)本人提出辞职的。

(三)任期履职评价不合格的。

(四)不履行职责或不正确履行职责造成重大经济损失或严重不良影响的。

派出企业应当及时提出新的境外企业财务负责人人选,并督促境外企业通过内部治理程序予以聘任。

第三十二条 有关主管部门对境外企业开展监督及责任追究时,将财务负责人恪尽职守和履行报告义务情况作为从轻、减轻责任处理的重要参考。

第三十三条 财务负责人履职中有失职、渎职、侵占、行贿受贿等行为的,应当依法追究其责任。发现可能存在违纪或违法犯罪问题的,及时移送监察机关或司法机关处理。

第六章 附 则

第三十四条 国有企业可以与派出境外企业的财务负责人直接签订劳动合同并向其支付薪酬。此类情形下,境外企业财务负责人的聘任与解聘履行派出企业内部治理程序,且其不得在境外企业重复领取薪酬。

第三十五条 从事具体生产经营、投资、管理活动的境外企业对其全资或控股的境外子企业派出财务负责人,可以参照本办法执行。

第三十六条 按照本办法应当直派财务负责人但暂时未聘任财务负责人的,本办法规定的财务负责人职责由境外企业负责人以外的高管人员承担。前述情形持续原则上不超过一年,派出企业应当督促境外企业按规定聘任财务负责人。

第三十七条 境外企业所在国(地区)对财务负责人的任职条件、履职要求、职责权限等另有规定的,从其规定。

第三十八条 中央企业集团总部和省级财政部门可以根据本办法,结合本集团和本地区实际制定境外投资直派财务负责人实施细则。

第三十九条 本办法自印发之日起实施。

人力资源社会保障部关于健全完善新时代技能人才职业技能等级制度的意见（试行）

（2022年3月18日 人社部发〔2022〕14号）

各省、自治区、直辖市及新疆生产建设兵团人力资源社会保障厅（局），国务院各部委、各直属机构人事劳动保障工作机构，中央军委政治工作部兵员和文职人员局，有关行业组织、企业人事劳动保障工作机构：

为贯彻落实习近平总书记关于产业工人队伍建设和技能人才工作的一系列重要指示精神，根据中共中央、国务院关于新时期产业工人队伍建设改革、加强和改进新时代人才工作等有关文件要求，现就健全完善新时代技能人才职业技能等级制度提出如下意见。

一、总体要求

（一）指导思想

以习近平新时代中国特色社会主义思想为指导，全面贯彻党的十九大和十九届历次全会以及中央人才工作会议精神，健全技能人才培养、使用、评价、激励制度，畅通技能人才职业发展通道，提高待遇水平，增强荣誉感获得感幸福感，吸引更多劳动者走技能成才、技能报国之路，缓解技能人才短缺问题，充分发挥技能人才在经济社会高质量发展中的重要作用，为全面建设社会主义现代化国家提供有力的人才和技能支撑。

（二）基本原则

——坚持能力为本。围绕经济社会发展对技能人才的需求，充分发挥评价"指挥棒"作用，引导各级各类职业技能培训机构培训方向，激发技能人才参加职业技能培训的内生动力。

——坚持科学评价。遵循技能人才成长规律，以品德、能力、业绩、贡献为导向，完善职业标准，创新评价方式，规范评价流程，坚持考评结合、逐级认定，客观公正评价。优秀的可越级考评。

——坚持效果导向。聚焦技能人才职业发展中的"天花板"问题，完善职业技能等级（岗位）设置体系，畅通技能人才职业发展通道，延伸拓展其成长进步阶梯，推动形成人人学技能、有技能、长技能、比技能的技能型社会。

——坚持岗位使用。围绕用好用活人才，完善促进技能人才发展的政策措施，营造有利于技能人才成长和发挥作用的制度环境，让更多技能人才立足岗位，钻研技能，执着专注，实现岗位成才。

（三）目标任务

"十四五"期末，在以技能人员为主体的规模以上企业和其他用人单位（以下简称用人单位）中，全面推行职业技能等级认定，普遍建立与国家职业资格制度相衔接、与终身职业技能培训制度相适应，并与使用相结合、与待遇相匹配的新时代技能人才职业技能等级制度。涌现一大批高技能领军人才、大国工匠、能工巧匠，高端带动作用不断增强，引领集聚效应不断扩展，培养造就一支数量充足、结构合理、等级清晰、素质优良的产业工人队伍。

二、健全职业技能等级制度体系

（四）全面推行职业技能等级制度。实行技能人才职业技能等级制度，由用人单位和社会培训评价组织（以下简称社评组织）按照有关规定实施职业技能等级认定，使有技能等级晋升需求的人员均有机会得到技能评价。对关系公共利益或涉及国家安全、公共安全、人身健康、生命财产安全的职业（工种），纳入国家职业资格目录，依法实行职业资格准入，并做好与职业技能等级认定的衔接。

（五）健全技能岗位等级设置。企业根据技术技能发展水平等情况，结合实际，在现有职业技能等级设置的基础上适当增加或调整技能等级。对设有高级技师的职业（工种），可在其上增设特级技师和首席技师技术职务（岗位），在初级工之下补设学徒工，形成由学徒工、初级工、中级工、高级工、技师、高级技师、特级技师、首席技师构成的职业技能等级（岗位）序列。行业企业根据自身特点，考虑历史沿用、约定俗成等因素，对上述技能等级名称可使用不同称谓，并明确其与相应技能等级的对应关系。

（六）完善职业标准体系。建立健全由职业标准、评价规范、专项职业能力考核规范等构成的多层次、相互衔接、国际可比的职业标准体系。以满足人力资源管理需要和职业教育培训、技能评价需要为目标，按照职业标准编制技术规程确定的原则和要求开发职业标准或评价规范，并将职业道德、职业操守和劳模精神、劳动精神、工匠精神等要求纳入其中。对国家确定的职业（工种），各省（区、市）和部门（行业）可依托行业组织、龙头企业和院校等开发职业标准或评价规范。

（七）促进职业发展贯通。以职业分类为基础，统筹规划职业技能等级制度、职称制度、职业资格制度框架，并建立境外职业资格证书认可清单制度，避免交叉重复设置和评价，降低社会用人成本。鼓励专业技术人才参加职业技能评价。探索在数字经济领域促进技术技能人才融合发展。

三、完善职业技能等级认定机制

（八）实行分类考核评价。用人单位和社评组织要根据不同类型技能人才的工作特点，实行分类评价。在统一的职业标准体系框架基础上，对技术技能型人才的评价，要突出实际操作能力和解决关键生产技术难题等要求。对知识技能型人才的评价，要突出掌握运用理论知识指导生产实践、创造性开展工作等要求。对复合技能型人才的评价，要突出掌握多项技能、从事多工种多岗位复杂工作等要求。

（九）采取不同考核评价方式。学徒工的转正定级考核，由用人单位在其跟随师傅学习期满和试用期满后，依据本单位有关要求进行。参加中国特色企业新型学徒制的学员按照培养目标进行考核定级。初级工、中级工、高级工、技师、高级技师等级考核是技能考核评价的主体，由用人单位和社评组织按照职业标准和有关规定进行。鼓励支持采取以赛代评方式，依据职业标准举办的职业技能竞赛按照有关规定对获得优秀等次的选手晋升相应职业技能等级。

首席技师、特级技师是在高技能人才中设置的高级技术职务（岗位），一般应在有高级技师的职业（工种）领域中设立，通过评聘的方式进行，实行岗位聘任制。要稳妥有序开展特级技师、首席技师评聘工作，不搞高级技师普遍晋升。对本意见印发前已开展高级技师以上评审工作的，按照本意见有关要求进行复核确认。

特级技师评聘工作要在工程技术领域先行试点的基础上逐步扩大范围，由省级及以上人力资源社会保障部门指导用人单位制定实施方案，对评审标准、程序、办法和配套措施等作出具体规定。用人单位按照制定方案、组织评审、公示核准、任职聘用等程序组织实施。

首席技师原则上从特级技师中产生。首席技师是在技术技能领域做出重大贡献,或本地区、本行业企业公认具有高超技能、精湛技艺的高技能人才。首席技师评聘工作要在特级技师评聘的基础上先行试点、逐步推开,由省级及以上人力资源社会保障部门、国务院有关行业主管部门指导用人单位实施,采取基层推荐、地方或行业评审、公示核准、用人单位聘任等程序进行。

(十)支持用人单位自主开展职业技能等级认定。用人单位结合生产经营特点和实际需要,按照有关规定自主开展技能人才评价。鼓励用人单位在职业技能等级认定工作初期,广泛开展定级考评,根据岗位条件、职工日常表现、工作业绩等,按照有关规定认定职工相应职业技能等级。用人单位可将职业技能等级认定与岗位练兵、技术比武、技术攻关、揭榜领题等相结合。打破学历、资历、年龄、比例等限制,对技艺高超、业绩突出的一线职工,按照规定直接认定其相应技能等级。被派遣劳动者可在用工单位进行职业技能等级认定。

(十一)推行社会化职业技能等级认定。按照统筹规划、合理布局、严格条件、择优遴选、动态调整的原则,面向社会公开征集遴选社评组织。社评组织根据市场需求和劳动者就业创业需要,依据有关规定,按照客观、公正、科学、规范的原则,面向劳动者开展职业技能等级认定。

(十二)指导技工院校全面开展职业技能等级认定。促进技工院校教学与企业用人需求紧密结合,推行工学一体化技能人才培养模式,加强专业设置与产业需求对接、课程内容与职业标准对接、教学过程与工作过程对接,积极为学生提供职业技能等级认定服务。同时,支持技工院校依托合作企业为学生提供职业技能等级认定服务。加大将技工院校培育为社评组织力度,面向各类就业群体提供职业技能等级认定服务。

四、促进职业技能等级认定结果与培养使用待遇相结合

(十三)充分发挥技能评价对提高培养培训质量的导向作

用。要将职业技能等级认定作为引导职业技能培训方向、检验培训质量的重要手段。依据职业标准组织开展各等级职业技能培训，突出能力导向，强化高技能人才培训，促进职业技能培训与职业技能等级认定有机衔接。推动建立并形成贯穿劳动者学习工作终身、覆盖劳动者职业生涯全程的职业技能培训制度。

（十四）促进职业技能等级认定结果与岗位使用有效衔接。建立评价与使用相结合的机制，评以适用、以用促评。用人单位结合用人需求，根据职业技能等级认定结果合理安排使用技能人才，实现职业技能等级认定结果与技能人才使用相衔接。实行聘期管理制度，健全日常和动态考核制度，在岗位聘用中实现人员能上能下。

（十五）建立与职业技能等级（岗位）序列相匹配的岗位绩效工资制。推动《技能人才薪酬分配指引》落实落地，强化工资收入分配的技能价值激励导向。引导用人单位建立基于岗位价值、能力素质、业绩贡献的工资分配制度，将职业技能等级作为技能人才工资分配的重要参考，突出技能人才实际贡献，通过在工资结构中设置体现技术技能价值的工资单元，或根据职业技能等级设置单独的技能津贴等方式，合理确定技能人才工资水平，实现多劳者多得、技高者多得。

（十六）健全高技能人才激励机制。引导用人单位工资分配向高技能人才倾斜，高技能人才人均工资增幅不低于本单位相应层级专业技术人员和管理人员人均工资增幅。对优秀的高技能人才，可探索实行协议工资、项目工资、年薪制、专项特殊奖励、股权期权激励、技术创新成果入股、岗位分红等激励办法。对在聘的高级工、技师、高级技师在学习进修、岗位聘任、职务职级晋升、评优评奖、科研项目申报等方面，比照相应层级专业技术人员享受同等待遇。聘用到特级技师岗位的人员，比照正高级职称人员享受同等待遇。首席技师薪酬待遇可参照本单位高级管理人员标准确定或根据实际确定，不低于特级技师薪酬待遇。机关事业单位工勤（工勤技能）人员的职业技能等级（岗位）设置和薪酬待遇按照有关规定执行。

五、加强服务监管

（十七）加强组织领导。健全完善职业技能等级制度关系广大技能人才的切身利益，涉及面广，政治性、政策性和技术性都非常强。各级人力资源社会保障部门要充分认识实施职业技能等级制度的重要意义，要从提升技能人才社会地位、巩固党的执政基础、实现人民共同富裕的高度，切实加强组织领导，统筹规划，周密部署，精心组织。要做好推动落实、服务保障、监督检查以及宣传引导等工作。

（十八）健全公共服务体系。按照全覆盖、可及性、便利性的要求，建立健全技能人才评价服务体系。做好评价机构备案服务，公布机构目录并实行动态调整。严格、规范证书（或电子证书）管理。建立完善信息化服务管理系统，面向社会提供技能人才评价机构和证书查询验证服务。加强跨区域职业技能等级认定结果互认，探索职业技能等级认定结果国际互认。

（十九）加强质量督导和监管。建立健全质量监管体系，实现事前事中事后全链条全领域监管。各地要按照属地管理原则，做好技能人才评价工作的综合管理。加强质量督导，采取"双随机、一公开"和"互联网+监管"等方式，加强对用人单位和社评组织及其评价活动的监督管理和指导。健全评价质量评估机制，及时向社会公开评估结果。用人单位和社评组织要落实评价质量管理主体责任，接受同行监督和社会监督。

附件：职业技能等级（岗位）要求

附件

职业技能等级（岗位）要求

序号	级别名称	基本要求	实施机构
1	学徒工	能够基本完成本职业某一方面的主要工作	用人单位
2	初级工	能够运用基本技能独立完成本职业的常规工作	
3	中级工	能够熟练运用基本技能独立完成本职业的常规工作；在特定情况下，能够运用专门技能完成技术较为复杂的工作；能够与他人合作	
4	高级工	能够熟练运用基本技能和专门技能完成本职业较为复杂的工作，包括完成部分非常规性的工作；能够独立处理工作中出现的问题；能够指导和培训初、中级工	
5	技师	能够熟练运用专门技能和特殊技能完成本职业复杂的、非常规性的工作；掌握本职业的关键技术技能，能够独立处理和解决技术或工艺难题；在技术技能方面有创新；能够指导和培训初、中、高级工；具有一定的技术管理能力	用人单位和社评组织
6	高级技师	能够熟练运用专门技能和特殊技能在本职业的各个领域完成复杂的、非常规性工作；熟练掌握本职业的关键技术技能，能够独立处理和解决高难度的技术问题或工艺难题；在技术攻关和工艺革新方面有创新；能够组织开展技术改造、技术革新活动；能够组织开展系统的专业技术培训；具有技术管理能力	

续表

序号	级别名称	基本要求	实施机构
7	特级技师	在生产科研一线从事技术技能工作、业绩贡献突出的"企业高技能领军人才"。能够熟练运用专门技能和特殊技能在本职业的各个领域完成复杂的、非常规性工作；精通本职业及相关职业的重要理论原理及关键技术技能，能够独立处理和解决高难度的技术问题或工艺难题；承担传授技艺的任务，在技能人才梯队培养上做出突出贡献	省级及以上人力资源社会保障部门指导用人单位实施
8	首席技师	在技术技能领域做出重大贡献，或在本地区、本行业企业具有公认的高超技能、精湛技艺的"地方或行业企业高技能领军人才"。为地方、行业企业高技能人才队伍建设做出突出贡献；为国家重大技术攻关、成果转化、技术创新、发明等做出突出贡献，在地方、行业企业的技术进步与发展中发挥关键作用，专业水平在地方、行业企业具有很高认可度和影响力	省级及以上人力资源社会保障部门、国务院有关行业主管部门指导用人单位实施

注：1. 行业企业可结合实际对上述要求进行修订完善。

2. 上述职业技能等级证书样式和编码按照有关规定确定。证书编码第 16 位为大写英文字母或阿拉伯数字，其中"X"表示"学徒工"，"T"表示"特级技师"，"S"表示"首席技师"，"5、4、3、2、1"分别表示"初级工、中级工、高级工、技师、高级技师"。

商业银行稳健薪酬监管指引

(2010年2月21日　银监发〔2010〕14号)

第一章　总　　则

第一条　为充分发挥薪酬在商业银行公司治理和风险管控中的导向作用，建立健全科学有效的公司治理机制，促进银行业稳健经营和可持续发展，根据《中华人民共和国银行业监督管理法》的有关规定，参照金融稳定理事会《稳健薪酬实践的原则》等国际准则，制定本指引。

第二条　本指引所称薪酬，是指商业银行为获得员工提供的服务和贡献而给予的报酬及其相关支出，包括基本薪酬、绩效薪酬、中长期激励、福利性收入等项下的货币和非现金的各种权益性支出。

第三条　本指引所称商业银行，是指在中华人民共和国境内依法设立的吸收公众存款、发放贷款、办理结算等业务的企业法人。

第四条　商业银行应制定有利于本行战略目标实施和竞争力提升与人才培养、风险控制相适应的薪酬机制，并作为公司治理的主要组成部分之一。薪酬机制一般应坚持以下原则：

（一）薪酬机制与银行公司治理要求相统一。

（二）薪酬激励与银行竞争能力及银行持续能力建设相

兼顾。

（三）薪酬水平与风险成本调整后的经营业绩相适应。

（四）短期激励与长期激励相协调。

第二章 薪酬结构

第五条 商业银行应设计统一的薪酬管理体系，其薪酬由固定薪酬、可变薪酬、福利性收入等构成。固定薪酬即基本薪酬，可变薪酬包括绩效薪酬和中长期各种激励，福利性收入包括保险费、住房公积金等。

第六条 基本薪酬是商业银行为保障员工基本生活而支付的基本报酬，包括津补贴，主要根据员工在商业银行经营中的劳动投入、服务年限、所承担的经营责任及风险等因素确定。津补贴是商业银行按照国家规定，为了补偿员工特殊或额外的劳动消耗，以及受物价变动影响导致员工实际收入下降等给予员工的货币补助。商业银行应当按照国家有关津贴、补贴的政策标准确定津补贴。

商业银行应科学设计职位和岗位，合理确定不同职位和不同岗位的薪酬标准。不鼓励商业银行设立保底奖金，如果确有实际需要，保底奖金只适用于新雇佣员工入职第一年的薪酬发放。

商业银行的基本薪酬一般不高于其薪酬总额的35%。

第七条 绩效薪酬是商业银行支付给员工的业绩报酬和增收节支报酬，主要根据当年经营业绩考核结果来确定。绩效薪酬应体现充足的各类风险与各项成本抵扣和银行可持续发展的激励约束要求。

商业银行主要负责人的绩效薪酬根据年度经营考核结果，在其基本薪酬的3倍以内确定。

第八条 商业银行根据国家有关规定制订本行中长期激励计

划。商业银行应确保可变薪酬总额不会弱化本行持续增强资本基础的能力。

第九条 福利性收入包括商业银行为员工支付的社会保险费、住房公积金等。对于福利性收入的管理，商业银行要按国家有关规定执行。

第十条 商业银行支付给员工的年度薪酬总额要综合考虑当年人员总量、结构以及企业财务状况、经营成果、风险控制等多种因素，参考上年薪酬总额占上年业务管理费的比例确定，国有商业银行还应执行国家相关规定。

第三章 薪酬支付

第十一条 薪酬支付期限应与相应业务的风险持续时期保持一致。商业银行应根据不同业务活动的业绩实现和风险变化情况合理确定薪酬的支付时间并不断加以完善性调整。

第十二条 基本薪酬按月支付。商业银行根据薪酬年度总量计划和分配方案支付基本薪酬。

第十三条 商业银行应合理确定一定比例的绩效薪酬，根据经营情况和风险成本分期考核情况随基本薪酬一起支付，剩余部分在财务年度结束后，根据年度考核结果支付。

第十四条 中长期激励在协议约定的锁定期到期后支付。中长期激励的兑现应得到董事会同意。锁定期长短取决于相应各类风险持续的时间，至少为3年。

第十五条 住房公积金、各种保险费应按照国家有关规定纳入专户管理。

第十六条 商业银行高级管理人员以及对风险有重要影响岗位上的员工，其绩效薪酬的40%以上应采取延期支付的方式，且延期支付期限一般不少于3年，其中主要高级管理人员绩效薪酬的延期支付比例应高于50%，有条件的应争取达到60%。在延期支付时段中必须遵循等分原则，不得前重后轻。

商业银行应制定绩效薪酬延期追索、扣回规定，如在规定期限内其高级管理人员和相关员工职责内的风险损失超常暴露，商业银行有权将相应期限内已发放的绩效薪酬全部追回，并止付所有未支付部分。商业银行制定的绩效薪酬延期追索、扣回规定应同样适用离职人员。

第四章 薪酬管理

第十七条 商业银行应建立健全科学合理的薪酬管理组织架构。

董事会按照国家有关法律和政策规定负责本行的薪酬管理制度和政策设计，并对薪酬管理负最终责任；董事会应设立相对独立的薪酬管理委员会（小组），组成人员中至少要有1/3以上的财务专业人员，且薪酬管理委员会（小组）应熟悉各产品线风险、成本及演变情况，以有效和负责地审议有关薪酬制度和政策。

管理层组织实施董事会薪酬管理方面的决议，人力资源部门负责具体事项的落实，风险控制、合规、计划财务等部门参与并监督薪酬机制的执行和完善性反馈工作。

商业银行审计部门每年应对薪酬制度的设计和执行情况进行专项审计，并报告董事会和银行业监督管理部门。

外部审计应将薪酬制度的设计和执行情况作为审计内容。

审计、财务和风险控制部门员工的薪酬应独立于所监督的业务条线，且薪酬的规模和质量应得到适当保证，以确保其能够吸引合格、有经验的人才。

第十八条 商业银行应制定科学、合理、与长期稳健可持续发展相适应的薪酬管理制度。薪酬管理制度一般应包括以下内容：

（一）银行员工职位职级分类体系及其薪酬对应标准。

（二）基本薪酬的档次分类及晋级办法。

（三）绩效薪酬的档次分类及考核管理办法。

（四）中长期激励及特殊奖励的考核管理办法等。

第十九条 商业银行应建立科学的绩效考核指标体系，并层层分解落实到具体部门和岗位，作为绩效薪酬发放的依据。商业银行绩效考核指标应包括经济效益指标、风险成本控制指标和社会责任指标。

（一）经济效益指标按国家有关规定选取。

（二）风险成本控制指标至少应包括资本充足率、不良贷款率、拨备覆盖率、案件风险率、杠杆率等。信用风险与市场风险成本度量时应考虑经济资本配置和资本成本本身变化以及拨备成本和实际损失。流动性风险成本在度量时主要考虑压力测试下的流动性覆盖率和流动性资源本身的成本等因素。

（三）社会责任指标一般应包括风险管理政策的遵守情况、合法性、监管评价及道德标准、企业价值、客户满意度等。

董事会应于每年年初确定当年绩效考核指标，并报银行业监督管理部门备案。

第二十条 本指引第十九条所列风险成本控制指标对绩效薪酬的约束参照如下标准执行：

（一）有一项指标未达到控制要求的，当年全行人均绩效薪酬不得超过上年水平。

（二）有两项指标未达到控制要求的，当年全行人均绩效薪酬在上年基础上实行下浮，高级管理人员绩效薪酬下浮幅度应明显高于平均下浮幅度。

（三）有三项及以上指标未达到控制要求的，除当年全行人均绩效薪酬参照第（二）款调整外，下一年度全行基本薪酬总额不得调增。

第二十一条 商业银行应建立有效薪酬监督机制,不得为员工或允许员工对递延兑现部分的薪酬购买薪酬保险、责任险等避险措施降低薪酬与风险的关联性。

第二十二条 商业银行董事会应每年全面、及时、客观、详实地披露薪酬管理信息,并列为年度报告披露的重要部分。商业银行的薪酬信息披露情况应报国家有关主管部门和银行业监督管理部门备案。年度薪酬报告的信息披露内容主要包括:

(一)薪酬管理架构及决策程序,包括薪酬管理委员会(小组)的结构和权限。

(二)年度薪酬总量、受益人及薪酬结构分布。

(三)薪酬与业绩衡量、风险调整的标准。

(四)薪酬延期支付和非现金薪酬情况,包括因故扣回的情况。

(五)董事会、高级管理层和对银行风险有重要影响岗位上的员工的具体薪酬信息。

(六)年度薪酬方案制订、备案及经济、风险和社会责任指标完成考核情况。

(七)超出原定薪酬方案的例外情况,包括影响因素,以及薪酬变动的结构、形式、数量和受益对象等。

第五章 薪酬监管

第二十三条 银行业监督管理部门应将商业银行薪酬管理纳入公司治理监管的重要内容,至少每年一次对商业银行薪酬管理机制的健全性和有效性作出评估。

第二十四条 银行业监督管理部门应动态跟踪监测商业银行薪酬管理制度的实施情况,并根据实际情况对商业银行风险控制等考核指标的执行情况进行现场检查。

第二十五条 对于商业银行薪酬管理制度和绩效考核指标不

符合有关规定的，银行业监督管理部门有权根据《中华人民共和国银行业监督管理法》的相关规定责令纠正，并对下列问题予以查处：

（一）薪酬管理组织架构、薪酬管理制度不符合规定的。

（二）未按规定核定、执行和报备绩效考核办法或年度薪酬方案的。

（三）绩效考核不严格、不符合规定或弄虚作假的。

（四）未按规定计发基本薪酬、延发绩效薪酬的。

（五）未按规定追索或止付绩效薪酬的。

（六）未按规定披露薪酬信息的。

（七）其他不符合国家有关政策规定的。

第二十六条　符合下列情况之一的，商业银行薪酬结构与水平应报救助机构和银行业监督管理部门确定：

（一）已经实施救助措施的。

（二）商业银行面临重大声誉风险并有可能对其持续经营产生实质性影响的。

（三）商业银行濒临破产、倒闭的。

（四）商业银行被依法接管的。

（五）商业银行被关停的。

第六章　附　　则

第二十七条　商业银行在参加基本社会保险的基础上为员工建立企业年金和补充医疗保险的，应符合国家有关规定。

扣回的薪酬应按照有关规定冲减当期费用。

第二十八条　商业银行在境外设立的子行、分行、非银行金融性公司由母行根据本指引的原则并结合不同国家和地区的法律规定、监管要求对其薪酬进行调控。

由银行业监督管理部门监管的其他类银行、非银行金融机构参照本指引执行。

第二十九条 本指引由中国银监会负责解释。

第三十条 本指引自2010年3月1日起施行。

证券公司治理准则(节选)

(2012年12月11日 中国证券监督管理委员会
公告〔2012〕41号)

第一章 总 则

第一条 为推动证券公司完善公司治理,促进证券公司规范运作,保护证券公司股东、客户及其他利益相关者的合法权益,根据《公司法》《证券法》《证券公司监督管理条例》及其他法律法规,制定本准则。

第六条 本准则适用于中国境内设立的证券公司。
上市证券公司应当同时执行法律、行政法规、本准则和中国证监会有关上市公司的规定。本准则与中国证监会有关上市公司的规定不一致的,以两者中更加严格的规定为准。

第三章 董事和董事会

第三节 董事会专门委员会

第四十一条 证券公司经营证券经纪业务、证券资产管理业务、融资融券业务和证券承销与保荐业务中两种以上业务的,其董事会应当设立薪酬与提名委员会、审计委员会和风险控制委员会,并应当在公司章程中规定各委员会的组成、职责及其行使方式。

专门委员会可以聘请外部专业人士提供服务,由此发生的合理费用由证券公司承担。

专门委员会应当向董事会负责,按照公司章程的规定向董事会提交工作报告。

董事会在对与专门委员会职责相关的事项作出决议前,应当听取专门委员会的意见。

第四十二条 证券公司董事会各专门委员会应当由董事组成。专门委员会成员应当具有与专门委员会职责相适应的专业知识和工作经验。

审计委员会中独立董事的人数不得少于1/2,并且至少有1名独立董事从事会计工作5年以上。

薪酬与提名委员会、审计委员会的负责人应当由独立董事担任。

第四十三条 薪酬与提名委员会的主要职责是:

(一) 对董事、高级管理人员的选任标准和程序进行审议并提出意见,搜寻合格的董事和高级管理人员人选,对董事和高级管理人员人选的资格条件进行审查并提出建议;

(二) 对董事和高级管理人员的考核与薪酬管理制度进行审议并提出意见;

(三) 对董事、高级管理人员进行考核并提出建议;

(四) 公司章程规定的其他职责。

第五章 高级管理人员

第五十四条 本准则所称高级管理人员,是指证券公司的总经理、副总经理、财务负责人、合规负责人、董事会秘书以及实际履行上述职务的人员。

高级管理人员应当取得中国证监会或者其派出机构核准的任职资格。证券公司不得授权未取得任职资格的人员行使高级管理人员的职权。

第六章 激励与约束机制

第六十二条 证券公司应当建立合理有效的董事、监事、高级管理人员绩效考核与薪酬管理制度。绩效考核与薪酬管理制度应当充分反映合规管理和风险管理的要求。

第六十三条 证券公司董事、监事薪酬的数额和发放方式分别由董事会、监事会提出方案，报股东会决定。

第六十四条 证券公司应当与高级管理人员就任期、绩效考核、薪酬待遇、解聘事由、双方的权利义务及违约责任等事项进行约定。

第六十五条 证券公司高级管理人员的绩效年薪由董事会根据高级管理人员的年度绩效考核结果决定，40%以上应当采取延期支付的方式，且延期支付期限不少于3年。延期支付薪酬的发放应当遵循等分原则。

高级管理人员未能勤勉尽责，致使证券公司存在重大违法违规行为或者重大风险的，证券公司应当停止支付全部或者部分未支付的绩效年薪。

第六十六条 证券公司董事会、监事会应当分别向股东会就董事、监事的绩效考核情况、薪酬情况作出专项说明。

董事会应当向股东会就高级管理人员履行职责的情况、绩效考核情况、薪酬情况作出专项说明。

第六十七条 证券公司高级管理人员违反法律、行政法规或者公司章程规定，损害公司或者客户合法权益的，公司董事会、监事会应当对其进行内部责任追究。

证券公司不得代董事、监事或者高级管理人员支付应当由个人承担的罚款或者赔偿金。

第六十八条 证券公司董事、监事、高级管理人员或者员工根据中长期激励计划持有或者控制本公司股权,应当经公司股东会决议批准,并依法经中国证监会或者其派出机构批准或者备案。

第七章 证券公司与客户关系基本原则

第七十三条 证券公司应当按照规定向社会公众披露本公司经审计的年度财务报告及其他信息,并保证披露信息的真实、准确、完整。

证券公司应当披露董事、监事、高级管理人员薪酬管理信息,至少包括:

(一)薪酬管理的基本制度及决策程序;

(二)年度薪酬总额和在董事、监事、高级管理人员之间的分布情况;

(三)薪酬延期支付和非现金薪酬情况。

第八章 附 则

第七十七条 释义:

(一)股权,是指有限责任公司股东的出资和股份有限公司的股份。

(二)股东会,是指有限责任公司的股东会和股份有限公司的股东大会。

(三)关联方、关联交易,是指财政部《企业会计准则第36

号——关联方披露》中所界定的关联方和关联方交易。

（四）经营管理的主要负责人，是指公司总经理，或者行使总经理职权的管理委员会、执行委员会等机构的负责人。

（五）内部董事，是指在证券公司同时担任其他职务的董事；外部董事，是指不在证券公司同时担任其他职务的董事；独立董事，是指与证券公司及其股东不存在可能妨碍其进行独立客观判断关系的外部董事。

第七十八条 本准则由中国证监会负责解释。

第七十九条 本准则自2013年1月1日起施行。2003年12月15日中国证监会公布的《证券公司治理准则（试行）》（证监机构字〔2003〕259号）同时废止。

证券公司和证券投资基金管理公司合规管理办法(节选)

(2017年6月6日 中国证券监督管理委员会令第133号)

第一章 总 则

第一条 为了促进证券公司和证券投资基金管理公司加强内部合规管理,实现持续规范发展,根据《中华人民共和国公司法》《中华人民共和国证券法》《中华人民共和国证券投资基金法》和《证券公司监督管理条例》,制定本办法。

第二条 在中华人民共和国境内设立的证券公司和证券投资基金管理公司(以下统称证券基金经营机构)应当按照本办法实施合规管理。

本办法所称合规,是指证券基金经营机构及其工作人员的经营管理和执业行为符合法律、法规、规章及规范性文件、行业规范和自律规则、公司内部规章制度,以及行业普遍遵守的职业道德和行为准则(以下统称法律法规和准则)。

本办法所称合规管理,是指证券基金经营机构制定和执行合规管理制度,建立合规管理机制,防范合规风险的行为。

本办法所称合规风险,是指因证券基金经营机构或其工作人员的经营管理或执业行为违反法律法规和准则而使证券基金经营机构被依法追究法律责任、采取监管措施、给予纪律处分、出现财产损失或商业信誉损失的风险。

第七条 证券基金经营机构董事会决定本公司的合规管理目标,对合规管理的有效性承担责任,履行下列合规管理职责:

(一)审议批准合规管理的基本制度;

(二)审议批准年度合规报告;

(三)决定解聘对发生重大合规风险负有主要责任或者领导责任的高级管理人员;

(四)决定聘任、解聘、考核合规负责人,决定其薪酬待遇;

(五)建立与合规负责人的直接沟通机制;

(六)评估合规管理有效性,督促解决合规管理中存在的问题;

(七)公司章程规定的其他合规管理职责。

第二十七条 合规部门及专职合规管理人员由合规负责人考核。对兼职合规管理人员进行考核时,合规负责人所占权重应当超过50%。证券基金经营机构应当制定合规负责人、合规部门及专职合规管理人员的考核管理制度,不得采取其他部门评价、以业务部门的经营业绩为依据等不利于合规独立性的考核方式。

证券基金经营机构董事会对合规负责人进行年度考核时,应当就其履行职责情况及考核意见书面征求中国证监会相关派出机构的意见,中国证监会相关派出机构可以根据掌握的情况建议董事会调整考核结果。

证券基金经营机构对高级管理人员和下属各单位的考核应当包括合规负责人对其合规管理有效性、经营管理和执业行为合规性的专项考核内容。合规性专项考核占总考核结果的比例不得低于协会的规定。

第二十八条 证券基金经营机构应当制定合规负责人与合规管理人员的薪酬管理制度。合规负责人工作称职的,其年度薪酬收入总额在公司高级管理人员年度薪酬收入总额中的排名不得低于中位数;合规管理人员工作称职的,其年度薪酬收入总额不得低于公司同级别人员的平均水平。

第三十五条 证券基金经营机构违反本办法第十八条、第十九条、第二十条、第二十一条、第二十二条、第二十三条、第二十四条、第二十五条、第二十六条、第二十七条、第二十八条规定,情节严重的,对证券基金经营机构及其直接负责的董事、监事、高级管理人员和其他直接责任人员,处以警告、3万元以下罚款。

合规负责人未按照本办法第十五条第二款的规定及时向中国证监会相关派出机构报告重大违法违规行为的,处以警告、3万元以下罚款。

第五章 附 则

第三十七条 本办法下列用语的含义:

(一)合规负责人,包括证券公司的合规总监和证券投资基金管理公司的督察长。

(二)中国证监会相关派出机构,包括证券公司住所地的中国证监会派出机构,和证券投资基金管理公司住所地或者经营所在地的中国证监会派出机构。

第三十八条 中国证监会根据审慎监管的原则,可以提高对行业重要性证券基金经营机构的合规管理要求,并可以采取增加现场检查频率、强化合规负责人任职监管、委托外部专业机构协助开展工作等方式加强合规监管。

前款所称行业重要性证券基金经营机构,是指中国证监会认定的,公司内部经营活动可能导致证券基金行业、证券市场产生重大风险的证券基金经营机构。

第三十九条 开展公开募集证券投资基金管理业务的保险资产管理机构、私募资产管理机构等,参照本办法执行。

第四十条 本办法自 2017 年 10 月 1 日起施行。《证券投资基金管理公司督察长管理规定》(证监基金字〔2006〕85 号)、《证券公司合规管理试行规定》(证监会公告〔2008〕30 号)同时废止。

中国证券业协会关于发布《证券公司建立稳健薪酬制度指引》的通知

(2022年5月13日发布 中证协发〔2022〕123号)

各证券公司:

为指导证券公司建立稳健的薪酬制度,健全薪酬激励约束机制,促进证券公司稳健经营和可持续发展,更好承担社会责任,根据《中华人民共和国证券法》《证券基金经营机构董事、监事、高级管理人员及从业人员监督管理办法》等法律法规、监管规定,中国证券业协会研究制定了《证券公司建立稳健薪酬制度指引》,经协会第七届常务理事会第三次会议表决通过,并向中国证监会备案,现予发布,自发布之日起施行。

证券公司建立稳健薪酬制度指引

第一章 总 则

第一条 为指导证券公司建立稳健的薪酬制度,健全薪酬激励约束机制,促进证券公司稳健经营和可持续发展,更好承担社会责任,根据《中华人民共和国证券法》《证券公司监督管理条例》《证券基金经营机构董事、监事、高级管理人员及从业人员监督管理办法》《证券公司治理准则》等法律法规、监管规定,制定本指引。

第二条 本指引所称证券公司是指在中国境内设立的证券公司及其证券子公司。

第二章 原则与目标

第三条 贯彻稳健经营理念。证券公司应当将薪酬管理与风险管理紧密结合,制定与风险水平、特征及持续期限相匹配的激励约束机制,保障全面风险管理的有效落实,实现稳健经营。

第四条 确保合规底线要求。证券公司应当通过完善公司治理、明确各方职责、强化监督机制,保障薪酬制度有效落实,确保薪酬约束机制与合规管理有效衔接,避免过度激励、短期激励引发合规风险。

第五条 促进形成正向激励。证券公司应当根据职业操守、廉洁从业情况、合规风控效果、社会责任履行情况、客户服务水平、股东长期利益等情况,同时结合业务特点建立健全薪酬管理机制,提升公司服务实体经济与国家战略能力。

第六条 提升公司长期价值。证券公司应当将"合规、诚信、专业、稳健"的文化理念融入薪酬管理,建立着眼长期发展的人才培养机制和激励机制,依靠德才兼备的高质量人才为公司和社会创造价值,促进公司和行业可持续发展。

第三章 制定与实施

第七条 证券公司董事会负责依据上述原则建立健全公司薪酬制度,并负责督促制度的有效落实,承担薪酬管理的主体责任。

相关法律法规或监管规定对薪酬制度及薪酬事项的决策机制另有规定的,按照相关规定执行。

第八条 证券公司董事会可通过薪酬委员会或经董事会授权

的其他委员会（以下统称薪酬委员会），结合公司财务状况、经营状况及未来重大支出、风险防控、发展规划等因素，兼顾股东、管理层、员工、投资者及社会其他利益相关者的合法权益，对主要薪酬政策是否符合薪酬制度制定原则发表意见。薪酬委员会对发现的重大缺陷及时提请公司董事会予以纠正。

第九条 证券公司应当建立薪酬制度执行的监督机制，完善分级审批、交叉复核等内控机制。明确制度具体实施与监督的部门或机构，由相关部门或机构负责对公司薪酬结构、薪酬支付和薪酬考核等方面的制度执行情况进行核查并定期提交董事会审议。

第十条 证券公司应当建立健全薪酬委员会、监督部门的履职保障机制，确保相关部门独立、客观、有效履行职责。

第四章 基本规范

第十一条 证券公司在制定薪酬制度时，应当结合公司经营实际情况、合规风控效果、自身发展战略、股东长期利益等多种因素制定薪酬预算总额，综合公司实际情况和市场水平确定薪酬标准，平衡不同职位、不同岗位人员的薪酬水平。

第十二条 证券公司在制定薪酬制度时，应当结合行业特点制定稳健薪酬方案，充分考虑市场周期波动影响和行业及公司业务发展趋势，适度平滑薪酬发放安排，同时做好薪酬激励的极值管控和节奏控制。

第十三条 证券公司在制定薪酬制度时，应当综合考虑业务和岗位的风险属性和特征、社会责任及专业责任，完善绩效考核体系，将职业操守、廉洁从业情况、社会责任履行情况、服务客户水平等作为重要考量因素，并在考核中对重大合规风控事件实施一票否决，加强正向引导激励和反向惩戒约束作用。

第十四条 证券公司在制定薪酬制度时，应当保障全面风险管理和合规管理的有效落实，不片面追求市场排名、规模类指标和短期业绩，制定防止因过度激励引发风险隐患或合规风险的具体规定，不得为员工提供对冲措施降低薪酬与风险的关联性。薪酬制度中应当明确不通过包干、人员挂靠等方式开展业务，不通过直接按比例分成等独立考核方式实施过度激励，不将从业人员的薪酬收入与其承做或承揽的项目收入直接挂钩。

第十五条 证券公司在制定薪酬制度时，应当对董事长、高级管理人员、主要业务部门负责人、分支机构负责人和核心业务人员建立薪酬递延支付机制，明确适用条件、支付标准、年限和比例等内容。薪酬支付计划应当确保公司资本充足和可持续经营，递延支付年限应当与相关业务的风险持续期限相匹配，递延支付速度应当不快于等分比例。

第十六条 证券公司在制定薪酬制度时，应当建立严格的问责机制增强薪酬管理的约束力，包括但不限于奖金、津贴等薪酬止付、追索与扣回等内容，对违法违规或导致公司有过度风险敞口的高管和关键岗位等相关责任人员追究内部经济责任。

第十七条 证券公司在制定薪酬制度时，可依照有关法律法规规定，建立与公司长期利益相一致的企业年金、员工持股、股权激励等薪酬机制，支持鼓励公司员工建立个人养老金账户，推动稳健薪酬机制与养老金制度有机结合。

第十八条 证券公司应当在年报中披露公司薪酬管理的理念与导向、原则与目标，并应当按照相关规定要求披露薪酬有关信息，确保符合实际、标准一致。

第十九条 证券公司应当将薪酬管理纳入公司声誉风险管理体系，加强薪酬相关声誉风险管理。

第二十条 证券公司应当明确告知员工公司薪酬制度的主要原则、劳动纪律相关要求及薪酬保密有关规定等内容，引导员工树立正确的价值理念，知晓风险因素调整、不当行为等对薪酬的潜在影响。

第五章 自律管理

第二十一条 中国证券业协会（以下简称协会）对证券公司薪酬管理实施自律管理。

第二十二条 协会可采取现场检查、非现场检查等方式对证券公司的薪酬制度制定及落实情况进行定期或不定期检查。证券公司及其工作人员应当予以配合，如实提供有关资料。

第二十三条 证券公司违反本指引或未有效落实公司薪酬制度的，协会依据《中国证券业协会自律措施实施办法》对其采取自律措施，并责成公司对相关责任人员进行处理。发现证券公司在薪酬管理方面存在涉及公司治理、合规内控等方面缺陷的，协会将提请监管部门关注，涉嫌违法违规的，协会将相关线索移交监管部门查处。

第六章 附 则

第二十四条 本指引由协会负责解释。

第二十五条 本指引自发布之日起施行。

中国证券投资基金业协会关于发布《基金管理公司绩效考核与薪酬管理指引》的通知

(2022年6月10日 中基协字〔2022〕209号)

各相关机构:

为规范基金管理公司绩效考核与薪酬管理行为,健全公募基金行业长效激励约束机制,促进基金管理公司稳健经营和可持续发展,协会根据相关法律法规,借鉴境内外监管经验,结合我国基金行业发展实际,制定了《基金管理公司绩效考核与薪酬管理指引》(以下简称《指引》)。《指引》经协会第三届理事会审议通过,现予发布。

基金管理公司绩效考核与薪酬管理指引

第一章 总 则

第一条 为规范基金管理公司绩效考核与薪酬管理行为,健全长效激励约束机制,促进基金管理公司稳健经营和可持续发展,根据《证券投资基金法》《公开募集证券投资基金管理人监督管理办法》《证券基金经营机构董事、监事、高级管理人员及从业人员监督管理办法》等法律法规和中国证监会规定,参照有关国际准则,制定本指引。

第二条 在中华人民共和国境内,基金管理公司的绩效考核与薪酬管理行为,适用本指引。

第三条 本指引所称绩效考核,是指基金管理公司对其从业人员的工作效果及贡献进行的考核和评价,以确定员工岗位、等级、薪酬、荣誉等结果的行为。

本指引所称薪酬,是指基金管理公司为获得其从业人员提供的服务和贡献而给予的各种货币和非货币形式的经济性报酬。

第四条 基金管理公司绩效考核与薪酬管理应当遵循以下基本原则:

(一) 以基金份额持有人利益优先和公司长期可持续发展为导向;

(二) 既能有效激励从业人员,建立高质量人才队伍,又有利于防范风险和提高合规水平;

(三) 平衡员工、经理层、股东及其他利益相关者的利益,有利于公司履行社会责任、提升服务实体经济和国家战略能力;

(四) 符合我国国情、政策导向和基金业发展实际。

第五条 基金管理公司应当按照公司治理和合规管理的要求,制定科学的薪酬制度与考核机制,合理确定薪酬结构和水平,规范薪酬支付行为,绩效考核应当与合规和风险管理等挂钩,严格禁止短期考核和过度激励,建立基金从业人员与基金份额持有人利益绑定机制。

基金管理公司从业人员应当根据公司制度和劳动合同,落实公司绩效考核与薪酬管理要求,配合公司开展相关工作。

第六条 鼓励基金管理公司立足行业及公司长远健康发展,加强资本积累,在强化投资者教育、风险应对、信息科技与慈善捐赠等投入的前提下,统筹考虑人力成本与股东利润分配。

第二章 薪酬结构

第七条 本指引所指的薪酬包括以下四个部分：

（一）基本薪酬；

（二）绩效薪酬；

（三）福利和津补贴；

（四）中长期激励。

第八条 基金管理公司应当根据公司财务状况、发展规划、合规与风险管理等实际情况和市场水平，严格按照规范的程序，合理确定和适时调整不同岗位的基本薪酬标准和薪酬结构。基本薪酬与绩效薪酬应当保持适当构成，避免因薪酬结构不合理可能引发的风险隐患和冒险行为。

第九条 中长期激励包括股权性质的激励措施和现金激励等。鼓励基金管理公司采用股权、期权、限制性股权、分红权等与公司长期发展、持有人长期利益相绑定的多样化激励约束措施，建立长效激励约束机制。

第三章 薪酬支付

第十条 基金管理公司可以根据财务情况和分期考核等情况，合理确定部分绩效薪酬随基本薪酬一起支付。

基金管理公司应当建立实施绩效薪酬递延支付制度，明确适用人员范围、期限和比例等。绩效薪酬的递延支付期限、递延支付额度应当与基金份额持有人长期利益、业务风险情况保持一致，递延支付期限不少于3年，递延支付速度应当不快于等分比例。

绩效薪酬递延支付制度适用人员范围包括但不限于董事长、高级管理人员、主要业务部门负责人、分支机构负责人和核心业务人员。其中，高级管理人员、基金经理等关键岗位人员递延支付的金额原则上不少于40%。

基金管理公司应当定期根据绩效薪酬金额和风险变化情况对递延支付制度进行调整。

第十一条 基金管理公司应当建立严格的问责机制增强薪酬管理的约束力，包括但不限于薪酬止付、追索与扣回等，明确相关人员未能勤勉尽责，对公司发生违法违规行为或经营风险负有责任的，公司按照制度的相关规定追究内部经济责任，可以停止支付有关责任人员薪酬未支付部分，并要求其退还相关行为发生当年相关奖金，或者停止对其实施长效激励等。问责机制应当同样适用于离职人员。

基金管理公司应当在内部管理制度、劳动合同中明确前述事项。

第十二条 基金管理公司的高级管理人员、主要业务部门负责人、基金经理应当将一定比例的绩效薪酬购买本公司或者本人管理的公募基金，并需遵守基金从业人员投资基金的期限限制。

高级管理人员、主要业务部门负责人应当将不少于当年绩效薪酬的20%购买本公司管理的公募基金，其中购买权益类基金不得低于50%，但是公司无权益类基金等情形除外；基金经理应当将不少于当年绩效薪酬的30%购买本公司管理的公募基金，并应当优先购买本人管理的公募基金，但是由于其管理的基金处于封闭期等原因无法购买的除外。基金经理同时为高级管理人员、主要业务部门负责人的，应当同时符合前述要求。

第四章 绩效考核

第十三条 基金管理公司应当建立科学的绩效考核指标体系，并分解落实到具体部门和岗位，作为绩效薪酬发放的依据。

基金管理公司应当采取定量与定性相结合的方式确定绩效考核指标。绩效考核指标应当包括经济效益指标、合规风控指标和社会责任指标。经济效益指标应当体现 3 年以上长周期考核情况、投资者实际盈利情况、投资研究等专业能力建设情况；合规风控指标应当包括合规及风险管理机制建设情况、合规事件或重大风险发生情况、信息系统安全运行情况、员工廉洁从业情况；社会责任指标应当包括道德标准、企业价值、客户满意度等。

投资研究等专业能力建设情况包括投研体系建设及研究覆盖面情况（含信用评级）、投研团队稳定性及投研梯队建设情况、长期价值投资情况等。

第十四条　董事会对经理层的考核，公司对投研、销售等关键岗位的考核，应当结合长期投资业绩、投资者长期投资收益、合规与风险管理、职业道德水平等情况，不得将规模排名、管理费收入、短期业绩等作为薪酬考核的主要依据。

长期投资业绩是指最近 3 年或以上的投资收益情况。基金管理公司应当根据投资目标、投资范围、投资策略等，并结合业绩比较基准，综合考量风险收益情况。相关考核应当避免使用单一指标，且应当弱化相对排名。基金经理管理基金年限不满 3 年的，可以通过适当降低相关业绩权重等方式弱化该基金投资业绩在考核中的影响。

第五章　薪酬内控管理

第十五条　基金管理公司应当建立健全科学合理的薪酬管理组织架构，董事会对薪酬管理负主体责任。董事履行薪酬管理职责时，应当具备专业胜任能力，独立发表意见，避免受经理层不当影响。

董事会应当对公司薪酬管理的基本制度、薪酬预算、高级管理人员薪酬激励机制等情况进行审核。

第十六条　基金管理公司董事会应当通过薪酬委员会或经董事会授权的其他委员会（以下统称薪酬委员会），结合公司财务状况、经营情况、风险防控及发展规划等因素,对薪酬政策与方案等董事会议案进行充分研究讨论,提出专业意见和建议。薪酬委员会成员应当具备相应的专业能力,并包含一定数量的独立董事。

第十七条 基金管理公司经理层负责组织实施公司薪酬管理制度及董事会相关决议。基金管理公司应当指定专门部门负责薪酬管理的日常工作,并为董事会及其薪酬委员会工作提供支持。

基金管理公司应当建立绩效考核与薪酬管理制度执行的监督机制,明确制度实施的监督部门或机构。相关部门或机构应当对公司制度执行情况进行监督,并定期向董事会报告。

第六章 自律管理

第十八条 中国证券投资基金业协会(以下简称协会)对基金管理公司绩效考核与薪酬管理情况实施自律管理。

第十九条 协会可对基金管理公司执行本指引的情况进行定期或不定期的现场及非现场检查,基金管理公司及其相关人员应当予以配合。基金管理公司或从业人员违反本指引的,协会可以视情节轻重,对其采取谈话提醒、书面警示、要求限期改正、行业内谴责、公开谴责、暂停受理或办理相关业务、认定为不适合从事相关业务等自律管理措施或纪律处分,并记入从业人员诚信信息;涉嫌违法违规的,协会将移交中国证监会或其他有权机关依法查处。

第七章 附 则

第二十条 其他公募基金管理人、基金管理公司子公司参照本指引有关规定执行。

第二十一条 本指引由中国证券投资基金业协会负责解释。

第二十二条 本指引自发布之日起施行,基金管理公司应当按照本指引的要求,在 2022 年 12 月 20 日前对现有绩效考核和薪酬管理工作进行调整和完善。

中国保险监督管理委员会关于印发《保险公司薪酬管理规范指引（试行）》的通知

（2012年7月19日 保监发〔2012〕63号）

各保险集团（控股）公司、保险公司、保险资产管理公司：

为加强保险公司治理监管，健全激励约束机制，规范保险公司薪酬管理行为，发挥薪酬在风险管理中的作用，促进保险公司稳健经营和可持续发展，我会制定了《保险公司薪酬管理规范指引（试行）》。现印发给你们，请遵照执行。

保险公司薪酬管理规范指引（试行）

第一章 总 则

第一条 为加强保险公司治理监管，健全激励约束机制，规范保险公司薪酬管理行为，发挥薪酬在风险管理中的作用，促进保险公司稳健经营和可持续发展，根据《保险法》及国家有关规定，参照有关国际准则，制定本指引。

第二条 本指引所称薪酬，是指保险公司工作人员因向公司提供服务而从公司获得的货币和非货币形式的经济性报酬。

本指引所称的工作人员是指与保险公司签订书面劳动合同的人员，不包括非执行董事、独立董事、外部监事、独立监事及工作顾问等。

本指引所称董事是指在保险公司领取薪酬的董事,监事不包括职工监事,高管人员仅限于总公司高管人员。

本指引所称关键岗位人员是指对保险公司经营风险有直接或重大影响的人员。关键岗位人员范围由公司确定,至少包括但不限于总公司直接从事销售业务或投资业务的部门主要负责人及省级分公司主要负责人。

第三条 本指引适用于在中国境内依法注册的保险公司、保险集团公司和保险资产管理公司。

国有保险公司薪酬管理另有规定的,适用其规定。

第四条 保险公司薪酬管理应当遵循以下原则:

(一)科学合理。保险公司应当根据公司发展战略,以提高市场竞争力和实现可持续发展为导向,制定科学的绩效考核机制和合理的薪酬基准。

(二)规范严谨。保险公司应当按照公司治理的要求,制定规范的薪酬管理程序,确保薪酬管理过程合规、严谨。

(三)稳健有效。保险公司薪酬体系应当既能有效激励工作人员,又与合规和风险管理相衔接,有利于防范风险和提高合规水平。

(四)公平适当。保险公司薪酬政策应当平衡股东、管理层、员工、被保险人及其他利益相关者的利益,符合我国国情和保险业发展实际。

第二章 薪酬结构

第五条 本指引所指的保险公司薪酬包括以下四个部分:

(一)基本薪酬;

(二)绩效薪酬;

(三)福利性收入和津补贴;

（四）中长期激励。

第六条 保险公司应当根据公司实际和市场水平，严格按照规范的程序，合理确定和适时调整不同岗位的基本薪酬标准。

第七条 保险公司董事、监事和高管人员绩效薪酬应当根据当年绩效考核结果确定。

绩效薪酬应当控制在基本薪酬的3倍以内，目标绩效薪酬应当不低于基本薪酬。

保险公司设立保底奖金的，应当只适用于入职第一年的员工或者成立不足一年的公司。

第八条 保险公司支付给工作人员的福利和津补贴，参照国家有关规定和行业标准执行。

保险公司每年支付给董事、监事和高管人员的现金福利和津补贴不得超过其基本薪酬的10%。

由外资保险公司股东另行支付的现金福利和津补贴不受前两款限制。

第九条 中长期激励包括股权性质的激励措施和现金激励等。保险公司实行中长期激励的，应当报经中国保监会备案。

保险公司中长期激励管理办法由中国保监会根据国家有关规定另行制定。

第十条 保险公司应当根据公司财务状况、经营结果、风险控制等多种因素，合理确定董事、监事和高管人员薪酬水平。

保险公司偿付能力不足的，中国保监会按照有关偿付能力的监管规定限制其董事、监事和高管人员薪酬。

保险公司不得脱离国情、行业发展阶段和公司实际发放过高薪酬。

第三章 薪 酬 支 付

第十一条 保险公司基本薪酬按月支付。保险公司可以根据经营情况和风险分期考核情况，合理确定一定比例的绩效薪酬随基本薪酬一起支付，其余部分在财务年度结束后，根据年度考核结果支付。

第十二条 保险公司应当在薪酬管理制度中规定绩效薪酬延期支付制度，促使绩效薪酬延期支付期限、各年支付额度与相应业务的风险情况保持一致。保险公司应当定期根据业绩实现和风险变化情况对延期支付制度进行调整。

绩效薪酬延期支付制度应当包括适用人员范围、条件、期限、比例、风险及损失情形、程序、停发等内容。

第十三条 保险公司董事、监事、高管人员和关键岗位人员绩效薪酬应当实行延期支付，延期支付比例不低于40%。其中，董事长和总经理不低于50%。

保险公司应当根据风险的持续时间确定绩效薪酬支付期限，原则上不少于三年。支付期限为三年的，不延期部分在绩效考核结果确定当年支付，延期部分于考核结果确定的下两个年度同期平均支付。支付期限超过三年的，延期支付部分遵循等分原则。

第十四条 发生绩效薪酬延期支付制度规定情形的风险及损失的，保险公司应当停发相关责任人员未支付的绩效薪酬。

第四章 绩效考核

第十五条 保险公司应当建立指标科学完备、流程清晰规范、结果与实际薪酬密切关联的绩效考核机制。

第十六条 保险公司应当制定公司总体绩效考核指标和每一工作岗位的考核指标。总体业绩指标应当层层分解落实到具体业务单位、管理部门和岗位。

岗位考核指标应当明确、清晰，充分体现该岗位的业绩贡献和风险合规要求，并尽可能量化，便于比对和评价，同时与业务单位和公司总体绩效相挂钩。

绩效考核指标应当符合岗位特点，不与岗位职责相冲突。绩效考核过程中，风险合规指标既可以作为构成性指标，也可以作为调节性指标，但应当保证与绩效考核结果显著相关。

第十七条　保险公司绩效考核指标体系应当包括经济效益指标和风险合规指标。经济效益指标的选取应当符合国家有关规定和公司战略。风险合规指标应当重点反映以下风险：

（一）偿付能力充足率；

（二）公司治理风险指标；

（三）内控风险指标；

（四）合规风险指标；

（五）资金运用风险指标；

（六）业务经营风险指标；

（七）财务风险指标。

每类风险指标的构成参照中国保监会有关分类监管的规定确定。保险集团公司、保险资产管理公司和再保险公司风险合规指标由公司根据自身情况和有关监管规定确定。

第十八条　保险公司应当制定规范的考核流程，按照"层层负责、逐级考评"的原则明确考核人、考核对象及考核程序，合理确定考核方式。

第十九条　保险公司董事、监事和高管人员薪酬应当根据保监会分类监管确定的风险类别进行调整。

分类监管确定为C类的公司，其董事、监事和高管人员当年平均基本薪酬加绩效薪酬不得高于上年度水平。

分类监管确定为D类的公司，其董事、监事和高管人员当年平均基本薪酬加绩效薪酬在上一年度基础上下浮，下浮幅度不得低于5%。其中，董事长和总经理的下浮幅度应高于平均值。连续被确定为D类的公司，其董事、监事和高管人员薪酬应逐年下浮，直至与公司部门负责人平均薪酬水平相当。但该公司新聘董事、监事和高管人员前两个年度的薪酬不受本条款限制。

分类监管被确定为A、B类的公司，可以自行根据分类监管部分指标评价结果对相应岗位的董事、监事和高管人员薪酬进行调整。

第五章 薪酬管理

第二十条 保险公司薪酬管理制度应当区分以下不同对象，采取不同的管理方式：

（一）董事、监事和高管人员；

（二）关键岗位人员；

（三）其他岗位人员；

（四）不领取薪酬的董事、监事和常任顾问的工作报酬或费用等。

第二十一条 保险公司董事会对薪酬管理负最终责任。董事履行薪酬管理职责时，应当具备专业胜任能力，独立发表意见，避免受管理层不当影响。

董事会应当对保险公司薪酬管理中的如下内容进行审核：

（一）薪酬管理的基本制度；

（二）年度薪酬激励方案和年度薪酬预算总额；

（三）董事、监事和高管人员个人绩效考核指标及权重、考核结果和薪酬发放情况；

（四）按照监管规定提交的薪酬报告。

第二十二条 保险公司董事会应当设立薪酬委员会，薪酬委员会应当具备相应的专业能力，由独立董事担任主任委员。

保险公司董事会应当充分发挥薪酬委员会的辅助决策作用。薪酬委员会应当对董事会议案进行充分研究和讨论，向董事会提出专业意见和建议。

董事会薪酬委员会可以就公司薪酬管理体系对风险、合规管理的影响及关联性征求其他相关专业委员会意见。

第二十三条 保险公司管理层负责组织实施公司薪酬管理制度及董事会相关决议。

保险公司人力资源等部门负责薪酬管理的日常工作,并为董事会及其薪酬委员会工作提供支持。

第二十四条 保险公司风险、合规管理和审计部门应当对公司薪酬管理制度相关的绩效考核指标和绩效目标提出意见,促进保险公司薪酬与风险相挂钩。

前款所列部门工作人员的薪酬应当与其所监控业务领域的合规和风险状况关联,但相对独立于该领域的财务绩效。其薪酬水平应当得到适当保证,以确保能够吸引与其职责相匹配的专业人员。

第二十五条 保险公司工作人员违反薪酬管理程序擅自发放薪酬、擅自增加薪酬激励项目或者在绩效考核中弄虚作假的,保险公司应当建立严格的问责制度,对违规发放的薪酬应当予以扣回。

第六章 薪酬监管

第二十六条 中国保监会对保险公司薪酬管理依法实施监管,不直接干预薪酬水平。监管内容重点包括:

(一)薪酬管理程序的完备性、规范性及其执行情况;

(二)绩效考核指标设计和绩效目标设定对公司风险、合规管理的影响。

第二十七条 保险公司董事会应当每年对薪酬管理工作进行自我评价,撰写薪酬管理报告,按照规定的审核程序和时限提交中国保监会。薪酬管理报告的内容包括:

(一)薪酬管理制度和流程是否完备、规范;

(二)公司总体绩效考核指标设计和绩效目标是否符合公司

战略,岗位绩效考核指标是否能够充分并准确反映岗位贡献和风险合规状况;

(三)绩效考核过程和结果是否公正、合理,是否有利于激励工作人员和树立以绩效和风险为导向的企业文化;

(四)公司董事、监事和高管人员薪酬与公司绩效、业务质量以及业务结构是否匹配,是否对风险具有较强的敏感性,是否会激励过度冒险行为或导致风险损失;

(五)是否存在管理失当或不符合监管规定的行为;

(六)其他对公司战略或风险有重要影响的薪酬管理情形。

第二十八条 保险公司薪酬管理中存在以下情形的,中国保监会可以采取要求提交书面说明、监管谈话、风险提示、向股东大会或董事会反馈监管意见、要求公司作为重大事项公开披露等措施进行处理:

(一)中途改变绩效考核指标或绩效目标,致使公司董事长或总经理实际薪酬总额高于原指标考核结果的;

(二)薪酬水平与公司风险状况严重不匹配或显著高于市场同等规模和业绩水平公司的;

(三)薪酬管理行为不符合监管规定的;

(四)薪酬管理自评与公司实际情形不一致的;

(五)其他可能存在或导致风险,需要进行风险提示的情形。

第二十九条 中国保监会可以根据监管需要,对保险公司薪酬管理情况进行专项现场检查或组织进行监管评价。

监管评价可以委托独立的中介机构协助进行,保险公司应当配合并承担相应费用。

第三十条 保险公司薪酬管理过程中,不得有下列行为:

(一)未按监管规定作出说明或提交相关报告资料的;

(二)绩效考核以及报送的报告资料弄虚作假的;

保险公司及相关人员发生上述行为之一的,由中国保监会或其派出机构依照《保险法》第一百七十一条、第一百七十二条、第一百七十三条及其他监管规定予以处罚。

中介机构在为保险公司服务过程中故意提供明显不实信息,致使保险公司作出错误决策的,中国保监会可以在行业内公布该中介机构名称,其他保险公司不得接受该机构的中介服务。

第三十一条 保险公司具有下列情形之一的,其董事、监事和高管人员薪酬由救助机构和保险监管部门确定:

(一)已由中国保险保障基金有限责任公司或者其他法定机构实施救助或参与风险处置的;

(二)被中国保监会依法接管的;

(三)申请破产或被关停的。

第七章 附 则

第三十二条 本指引自2013年1月1日起开始实施。

附件(略)

中国银保监会办公厅印发关于建立完善银行保险机构绩效薪酬追索扣回机制指导意见的通知

(2021年1月28日　银保监办发〔2021〕17号)

为健全绩效薪酬激励约束机制，充分发挥绩效薪酬在银行保险机构经营管理中的导向作用，银保监会研究制定了《关于建立完善银行保险机构绩效薪酬追索扣回机制的指导意见》，现予印发。请各银行保险机构按照指导意见内容，结合实际，抓紧完善相关制度。

关于建立完善银行保险机构绩效薪酬追索扣回机制的指导意见

为健全绩效薪酬激励约束机制，充分发挥绩效薪酬在银行保险机构经营管理中的导向作用，根据《商业银行稳健薪酬监管指引》《保险公司薪酬管理规范指引（试行）》等规定，现就建立完善银行保险机构绩效薪酬追索扣回机制提出如下指导意见：

一、银行保险机构应当按规定建立并完善绩效薪酬追索扣回机制，健全劳动合同、薪酬管理、绩效考核等管理制度，充分运用薪酬工具，平衡好当期与长期、收益与风险的关系，确保薪酬激励与风险调整后的业绩相匹配，防范激进经营行为和违法违规行为,不断促进银行保险机构稳健经营和可持续发展。

二、绩效薪酬追索扣回制度包括绩效薪酬追索扣回的适用情形、追索扣回比例、工作程序、责任部门、争议处理、内部监督及问责等内容。

银行保险机构根据本指导意见制定绩效薪酬追索扣回制度时,应当结合自身实际情况,充分征求相关人员意见,履行必要程序,人力资源部门负责具体事项的落实,风险控制、合规管理、审计、财务等相关部门应积极参与配合。

三、银行保险机构应根据绩效薪酬追索扣回制度,健全劳动合同,约定双方关于绩效薪酬追索扣回的权利义务以及争议的处置途径。

四、银行保险机构发生下列情形之一的,银行保险机构可以追回向高级管理人员和关键岗位人员超额发放的所有绩效薪酬和其他激励性报酬:

(一)银行保险机构发生财务报表重述等情形,导致绩效薪酬所依据的财务信息发生较大调整的;

(二)绩效考核结果存在弄虚作假的;

(三)违反薪酬管理程序擅自发放绩效薪酬或擅自增加薪酬激励项目的;

(四)其他违规或基于错误信息发放薪酬的。

五、银行保险机构要加强对薪酬制度激励效果的评估,注重员工教育,合理设置风险偏好。对于因存在明显过失或未尽到审慎管理义务,导致职责范围内风险超常暴露的高级管理人员和关键岗位人员,银行保险机构可以追索扣回其相应期限内的绩效薪酬。

银行保险机构应当根据其经营情况、风险状况、绩效薪酬延期支付情况等因素,合理设定风险超常暴露标准及绩效薪酬追索扣回比例,并充分征求独立董事、监事、相关工作人员的意见。

六、对于存在违法、违规、违纪等情形的高级管理人员和关键岗位人员，银行保险机构应当根据情形轻重追索扣回其相应期限内的部分直至全部绩效薪酬。薪酬追索扣回比例应当结合高级管理人员和关键岗位人员所承担的责任、造成的损失以及产生的负面影响进行确定。

七、银行保险机构发生下列情形之一的，应当追索扣回负有主要责任的高级管理人员和关键岗位人员相应期限内的全部绩效薪酬，追索扣回其他责任人员相应期限内的部分绩效薪酬：

（一）重要监管指标严重不达标或偏离合理区间的；

（二）被银保监会及其派出机构或其他金融监管部门采取接管等风险处置措施的；

（三）发生重大风险事件，对金融市场秩序造成恶劣影响的；

（四）其他对银行保险机构的财产、声誉等造成重大损害的情形。

八、对于高级管理人员和关键岗位人员拒不配合银行保险机构按照制度规定追索扣回绩效薪酬的，银行保险机构可以采取警告、调整工作岗位、司法诉讼等合理有效措施，并将相关情况报告银保监会或其派出机构。

九、银行保险机构在披露薪酬信息时，应当增加披露绩效薪酬追索扣回的有关信息，不断加强薪酬信息披露的全面性和透明性。

十、银行保险机构董事会应每年对本公司的绩效薪酬追索扣回情况至少进行一次审核，并对薪酬管理负最终责任。

十一、鼓励银行保险机构每年定期向银保监会或其派出机构报告绩效薪酬追索扣回制度的建设情况和执行情况。银保监会及其派出机构可将银行保险机构绩效薪酬追索扣回制度的建设情况和执行情况，纳入监管评级和公司治理监管评估的考虑因素。

十二、本指导意见所称银行保险机构包括银行机构、保险机构和在中华人民共和国境内依法设立的金融资产管理公司、信托公司、企业集团财务公司、金融租赁公司、汽车金融公司、消费金融公司、货币经纪公司。银行机构是指在中华人民共和国境内依法设立的商业银行、政策性银行、农村合作银行、农村信用合作社。保险机构是指在中华人民共和国境内依法设立的保险集团（控股）公司、保险公司、保险资产管理公司、相互保险社。

经银保监会批准设立的其他金融机构参照适用本指导意见。

十三、本指导意见所称关键岗位人员是指对银行保险机构经营风险有直接或重大影响的人员。银行保险机构应当根据自身机构类型与特点、市场规模大小、风险管控能力等因素确定关键岗位人员范围，并在绩效薪酬追索扣回制度中予以明确。

离职人员和退休人员适用绩效薪酬追索扣回机制。

在银行保险机构领取绩效薪酬的董事和监事参照适用本指导意见。

十四、本指导意见所称绩效薪酬追索扣回，包括追回已支付的绩效薪酬和止付未支付的绩效薪酬。鼓励银行保险机构研究探索绩效薪酬追索扣回方式，可结合自身实际情况，采取其他有效方式实现对绩效薪酬的追索扣回。

财政部关于印发《商业保险公司绩效评价办法》的通知

(2022年6月16日 财金〔2022〕72号)

中国人民保险集团股份有限公司,中国人寿保险(集团)公司,中国太平保险集团有限责任公司,中国再保险(集团)股份有限公司,其他有关商业保险集团(控股)公司、商业保险公司,各省、自治区、直辖市、计划单列市财政厅(局),新疆生产建设兵团财政局,财政部各地监管局:

为深入贯彻落实党中央、国务院决策部署,进一步发挥市场机制的决定性作用,激励商业保险公司更加有效响应国家宏观政策,鼓励商业保险公司增强服务实体经济、服务社会民生的能力,引导和促进商业保险公司高质量发展,现印发《商业保险公司绩效评价办法》,请遵照执行。

各省、自治区、直辖市、计划单列市财政厅(局)及新疆生产建设兵团财政局请将本文转送地方商业保险公司执行。

商业保险公司绩效评价办法

第一章 总 则

第一条 为进一步发挥市场机制作用,完善商业保险公司绩效评价体系，推动商业保险公司更加有效响应国家宏观政策，更好服务实体经济，更好防控金融风险，引导商业保险公司高质量发展，提高运营效率，做优做强国有金融资本，根据《中共中央 国务院关于完善国有金融资本管理的指导意见》《金融企业财务规则》（财政部令第42号）等有关规定，制定本办法。

第二条 本办法适用于国有独资及国有控股商业保险公司（含国有实际控制商业保险公司）、国有独资及国有控股金融企业实质性管理的商业保险公司。其他商业保险公司可参照执行。

本办法所称商业保险公司，是指执业需取得保险许可证的商业性保险集团（控股）公司、保险公司等保险机构。

第三条 本办法所称绩效评价，是指财政部门根据商业保险公司功能特点建立评价指标体系，将一个会计年度作为评价期间，运用适当评价方法和评价标准，对商业保险公司响应国家宏观政策、服务实体经济、防控金融风险情况，以及发展质量、经营效益情况进行的综合评价。

第四条 商业保险公司绩效评价遵循以下原则：

（一）坚持服务国家宏观政策和服务实体经济导向。商业保险公司绩效评价要为国家宏观政策实施提供强有力的保障支撑，体现更好服务实体经济、服务社会民生的导向，以高水平金融服务助力发展质量变革、效率变革、动力变革，促进商业保险公司与实体经济的良性互动、共生共荣。

（二）坚持高质量发展和创新驱动导向。商业保险公司绩效评价以新发展理念为指导，以供给侧结构性改革为主线，以可持续发展为目标，将短期年度考核与长期稳健经营相结合，引导商业保险公司加快转变发展理念和发展方式，坚守保险保障本源，坚持长期投资和价值投资理念，加大自主创新力度，优化资源配置，提升投入产出效率，增强核心竞争力，强化金融服务功能，有效防范金融风险。

（三）坚持市场机制和政府引导相统一。商业保险公司绩效评价遵循市场经济和企业发展规律，坚持市场在资源配置中的决定性作用。政府通过制定规则，发挥宏观指导作用，维护经济金融安全。财政部门依法履行金融企业出资人职责，以管资本为主加强引导，促进国有金融资本保值增值。

（四）坚持统一规制和分级管理相结合。财政部负责分类制定全国金融企业绩效评价管理办法，负责采集数据，计算并发布行业标准值，并负责组织实施中央管理的商业保险公司绩效评价。省级人民政府财政部门（以下简称省级财政部门）依据本办法组织实施本地区商业保险公司的绩效评价工作。

第五条　为确保绩效评价工作客观、公正、及时、有效、公平，商业保险公司应当提供全面、真实的绩效评价数据。

绩效评价工作以独立审计机构按照中国审计准则审计后的财务会计报告为基础，其中，财务报表应当是按照中国会计准则编制的合并财务报表。绩效评价财务数据应当由负责商业保险公司年度财务会计报告审计的独立审计机构进行复核并单独出具审计报告；绩效评价业务数据应当由负责商业保险公司年度财务会计报告审计的独立审计机构进行复核并出具执行商定程序报告。商业保险公司相关业务数据应当与按照监管要求报送的最终结果保持一致，相互印证。

第六条　商业保险公司绩效评价结果是商业保险公司整体运行综合评价的客观反映，应当作为商业保险公司改善经营管理和负责人综合考核评价的重要依据，是确定商业保险公司负责人薪酬和商业保险公司工资总额的主要依据。

第二章　评价指标

第七条　商业保险公司绩效评价维度包括服务国家发展目标和实体经济、发展质量、风险防控、经营效益四个方面。

第八条 商业保险公司绩效评价各维度指标具体为:

(一)服务国家发展目标和实体经济:包括服务社会民生情况、服务"三农"情况、服务生态文明建设情况、服务战略性新兴产业情况、保险资金运用投资实体经济特定领域情况 5 个指标,主要反映商业保险公司坚守"保险姓保"定位,服务国家宏观战略、服务实体经济、服务社会民生、助力构建新发展格局情况。

(二)发展质量:包括经济增加值率、综合费用利润率、人工成本利润率、人均净利润、人均上缴利税 5 个指标,主要反映商业保险公司发展质量和效率。

(三)风险防控:包括综合偿付能力充足率、保险公司偿付能力风险管理能力评估(SARMRA 评估)得分、保险公司风险综合评级、保险资产负债管理量化评估得分、基本情景流动性覆盖率、综合赔付率、资产减值准备与总资产比例 7 个指标,主要反映商业保险公司风险防控水平。

(四)经营效益:包括(国有)资本保值增值率、净资产收益率、分红上缴比例 3 个指标,主要反映商业保险公司资本增值状况和经营效益水平。

商业保险公司绩效评价指标体系中各单项指标的权重分值,依据指标的重要性和引导功能确定,具体见《商业保险公司绩效评价指标体系》(附1)。

第九条 商业保险公司绩效评价指标体系在保持相对稳定的同时,根据国家宏观政策、实体经济需求、金融发展趋势等客观情况适时进行动态调整。

第三章 评 价 数 据

第十条 商业保险公司应当确保各项绩效评价数据资料及时、真实、可获得。数据来源为监管报表的,应当将监管报表作

为证明材料一并报送;数据来源为内部业务统计的,应当对业务统计口径进行详细说明。具体包括:

(一)商业保险公司绩效评价基础数据表;

(二)商业保险公司的年度财务会计报告;

(三)会计师事务所出具的年度财务会计报告审计报告、绩效评价数据专项审计报告及执行商定程序报告;

(四)对各项绩效评价基础数据和调整情况的说明材料以及数据来源;

(五)财政部门认为需要的其他材料。

第十一条 为确保绩效评价工作真实、完整、合理,对绩效评价基础数据,商业保险公司可以申请在账面数据基础上进行适当调整,申请调整的事项应当为客观事项且需由审计机构出具鉴定意见。可以进行调整的事项包括:

(一)在评价期间损益中消化处理以前年度资产或业务损失的,可把损失金额在当年利润中加回;

(二)因承担经国务院批准的政策性业务或落实国务院批准的调控要求导致当年利润或资产减少且减少比例超过1%(含)的,可把减少金额在当年利润或资产中加回;

(三)因国家会计政策与会计估计变更导致当年利润或资产发生变动且变动比例超过1%(含)的,可把影响金额在当年利润或资产中予以调整;

(四)公司并表范围、并表比例发生变动的,应当将变动影响绩效评价基础数据的部分作为客观影响因素,相应对相关基础数据进行调整;

(五)公司被出具非标准无保留意见审计报告的,应当根据审计报告披露的影响审计结论的事项对绩效评价基础数据的影响规模,相应对相关基础数据进行调整;

(六)财政部门认可的其他客观调整事项。

第十二条 财政部门对被评价商业保险公司提供的绩效评价数据资料进行审核,并据此开展评价。

第四章 评价方法

第十三条 财政部门根据商业保险公司绩效评价指标特性,分别采用单一评价或综合评价方式,对各单项指标进行评价计分。

单一评价是指采用行业对标、历史对标、基准对标、定性打分等评价方法中的一种,对单项指标开展评价。综合评价是指从不同维度选择两种(含)以上的单一评价方法,并合理确定各评价方法权重,通过加权计算对单项指标开展评价。

第十四条 对采用行业对标方法的绩效评价指标,由财政部根据中央管理的商业保险公司和省级财政部门报送的快报资料,对商业保险公司数据进行筛选,剔除不适合参与测算的数据,保留符合测算要求的数据,建立样本库,统一测算并公布行业标准值,行业标准值划分为六档并对应六档标准系数(见附2)。

因重大自然灾害、突发公共卫生事件等不可抗力因素导致商业保险公司出现行业性营业收入、盈利下降的,财政部可酌情在计算行业标准值时统筹考虑相关影响因素。

第十五条 对采用历史对标方法的绩效评价指标,按照分级管理原则,由财政部和省级财政部门根据商业保险公司基础数据测算该指标的历史标准值,历史标准值划分为六档并对应六档标准系数(见附2)。

第十六条 采用行业对标或历史对标的绩效评价指标,按照以下计算公式,计算该单项指标得分:

单项指标得分 = 本档基础分 + 调整分

本档基础分 = 指标分值 × 本档标准系数

调整分 = 功效系数 × (上档基础分 - 本档基础分)

上档基础分=指标分值×上档标准系数

功效系数=（实际值-本档标准值）／（上档标准值-本档标准值）

本档标准值是指上下两档标准值中居于较低的一档标准值。

第十七条 对采用基准对标方法的绩效评价指标，由财政部和省级财政部门根据市场数据、行业数据、历史经营数据、监管数据、宏观政策要求等因素，确定该指标的对标基准值，并将商业保险公司指标数据与对标基准值比较后，按照相应计分规则计算得出该单项指标得分（见附1）。

第十八条 对采用定性打分方法的绩效评价指标，由财政部门、监管部门或受托履行出资人职责的机构，依据商业保险公司提供的证据，结合监管情况各自打分，以各方打分的算术平均值作为该单项指标得分。

第十九条 商业保险公司绩效评价得分由各单项指标得分加总形成。

商业保险公司在评价期间发生属于加分、减分或降级范围内的事项（见附2），经核实后，由财政部门以前款绩效评价得分为基础，额外予以加分、减分或下调评价级别，形成该商业保险公司绩效评价得分。其中，商业保险公司因重大风险事件、重大信息质量问题下调评价级别的，绩效评价得分按照下调后评价级别所处分数区间的下限值取值。对于绩效评价加分事项，按照审慎从严的原则，如确有符合加分条件的事项，需依据充足，论证充分。对于绩效评价减分事项、降级事项，一经核实，从严确认。

商业保险公司在评价期间未实现国有资本保值增值且国有资本保值增值率低于行业标准值中等值水平的，由财政部门以前款绩效评价得分为基础，下调一档确认绩效评价档次，绩效评价得分按照原有得分在对应档次分数区间内所处百分比位置，在下调后档次的对应分数区间内同比例取值。

第五章 评价结果

第二十条 绩效评价结果包括绩效评价得分、绩效评价档次和绩效评价级别。

绩效评价得分用百分制表示，最高 100 分。

绩效评价档次是根据商业保险公司绩效评价得分所确定的水平档次，用文字和字母表示，分为优（A）、良（B）、中（C）、低（D）、差（E）五个档次（见附2）。

绩效评价级别是对绩效评价档次再划分级别，以体现同一绩效评价档次内的不同差异，采用在字母后重复标注该字母的方式表示，分为 AAA、AA、A、BBB、BB、B、CC、C、D、E 十个级别（见附2）。

第二十一条 财政部门负责将绩效评价结果通报相关商业保险公司，同时抄送负责商业保险公司领导班子和领导人员综合考核评价的组织人事部门以及行业监管部门、人民银行，并以适当方式对社会公开。

第二十二条 对于年度绩效评价档次达不到中档的，商业保险公司应当对照绩效评价结果计分表，及时总结原因，分析差距，加强管理，改进考核。

第二十三条 当期评价后发现绩效评价数据资料不实或有误且影响评价结果的，财政部门可追溯调整评价结果，并追溯调整与评价结果联动挂钩的其他事项结果。

第六章 工作要求

第二十四条 中央管理的商业保险公司应当于每年 5 月 15 日前，一式两份向财政部报送全套绩效评价数据资料。地方商业保险公司向本级财政部门报送绩效评价材料的具体内容和时间要求,由省级财政部门确定。

第二十五条 商业保险公司应当提供真实、全面的绩效评价数据资料,商业保险公司主要负责人、主管财务会计工作的负责人或总会计师应当对提供的数据资料的真实性、完整性负责。

商业保险公司在报送绩效评价材料中,存在故意漏报、瞒报以及提供虚假材料等情况的,由本级财政部门依据《金融企业财务规则》等规定要求商业保险公司进行整改和给予处罚。

第二十六条 财政部门应当根据商业保险公司国有资本保值增值结果确认要求和年度财务决算工作安排,做好国有资本保值增值结果确认工作。

第二十七条 财政部根据中央管理的商业保险公司和省级财政部门报送的资料,于每年4月底前印发行业标准值。

第二十八条 省级财政部门按照本办法规定做好本地区商业保险公司的绩效评价工作。对属于地方监管职责范围内的商业保险公司,确有需要的,省级财政部门可根据本地区特点,按照从严掌握的原则对评价方法进行适当调整。

省级财政部门于每年11月30日前,将本地区商业保险公司的绩效评价结果汇总报送财政部。

第二十九条 财政部门的相关工作人员组织开展商业保险公司绩效评价工作应当恪尽职守、规范程序、加强指导。

各级财政部门及其工作人员在商业保险公司绩效评价工作中,存在滥用职权、玩忽职守、徇私舞弊等违法违纪行为的,依法依纪追究相应责任。

第三十条 受托开展商业保险公司审计业务的机构及其相关工作人员应当严格执行商业保险公司绩效评价工作各项规定,规范技术操作,确保评价相关工作过程独立、客观、公正,结论适当,并严守商业保险公司的商业秘密。

对参与造假、违反程序和工作规定,导致评价结论失实以及泄露商业保险公司商业秘密的，财政部门将按规定督促商业保险公司不再委托其承担本公司审计业务，并将有关情况通报相关业务主管部门，建议给予相应处罚。

第三十一条 财政部门适时组织对商业保险公司绩效评价工作进行监督检查，对于违规行为，依据《金融企业财务规则》等规定要求商业保险公司进行整改和给予处罚。

第七章 附 则

第三十二条 因股权发生变更等原因，导致原由中央管理的商业保险公司转为地方商业保险公司的，或者原地方商业保险公司转为由中央管理的商业保险公司的，财政部门应当按照分级管理的原则及时调整绩效评价结果确认部门。

第三十三条 本办法自印发之日起施行。

附：1. 商业保险公司绩效评价指标体系
  2. 商业保险公司绩效评价办法有关说明（略）
  3. 商业保险公司绩效评价申报及计分表（略）

附1 商业保险公司绩效评价指标体系

考核方面	具体指标	分值	导向	类型	指标定义/计算公式	数据来源	评价方法	备注
服务国家发展目标和实体经济（25%）	服务社会民生情况	5	正向	定量	1. 社会保险类保费收入增速：（当年社会保障类保险保费收入－上年社会保障类保险保费收入）／上年社会保障类保险保费收入×100% 2. 境内健康风险再保险分保费收入增速：（当年境内健康风险再保险境内分保险境内分保费收入－上年境内健康风险再保险境内分保费收入）／上年境内健康风险再保险境内分保费收入×100%	业务数据、财务数据	基准对标	1. 当年社会保障类保险保费收入、境内健康风险再保险分保费收入与上年持平时，对应基准对标系数为0.6，在此基础上，将增速与业务挂钩计算本项指标得分，如果当年浮动系数为0.05，则增速每增减1%指标得分线性加减0.05，最高5分，最低0分。业务浮动系数综合考虑行业年度经营发展情况，按年在0.05~0.5之间取值。例如，社会保障类保险保费收入当年增速为3.5%，当年业务浮动系数为0.05，则单项指标得分为5×0.6+3.5×0.05=3.175 2. 财产保险公司、人身保险公司考核社会保障类保险保费收入增速，具体包括责任保险、人身保险、养老年金保险、意外伤害保险、医疗保险、疾病保险、失能收入损失保险、护理保险、医疗意外保险。再保险公司考核境内健康风险再保险分保费收入增速，具体包括境内健康风险再保险、意外伤害保险。保险集团（控股）公司先按控股子公司相关业务合计数分别计算得分对应子公司平均分保收入单项指标得分，再按两项指标综合计算本项指标得分。公司控股的财产保险、人身保险以外的子公司，以及阶段性持股再保险、人身保险及再保险以外的子公司，不评价本项指标

续表

考核方面	具体指标	分值	导向	类型	指标定义/计算公式	数据来源	评价方法	备注
服务国家发展目标和实体经济（25%）	服务"三农"情况	5	正向	定量	1. 农业保险保费收入增速：（当年农业保险保费收入－上年农业保险保费收入）/上年农业保险保费收入×100% 2. 农业再保险分保费再保险分保费收入增速：（当年农业再保险分保费收入－上年农业再保险分保费收入）/上年农业再保险分保费收入×100%	业务数据、财务数据	基准对标	1. 当年农业（再）保险（分）保费收入与上年持平时，对应基准对标的标准系数为0.6，在此基础上，将增速与业务浮动系数挂钩计算得分，增速每增减1%指标得分线性加减0.05，最高5分，最低0分。如果当年浮动系数为0.05，则业务浮动系数综合考虑行业年度经营发展情况，按年在0.05~0.5之间取值。 2. 财产保险公司考核财产类涉农险保险保费收入增速，再保险公司先按各股子公司人身保险业务分保费收入及分保费收入和分保费收入对应子公司平均净资产权重综合计算得分。保险集团（控股）公司控股的财产保险及再保险以外保险的子公司，人身保险及再保险以外保险的子公司，以及阶段性持股子公司，不评价本项指标。 3. 农业保险统计口径执行原保监会《农业保险统计制度》（保监发〔2007〕111号）、《新增农业保险和财产保险投资型保险统计指标》（保监发〔2016〕43号），未来如有监管部门调整统计口径，从其规定

续表

考核方面	具体指标	分值	导向	类型	指标定义/计算公式	数据来源	评价方法	备注
服务国家发展目标和实体经济（25%）	服务生态文明建设情况	5	正向	定量	1. 绿色保险保费收入增速：（当年绿色保险保费收入－上年绿色保险保费收入）/上年绿色保险保费收入×100% 2. 巨灾再保险分保保费收入增速：（当年巨灾再保险分保保费收入－上年巨灾再保险分保保费收入）/上年巨灾再保险分保保费收入×100%	业务数据、财务数据	基准对标	1. 当年绿色保险保费收入持平时，对应基准对标的标准系数为0.6，巨灾再保险分保保费收入与上年持平时，对应基准对标的标准系数为0.6，在此基础上，将增速与业务浮动系数挂钩计算本项指标得分，如果当年指标得分与线性加减0.05，则增速每增减1%指标得分线性加减0.05，最低0分。业务浮动系数综合考虑行业年度经营发展情况，按年在0.05~0.5之间取值 2. 财产保险公司、人身保险公司考核绿色保险保费收入增速，再保险公司仅考核巨灾再保险分保保费收入增速。保险集团（控股）公司先按控股子公司绿色保险业务收入合计数分别计算绿色保险保费收入和巨灾再保险分保保费收入单项指标得分，再按两项指标得分及控股子公司平均净资产权重综合计算本项指标得分。保险集团（控股）公司控股性持股子公司，以及阶段性持股子公司，人身保险及再保险公司以外的财产保险、人身保险，不评价本项指标 3. 绿色保险产品指以促进环境污染防治、保护绿色资质、障碍绿色发展、增信绿色金融交易、提升应对气候变化能力致使实施环境友好行为为目标的保险产品，本处省所属行业为绿色产业指保险责任所涉领域，或被保人、被保险人所属行业为绿色产业的保险，两者不重复统计。环境污染责任保险、森林保险、绿色装备保险、绿色建筑保险、巨灾保险属于绿色保险。绿色产业范围执行发展改革委《绿色产业指导目录（2019年版）》（发改环资〔2019〕293号），如未来绿色产业指导目录更新，同步执行最新版本

续表

考核方面	具体指标	分值	导向	类型	指标定义/计算公式	数据来源	评价方法	备注
服务国家发展目标和实体经济（25%）	服务战略性新兴产业情况	5	正向	定量	1. 战略性新兴产业保险保费收入增速：（当年战略性新兴产业保险保费收入－上年战略性新兴产业保险保费收入）/上年战略性新兴产业保险保费收入×100% 2. 战略性新兴产业再保险分保费收入增速：（当年战略性新兴产业再保险分保费收入－上年战略性新兴产业再保险分保费收入）/上年战略性新兴产业再保险分保费收入×100%	业务数据、财务数据	基准对标	1. 当年战略性新兴产业（再）保险（分）保费收入与上年持平时，对应基准对标的标准系数为0.6，在此基础上，将增速与业务浮动系数挂钩计算本项指标得分，如果当年浮动系数为0.05，则增速每增减1%指标得分线性加减0.05，最高5分，最低0分。业务浮动系数根据行业当年度经营发展情况，按年在0.05-0.5之间取值 2. 财产保险公司、人身保险公司考核战略性新兴产业保险保费收入增速，保险集团（控股）公司先核控股子公司平均净资产权重综合计算得分，再按两项业务各自得分及对应子公司和分保收入平均体量指标综合计算本项指标得分。保险集团（控股）公司控股的财产保险、人身保险及再保险股权以外的子公司，以及阶段性持股子公司，不评价本项指标 3. 战略性新兴产业为战略性新兴产业保险责任所涉领域，被保险人所属行业为战略性新兴产业的保险，首台套新材料综合保险、网络安全责任保险属于战略性新兴产业保险。战略性新兴产业范围执行《战略性新兴产业分类（2018）》（国家统计局令第23号），如未来战略性新兴产业分类更新，同步执行最新版本

续表

考核方面	具体指标	分值	导向	类型	指标定义/计算公式	数据来源	评价方法	备注
服务国家发展目标和实体经济（25%）	保险资金运用投资实体经济特定领域情况	5	正向	定量	保险资金运用投资实体经济特定领域资产规模增速：（当年末保险资金运用投资于特定领域的资产规模－上年末保险资金运用投资于特定领域的资产规模）/上年末保险资金运用投资于特定领域的资产规模×100%	业务数据、监管部门报表（保险资金运用数据取自银保监会3031报表）	基准对标	1. 当年保险资金运用投资实体经济特定领域资产规模与上年持平时，对应基准对标系数为0.6，在此基础上，将增速与业务浮动系数挂钩计算本项指标得分，如果当年浮动系数为0.05，则增速每增减1%指标得分线性加减0.05，最低0分。业务浮动系数综合考虑行业经营发展情况，按年在0.05～0.5之间取值 2. 保险资金运用投资项目后的投资资产规模增速（其中的"2. 政策性银行金融债券"、"3. 开放式基金"、"4. 货币式饮级债券"除外）、"5. 封闭式基金"、"6. 银行存款"和"7. 抵出产品"、"8. 外币资产项目"、"9. 衍生产项目"、"10. 商业银行理财产品"、"11. 商业银行理财产品"、"12. 商业银行理财产品"、"13. 政策性银行金融债券（其中的"2. 政策基金"、"4. 货币式饮级债券"除外）"、"14. 买入返售证券"、"15-2. 商业银行理财产品"、"16. 外币资产项目"、"17. 衍生产项目"。未如监管部门调整统计报表，相应调整本项指标中具体剔除的项目
发展质量（25%）	经济增加值率	5	正向	定量	（利润总额－平均权益回报率×归属于母公司的平均权益）/归属于母公司所有者权益×100%	财务报表	综合对标（行业对标+历史对标）	行业对标中的"平均权益回报率"为净资产收益率行业标准值的中等值，历史对标中的"平均权益回报率"为对应年度净资产收益率的中等值

240

续表

考核方面	具体指标	分值	导向	类型	指标定义/计算公式	数据来源	评价方法	备注
发展质量(25%)	综合费用利润率	5	正向	定量	利润总额/(业务及管理费+手续费及佣金支出)×100%	财务报表	综合对标(行业对标+历史对标)	
	人工成本利润率	5	正向	定量	利润总额/人员费用×100%	财务报表	综合对标(行业对标+历史对标)	
	人均净利润	5	正向	定量	净利润/(全年平均在岗职工人数+全年平均保险营销员人数)	财务报表	综合对标(行业对标+历史对标)	
	人均上缴利税	5	正向	定量	年度分红及缴税/(全年平均在岗职工人数+全年平均保险营销员人数)	财务报表	综合对标(行业对标+历史对标)	年度分红缴税和在岗职工人数均采用合并口径。年度分红为当年实际分红金额(含其他权益工具分配),缴税为已交税金合计(不含代扣代缴)
风险防控(25%)	综合偿付能力充足率	5	适当	定量	实际资本/最低资本×100%	财务报表、监管数据	基准对标	按照银保监会"偿二代"监管有关规定,计算综合偿付能力充足率,达到监管要求(100%)及以上满分,在0~100%内的,得分在5分内按比例计算。未来监管规则如有变化,从其规定

续表

考核方面	具体指标	分值	导向	类型	指标定义/计算公式	数据来源	评价方法	备注
风险防控 (25%)	SARMRA评估得分	5	正向	定量	监管评分	业务数据、监管数据	基准对标	1. SARMRA评估得分，保险公司风险综合评级、保险资产负债管理量化评估得分三项指标合计分值5分，评价时分别按照既定的基准对标规则以5分计分后取平均值作为本项监管综合指标得分。例如，三项指标得分分别为4.3分、5分、4.5分，则本项指标综合得分为(4.3+5+4.5)/3=4.6分 2. SARMRA评估得分采用最近一次监管部门核定的评估比例计算。保险集团（控股）公司如暂无监管评级，以百分制得分在5分内按区间分摊，从其规定算平均值
	保险公司风险综合评级	5	正向	定量	监管评级	业务数据、监管数据	基准对标	3. 保险公司风险综合评级采用开展绩效评价年度最近一次监管部门核定的风险综合评级类别指标得分。A类公司该项指标得5分，B类公司得4分，C类公司得3分，D类公司得分为0分。保险集团（控股）公司如暂无监管评级，则采用并表子公司中有监管部门风险综合评级结果的子公司得分平均值
	保险资产负债管理量化评估得分	5	正向	定量	监管评分	业务数据、监管数据	基准对标	4. 保险资产负债管理量化评估得分采用开展绩效评价最近一次监管部门评估得分，以百分制得分在5分内按区间分摊计算。保险集团（控股）公司采用并表子公司中有监管部门评估得分的子公司评分平均值
	基本情景流动性覆盖率	5	正向	定量	(基本情景下公司现金流入+现金及现金等价物评估时点账面价值)/基本情景下公司现金流出×100%	财务报表、业务数据	基准对标	按照银保监会"偿二代"监管规则有关规定，计算未来12个月的基本情景流动性覆盖率（LCR1），达到监管要求(100%)及以上为满分，在0~100%内的，得分在5分内按区间同比例计算。未来监管规则如有变化，从其规定

续表

考核方面	具体指标	分值	导向	类型	指标定义/计算公式	数据来源	评价方法	备注
风险防控（25%）	综合赔付率	5	适当	定量	（赔付支出+分保赔付支出+再保摊回分保赔款准备金提取额－摊回未决赔款准备金）/已赚保费×100%，已赚保费＝保费业务收入－分出保费－提取未到期责任准备金	财务报表、业务数据	基准对标	按照银保监会有关规定计算保险期同一年及以下的短期险综合赔付率，未来监管规则如有变化，从其规定。保险公司综合赔付率在行业平均综合赔付率上下10%区间（即行业平均短期险综合赔付率的（0.9，1.1）倍区间）内为满分，超出上下30%区间得0分，在上下10%到30%区间内的，得分在5分内按区间同比例计算
	资产减值准备与总资产比例	5	逆向	定量	年末资产减值准备余额/年末资产总额×1 000‰	财务报表	行业对标	
	（国有）资本保值增值率	10	正向	定量	（年末国有资本±客观增减因素影响额）/年初国有资本×100%	保值增值表	行业对标	
经营效益（25%）	净资产收益率	8	正向	定量	净利润/净资产平均余额×100%	财务报表	基准对标	综合对标（行业对标+历史对标）
	分红上缴比例	7	适当	定量	分红金额/归属于母公司所有者净利润×100%	财务报表	基准对标	分红率达到30%为7分；低于30%的，按实际分红金额占所有者净利润的比例计算分数。分红金额为本年度分红金额，归属于母公司所有者净利润为上年归属于母公司所有者净利润
加减分事项	加分事项				商业保险公司在贯彻落实党中央、国务院关于服务实体经济、防控金融风险、深化金融改革相关决策部署方面积极有力、措施得当的，根据贯彻党中央、国务院通报表扬、表彰情况等，给予1～5分加分			精准到位

续表

考核方面	具体指标	分值	导向	类型	指标定义/计算公式	数据来源	评价方法	备注
加减分事项	减分事项				一、风险事件扣分或降级：商业保险公司（含子公司）及其负责人发生属于当期责任的重大违法违纪案件、重大资产损失事项，造成重大不利社会影响的，根据影响程度和相关部门的处理处罚情况扣1～5分，情节严重的，下调评价级别；正常的资产减值准备计提不在此列
					二、违规处罚扣分：商业保险公司（含子公司）违反有关监管规定或财政财务、公司治理规定，或违规经营分红险、万能险、投连险等投资型保险，误导消费者投保，造成重大不良影响，发生重大处罚事件的，根据影响程度和相关部门的处理处罚情况扣1～5分
					三、信息质量问题扣分或降级：商业保险公司不按照规定提供评价基础信息，或提供虚假基础信息，根据相关部门的处理处罚情况扣1～5分，情节严重的，下调评价级别。商业保险公司财务快报与财务报表相比净利润数值变动幅度超过10%扣1分，超过15%扣1.5分，超过20%扣2分，超过25%扣2.5分，超过30%扣3分
					四、无序设立子公司扣分：商业保险公司违反有关监管规定盲目无序新设具有投资决策权的三级以上（计算层级时不含特殊目的载体（SPV））子公司的，根据相关部门的处理处罚情况扣1～5分
					五、落实国家政策不力扣分：在贯彻落实党中央、国务院关于服务实体经济、深化金融改革相关决策部署方面，存在落实不力情况的，根据相关部门的处理情况扣1～5分，并按违规行为情节轻重追究相关单位及当事人责任

中央企业工资总额管理办法

(2018年12月27日 国务院国有资产监督管理委员会令第39号)

第一章 总 则

第一条 为建立健全与劳动力市场基本适应、与企业经济效益和劳动生产率挂钩的工资决定和正常增长机制,增强企业活力和竞争力,促进企业实现高质量发展,推动国有资本做强做优做大,根据《中华人民共和国企业国有资产法》《企业国有资产监督管理暂行条例》《中共中央 国务院关于深化国有企业改革的指导意见》《国务院关于改革国有企业工资决定机制的意见》和国家有关收入分配政策规定,制定本办法。

第二条 本办法所称中央企业是指国务院国有资产监督管理委员会(以下简称国资委)履行出资人职责的企业。

第三条 本办法所称工资总额,是指由企业在一个会计年度内直接支付给与本企业建立劳动关系的全部职工的劳动报酬总额,包括工资、奖金、津贴、补贴、加班加点工资、特殊情况下支付的工资等。

第四条 中央企业工资总额实行预算管理。企业每年度围绕发展战略,按照国家工资收入分配宏观政策要求,依据生产经营目标、经济效益情况和人力资源管理要求,对工资总额的确定、发放和职工工资水平的调整，作出预算安排，并且进行有效控制和监督。

第五条 工资总额管理应当遵循以下原则：

（一）坚持市场化改革方向。实行与社会主义市场经济相适应的企业工资分配制度，发挥市场在资源配置中的决定性作用，逐步实现中央企业职工工资水平与劳动力市场价位相适应。

（二）坚持效益导向原则。按照质量第一、效益优先的要求，职工工资水平的确定以及增长应当与企业经济效益和劳动生产率的提高相联系，切实实现职工工资能增能减，充分调动职工创效主动性和积极性，不断优化人工成本投入产出效率，持续增强企业活力。

（三）坚持分级管理。完善出资人依法调控与企业自主分配相结合的中央企业工资总额分级管理体制，国资委以管资本为主调控中央企业工资分配总体水平，企业依法依规自主决定内部薪酬分配。

（四）坚持分类管理。根据中央企业功能定位、行业特点，分类实行差异化的工资总额管理方式和决定机制，引导中央企业落实国有资产保值增值责任，发挥在国民经济和社会发展中的骨干作用。

第二章 工资总额分级管理

第六条 国资委依据有关法律法规履行出资人职责，制定中央企业工资总额管理制度，根据企业功能定位、公司治理、人力资源管理市场化程度等情况，对企业工资总额预算实行备案制或者核准制管理。

第七条 实行工资总额预算备案制管理的中央企业，根据国资委管理制度和调控要求，结合实际制定本企业工资总额管理办法，报经国资委同意后，依照办法科学编制职工年度工资总额预算方案并组织实施，国资委对其年度工资总额预算进行备案管理。

第八条 实行工资总额预算核准制管理的中央企业，根据国资委有关制度要求，科学编制职工年度工资总额预算方案，报国资委核准后实施。

第九条 工资总额预算经国资委备案或者核准后，由中央企业根据所属企业功能定位、行业特点和经营性质，按照内部绩效考核和薪酬分配制度要求，完善本企业工资总额预算管理体系，并且组织开展预算编制、执行以及内部监督、评价工作。

第十条 中央企业工资总额预算一般按照单一会计年度进行管理。对行业周期性特征明显、经济效益年度间波动较大或者存在其他特殊情况的企业，工资总额预算可以探索按周期进行管理，周期最长不超过三年，周期内的工资总额增长应当符合工资与效益联动的要求。

第三章 工资总额分类管理

第十一条 主业处于充分竞争行业和领域的商业类中央企业原则上实行工资总额预算备案制管理。职工工资总额主要与企业利润总额、净利润、经济增加值、净资产增长率、净资产收益率等反映经济效益、国有资本保值增值和市场竞争能力的指标挂钩。职工工资水平根据企业经济效益和市场竞争力，结合市场或者行业对标科学合理确定。

第十二条 主业处于关系国家安全、国民经济命脉的重要行业和关键领域、主要承担重大专项任务的商业类中央企业原则上实行工资总额预算核准制管理。职工工资总额在主要与反映经济效益和国有资本保值增值指标挂钩的同时，可以根据实际增加营业收入、任务完成率等体现服务国家战略、保障国家安全和国民经济运行、发展前瞻性战略性产业以及完成特殊任务等情况的指标。职工工资水平根据企业在国民经济中的作用、贡献和经济效益，结合所处行业职工平均工资水平等因素合理确定。

上述企业中，法人治理结构健全、三项制度改革到位、收入分配管理规范的，经国资委同意后，工资总额预算可以探索实行备案制管理。

第十三条 公益类中央企业实行工资总额预算核准制管理。职工工资总额主要与反映成本控制、产品服务质量、营运效率和保障能力等情况的指标挂钩，兼顾体现经济效益和国有资本保值增值情况的指标。职工工资水平根据公益性业务的质量和企业经济效益状况，结合收入分配现状、所处行业平均工资等因素合理确定。

第十四条 开展国有资本投资、运营公司或者混合所有制改革等试点的中央企业，按照国家收入分配政策要求，根据改革推进情况，经国资委同意，可以探索实行更加灵活高效的工资总额管理方式。

第四章 工资总额决定机制

第十五条 中央企业以上年度工资总额清算额为基础，根据企业功能定位以及当年经济效益和劳动生产率的预算情况，参考劳动力市场价位，分类确定决定机制，合理编制年度工资总额预算。

第十六条 工资总额预算与利润总额等经济效益指标的业绩考核目标值挂钩，并且根据目标值的先进程度（一般设置为三档）确定不同的预算水平。

（一）企业经济效益增长，目标值为第一档的，工资总额增长可以与经济效益增幅保持同步；目标值为第二档的，工资总额增长应当低于经济效益增幅。

（二）企业经济效益下降，目标值为第二档的，工资总额可以适度少降；目标值为第三档的，工资总额应当下降。

（三）企业受政策调整、不可抗力等非经营性因素影响的，可以合理调整工资总额预算。

（四）企业未实现国有资产保值增值的，工资总额不得增长或者适度下降。

第十七条　工资总额预算在按照经济效益决定的基础上，还应当根据劳动生产率、人工成本投入产出效率的对标情况合理调整。企业当年经济效益增长但劳动生产率未提高的，工资总额应当适当少增。企业劳动生产率以及其他人工成本投入产出指标与同行业水平对标差距较大的，应当合理控制工资总额预算。

第十八条　主业处于关系国家安全、国民经济命脉的重要行业和关键领域、主要承担重大专项任务的商业类中央企业和公益类中央企业可以探索将工资总额划分为保障性和效益性工资总额两部分，国资委根据企业功能定位、行业特点等情况，合理确定其保障性和效益性工资总额比重，比重原则上三年内保持不变。

（一）保障性工资总额的增长主要根据企业所承担的重大专项任务、公益性业务、营业收入等指标完成情况，结合居民消费价格指数以及企业职工工资水平对标情况综合确定，原则上不超过挂钩指标增长幅度。

（二）效益性工资总额增长原则上参照本办法第十六、十七条确定。

第十九条　工资总额在预算范围不发生变化的情况下，原则上增人不增工资总额、减人不减工资总额，但发生兼并重组、新设企业或者机构等情况的，可以合理增加或者减少工资总额。

第二十条　国资委按照国家有关部门发布的工资指导线、非竞争类国有企业职工平均工资调控水平和工资增长调控目标，根据中央企业职工工资分配现状，适度调控部分企业工资总额增幅。

对中央企业承担重大专项任务、重大科技创新项目等特殊事项的，国资委合理认定后，予以适度支持。

第二十一条　中央企业应当制定完善集团总部职工工资总额管理制度，根据人员结构及工资水平的对标情况，总部职工平均工资增幅原则上在低于当年集团职工平均工资增幅的范围内合理确定。

第五章　工资总额管理程序

第二十二条　中央企业应当按照国家收入分配政策规定和国资委有关要求编制工资总额预算。工资总额预算方案履行企业内部决策程序后，于每年一季度报国资委备案或者核准。

第二十三条　国资委建立中央企业工资总额预算动态监控制度，对中央企业工资总额发放情况、人工成本投入产出等主要指标执行情况进行跟踪监测，定期发布监测结果，督促中央企业加强预算执行情况的监督和控制。

第二十四条　中央企业应当严格执行经国资委备案或者核准的工资总额预算方案，在执行过程中出现以下情形之一，导致预算编制基础发生重大变化的，可以申请对工资总额预算进行调整：

（一）国家宏观经济政策发生重大调整。

（二）市场环境发生重大变化。

（三）企业发生分立、合并等重大资产重组行为。

（四）其他特殊情况。

第二十五条　中央企业工资总额预算调整情况经履行企业内部决策程序后，于每年10月报国资委复核或者重新备案。

第二十六条　中央企业应当于每年4月向国资委提交上年工资总额预算执行情况报告，国资委依据经审计的财务决算数据，参考企业经营业绩考核目标完成情况，对中央企业工资总额预算执行情况、执行国家有关收入分配政策等情况进行清算评价,并且出具清算评价意见。

第六章 企业内部分配管理

第二十七条 中央企业应当按照国家有关政策要求以及本办法规定,持续深化企业内部收入分配制度改革,不断完善职工工资能增能减机制。

第二十八条 中央企业应当建立健全职工薪酬市场对标体系,构建以岗位价值为基础、以绩效贡献为依据的薪酬管理制度,坚持按岗定薪、岗变薪变,强化全员业绩考核,合理确定各类人员薪酬水平,逐步提高关键岗位的薪酬市场竞争力,调整不合理收入分配差距。

第二十九条 坚持短期与中长期激励相结合,按照国家有关政策,对符合条件的核心骨干人才实行股权激励和分红激励等中长期激励措施。

第三十条 严格清理规范工资外收入,企业所有工资性支出应当按照有关财务会计制度规定,全部纳入工资总额核算,不得在工资总额之外列支任何工资性支出。

第三十一条 规范职工福利保障管理,严格执行国家关于社会保险、住房公积金、企业年金、福利费等政策规定,不得超标准、超范围列支。企业效益下降的,应当严格控制职工福利费支出。

第三十二条 加强企业人工成本监测预警,建立全口径人工成本预算管理制度,严格控制人工成本不合理增长,不断提高人工成本投入产出效率。

第三十三条 健全完善企业内部监督机制,企业内部收入分配制度、中长期激励计划以及实施方案等关系职工切身利益的重大分配事项应当履行必要的决策程序和民主程序。中央企业集团总部要将所属企业薪酬福利管理作为财务管理和年度审计的重要内容。

第七章 工资总额监督检查

第三十四条 中央企业不得违反规定超提、超发工资总额。出现超提、超发行为的企业，应当清退并且进行相关账务处理，国资委相应核减企业下一年度工资总额基数，并且根据有关规定对相关责任人进行处理。

第三十五条 国资委对中央企业工资总额管理情况进行监督检查，对于履行主体责任不到位、工资增长与经济效益严重不匹配、内部收入分配管理不规范、收入分配关系明显不合理的企业，国资委将对其工资总额预算从严调控。

第三十六条 实行工资总额预算备案制管理的中央企业，出现违反国家工资总额管理有关规定的，国资委将责成企业进行整改，情节严重的，除按规定进行处理外，将其工资总额预算由备案制管理调整为核准制管理。

第三十七条 国资委将中央企业工资总额管理情况纳入出资人监管以及纪检监察、巡视等监督检查工作范围，必要时委托专门机构进行检查。对工资总额管理过程中弄虚作假以及其他严重违反收入分配政策规定的企业，国资委将视情况对企业采取相应处罚措施，并且根据有关规定对相关责任人进行处理。

第三十八条 中央企业应当依照法定程序决定工资分配事项，加强对工资分配决议执行情况的监督。职工工资收入分配情况应当作为厂务公开的重要内容，定期向职工公开，接受职工监督。

第三十九条 国资委、中央企业每年定期将企业工资总额和职工平均工资水平等相关信息向社会披露，接受社会公众监督。

第八章 附 则

第四十条 本办法由国资委负责解释,具体实施方案另行制订。

第四十一条 本办法自 2019 年 1 月 1 日起施行。《关于印发〈中央企业工资总额预算管理暂行办法〉的通知》(国资发分配〔2010〕72 号)、《关于印发〈中央企业工资总额预算管理暂行办法实施细则〉的通知》(国资发分配〔2012〕146 号)同时废止。

中央企业专职外部董事薪酬管理暂行办法

(2019年11月12日 国资发考分〔2017〕193号)

第一章 总 则

第一条 为贯彻《中共中央 国务院关于深化国有企业改革的指导意见》和深化中央企业负责人薪酬制度改革精神，推进中央企业建设规范董事会工作，加强专职外部董事薪酬管理，根据《中华人民共和国公司法》《中华人民共和国企业国有资产法》《企业国有资产监督管理暂行条例》和中央企业专职外部董事有关管理办法等法律法规和规范性文件，制定本办法。

第二条 本办法适用于国务院国有资产监督管理委员会（以下简称国资委）任命或聘任的专职外部董事的薪酬管理。

第三条 国资委决定专职外部董事薪酬有关事项，委托有关机构（以下称受委托机构）负责专职外部董事薪酬的发放及管理。

第四条 专职外部董事薪酬由年度薪酬和任期激励收入构成。

第五条 专职外部董事薪酬管理遵循以下原则：

（一）坚持与中央企业负责人薪酬制度改革精神相一致。参照中央企业负责人薪酬管理制度，根据专职外部董事管理实际，合理确定薪酬结构和水平，构建科学的薪酬确定机制。

（二）坚持责、权、利相统一。依据专职外部董事职责特点，将薪酬与履职评价结果、岗位责任和贡献紧密挂钩，实现有效的激励约束。

（三）坚持与完善中央企业法人治理结构相适应。深入推进董事会建设，强化专职外部董事依法履职责任，推动中央企业建立健全中国特色现代国有企业制度。

（四）坚持短期激励与中长期激励相结合。注重专职外部董事当期收入与任期收入的有效平衡，调动专职外部董事履职的积极性，促进专职外部董事队伍的建设和稳定。

第二章 年度薪酬

第六条 专职外部董事年度薪酬由基本年薪和评价年薪构成。

第七条 基本年薪是专职外部董事的年度基本收入，根据上年度中央企业在岗职工平均工资的2倍确定，原则上每年核定一次，按月支付。上年度中央企业在岗职工平均工资以人力资源社会保障部发布的数据为准。

第八条 评价年薪是与专职外部董事年度评价结果相联系的收入，以基本年薪为基数，根据专职外部董事年度履职评价结果、任职企业负责人经营业绩考核结果并结合评价年薪调节系数确定。

第九条 专职外部董事评价年薪核定公式如下：

评价年薪＝基本年薪×年度综合评价系数×评价年薪调节系数。

（一）年度综合评价系数依据专职外部董事在各任职企业年度评价结果和国资委对各任职企业负责人年度经营业绩考核结果综合确定，最高不超过2.0。

年度综合评价系数＝∑（专职外部董事在任职企业的年度评

价系数×80%+任职企业负责人年度考核评价系数×20%)/任职企业户数。其中:

专职外部董事在任职企业年度履职评价结果为优秀的,年度评价系数为2.0;

专职外部董事在任职企业年度履职评价结果为良好的,年度评价系数为1.5;

专职外部董事在任职企业年度履职评价结果为基本称职的,年度评价系数为1.0;

专职外部董事在任职企业年度履职评价结果为不称职的,年度评价系数为0。

任职企业负责人年度考核评价系数按照中央企业负责人经营业绩考核实施方案有关规定执行。

(二)评价年薪调节系数根据专职外部董事任职企业户数、专职外部董事在董事会或者董事会专门委员会任职岗位等因素确定,最高不超过1.5。

评价年薪调节系数=任职户数系数×任职岗位系数×调控系数。

1. 任职户数系数依据专职外部董事任职企业户数确定。

专职外部董事在1户企业任职的,任职户数系数为0.8;

专职外部董事在2户企业任职的,任职户数系数为1.0;

专职外部董事在3户企业任职的,任职户数系数为1.2。

2. 任职岗位系数依据专职外部董事在董事会或者董事会专门委员会任职情况确定。

任职岗位系数=∑专职外部董事任职岗位系数/任职企业户数。

担任中央企业外部董事召集人的,任职岗位系数为1.1;

担任董事会专门委员会主任的,任职岗位系数为1.05;

其他外部董事,任职岗位系数为1.0。

3. 调控系数原则上为 1.0，国资委根据中央企业负责人薪酬调控政策、专职外部董事管理要求等，可适当调整。

第十条 专职外部董事在任职企业年度履职评价结果均为不称职的，不得领取评价年薪。

第三章 任期激励收入

第十一条 任期激励收入是与专职外部董事任期评价结果相联系的收入。

第十二条 任期激励收入在不超过专职外部董事任期内年度薪酬总水平的30%以内确定，一次性支付。

第十三条 专职外部董事任期激励收入核定公式如下：

任期激励收入＝30%×任期内年度薪酬总水平×专职外部董事任期激励系数。其中：

专职外部董事任期评价结果为优秀的，任期激励系数为1.0；

专职外部董事任期评价结果为良好的，任期激励系数为0.8；

专职外部董事任期评价结果为基本称职的，任期激励系数为0.6；

专职外部董事任期评价结果为不称职的，任期激励系数为0。

第十四条 专职外部董事因非本人原因任期未满的，根据专职外部董事实际任职时间及评价结果核定任期激励收入。因本人原因三年任期未满的，不得实行任期激励。

第四章 福利性待遇

第十五条 专职外部董事按照国家有关规定参加基本养老保险、基本医疗保险等基本社会保险以及缴存住房公积金。专职外部董事的各项基本社会保险和住房公积金缴费，应当由个人承担的部分，由受委托机构从其基本年薪中代扣代缴；应当由单位承担的部分，由受委托机构支付。

第十六条　受委托机构为专职外部董事缴存住房公积金比例最高不得超过缴存基数的12%，缴存基数最高不得超过受委托机构所在地统计部门公布的上一年度职工月平均工资的3倍。

第十七条　受委托机构按照国家有关规定为专职外部董事建立企业年金的，其年金缴费比例不得超过国家统一规定的标准，符合国资委有关要求。

第十八条　受委托机构按照国家规定为专职外部董事建立补充医疗保险的，其缴费比例不得超过国家统一规定的标准，专职外部董事补充医疗保险待遇按规定执行。

第十九条　受委托机构不得为专职外部董事购买商业性补充养老保险。

第二十条　专职外部董事享受的符合国家规定的企业年金、补充医疗保险和住房公积金等福利待遇，一并纳入薪酬体系统筹管理。

第五章　管理与监督

第二十一条　受委托机构要严格按照国资委核定的薪酬方案兑现专职外部董事薪酬。薪酬方案经国资委核定后，统一抄送外派监事会。

第二十二条　受委托机构根据有关规定对专职外部董事评价年薪按照一定标准实施预发。专职外部董事年度评价结果确定后，受委托机构根据国资委核定的评价年薪进行清算。

第二十三条　自国资委向受委托机构下发专职外部董事任职文件之月起，至专职外部董事受聘到中央企业任职前，专职外部董事除领取基本年薪外，按照基本年薪的1倍标准核定评价年薪。

第二十四条 专职外部董事因工作需要发生岗位变动的，工资关系不再保留在受委托机构，应当自下发职务调整文件次月起，将工资关系转出至其他单位，除按当年实际工作月数计提的薪酬外，不得继续在受委托机构领取薪酬。

第二十五条 专职外部董事退休后，自下发职务调整文件次月起，按规定领取养老金，除按当年实际工作月数计提的评价年薪、任期激励收入外，不得继续在受委托机构领取薪酬。

第二十六条 专职外部董事发生岗位变动或退休的，其任期激励收入应当待任期评价结果确定后兑现。

第二十七条 专职外部董事的薪酬为税前收入，应当依法缴纳个人所得税。受委托机构应当依法为专职外部董事代扣代缴个人所得税。

第二十八条 受委托机构应当根据《中央企业负责人履职待遇、业务支出管理办法》和国资委有关要求，结合专职外部董事履职特点，制定专职外部董事履职待遇、业务支出管理办法，报国资委备案，并负责日常管理。任职企业应当为专职外部董事提供必要的工作条件，但是不得向其支付任何货币性收入。

第二十九条 受委托机构按照中央企业公务用车制度改革精神，根据专职外部董事履职和公务活动需要，合理确定专职外部董事公务交通保障方式。

采取配备公务用车方式的，要严格执行中央及国资委关于公务用车配备的有关规定，车辆由受委托机构集中统一管理，不得发放任何形式的公务交通补贴。

采取发放公务交通补贴方式的，取消配备公务用车，公务交通补贴标准报国资委备案。

第三十条 受委托机构应当设置专职外部董事薪酬、福利待遇、履职待遇及业务支出管理台账，在财务统计中单列科目、单独核算。

第三十一条 受委托机构对专职外部董事薪酬和履职待遇、业务支出等实行预算管理。每年根据有关规定制订专职外部董事薪酬和履职待遇、业务支出方案，报国资委审核批准。报送的方案应当包括以下主要内容：

（一）专职外部董事的任职情况；

（二）专职外部董事的年度薪酬兑现方案；

（三）专职外部董事的任期激励收入兑现方案；

（四）专职外部董事的福利保障方案；

（五）专职外部董事的履职待遇、业务支出预算方案；

（六）国资委要求的其他材料。

第三十二条 专职外部董事离任后，其薪酬方案和薪酬兑现的原始资料至少保存15年。

第三十三条 受委托机构不得在国资委核定的薪酬方案之外，向专职外部董事支付其他任何名义和形式的货币性收入。

第三十四条 专职外部董事应当遵守国有企业领导人员廉洁从业的有关规定。专职外部董事不得接受任职企业、任职企业所出资企业以及其他单位给予的收入、福利等任何形式的物质性利益，不得让任职企业或者与任职企业有业务往来的单位承担应当由个人负担的任何费用，不得接受任职企业以及与任职企业有业务往来的单位的馈赠。

第三十五条 专职外部董事违反国家有关法律法规及政策规定的，按照有关规定给予纪律处分、组织处理、禁入限制和经济处罚，并追回违规所得收入。专职外部董事因违纪违规受到党纪政纪处分的，参照国资委关于受党纪政纪处分的中央企业负责人薪酬扣减有关规定执行。

第三十六条 国资委加强对专职外部董事薪酬情况的监督检查，将专职外部董事薪酬、福利等情况纳入外派监事会、审计和巡视等监督检查范围。对在专职外部董事薪酬管理过程中存在弄虚作假、违法违规等行为的，将严肃追究相关人员责任。

第六章 附　　则

第三十七条 受委托机构应当按照本办法要求，完善专职外部董事薪酬管理及履职待遇、业务支出工作制度和程序，规范管理。

第三十八条 本办法自印发之日起施行。《关于印发〈建设规范董事会中央企业专职外部董事薪酬管理暂行办法〉的通知》（国资发分配〔2011〕134号）同时废止。

国务院国有企业改革领导小组办公室关于印发《"双百企业"推行经理层成员任期制和契约化管理操作指引》和《"双百企业"推行职业经理人制度操作指引》的通知

(2020年1月22日 国企改办发〔2020〕2号)

各中央企业,各省、自治区、直辖市及计划单列市和新疆生产建设兵团国资委:

为深入贯彻落实党中央、国务院关于推行国有企业经理层成员任期制和契约化管理、建立职业经理人制度的决策部署,指导"双百企业"率先全面推进相关工作,国务院国有企业改革领导小组办公室制定了《"双百企业"推行经理层成员任期制和契约化管理操作指引》《"双百企业"推行职业经理人制度操作指引》,现印发给你们,供工作参考。

"双百企业"推行经理层成员任期制和契约化管理操作指引

为贯彻落实党中央、国务院关于建立健全市场化经营机制、激发企业活力的决策部署,完善国有企业领导人员分类分层管理制度，更好解决三项制度改革中的突出矛盾和问题，有效激发微观主体活力，按照《中共中央 国务院关于深化国有企业改革的指导意见》《关于印发〈国企改革"双百行动"工作方案〉的通知》（国资发研究〔2018〕70号）、《国务院国有企业改革领导小组办公室关于支持鼓励"双百企业"进一步加大改革创新力度有关事项的通知》（国资改办〔2019〕302号）等文件精神和有关政策规定，结合中央企业和地方国有企业相关工作实践，制定本操作指引。

"双百企业"（含所属各级子企业，下同）在推行经理层成员任期制和契约化管理时，相关工作参考本操作指引。鼓励未纳入国企改革"双百行动"的中央企业所属各级子企业和地方国有企业（含所属各级子企业，下同），参考本操作指引积极推进相关工作。本操作指引印发前，已根据党中央、国务院有关文件精神和政策规定，在本企业或本地区推行经理层成员任期制和契约化管理的，可以按照"孰优"原则参考本操作指引完善相关工作。

一、基本概念、范围和职责

（一）基本概念。

本操作指引所称的经理层成员任期制和契约化管理，是指对企业经理层成员实行的，以固定任期和契约关系为基础，根据合同或协议约定开展年度和任期考核，并根据考核结果兑现薪酬和实施聘任（或解聘）的管理方式。

（二）范围。

一般包括"双百企业"的总经理（总裁、行长等）、副总经理（副总裁、副行长等）、财务负责人和公司章程规定的其他高级管理人员。

（三）职责。

"双百企业"的控股股东及其党组织对"双百企业"推行经

理层成员任期制和契约化管理工作发挥领导和把关作用。已建立董事会的"双百企业",其控股股东及其党组织负责对相关工作方案进行审核把关;未建立董事会的"双百企业",其控股股东及其党组织负责组织制订相关工作方案并进行审核把关,指导"双百企业"具体实施。

"双百企业"党组织负责研究讨论相关工作方案和考核结果应用等重大事项。

"双百企业"董事会负责组织制订相关工作方案、履行决策审批程序、与经理层成员签订契约、开展考核、兑现薪酬、聘任(或解聘)等。

二、基本操作流程

"双百企业"推行经理层成员任期制和契约化管理,一般应履行以下基本操作流程:

(一)制订方案。

"双百企业"应结合实际制订工作方案,方案一般包括以下内容:企业基本情况、背景和目的、任期制管理的主要举措、契约化管理的主要举措、监督管理的主要举措、组织保障和进度安排等。

(二)履行决策审批程序。

方案制订后,"双百企业"应按照"三重一大"决策机制,根据公司章程或控股股东及其党组织有关要求,履行相关决策审批程序。

(三)签订契约。

根据"双百企业"董事会建设情况实际,由"双百企业"董事会(或控股股东)与经理层成员签订岗位聘任协议和经营业绩责任书(年度和任期),依法依规建立契约关系,明确任期期限、岗位职责、权利义务、业绩目标、薪酬待遇、退出规定、责任追究等内容。

（四）开展考核。

严格按照契约约定开展年度和任期经营业绩考核，强化刚性考核。

（五）结果应用。

依据年度和任期经营业绩考核结果，结合综合评价结果等确定薪酬、决定聘任（或解聘），强化刚性兑现。

三、任期制管理相关环节操作要点

（一）任期管理。

1. 任期期限。经理层成员的任期期限由董事会（或控股股东）确定，一般为两到三年，可以根据实际情况适当延长。

2. 到期重聘。经理层成员任期期满后，应重新履行聘任程序并签订岗位聘任协议。未能续聘的，自然免职（解聘），如有党组织职务，原则上应一并免去。

（二）明确权责。

"双百企业"应明确经理层成员的岗位职责及工作分工，合理划分权责界面。

1. 岗位说明书。可以采用岗位说明书等方式，明确经理层成员的岗位职责和任职资格。

2. 权责清单。可以采用制定权责清单等方式，规范董事会（或控股股东）与经理层、总经理与其他经理层成员之间的权责关系。

四、契约化管理相关环节操作要点

（一）契约签订。

1. 经营业绩责任书。根据岗位聘任协议，签订年度和任期经营业绩责任书。经营业绩责任书一般包括以下内容：

（1）双方基本信息；

（2）考核内容及指标；

（3）考核指标的目标值、确定方法及计分规则；

(4) 考核实施与奖惩；

(5) 其他需要约定的事项。

2. 考核内容及指标。根据岗位职责和工作分工，按照定量与定性相结合、以定量为主的导向，确定每位经理层成员的考核内容及指标。年度和任期经营业绩考核内容及指标应适当区分、有效衔接。

3. 考核指标的目标值。目标值应科学合理、具有一定挑战性，一般根据企业发展战略、经营预算、历史数据、行业对标情况等设置。

4. 签约程序。一般由"双百企业"董事会授权董事长与总经理签订年度和任期经营业绩责任书。董事会可以授权总经理与其他经理层成员签订年度和任期经营业绩责任书。未建立董事会的"双百企业"，由其控股股东确定相关签约程序并组织实施。

(二) 考核实施。

年度经营业绩考核以年度为周期进行考核，一般在当年年末或次年年初进行。任期经营业绩考核一般结合任期届满当年年度考核一并进行。

考核期末，董事会（或控股股东）依据经审计的财务决算数据等，对经理层成员考核内容及指标的完成情况进行考核，形成考核与奖惩意见，并反馈给经理层成员。经理层成员对考核与奖惩意见有异议的，可及时向董事会（或控股股东）反映。最终确认的考核结果可以在一定范围内公开。

(三) 薪酬管理。

1. 薪酬结构。经理层成员薪酬结构一般包括基本年薪、绩效年薪、任期激励等。

(1) 基本年薪是年度基本收入，按月固定发放。

(2) 绩效年薪是与年度经营业绩考核结果挂钩的浮动收入，原则上占年度薪酬（基本年薪与绩效年薪之和）的比例不低于60%。

(3) 任期激励是与任期经营业绩考核结果挂钩的收入。

鼓励"双百企业"综合运用国有控股上市公司股权激励、国有科技型企业股权和分红激励、国有控股混合所有制企业员工持股等中长期激励政策，探索超额利润分享、虚拟股权、跟投等中长期激励方式，不断丰富完善经理层成员的薪酬结构。

2. 薪酬兑现。"双百企业"应根据经营业绩考核结果，合理拉开经理层成员薪酬差距。年度考核不合格的，扣减全部绩效年薪。

"双百企业"应根据有关规定建立薪酬追索扣回制度，在岗位聘任协议中予以明确并严格执行。

(四) 退出管理。

1. 退出条件。"双百企业"应加强对经理层成员任期内的考核和管理，经考核认定不适宜继续任职的，应当中止任期、免去现职。一般包括以下情形：

(1) 年度经营业绩考核结果未达到完成底线（如百分制低于70分），或年度经营业绩考核主要指标未达到完成底线（如完成率低于70%）的。

(2) 连续两年年度经营业绩考核结果为不合格或任期经营业绩考核结果为不合格的。

(3) 任期综合考核评价不称职，或者在年度综合考核评价中总经理得分连续两年靠后、其他经理层成员连续两年排名末位，经分析研判确属不胜任或者不适宜担任现职的。

(4) 对违规经营投资造成国有资产损失负有责任的。

(5) 因其他原因，董事会（或控股股东及其党组织）认为不适合在该岗位继续工作的。

2. 退出方式。对不胜任或不适宜担任现职的经理层成员，不得以任期未满为由继续留任，应当及时解聘。

五、监督管理相关环节操作要点

（一）严格任期。

任期期限、最多连任届数和期限等一经确定,不得随意延长。

（二）履职监督。

"双百企业"应建立健全对推行任期制和契约化管理的经理层成员的监督体系,党组织、董事会、监事会等治理主体,以及纪检监察、巡视、审计等部门根据职能分工,做好履职监督工作。坚持以预防和事前监督为主,建立健全提醒、诫勉、函询等制度办法,及早发现和纠正其不良行为倾向。

（三）责任追究。

经理层成员在聘任期间应当维护企业国有资产安全、防止国有资产流失,不得侵吞、贪污、输送、挥霍国有资产。经理层成员违反规定,未履行或未正确履行职责,在经营投资中造成国有资产损失或其他严重不良后果的,严肃追究责任。

按照"三个区分开来"要求,支持鼓励"双百企业"按照公私分明、尽职合规免责原则,建立健全并细化相关工作机制的主体、标准、适用情形和工作流程,形成可落实可操作的制度安排。

"双百企业"推行职业经理人制度操作指引

为贯彻落实党中央、国务院关于建立健全市场化经营机制、激发企业活力的决策部署,完善国有企业领导人员分类分层管理制度,更好解决三项制度改革中的突出矛盾和问题,有效激发微观主体活力,按照《中共中央 国务院关于深化国有企业改革的指导意见》《关于印发〈国企改革"双百行动"工作方案〉的通知》(国资发研究〔2018〕70号)、《国务院国有企业改革领导小组办公室关于支持鼓励"双百企业"进一步加大改革创新力度有关事项的通知》(国资改办〔2019〕302号)等文件精神和有关政策规定,结合中央企业和地方国有企业相关工作实践,制定本操作指引。

"双百企业"(含所属各级子企业,下同)在推行职业经理人制度时,相关工作可以参考本操作指引。鼓励未纳入国企改革"双百行动"的中央企业所属各级子企业和地方国有企业(含所属各级子企业,下同),参考本操作指引积极推进相关工作。本操作指引印发前,已根据党中央、国务院有关文件精神和政策规定,在本企业或本地区推行职业经理人制度的,可以按照"孰优"原则参考本操作指引完善相关工作。

一、基本概念、范围和职责

(一)基本概念。

本操作指引所称职业经理人是指按照"市场化选聘、契约化管理、差异化薪酬、市场化退出"原则选聘和管理的,在充分授权范围内依靠专业的管理知识、技能和经验,实现企业经营目标的高级管理人员。

(二)范围。

一般包括"双百企业"的总经理(总裁、行长等)、副总经理(副总裁、副行长等)、财务负责人和按照公司章程规定的高级管理人员。对于确定推行职业经理人制度的"双百企业",原则上应当在高级管理人员中全面推行。

(三)职责。

"双百企业"的控股股东及其党组织对"双百企业"推行职业经理人制度工作发挥领导和把关作用,负责对相关工作方案,特别是在确定标准、规范程序、参与考察、推荐人选等方面把关。

"双百企业"董事会依法选聘和管理职业经理人,负责组织制订相关工作方案和管理制度、履行决策审批程序、组织开展选聘、参与考察、决定聘任或解聘、开展考核、兑现薪酬等。

"双百企业"党组织会同董事会制订相关工作方案和管理制度并组织人选推荐、测试、考察等工作，集体研究后向董事会提出意见建议。

二、基本操作流程

（一）企业条件。

支持鼓励同时具备以下条件的"双百企业"，加快推行职业经理人制度：

1. 主业处于充分竞争行业和领域，或者主要从事新产业、新业态、新商业模式；

2. 人力资源市场化程度较高；

3. 建立了权责对等、运转协调、有效制衡的决策执行监督机制；

4. 董事会重大决策、选人用人、薪酬分配等权利依法得到有效落实。

（二）操作流程。

"双百企业"推行职业经理人制度，一般应履行以下基本操作流程：

1. 制订方案。"双百企业"应结合实际制订工作方案，方案一般包括以下内容：企业基本情况、背景和目的、岗位职责、任职条件、选聘方式、选聘程序、薪酬标准、业绩目标、考核规定、退出规定、组织保障和进度安排等。

2. 履行决策审批程序。方案制订后，"双百企业"应按照"三重一大"决策机制，根据公司章程或控股股东及其党组织有关要求，履行相关决策审批程序。

3. 市场化选聘。一般包括制订招聘方案、发布招聘公告、报名及资格审查、实施综合考评（测评、面试评估等）、组织考察或背景调查、作出聘任决定等。

4. 签订契约。"双百企业"与职业经理人签订劳动合同、聘任合同、经营业绩责任书等,以契约方式明确聘任岗位、聘任期限、任务目标、权利义务、考核评价、薪酬标准、履职待遇及福利、奖惩措施、续聘和解聘条件、保密要求、违约责任等内容。

5. 开展考核。严格按照契约约定开展年度和任期经营业绩考核,强化刚性考核。

6. 结果应用。依据年度和任期经营业绩考核结果等确定薪酬、决定聘任(或解聘),强化刚性兑现。

三、市场化选聘相关环节操作要点

"双百企业"职业经理人可以采取竞聘上岗、公开招聘、委托推荐等方式产生。

(一)选聘标准。

坚持业绩导向、市场导向。人选应具有良好的职业道德、职业操守、职业信用,具有过硬的专业素质和治企能力,熟悉企业经营管理工作,以往经营业绩突出,在所处行业或相关专业领域有一定影响力和认可度。

(二)人选来源。

坚持五湖四海、任人唯贤。一般包括本企业内部人员、股东推荐人员、社会参与人员、人才中介机构推荐人员等,不受企业内外、级别高低、资历深浅限制。

(三)选聘程序。

坚持公平公正、竞争择优。一般包括制订招聘方案、发布招聘公告、报名及资格审查、实施综合考评(测评、面试评估等)、组织考察或背景调查、作出聘任决定。

本企业内部人员参与竞聘职业经理人的,个人应当先行提出申请,承诺竞聘成功后放弃原有身份、解除(终止)聘任关系后不得要求恢复原有身份,并遵守职业经理人管理的相关规定。

符合条件的职业经理人,可以按照有关规定进入"双百企业"党组织领导班子。

四、契约化管理相关环节操作要点

(一)契约签订。

1. 职业经理人实行聘任制。职业经理人聘任期限由董事会决定,原则上不超过三年,可以根据实际情况适当延长。董事会可以依法对职业经理人设置试用期。

2. 契约实现形式。"双百企业"应与职业经理人签订劳动合同、聘任合同和经营业绩责任书(年度和任期)。

"双百企业"与职业经理人依法签订劳动合同。本企业内部人员选聘为职业经理人的,一般应重新签订劳动合同。

董事会授权董事长与职业经理人签订聘任合同,聘任期限原则上应与劳动合同期限保持一致。根据聘任合同,董事会授权董事长与总经理签订年度和任期经营业绩责任书,董事会可以授权总经理与其他职业经理人签订年度和任期经营业绩责任书。经营业绩责任书一般包括以下内容:双方基本信息,考核内容及指标,考核指标的目标值、确定方法及计分规则,考核实施与奖惩及其他需要约定的事项。

3. 考核内容及指标。董事会对职业经理人实施年度和任期考核,考核以经营业绩考核指标为主,根据岗位职责和工作分工,确定每位职业经理人的考核内容及指标,年度和任期经营业绩考核内容及指标应适当区分、有效衔接。

董事会可以结合实际对职业经理人进行试用期考核和任期考核。

4. 考核指标的目标值。考核指标目标值设定应当具有较强的挑战性,力争跑赢市场、优于同行。考核指标目标值应当结合本企业历史业绩、同行业可比企业业绩情况等综合确定。

(二)考核实施。

年度经营业绩考核以年度为周期进行考核，一般在当年年末或次年年初进行。任期经营业绩考核一般结合聘任期限届满当年年度考核一并进行。

考核期末，董事会依据经审计的企业财务决算数据等，对职业经理人考核内容及指标的完成情况进行考核，形成考核与奖惩意见，并反馈给职业经理人。职业经理人对考核与奖惩意见有异议的，可及时向董事会反映。

五、差异化薪酬相关环节操作要点

（一）薪酬结构。

职业经理人薪酬结构可以包括基本年薪、绩效年薪、任期激励，也可以实施各种方式的中长期激励，具体由董事会与职业经理人协商确定。

1. 基本年薪是职业经理人的年度基本收入。

2. 绩效年薪是与职业经理人年度经营业绩考核结果相挂钩的浮动收入，原则上占年度薪酬（基本年薪与绩效年薪之和）的比例不低于60%。

3. 任期激励是与职业经理人任期经营业绩考核结果挂钩的收入。

鼓励"双百企业"综合运用国有控股上市公司股权激励、国有科技型企业股权和分红激励、国有控股混合所有制企业员工持股等中长期激励政策，探索超额利润分享、虚拟股权、跟投等中长期激励方式，不断丰富完善职业经理人的薪酬结构。

职业经理人履职待遇及福利，由董事会与职业经理人协商确定。

（二）薪酬水平。

职业经理人薪酬总水平应当按照"业绩与薪酬双对标"原则，根据行业特点、企业发展战略目标、经营业绩、市场同类可比人员薪酬水平等因素，由董事会与职业经理人协商确定。

（三）薪酬支付。

1. 规范薪酬支付。基本年薪按月支付。绩效年薪、任期激励先考核后兑现，可结合企业实际情况延期支付。中长期激励收入在董事会与职业经理人签订的聘任合同约定的锁定期到期后支付或行权。

解除（终止）聘用和劳动关系后（聘期届满考核合格但不再续聘的除外），原则上不得兑现当年绩效年薪、任期激励和其他中长期激励收入。

2. 实行薪酬追索扣回制度。"双百企业"应根据有关规定建立薪酬追索扣回制度，并在聘任合同中予以明确。

六、市场化退出相关环节操作要点

（一）退出条件。

建立职业经理人市场化退出机制，依据职业经理人聘任合同约定和经营业绩考核结果等，出现以下情形的，应解除（终止）聘任关系。

1. 考核不达标的，如：年度经营业绩考核结果未达到完成底线（如百分制低于70分）；年度经营业绩考核主要指标未达到完成底线（如完成率低于70%）；聘任期限内累计两个年度经营业绩考核结果为不合格；任期经营业绩考核结果为不合格。

2. 对于开展任期综合考核评价的，评价结果为不称职的。

3. 因严重违纪违法、严重违反企业管理制度被追究相关责任的。

4. 聘任期间对企业重大决策失误、重大资产损失、重大安全事故等负有重要领导责任的，或对违规经营投资造成国有资产损失负有责任的。

5. 因健康原因无法正常履行工作职责的。

6. 聘期未满但双方协商一致解除聘任合同或者聘期届满不再续聘的。

7. 试用期内或试用期满，经试用发现或试用考核结果不适宜聘任的情形。

8. 董事会认定不适宜继续聘任的其他情形。

（二）辞职规定。

职业经理人因个人原因辞职的，应依据《中华人民共和国劳动合同法》和签订的聘任合同有关条款，提前 30 日提出辞职申请。未经批准擅自离职、给企业造成损失的，依法依规追究其相应责任。

（三）退出规定。

"双百企业"在职业经理人解除（终止）聘任关系的同时，如有党组织职务应当一并免去，并依法解除（终止）劳动关系。

七、监督管理相关环节操作要点

（一）组织人事关系管理。

职业经理人是中共党员的，其党组织关系由"双百企业"党组织进行管理，其中来自外部的，其党组织关系应当及时转入"双百企业"党组织进行管理。"双百企业"可以根据有关要求自行明确职业经理人个人有关事项报告的管理规定。职业经理人的人事档案原则上应委托人才服务机构管理。职业经理人退休相关事宜按照国家有关规定执行。

（二）出国（境）管理。

职业经理人因私出国（境）证件由"双百企业"党组织集中保管，职业经理人因私出国（境）时应当根据有关规定履行请假等手续。

（三）培养发展。

"双百企业"应加强对职业经理人的思想政治教育，提高职业经理人的政治素质。建立健全符合职业经理人特点的培养体系，提升职业经理人的专业能力和职业素养。

（四）保密管理。

聘任期间以及退出后,职业经理人应当按照国家和企业有关规定以及聘任合同有关约定,严格履行保密责任和义务。

(五)履职监督。

"双百企业"应建立健全对职业经理人的监督体系,党组织、董事会、监事会等治理主体,以及纪检监察、巡视、审计等部门根据职能分工,做好履职监督工作。坚持以预防和事前监督为主,建立健全提醒、诫勉、函询等制度办法,及早发现和纠正其不良行为倾向。

(六)责任追究。

职业经理人在聘任期间应当维护企业国有资产安全、防止国有资产流失,不得侵吞、贪污、输送、挥霍国有资产。职业经理人违反规定,未履行或未正确履行职责,在经营投资中造成国有资产损失或其他严重不良后果的,严肃追究责任。

按照"三个区分开来"要求,支持鼓励"双百企业"按照公私分明、尽职合规免责原则,建立健全并细化相关工作机制的主体、标准、适用情形和工作流程,形成可落实可操作的制度安排。

国有企业工资内外收入监督管理规定（节选）

（2022年8月30日　人社部发〔2022〕57号）

第一条　为加强对国有企业工资内外收入的监督管理，规范国有企业工资分配秩序，根据党中央、国务院关于国有企业负责人薪酬制度和工资决定机制改革要求以及有关法律法规规定，制定本规定。

第二条　对国家出资的国有独资和国有控股企业工资内外收入的监督管理，适用本规定。

对中央和地方有关部门或机构作为实际控制人的企业工资内外收入的监督管理，参照本规定执行。

第三条　国有企业工资内外收入监督管理工作应坚持依法依规、客观公正、高效廉洁和分级监管的原则。

第四条　各级人力资源社会保障部门会同财政、国资监管等部门负责对国有企业工资内外收入情况实施监督检查等监督管理工作，及时查处工资分配违规行为。

各级履行出资人职责机构（或其他企业主管部门，下同）依据监管职责负责对所监管企业工资分配执行情况加强监督，对违规问题督促整改。

第五条　国有企业工资内外收入监督管理是对国有企业执行国家关于企业工资收入分配政策情况的监督检查，重点检查国有企业负责人薪酬制度和工资决定机制改革政策执行情况。

工资内外收入具体包括工资、奖金、津贴、补贴、加班加点工资、特殊情况下支付的工资以及其他工资性收入、福利等。

第十八条 对国有企业工资内外收入违规问题的处理措施包括：

（一）责令改正；

（二）追回违规所得；

（三）经济处罚；

（四）约谈；

（五）通报；

（六）移送有关部门处理。

对同一违规问题的处理，可以并用多种处理措施。对同一次监督检查中同一责任人出现多个违规问题给予经济处罚的，按照处罚的最高标准执行；对纪检监察、履行出资人职责机构等部门或机构已就工资内外收入违规问题按照国家或部门有关规定的处罚标准给予了经济处罚且企业已按要求整改到位的，就同一违规问题不再给予经济处罚。

第十九条 国有企业负责人薪酬管理出现下列违规情形的，应责令企业改正，违规或超标准领取部分应予以追回。

（一）企业负责人未按照党中央、国务院关于国有企业负责人薪酬制度改革要求纳入实施范围的；

（二）企业负责人包括离任、退休企业负责人违规领取薪酬以及津补贴、奖励、福利性待遇和以现金形式发放的履职待遇的；

（三）违规实行职业经理人薪酬制度的。

前款第二项违规情形除责令改正和追回违规所得外，应同时按照违规所得等量给予经济处罚，但最高不超过违规问题发生当年的本人绩效年薪。企业负责人在处理意见书下达前主动退回违规所得的，可视情不再予以经济处罚。

第二十条 国有企业工资总额管理出现下列情形的，应责令企业改正，违规核定或超发部分不计入工资总额预算基数，违规超发部分在下一年度工资总额中予以扣回。对违规超发金额过大，难以一次性扣回的，经同意可在3年内逐年扣回。

（一）企业未按照国务院关于国有企业工资决定机制改革要求纳入实施范围的；

（二）违反工资效益联动机制有关规定计提、发放工资总额的；

（三）集团总部职工平均工资增长幅度超过本企业全部职工平均工资增长幅度的；

（四）超履行出资人职责机构核准或备案工资总额计提、发放工资总额的；

（五）其他超提、超发工资总额的。

前款违规情形，除责令改正并予以扣回外，应视情给予相关企业负责人经济处罚。对违规核定或超发部分超过应发工资总额5%但未超过10%的，对企业主要负责人、分管负责人按不超过本人当年绩效年薪的10%给予经济处罚；违规核定或超发部分超过当年应发工资总额10%以上的，对企业主要负责人、分管负责人按违规核定或超发占应发工资总额比例的绩效年薪给予经济处罚。

第二十一条 国有企业工资分配管理存在下列情形的，应责令企业改正，建立完善有关工资内外收入管理制度，规范工资内外收入管理。

（一）企业负责人薪酬、工资总额管理和考核制度，以及内部分配和福利管理制度不健全或内容违规的；

（二）违规向企业负责人提前发放薪酬的；

（三）违规发放福利待遇或承担应由职工个人支付费用的；

（四）企业负责人薪酬、工资总额信息未按规定披露和落实厂务公开要求的；

（五）违规实行周期制工资总额管理的；

（六）工资总额预算编制、调整、清算等程序和时间等不合规的；

（七）工资性支出未纳入工资总额管理、按照企业会计准则规定应当通过应付职工薪酬核算的工资福利项目未通过应付职工薪酬核算、企业负责人薪酬未单独核算并设置明细账目的；

（八）未按规定报送企业负责人薪酬和工资总额实施情况的；

（九）企业负责人及职工工资福利收入未依法缴纳个人所得税的；

（十）其他违反工资分配法律法规和政策的。

前款第七项工资性支出未纳入工资总额管理，按规定纳入后工资总额超提超发的，按照第二十条规定处理。

第二十二条 被监督检查企业拒不配合甚至阻扰监督管理工作、拒不整改违规问题或违规情节严重的，应约谈企业负责人，并视情在一定范围内予以通报。

被监督检查企业违规行为依规依纪依法应给予相关责任人纪律处分、组织调整或组织处理、处分的，应移交有关部门进行处理；构成犯罪的，依法追究刑事责任。

第二十三条 国有企业负责人授意、指使、纵容、强令、包庇下属人员实施违规行为的，对有关企业负责人应按照第十八条有关处理措施从重或加重处理。

第二十四条 履行国有企业工资内外收入监督管理职责部门或机构、履行出资人职责机构的工作人员应当依法依规、客观公正开展工作，严格遵守廉洁自律和保密有关规定。对于未依法依规履行职责、玩忽职守、徇私枉法或者泄露检查中知晓的国家秘密和商业秘密、个人信息的，依规依纪依法追究责任。

第二十五条 监督检查工作结束后，人力资源社会保障部门应视情向同级财政、国资监管以及相关部门、有关国有企业通报监督检查情况，并报送上一级人力资源社会保障部门。

对国有企业工资分配违规问题的处理意见书，人力资源社会保障部门应抄送组织、纪检监察、巡视巡察、审计、国资监管、税务等部门和机构。

对企业连续三次在监督检查过程中未发现任何违规问题的，在一定时期内可免于综合检查。

三、福利类

国务院关于职工探亲待遇的规定

(1981年3月6日第五届全国人民代表大会常务委员会第十七次会议批准 1981年3月14日国务院公布施行 国发〔1981〕36号)

第一条 为了适当地解决职工同亲属长期远居两地的探亲问题,特制定本规定。

第二条 凡在国家机关、人民团体和全民所有制企业、事业单位工作满一年的固定职工,与配偶不住在一起,又不能在公休假日团聚的,可以享受本规定探望配偶的待遇;与父亲、母亲都不住在一起,又不能在公休假日团聚的,可以享受本规定探望父母的待遇。但是,职工与父亲或与母亲一方能够在公休假日团聚的,不能享受本规定探望父母的待遇。

第三条 职工探亲假期:

(一) 职工探望配偶的,每年给予一方探亲假一次,假期为三十天。

(二) 未婚职工探望父母,原则上每年给假一次,假期为二十天。如果因为工作需要,本单位当年不能给予假期,或者职工自愿两年探亲一次的，可以两年给假一次，假期为四十五天。

（三）已婚职工探望父母的，每四年给假一次，假期为二十天。

探亲假期是指职工与配偶、父、母团聚的时间，另外，根据实际需要给予路程假。上述假期均包括公休假日和法定节日在内。

第四条 凡实行休假制度的职工（例如学校的教职工），应该在休假期间探亲；如果休假期较短，可由本单位适当安排，补足其探亲假的天数。

第五条 职工在规定的探亲假期和路程假期内，按照本人的标准工资发给工资。

第六条 职工探望配偶和未婚职工探望父母的往返路费，由所在单位负担。已婚职工探望父母的往返路费，在本人月标准工资百分之三十以内的，由本人自理，超过部分由所在单位负担。

第七条 各省、直辖市人民政府可以根据本规定制定实施细则，并抄送国家劳动总局备案。

自治区可以根据本规定的精神制定探亲规定，报国务院批准执行。

第八条 集体所有制企业、事业单位职工的探亲待遇，由各省、自治区、直辖市人民政府根据本地区的实际情况自行规定。

第九条 本规定自发布之日起施行。1958年2月9日《国务院关于工人、职员回家探亲的假期和工资待遇的暂行规定》同时废止。

企业年金办法

(2017年12月18日 中华人民共和国人力资源和社会保障部、中华人民共和国财政部令第36号)

第一章 总 则

第一条 为建立多层次的养老保险制度,推动企业年金发展,更好地保障职工退休后的生活,根据《中华人民共和国劳动法》《中华人民共和国劳动合同法》《中华人民共和国社会保险法》《中华人民共和国信托法》和国务院有关规定,制定本办法。

第二条 本办法所称企业年金,是指企业及其职工在依法参加基本养老保险的基础上,自主建立的补充养老保险制度。国家鼓励企业建立企业年金。建立企业年金,应当按照本办法执行。

第三条 企业年金所需费用由企业和职工个人共同缴纳。企业年金基金实行完全积累,为每个参加企业年金的职工建立个人账户,按照国家有关规定投资运营。企业年金基金投资运营收益并入企业年金基金。

第四条 企业年金有关税收和财务管理,按照国家有关规定执行。

第五条 企业和职工建立企业年金,应当确定企业年金受托人,由企业代表委托人与受托人签订受托管理合同。受托人可以是符合国家规定的法人受托机构,也可以是企业按照国家有关规定成立的企业年金理事会。

第二章 企业年金方案的订立、变更和终止

第六条 企业和职工建立企业年金,应当依法参加基本养老保险并履行缴费义务,企业具有相应的经济负担能力。

第七条 建立企业年金,企业应当与职工一方通过集体协商确定,并制订企业年金方案。企业年金方案应当提交职工代表大会或者全体职工讨论通过。

第八条 企业年金方案应当包括以下内容:

(一)参加人员;
(二)资金筹集与分配的比例和办法;
(三)账户管理;
(四)权益归属;
(五)基金管理;
(六)待遇计发和支付方式;
(七)方案的变更和终止;
(八)组织管理和监督方式;
(九)双方约定的其他事项。

企业年金方案适用于企业试用期满的职工。

第九条 企业应当将企业年金方案报送所在地县级以上人民政府人力资源社会保障行政部门。

中央所属企业的企业年金方案报送人力资源社会保障部。

跨省企业的企业年金方案报送其总部所在地省级人民政府人力资源社会保障行政部门。

省内跨地区企业的企业年金方案报送其总部所在地设区的市级以上人民政府人力资源社会保障行政部门。

第十条 人力资源社会保障行政部门自收到企业年金方案文

本之日起 15 日内未提出异议的，企业年金方案即行生效。

第十一条　企业与职工一方可以根据本企业情况，按照国家政策规定，经协商一致，变更企业年金方案。变更后的企业年金方案应当经职工代表大会或者全体职工讨论通过，并重新报送人力资源社会保障行政部门。

第十二条　有下列情形之一的，企业年金方案终止：

（一）企业因依法解散、被依法撤销或者被依法宣告破产等原因，致使企业年金方案无法履行的；

（二）因不可抗力等原因致使企业年金方案无法履行的；

（三）企业年金方案约定的其他终止条件出现的。

第十三条　企业应当在企业年金方案变更或者终止后 10 日内报告人力资源社会保障行政部门，并通知受托人。企业应当在企业年金方案终止后，按国家有关规定对企业年金基金进行清算，并按照本办法第四章相关规定处理。

第三章　企业年金基金筹集

第十四条　企业年金基金由下列各项组成：

（一）企业缴费；

（二）职工个人缴费；

（三）企业年金基金投资运营收益。

第十五条　企业缴费每年不超过本企业职工工资总额的 8%。企业和职工个人缴费合计不超过本企业职工工资总额的 12%。具体所需费用，由企业和职工一方协商确定。

职工个人缴费由企业从职工个人工资中代扣代缴。

第十六条　实行企业年金后，企业如遇到经营亏损、重组并购等当期不能继续缴费的情况，经与职工一方协商，可以中止缴费。不能继续缴费的情况消失后，企业和职工恢复缴费，并可以根据本企业实际情况，按照中止缴费时的企业年金方案予以补缴。补缴的年限和金额不得超过实际中止缴费的年限和金额。

第四章 账户管理

第十七条 企业缴费应当按照企业年金方案确定的比例和办法计入职工企业年金个人账户，职工个人缴费计入本人企业年金个人账户。

第十八条 企业应当合理确定本单位当期缴费计入职工企业年金个人账户的最高额与平均额的差距。企业当期缴费计入职工企业年金个人账户的最高额与平均额不得超过 5 倍。

第十九条 职工企业年金个人账户中个人缴费及其投资收益自始归属于职工个人。

职工企业年金个人账户中企业缴费及其投资收益，企业可以与职工一方约定其自始归属于职工个人，也可以约定随着职工在本企业工作年限的增加逐步归属于职工个人，完全归属于职工个人的期限最长不超过 8 年。

第二十条 有下列情形之一的，职工企业年金个人账户中企业缴费及其投资收益完全归属于职工个人：

（一）职工达到法定退休年龄、完全丧失劳动能力或者死亡的；

（二）有本办法第十二条规定的企业年金方案终止情形之一的；

（三）非因职工过错企业解除劳动合同的，或者因企业违反法律规定职工解除劳动合同的；

（四）劳动合同期满，由于企业原因不再续订劳动合同的；

（五）企业年金方案约定的其他情形。

第二十一条 企业年金暂时未分配至职工企业年金个人账户的企业缴费及其投资收益，以及职工企业年金个人账户中未归属于职工个人的企业缴费及其投资收益，计入企业年金企业账户。

企业年金企业账户中的企业缴费及其投资收益应当按照企业年金方案确定的比例和办法计入职工企业年金个人账户。

第二十二条 职工变动工作单位时，新就业单位已经建立企业年金或者职业年金的，原企业年金个人账户权益应当随同转入新就业单位企业年金或者职业年金。

职工新就业单位没有建立企业年金或者职业年金的，或者职工升学、参军、失业期间，原企业年金个人账户可以暂时由原管理机构继续管理，也可以由法人受托机构发起的集合计划设置的保留账户暂时管理；原受托人是企业年金理事会的，由企业与职工协商选择法人受托机构管理。

第二十三条 企业年金方案终止后，职工原企业年金个人账户由法人受托机构发起的集合计划设置的保留账户暂时管理；原受托人是企业年金理事会的，由企业与职工一方协商选择法人受托机构管理。

第五章 企业年金待遇

第二十四条 符合下列条件之一的，可以领取企业年金：

（一）职工在达到国家规定的退休年龄或者完全丧失劳动能力时，可以从本人企业年金个人账户中按月、分次或者一次性领取企业年金，也可以将本人企业年金个人账户资金全部或者部分购买商业养老保险产品，依据保险合同领取待遇并享受相应的继承权；

（二）出国（境）定居人员的企业年金个人账户资金，可以根据本人要求一次性支付给本人；

（三）职工或者退休人员死亡后，其企业年金个人账户余额可以继承。

第二十五条 未达到上述企业年金领取条件之一的，不得从企业年金个人账户中提前提取资金。

第六章 管理监督

第二十六条 企业成立企业年金理事会作为受托人的，企业年金理事会应当由企业和职工代表组成，也可以聘请企业以外的专业人员参加，其中职工代表应不少于三分之一。

企业年金理事会除管理本企业的企业年金事务之外，不得从事其他任何形式的营业性活动。

第二十七条 受托人应当委托具有企业年金管理资格的账户管理人、投资管理人和托管人，负责企业年金基金的账户管理、投资运营和托管。

第二十八条 企业年金基金应当与委托人、受托人、账户管理人、投资管理人、托管人和其他为企业年金基金管理提供服务的自然人、法人或者其他组织的自有资产或者其他资产分开管理，不得挪作其他用途。

企业年金基金管理应当执行国家有关规定。

第二十九条 县级以上人民政府人力资源社会保障行政部门负责对本办法的执行情况进行监督检查。对违反本办法的，由人力资源社会保障行政部门予以警告，责令改正。

第三十条 因订立或者履行企业年金方案发生争议的，按照国家有关集体合同的规定执行。

因履行企业年金基金管理合同发生争议的，当事人可以依法申请仲裁或者提起诉讼。

第七章 附则

第三十一条 参加企业职工基本养老保险的其他用人单位及其职工建立补充养老保险的，参照本办法执行。

第三十二条 本办法自 2018 年 2 月 1 日起施行。原劳动和社会保障部 2004 年 1 月 6 日发布的《企业年金试行办法》同时废止。

　　本办法施行之日已经生效的企业年金方案，与本办法规定不一致的，应当在本办法施行之日起1年内变更。

国有金融企业年金管理办法

(2012年12月6日 财金〔2012〕159号)

第一章 总 则

第一条 为了规范国有金融企业建立企业年金制度，健全激励约束机制，完善社会保障体系，促进国有金融企业持续健康发展，根据《金融企业财务规则》等有关规定，制定本办法。

第二条 中华人民共和国境内依法设立的国有及国有控股金融企业（以下简称金融企业），适用本办法。

金融企业包括下列各类企业：

（一）执业需取得银行业务许可证的政策性银行、邮政储蓄银行、国有商业银行、股份制商业银行、城市商业银行、农村商业银行、农村合作银行、信用社、新型农村金融机构、信托公司、金融租赁公司、金融资产管理公司和财务公司等。

（二）执业需取得保险业务许可证的各类保险企业。

（三）执业需取得证券许可证的证券公司、期货公司和基金管理公司等。

（四）各类金融控股公司、信用担保公司。

（五）人民银行和金融监管部门所属的从事与金融业务相关的企业。

第三条 本办法所称企业年金，是指在国家政策指导下，金融企业及其职工在依法参加基本养老保险的基础上,自愿建立的补充养老保险制度。

第四条 国家鼓励符合条件的金融企业建立企业年金制度。

金融企业建立企业年金制度,应当遵循下列原则:

(一)保障与激励相结合。建立企业年金制度,应当在为企业退休职工提供基本生活保障的基础上,发挥企业年金的激励作用,将其作为健全薪酬福利制度和激励机制的重要方式,实现保障性与激励性的有机结合。

(二)公平与效率相结合。建立企业年金制度,应当按照"公开、公平、公正"的原则,扩大企业年金覆盖面,保障符合条件、自愿参加的全体职工,并根据发展战略、收入分配制度、人力资源策略、职工贡献程度等因素,探索建立多层次的企业年金保障体系,促进企业经济效益增长。

(三)出资人、企业和职工利益相结合。建立企业年金制度,应当统筹兼顾出资人、企业和职工的利益,结合企业自身实际情况,正确处理当期与长远的关系,依法保障职工权益,切实维护出资人利益,推动企业持续健康发展,促进国有资产保值增值。

第二章 企业年金的建立条件

第五条 金融企业建立企业年金制度,应当依法参加基本养老保险并履行缴费义务。企业年金方案应当按照规定经集体协商确定,并提交职工大会或者职工代表大会审议通过。

第六条 金融企业建立企业年金制度,应当具备相应的经济能力,并符合下列条件:

(一)实现税后盈利(含补贴),其中,集团控股类金融企业母公司以合并报表归属于母公司的净利润为准。

(二)具有较好的风险管控能力,资本充足率、偿付能力充足率、净资本负债率等风险管控指标满足行业监管规定。政策性金融企业可以参照财政部绩效评价有关规定,对相关指标进行适当调整。

(三)具备相应的财务承受能力,不得因实行企业年金制度出现亏损,影响金融企业长远发展。

前款规定的相关财务数据,以金融企业经审计的最近一个会计年度财务数据(按照国内会计准则)为准。

第七条 金融企业建立企业年金制度,应当具有合格的考核评价结果,并符合下列条件:

(一)完成年度经营目标。已改制的金融企业,经营目标按照公司治理程序确定;未改制的金融企业,经营目标按照相关规定确定。

(二)绩效评价合格。金融企业根据财政部有关规定需要进行绩效评价的,其绩效评价类型应当达到中级(CC)以上。

前款规定的考核评价结果,以金融企业最近一个会计年度的考核评价结果为准。

第八条 金融企业建立企业年金制度后,应当按照下列规定,相应修改、中止或者终止企业年金方案:

(一)金融企业某一会计年度亏损或者连续两个会计年度未满足建立企业年金条件,应当按照规定及时修改企业年金方案,适当降低企业缴费标准。

(二)金融企业连续两个会计年度亏损或者连续三个会计年度未满足建立企业年金条件,应当按照规定中止企业年金方案。

(三)金融企业可以在上列规定的基础上,根据企业年金方案的相关规定,修改、中止或者终止企业年金方案。

第九条 金融企业修改、中止企业年金方案后,如再次满足建立企业年金制度的条件,可以恢复企业年金方案。

第十条 金融企业不得以任何名义,对建立企业年金制度之前的年度进行补缴。

第三章 企业年金的方案实施

第十一条 金融企业应当统筹规划设计企业年金方案。

集团控股类金融企业应当根据各子公司的实际情况分步实施企业年金方案，各子公司之间的缴费水平，应当根据自身发展阶段与经济效益状况等因素合理确定，不得互相攀比。

第十二条 企业年金所需费用由金融企业和职工个人共同缴纳，缴费总额根据国家有关规定执行。

金融企业应当根据其发展战略、经营状况、人员费用等因素，合理确定企业年金缴费水平，并按照规定适时调整。

第十三条 金融企业建立企业年金初期，职工个人缴纳部分原则上不得低于企业缴费部分（不含本办法规定的补偿性缴费）的25%，以后年度逐步提高。

在职工和金融企业协商一致的前提下，允许部分职工结合实际，适当提高个人缴费比例。

第十四条 金融企业年金缴费在冲减职工福利费结余后列入成本（费用），但金融企业每年列支成本（费用）的企业年金费用不得超过本企业上年度职工工资总额的5%。

金融企业年金的税收政策按照国家有关规定执行。

第十五条 金融企业应当统筹做好企业年金与其他养老福利制度的衔接。对于参加企业年金方案时距其退休时间相对较短的人员（以下简称中人），金融企业可在规定比例内采取过渡期补偿性缴费、一次性补偿等适当方式（以下简称补偿性缴费），实现新老制度的平稳过渡。

过渡期补偿性缴费，是指金融企业设置一定的过渡期，在此期间对中人给予的补偿性企业年金缴费；一次性补偿，是指金融企业对中人一次性给予的补偿性企业年金缴费。

补偿性缴费应当建立在集体协商的基础上，主要用于统筹建立企业年金制度前后养老福利政策的衔接，不得变相提高待遇。

补偿性缴费由金融企业结合实际确定，并纳入企业年金方案履行相关程序。

第十六条 金融企业应当根据职工贡献、工作年限、岗位责任、考核结果等因素，合理确定企业缴费划入个人账户的比例，适当向关键岗位和优秀人才倾斜。

企业缴费应当按照规定划入职工企业年金个人账户，当期划入负责人个人账户的最高额（不含补偿性缴费），原则上不得超过该金融企业人均水平的5倍。

前款所称负责人的范围，按照财政部关于金融企业负责人薪酬管理等有关规定执行。

第十七条 金融企业应当合理确定企业缴费划入个人账户的部分及其权益完全归属于职工个人的归属期，切实维护职工的合法权益。

企业年金方案终止时，金融企业应当与职工按照集体协商制度，确定尚未完全归属职工个人的企业年金的处理方式。

第十八条 鼓励金融企业职工退休后，分期领取企业年金。

金融企业职工在达到国家规定的退休年龄时，可以按照规定从本人企业年金个人账户中一次性或者定期领取企业年金。

在职工出境定居、死亡及符合有关规定的情形下，可以按照规定一次性领取企业年金。

第四章 企业年金的组织管理

第十九条 金融企业原则上应当选择符合国家规定的法人受托机构作为企业年金基金的受托人。

有条件的大型金融企业可以成立企业年金理事会，作为企业年金基金的受托人，并在企业年金方案中进行说明。

金融企业年金理事会应当符合国家有关要求，并按照规定认真履行受托管理职责。

第二十条 金融企业应当监督受托人按照"公开、公平、公正"的原则，择优选择经国家有关部门认定的机构管理运营企业年金，明确与企业年金基金管理运营主体的职责及运作规则。

金融企业应当通过受托人建立对管理运营机构的动态考核评价机制，根据评估情况调整管理运营机构。

金融企业应当按照国有金融资产分级管理的原则，将选择的管理运营机构向同级财政部门报告。

第二十一条 企业年金基金受托人应当于年度结束后60日内，向职工大会或者职工代表大会报告企业年金管理、运营情况。

金融企业应当于年度结束后90日内，按照国有金融资产分级管理的原则，将企业年金的运作情况向同级财政部门报告。

第二十二条 金融企业应当成立由相关部门和职工代表组成的企业年金管理委员会，加强对金融企业建立企业年金制度的组织指导。

第二十三条 金融企业应当按照本办法规定，将企业年金方案履行内部法定程序或者报财政部门审核后，报相关部门备案。

第二十四条 中央管理的金融企业及其重要一级控股子公司建立企业年金制度，已实行股份制改革的应当履行金融企业公司治理程序，未改制的应当报财政部审核。其他子公司建立企业年金制度，应当履行其内部法定程序。金融企业应当于每年度结束后90日内，将该年度建立企业年金情况报告财政部。

前款所称重要一级控股子公司是指，总资产、净资产、营业收入、营业利润等四项财务指标之一达到母公司合并口径对应财务指标10%以上的一级控股子公司，以及经金融企业内部法定程序确定的其他重要一级控股子公司。

第二十五条 地方管理的金融企业及其控股子公司，应当将其企业年金方案履行公司治理程序或者报地方财政部门审核，具体程序由省级财政部门确定。

第二十六条 金融企业中止、终止企业年金方案，应当履行内部法定程序，并按照分级管理的原则，及时向同级财政部门报告。

金融企业修改、恢复企业年金方案，应当按照建立企业年金制度的规定，履行相应程序。

第五章 附 则

第二十七条 中国投资有限责任公司执行本办法。非国有金融企业参照执行本办法。

第二十八条 本办法施行之前已经建立企业年金制度以及以企业年金名义购买商业保险的金融企业，应当按照国家有关政策和本办法规定，规范和完善企业年金方案。

第二十九条 本办法自印发之日起施行，财政部此前发布的有关金融企业年金规定与本办法规定不一致的，以本办法为准。

财政部关于企业加强职工福利费财务管理的通知

(2009年11月12日 财企〔2009〕242号)

党中央有关部门，国务院各部委、各直属机构，全国人大常委会办公厅，全国政协办公厅，解放军总后勤部，武警总部，各省、自治区、直辖市、计划单列市财政厅（局），新疆生产建设兵团财务局，各中央管理企业：

为加强企业职工福利费财务管理，维护正常的收入分配秩序，保护国家、股东、企业和职工的合法权益，根据《公司法》《企业财务通则》（财政部令第41号）等有关精神，现通知如下：

一、企业职工福利费是指企业为职工提供的除职工工资、奖金、津贴、纳入工资总额管理的补贴、职工教育经费、社会保险费和补充养老保险费（年金）、补充医疗保险费及住房公积金以外的福利待遇支出，包括发放给职工或为职工支付的以下各项现金补贴和非货币性集体福利：

（一）为职工卫生保健、生活等发放或支付的各项现金补贴和非货币性福利，包括职工因公外地就医费用、暂未实行医疗统筹企业职工医疗费用、职工供养直系亲属医疗补贴、职工疗养费用、自办职工食堂经费补贴或未办职工食堂统一供应午餐支出、符合国家有关财务规定的供暖费补贴、防暑降温费等。

（二）企业尚未分离的内设集体福利部门所发生的设备、设施和人员费用，包括职工食堂、职工浴室、理发室、医务所、托儿所、疗养院、集体宿舍等集体福利部门设备、设施的折旧、维修保养费用以及集体福利部门工作人员的工资薪金、社会保险费、住房公积金、劳务费等人工费用。

（三）职工困难补助，或者企业统筹建立和管理的专门用于帮助、救济困难职工的基金支出。

（四）离退休人员统筹外费用，包括离休人员的医疗费及离退休人员其他统筹外费用。企业重组涉及的离退休人员统筹外费用，按照《财政部关于企业重组有关职工安置费用财务管理问题的通知》（财企〔2009〕117号）执行。国家另有规定的，从其规定。

（五）按规定发生的其他职工福利费，包括丧葬补助费、抚恤费、职工异地安家费、独生子女费、探亲假路费，以及符合企业职工福利费定义但没有包括在本通知各条款项目中的其他支出。

二、企业为职工提供的交通、住房、通讯待遇，已经实行货币化改革的，按月按标准发放或支付的住房补贴、交通补贴或者车改补贴、通讯补贴，应当纳入职工工资总额，不再纳入职工福利费管理；尚未实行货币化改革的，企业发生的相关支出作为职工福利费管理，但根据国家有关企业住房制度改革政策的统一规定，不得再为职工购建住房。

企业给职工发放的节日补助、未统一供餐而按月发放的午餐费补贴，应当纳入工资总额管理。

三、职工福利是企业对职工劳动补偿的辅助形式，企业应当参照历史一般水平合理控制职工福利费在职工总收入的比重。按照《企业财务通则》第四十六条规定，应当由个人承担的有关支出，企业不得作为职工福利费开支。

四、企业应当逐步推进内设集体福利部门的分离改革,通过市场化方式解决职工福利待遇问题。同时,结合企业薪酬制度改革,逐步建立完整的人工成本管理制度,将职工福利纳入职工工资总额管理。

对实行年薪制等薪酬制度改革的企业负责人,企业应当将符合国家规定的各项福利性货币补贴纳入薪酬体系统筹管理,发放或支付的福利性货币补贴从其个人应发薪酬中列支。

五、企业职工福利一般应以货币形式为主。对以本企业产品和服务作为职工福利的,企业要严格控制。国家出资的电信、电力、交通、热力、供水、燃气等企业,将本企业产品和服务作为职工福利的,应当按商业化原则实行公平交易,不得直接供职工及其亲属免费或者低价使用。

六、企业职工福利费财务管理应当遵循以下原则和要求:

(一)制度健全。企业应当依法制定职工福利费的管理制度,并经股东会或董事会批准,明确职工福利费开支的项目、标准、审批程序、审计监督。

(二)标准合理。国家对企业职工福利费支出有明确规定的,企业应当严格执行。国家没有明确规定的,企业应当参照当地物价水平、职工收入情况、企业财务状况等要求,按照职工福利项目制定合理标准。

(三)管理科学。企业应当统筹规划职工福利费开支,实行预算控制和管理。职工福利费预算应当经过职工代表大会审议后,纳入企业财务预算,按规定批准执行,并在企业内部向职工公开相关信息。

(四)核算规范。企业发生的职工福利费,应当按规定进行明细核算,准确反映开支项目和金额。

七、企业按照企业内部管理制度,履行内部审批程序后,发生的职工福利费,按照《企业会计准则》等有关规定进行核算,并在年度财务会计报告中按规定予以披露。

在计算应纳税所得额时,企业职工福利费财务管理同税收法律、行政法规的规定不一致的,应当依照税收法律、行政法规的规定计算纳税。

八、本通知自印发之日起施行。以前有关企业职工福利费的财务规定与本通知不符的,以本通知为准。金融企业另有规定的,从其规定。

财政部 劳动和社会保障部
关于企业补充医疗保险有关问题的通知

(2002年5月21日 财社〔2002〕18号)

各中央管理企业,各省、自治区、直辖市、计划单列市财政厅(局)、劳动和社会保障厅(局):

为加快医疗保险制度改革步伐,进一步完善多层次的医疗保障体系,根据《国务院关于建立城镇职工基本医疗保险制度的决定》(国发〔1998〕44号)和有关文件精神,现就企业建立补充医疗保险的有关问题通知如下:

一、按规定参加各项社会保险并按时足额缴纳社会保险费的企业,可自主决定是否建立补充医疗保险。企业可在按规定参加当地基本医疗保险基础上,建立补充医疗保险,用于对城镇职工基本医疗保险制度支付以外由职工个人负担的医药费用进行的适当补助,减轻参保职工的医药费负担。

二、企业补充医疗保险费在工资总额4%以内的部分,企业可直接从成本中列支,不再经同级财政部门审批。

三、企业补充医疗保险办法应与当地基本医疗保险制度相衔接。企业补充医疗保险资金由企业或行业集中使用和管理,单独建账,单独管理,用于本企业个人负担较重职工和退休人员的医药费补助,不得划入基本医疗保险个人账户,也不得另行建立个人账户或变相用于职工其他方面的开支。

四、财政部门和劳动保障部门要加强对企业补充医疗保险资金管理的监督和财务监管，防止挪用资金等违规行为。

建设部 财政部 中国人民银行关于住房公积金管理若干具体问题的指导意见

（2005年1月10日 建金管〔2005〕5号）

各省、自治区建设厅、财政厅，人民银行各分支机构，直辖市、新疆生产建设兵团住房公积金管理委员会、住房公积金管理中心：

为进一步完善住房公积金管理，规范归集使用业务，健全风险防范机制，维护缴存人的合法权益，发挥住房公积金制度的作用，现就住房公积金管理若干具体问题提出如下意见：

一、国家机关、国有企业、城镇集体企业、外商投资企业、城镇私营企业及其他城镇企业、事业单位、民办非企业单位、社会团体（以下统称单位）及其在职职工，应当按《住房公积金管理条例》（国务院令第350号，以下简称《条例》）的规定缴存住房公积金。有条件的地方，城镇单位聘用进城务工人员，单位和职工可缴存住房公积金；城镇个体工商户、自由职业人员可申请缴存住房公积金，月缴存额的工资基数按照缴存人上一年度月平均纳税收入计算。

二、设区城市（含地、州、盟，下同）应当结合当地经济、社会发展情况，统筹兼顾各方面承受能力，严格按照《条例》规定程序，合理确定住房公积金缴存比例。单位和职工缴存比例不应低于5%，原则上不高于12%。采取提高单位住房公积金缴存比例方式发放职工住房补贴的，应当在个人账户中予以注明。未按照规定程序报省、自治区、直辖市人民政府批准的住房公积金缴存比例，应予以纠正。

三、缴存住房公积金的月工资基数，原则上不应超过职工工作地所在设区城市统计部门公布的上一年度职工月平均工资的2倍或3倍。具体标准由各地根据实际情况确定。职工月平均工资应按国家统计局规定列入工资总额统计的项目计算。

四、各地要按照《条例》规定，建立健全单位降低缴存比例或者缓缴住房公积金的审批制度，明确具体条件、需要提供的文件和办理程序。未经本单位职工代表大会或者工会讨论通过的，住房公积金管理委员会和住房公积金管理中心（以下简称管理中心）不得同意降低缴存比例或者缓缴。

五、单位发生合并、分立、撤销、破产、解散或者改制等情形的，应当为职工补缴以前欠缴（包括未缴和少缴）的住房公积金。单位合并、分立和改制时无力补缴住房公积金的，应当明确住房公积金缴存责任主体，才能办理合并、分立和改制等有关事项。新设立的单位，应当按照规定及时办理住房公积金缴存手续。

六、单位补缴住房公积金（包括单位自行补缴和人民法院强制补缴）的数额，可根据实际采取不同方式确定：单位从未缴存住房公积金的，原则上应当补缴自《条例》（国务院令第262号）发布之月起欠缴职工的住房公积金。单位未按照规定的职工范围和标准缴存住房公积金的，应当为职工补缴。单位不提供职工工资情况或者职工对提供的工资情况有异议的，管理中心可依据当地劳动部门、司法部门核定的工资，或所在设区城市统计部门公布的上年职工平均工资计算。

七、职工符合规定情形，申请提取本人住房公积金账户内存储余额的，所在单位核实后，应出具提取证明。单位不为职工出具住房公积金提取证明的，职工可以凭规定的有效证明材料，直接到管理中心或者受委托银行申请提取住房公积金。

八、职工购买、建造、翻建、大修自住住房，未申请个人住房公积金贷款的，原则上职工本人及其配偶在购建和大修住房一年内，可以凭有效证明材料，一次或者分次提取住房公积金账户内的存储余额。夫妻双方累计提取总额不能超过实际发生的住房支出。

九、进城务工人员、城镇个体工商户、自由职业人员购买自住住房或者在户口所在地购建自住住房的，可以凭购房合同、用地证明及其他有效证明材料，提取本人及其配偶住房公积金账户内的存储余额。

十、职工享受城镇最低生活保障；与单位终止劳动关系未再就业、部分或者全部丧失劳动能力以及遇到其他突发事件，造成家庭生活严重困难的，提供有效证明材料，经管理中心审核，可以提取本人住房公积金账户内的存储余额。

十一、职工调动工作，原工作单位不按规定为职工办理住房公积金变更登记和账户转移手续的，职工可以向管理中心投诉，或者凭有效证明材料，直接向管理中心申请办理账户转移手续。

十二、职工调动工作到另一设区城市的，调入单位为职工办理住房公积金账户设立手续后，新工作地的管理中心应当向原工作地管理中心出具新账户证明及个人要求转账的申请。原工作地管理中心向调出单位核实后，办理变更登记和账户转移手续；原账户已经封存的，可直接办理转移手续。账户转移原则上采取转账方式，不能转账的，也可以电汇或者信汇到新工作地的管理中心。调入单位未建立住房公积金制度的，原工作地管理中心可将职工账户暂时封存。

十三、职工购买、建造、翻建和大修自住住房需申请个人住房贷款的，受委托银行应当首先提供住房公积金贷款。管理中心或者受委托银行要一次性告知职工需要提交的文件和资料，职工按要求提交文件资料后，应当在15个工作日内办完贷款手续。15日内未办完手续的，经管理中心负责人批准，可以延长5个工作日，并应当将延长期限的理由告知申请人。职工没有还清贷款前，不得再次申请住房公积金贷款。

十四、进城务工人员、城镇个体工商户和自由职业人员购买自住住房时，可按规定申请住房公积金贷款。

十五、管理中心和受委托银行应按照委托贷款协议的规定，严格审核借款人身份、还款能力和个人信用，以及购建住房的合法性和真实性，加强对抵押物和保证人担保能力审查。要逐笔审批贷款，逐笔委托银行办理贷款手续。

十六、贷款资金应当划入售房单位（售房人）或者建房、修房承担方在银行开设的账户内，不得直接划入借款人账户或者支付现金给借款人。

十七、借款人委托他人或者中介机构代办手续的，应当签订书面委托书。管理中心要建立借款人面谈制度，核实有关情况，指导借款人在借款合同、担保合同等有关文件上当面签字。

十八、各地要根据当地经济适用住房或者普通商品住房平均价格和居民家庭平均住房水平，拟订住房公积金贷款最高额度。职工个人贷款具体额度的确定，要综合考虑购建住房价格、借款人还款能力及其住房公积金账户存储余额等因素。

十九、职工使用个人住房贷款（包括商业性贷款和住房公积金贷款）的，职工本人及其配偶可按规定提取住房公积金账户内的余额，用于偿还贷款本息。每次提取额不得超过当期应还款付息额，提前还款的提取额不得超过住房公积金贷款余额。

二十、职工在缴存住房公积金所在地以外的设区城市购买自住住房的，可以向住房所在地管理中心申请住房公积金贷款，缴存住房公积金所在地管理中心要积极协助提供职工缴存住房公积金证明，协助调查还款能力和个人信用等情况。

本意见自发布之日起实施。各地可以结合实际制定具体办法。

中央企业负责人履职待遇、业务支出管理办法

(国资发分配〔2015〕5号)

第一章 总 则

第一条 为贯彻落实党的十八届三中全会和四中全会精神,合理确定并严格规范中央企业负责人履职待遇、业务支出,根据《中华人民共和国企业国有资产法》《中共中央办公厅 国务院办公厅印发〈关于合理确定并严格规范中央企业负责人履职待遇、业务支出的意见〉的通知》(以下简称《意见》)等法律法规和相关规定,制定本办法。

第二条 本办法所称中央企业负责人是指经国务院授权由国务院国有资产监督管理委员会(以下简称国资委)履行出资人职责的国家出资企业(以下简称企业)的下列人员:

(一)设立董事会企业的董事长、副董事长、董事(不含外部董事、职工董事),总经理(总裁)、副总经理(副总裁)、总会计师。

(二)未设立董事会企业的总经理(总裁、院长、局长、主任)、副总经理(副总裁、副院长、副局长、副主任)、总会计师。

(三)企业的党委(党组)书记、副书记、党委常委(党组

成员)、纪委书记(纪检组组长)。

第三条 本办法所称履职待遇是指为企业负责人履行工作职责提供的工作保障和条件,主要包括公务用车、办公用房、培训等。业务支出是指企业负责人在生产经营活动中因履行工作职责所发生的费用支出,主要包括业务招待、国内差旅、因公临时出国(境)、通信等方面的支出。

第四条 国资委对企业负责人履职待遇、业务支出实施指导监督。

企业对各级所出资企业负责人履职待遇、业务支出实施监督管理。企业主要负责人对本企业履职待遇、业务支出管理工作负主要责任,分管负责人和总会计师负分管责任。

第五条 合理确定并严格规范企业负责人履职待遇、业务支出应当坚持以下基本原则:

(一)坚持依法依规。根据国家法律法规和相关规定,结合企业生产经营实际,坚决杜绝企业承担个人消费支出的行为。

(二)坚持廉洁节俭。反对讲排场、比阔气,反对铺张浪费,坚决抵制享乐主义和奢靡之风。

(三)坚持规范透明。通过完善制度、预算管理、加强监督,建立健全严格规范、公开透明的企业负责人履职待遇、业务支出管理制度体系。

第二章 履职待遇

第六条 企业应当合理配置、有效使用企业公务用车资源,规范企业负责人公务用车配备、运行管理和处置,保障企业负责人公务出行,降低公务用车成本。

第七条 企业负责人按照1人1车或者多人1车配备(包括购置、租赁等)公务用车。企业采取统一调度等方式保障企业负责人公务活动用车的,属于为企业负责人配备公务用车。

第八条 企业主要负责人公务用车配备标准为排气量2.5升（含）以下、购车价格（不含车辆购置税，下同）38万元以内，企业其他负责人公务用车配备标准为排气量2.0升（含）以下、购车价格28万元以内。企业负责人公务用车使用年限超过8年已不能正常使用的，或者车辆安全状况、排放要求等不符合有关标准要求的，可以更新。企业负责人公务用车的报废和出售等处置，应当按照国有企业资产处置有关规定执行。

第九条 企业负责人新配备或者更新公务用车要严格执行配备标准，选用国产汽车，优先选用新能源汽车，不得增加高档配置或者豪华内饰。企业负责人已购置使用的公务用车超过规定配备标准的，在未达到更新或者报废条件情况下，可以继续使用；已租赁使用的公务用车超过配备标准的，应当按规定配备标准重新租赁。

企业由于非政策性因素发生亏损或者处于被托管、重组脱困，以及拖欠职工工资、社会保险费用期间，不得为企业负责人购置、租赁、更新公务用车。企业不得以任何方式换用、借用、占用所出资企业或者其他有利益关系单位和个人的车辆供企业负责人使用。

第十条 企业负责人公务用车的保养、维修费用，以及日常使用所发生的保险费、年检费、车船使用税、燃油费、停车及过路桥费等各种运行费用，实行单车核算，在预算额度内按照财务制度严格规范执行。

企业负责人不得因私使用公务用车。企业负责人本人提出自行驾驶公务用车的，企业应当根据道路交通安全有关法律和行政法规，制定企业负责人自行驾驶公务用车管理办法，加强对企业负责人自行驾驶公务用车的管理，不得为企业负责人发放自行驾驶公务用车的补贴。

第十一条 企业实行公务用车制度改革的，要按照中央企业公务用车制度改革方案的要求，合理确定企业负责人公务交通补贴标准。具体办法另行制定。企业不得同时为企业负责人配备公务用车和发放公务交通补贴。

市场化选聘的企业负责人，其薪酬体系中已包括公务交通补贴的，不再配备公务用车，不再报销公务用车费用或者另行发放公务交通补贴。

第十二条 企业应当按照庄重、朴素、经济、适用和资源节约的原则建设办公用房，严禁超标准新建办公用房，严禁豪华装修。要公平配置、集约使用办公用房资源。企业负责人原则上配置使用一处办公用房，确因异地工作需要另行配置办公用房的，应当严格履行企业内部审核程序。

第十三条 企业主要负责人办公室（含休息室、卫生间，下同）使用面积标准不超过 80 平方米，企业其他负责人办公室使用面积标准不超过 60 平方米。不得长期租用宾馆、酒店房间作为办公用房。

第十四条 企业负责人新配置办公用房要严格执行配置标准。现有的办公室超过规定面积标准的，一般采取调换或者合用方式解决；必须采取工程改造方式的，如受现有建筑结构布局、线路和消防、空调等设施设备客观条件限制，待办公用房维修改造或者领导干部职务变动调换办公室时解决，不应造成新的浪费。

第十五条 企业负责人办公用房因使用时间较长、设施设备老化、功能不全，不能满足办公需求的，可以进行维修改造。办公用房维修改造应当以消除安全隐患、恢复和完善使用功能、降低能源资源消耗为重点，严格执行维修改造标准。

第十六条 企业要围绕提高企业负责人政治和专业素质、创新和经营管理能力开展必要的培训。企业负责人参加各种学历教育以及为取得学位而参加在职教育的费用必须由个人承担。

第十七条 企业负责人参加出国培训应当严格执行国家有关出国（境）培训管理规定，不得参加无实质需要的国外培训。

第三章 业 务 支 出

第十八条 业务招待是指企业负责人为企业生产经营业务的需要，招待客户、合资合作方以及其他外部关系人员的活动。业务招待主要分为商务、外事、其他公务招待活动等。

第十九条 企业负责人开展商务和外事招待活动，宴请标准每次人均不得超过 600 元（含酒水、饮料，下同），赠送纪念品标准每次人均不得超过 600 元。企业要根据企业负责人业务招待活动内容和招待对象，在控制标准内，分档确定商务和外事招待活动的宴请、赠送纪念品的标准。其他公务招待活动参照党政机关公务接待标准执行，不得赠送纪念品。

第二十条 企业要明确业务招待活动的审批、报销等程序。对企业负责人每次业务招待活动实行招待费用总额和人均费用双控管理，严格控制陪同人数。

第二十一条 企业负责人进行业务招待活动，由企业相关部门编制预算并组织安排，应当首选本企业食堂或者协议酒店等，严格执行相关制度和标准。外事招待工作应当遵循服务外交、友好对等、务实节俭原则，从严控制招待费用支出。

第二十二条 企业负责人业务招待活动赠送纪念品，应当符合有关法律法规要求，以宣传企业形象、展示企业文化为主要内容，严禁赠送现金和购物卡、消费卡、商业预付卡等各种有价证券、支付凭证以及贵重物品等。企业应当建立纪念品订购、领用等审批程序。

第二十三条 企业负责人进行业务招待所发生的费用应当由相关部门及时结算。业务招待费用报销应当提供内部审核流程、发票以及招待清单，如实反映招待对象、业务招待活动内容、招待费用等情况，不得将业务招待费用以会议、培训、调研等费用的名义虚列、隐匿。

第二十四条 企业应当根据国家有关规定和财务会计制度，结合生产经营实际和实施国际化经营的需要，合理确定企业负责人国内差旅和因公临时出国（境）乘坐交通工具的类型和等级，以及住宿、就餐等标准。除特殊情况外，不得乘坐民航包机或私人、企业和外国航空公司包机，不得租用商务机。

第二十五条 严禁企业负责人无明确公务目的的国内差旅活动，从严控制国内差旅随行人员。企业应当保障企业负责人处理本企业及其所出资企业境外经营管理业务的出国（境）活动，不得安排照顾性、无实质内容的一般性出访和考察性出访，不得安排与企业负责人因公临时出国（境）任务无关的人员随行。

第二十六条 企业负责人应当严格执行因公临时出国（境）管理制度和任务安排，不得以任何理由绕道旅行，或者以过境名义变相增加出访国家和地区，不得无故延长因公临时出国（境）时间。企业要严格规范国（境）外接待工作，严禁超标准接待。严禁用公款或者变相用公款在国内和出国（境）旅游。

第二十七条 企业负责人应当严格按规定开支国内差旅费用，严格遵守因公临时出国（境）经费预算、支出、使用、核算等财务制度，不得铺张浪费。

第二十八条 加强企业负责人从事公务活动所发生移动通信费用和住宅通信费用的管理。参考电信市场资费标准，根据企业负责人岗位要求和履职需要，合理确定通信费用年度预算控制额度，在预算额度内按照财务制度严格规范执行，不得以任何名目为企业负责人发放通信补贴。

市场化选聘的企业负责人，其薪酬体系中已包括通信补贴的，不再报销通信费用或者另行发放通信补贴。

第四章 预算管理

第二十九条 预算管理是指企业按照企业财务预算的相关规定,根据企业生产经营实际,结合企业负责人履行工作职责需求,对企业负责人履职待遇、业务支出年度费用水平的预计安排、控制监督。

第三十条 企业应当对企业负责人履职待遇、业务支出实施预算管理,按年度、项目、人员编制预算,并报国资委备案,同时抄送派驻本企业监事会。

第三十一条 企业负责人履职待遇、业务支出年度预算编制应当综合考虑上年度预算编制和执行情况,与企业当年生产经营实际需要相匹配,履行企业内部预算管理程序审议后执行。如预算有重大调整,应当重新履行相应程序。

第三十二条 企业应当严格控制预算内企业负责人各项履职待遇、业务支出,预算外支出未履行相应程序前不得列支。企业应当建立预算动态监控机制,监测分析预算执行情况,及时纠正预算编制和执行中存在的问题,提高预算的全面性、准确性,增强预算执行的严肃性。

第五章 监督管理

第三十三条 除按照《意见》和本办法所规定的保障企业负责人履职待遇和业务支出外,严禁以下用公款为企业负责人支付个人支出的行为:

(一)按照职务为企业负责人个人设置定额消费。

(二)为企业负责人办理理疗保健卡、运动健身卡、会所和俱乐部会员卡、高尔夫球卡等各种消费卡。

(三)为企业负责人购买百科全书、中外名著、古籍文献等与工作无关的装饰性图书。

（四）支付企业负责人履行工作职责以外的、应当由个人承担的消费娱乐活动、宴请、赠送礼品及培训等各种费用。

（五）支付企业负责人与企业经营管理无关的各种消费支出。

（六）向所出资企业和其他有利益关系的单位转移各种企业负责人个人费用支出。

第三十四条　企业负责人退休或者调离本企业后，企业不得继续为其提供履职待遇、业务支出，企业负责人应当及时腾退配置使用的办公用房和公务用车等。

第三十五条　企业不得向所出资企业或者其他有利益关系单位转嫁企业负责人履职待遇、业务支出。

企业负责人在所出资企业兼任董事长、总经理等职务，并且主要工作职责在所兼职企业的，可以执行集团公司负责人履职待遇、业务支出标准，按照"费用跟事走"的原则，分别在集团总部、所兼职企业报销和列支，同一费用不得在集团总部和所兼职企业重复报销和列支。

第三十六条　企业应当根据《意见》和本办法，制定本企业负责人履职待遇、业务支出管理制度，报国资委备案，同时抄送派驻本企业监事会。

第三十七条　企业负责人履职待遇、业务支出管理制度、年度预算及执行情况要作为厂务公开的内容，通过职工代表大会等形式定期公开，接受职工监督。

第三十八条　企业负责人应当严格执行履职待遇、业务支出管理相关规定，将个人履职待遇、业务支出情况和年度预算及执行情况等，作为民主生活会、年度述职述廉的重要内容，接受监督和民主评议。

第三十九条　企业内部财务、审计、纪检监察等部门应当切实履行工作职责，完善内部控制体系，加强企业负责人履职待遇、业务支出管理和监督，完善内部监督机制。

第四十条 企业负责人履职待遇、业务支出情况纳入外派监事会监督检查工作内容、巡视组巡视工作内容，以及企业负责人经济责任审计范围。

企业应当积极配合外派监事会、巡视、审计以及有关监管机构的监督检查，积极接受社会监督，及时对监督检查中发现的问题进行纠正和整改。

第四十一条 国资委建立中央企业负责人履职待遇、业务支出管理工作责任追究制度。对违反或未正确履行本办法管理要求的中央企业，对负有领导责任的主要负责人或者有关企业负责人追究责任。

第四十二条 企业负责人违反履职待遇、业务支出管理相关规定，依据有关规定，视情节轻重，由有关机构按照管理权限分别给予警示谈话、调离岗位、降职、免职处理，并相应扣减25%、50%、75%、100%的当年绩效年薪。涉嫌违纪的，移送纪检监察机构处理；涉嫌犯罪的，依法移送司法机关处理。

第四十三条 企业负责人违反本办法获得的经济利益，应当予以收缴或者纠正；用公款支付、报销应由个人支付的费用，应当责令退赔；给企业造成经济损失的，应当依据国家或者企业的有关规定承担经济赔偿责任。

第六章 附　　则

第四十四条 建设规范董事会中央企业，企业董事会应当按照《意见》和本办法的要求，建立和完善董事和高级管理人员履职待遇、业务支出管理制度，切实规范管理。专职外部董事履职待遇、业务支出管理办法另行制定。

第四十五条 企业应当依法履行出资人职责，根据本办法的要求并结合生产经营实际，制定集团总部相关人员和所出资企业负责人履职待遇、业务支出管理制度,指导监督所出资企业逐级落实监管责任,逐级健全管理制度、实施预算管理、推进公开透明,全面规范企业履职待遇、业务支出管理。

第四十六条 本办法自印发之日起施行。《关于规范中央企业负责人职务消费的指导意见》(国资发分配〔2006〕69号)、《中央企业负责人职务消费管理暂行规定》(国资发分配〔2011〕159号)同时废止。

住房城乡建设部 财政部 人民银行关于改进住房公积金缴存机制进一步降低企业成本的通知

(2018年4月28日 建金〔2018〕45号)

各省、自治区住房城乡建设厅、财政厅，直辖市、新疆生产建设兵团财务局，中国人民银行上海总部、各分行、营业管理部、省会（首府）城市中心支行、副省级城市中心支行，直辖市、新疆生产建设兵团住房公积金管理委员会、住房公积金管理中心：

为贯彻落实党中央、国务院决策部署，降低实体经济成本，减轻企业非税负担，现就改进住房公积金缴存机制，进一步降低企业成本有关事项通知如下：

一、延长阶段性适当降低企业住房公积金缴存比例政策的期限

各地区2016年出台的阶段性适当降低企业住房公积金缴存比例政策到期后，继续延长执行期至2020年4月30日。各地区要对政策实施效果进行评估，并可结合当地实际进一步降低企业住房公积金缴存比例。

二、切实规范住房公积金缴存基数上限

缴存住房公积金的月工资基数，不得高于职工工作地所在设区城市统计部门公布的上一年度职工月平均工资的3倍。凡超过3倍的，一律予以规范调整。

三、扩大住房公积金缴存比例浮动区间

住房公积金缴存比例下限为 5%，上限由各地区按照《住房公积金管理条例》规定的程序确定，最高不得超过 12%。缴存单位可在 5% 至当地规定的上限区间内，自主确定住房公积金缴存比例。

四、提高降低住房公积金缴存比例和缓缴的审批效率

生产经营困难的企业，经职工代表大会或工会讨论通过，可申请降低住房公积金缴存比例或者缓缴。住房公积金管理委员会应授权住房公积金管理中心审批，审批时限不得超过 10 个工作日。

改进住房公积金缴存机制，进一步降低企业成本工作涉及面广，政策性强。各部门各单位要将思想和行动统一到党中央、国务院决策部署上来，按照职责分工，周密组织实施，加强政策解读，切实抓好落实。各省、自治区住房城乡建设厅和直辖市、新疆生产建设兵团住房公积金管理委员会要于 2018 年 6 月底前，将本通知落实情况报住房城乡建设部。

财政部　全国总工会　发展改革委教育部　科技部　国防科工委　人事部劳动保障部　国资委　国家税务总局全国工商联关于印发《关于企业职工教育经费提取与使用管理的意见》的通知

(2006年6月19日　财建〔2006〕317号)

各省、自治区、直辖市财政厅（局）、总工会、劳动和社会保障厅（局）、教育厅（委）、发展改革委、科技厅（局）、人事厅（局）、国防科工委（办）、国资委（经贸委）、国家税务局、地方税务局、工商联：

　　为深入贯彻全国职业教育工作会议精神，实施科教兴国战略和人才强国战略，落实《国务院关于大力发展职业教育的决定》（国发〔2005〕35号）和中共中央办公厅、国务院办公厅《印发〈关于进一步加强高技能人才工作的意见〉的通知》，推动"创建学习型组织，争做知识型职工"活动深入开展，培养和造就一支高素质的职工队伍，更好地为实施"十一五"规划纲要、建设创新型国家、实现全面建设小康社会宏伟目标提供人才保证，有关部门共同制定了《关于企业职工教育经费提取与使用管理的意见》，现印发给你们。请结合工作实际，认真组织落实。

　　附件：关于企业职工教育经费提取与使用管理的意见

关于企业职工教育经费提取与使用管理的意见

为认真落实《中华人民共和国劳动法》《中华人民共和国职业教育法》《国务院关于大力发展职业教育的决定》（国发〔2005〕35号，以下简称《决定》）、《中共中央办公厅 国务院办公厅印发〈关于进一步加强高技能人才工作的意见〉的通知》（以下简称《意见》）和全国职业教育工作会议精神，推动"创建学习型组织，争做知识型职工"活动深入持久开展，加速职工队伍的知识化进程，现就企业职工教育培训经费的提取与使用管理，提出以下意见：

一、充分认识企业职工教育培训的重要性

（一）全面提高职工队伍素质，建设一支规模宏大、结构合理、素质较高的职工队伍，是实现"十一五"规划的关键。党的十六届五中全会强调加快推进人才强国战略，加强人力资源能力建设，实施人才培养工程。企业职工教育培训是开发人力资源，提高企业自主创新能力和竞争力的基础工作，是提高职工职业技能和岗位能力，适应经济发展、技术进步不可或缺的重要环节。各类企业要充分认识加强职工教育培训的重要性，承担本企业职工教育培训的组织、实施和管理工作。

（二）企业职工教育培训是我国教育和人才工作的重要组成部分，是实施科教兴国战略、人才强国战略和加强人力资源能力建设的重要途径。加强职工教育培训工作，加快培养创新型人才和专业化高技能人才，带动企业职工整体素质的提高，是企业的重要职责；企业专业技术人员继续教育工作是企业职工教育培训的重要内容，对于提高企业专业技术人员整体素质和创新能力，提高企业的科研技术水平、自主创新能力和核心竞争力，发挥着关键作用。《决定》明确指出大力发展职业教育，加快人力资源开发,是落实科教兴国战略和人才强国战略,推进我国走新型工业化道路、解决"三农"问题、促进就业再就业的重大举措;是全面提高国民素质,把我国巨大人口压力转化为人力资源优势,提升我国综合国力、构建和谐社会的重要途径。各类企业都必须高度重视职工教育培训工作,履行职工教育培训的职责。

(三)提高职工的学习能力、实践能力和创新能力,是落实以人为本的科学发展观,切实维护职工的学习权、发展权的迫切需要。企业要进一步完善各项措施,提供职工参加学习和培训的必要保障,努力造就一支高素质的职工队伍,加速工人阶级知识化进程,为全面建设小康社会提供人才保证和智力支持。

二、进一步明确企业职工教育培训的内容和要求

(一)企业职工教育培训的主要内容有:政治理论、职业道德教育;岗位专业技术和职业技能培训以及适应性培训;企业经营管理人员和专业技术人员继续教育;企业富余职工转岗转业培训;根据需要对职工进行的各类文化教育和技术技能培训。

(二)企业要强化职工教育和培训,突出创新能力和技能培养,加大高技能人才培养力度,鼓励职工岗位自学成才,切实提高职工技能素质,提升职业竞争力。

三、切实保证企业职工教育培训经费足额提取及合理使用

(一)切实执行《国务院关于大力推进职业教育改革与发展的决定》(国发〔2002〕16号)中关于"一般企业按照职工工资总额的1.5%足额提取教育培训经费,从业人员技术要求高、培训任务重、经济效益较好的企业,可按2.5%提取,列入成本开支"的规定,足额提取职工教育培训经费。要保证经费专项用于职工特别是一线职工的教育和培训,严禁挪作他用。

(二)按照国家统计局《关于工资总额组成的规定》(国家统计局1990年第1号令),工资总额由计时工资、计件工资、奖金、津贴和补贴、加班加点工资、特殊情况下支付的工资等六个部分组成。企业应按规定提取职工教育培训经费，并按照计税工资总额和税法规定提取比例的标准在企业所得税税前扣除。当年结余可结转到下一年度继续使用。

（三）企业的职工教育培训经费提取、列支与使用必须严格遵守国家有关财务会计和税收制度的规定。

（四）职工教育培训经费必须专款专用，面向全体职工开展教育培训，特别是要加强各类高技能人才的培养。

（五）企业职工教育培训经费列支范围包括：

1. 上岗和转岗培训；
2. 各类岗位适应性培训；
3. 岗位培训、职业技术等级培训、高技能人才培训；
4. 专业技术人员继续教育；
5. 特种作业人员培训；
6. 企业组织的职工外送培训的经费支出；
7. 职工参加的职业技能鉴定、职业资格认证等经费支出；
8. 购置教学设备与设施；
9. 职工岗位自学成才奖励费用；
10. 职工教育培训管理费用；
11. 有关职工教育的其他开支。

（六）经单位批准或按国家和省、市规定必须到本单位之外接受培训的职工，与培训有关的费用由职工所在单位按规定承担。

（七）经单位批准参加继续教育以及政府有关部门集中举办的专业技术、岗位培训、职业技术等级培训、高技能人才培训所需经费，可从职工所在企业职工教育培训经费中列支。

（八）为保障企业职工的学习权利和提高他们的基本技能，职工教育培训经费的60%以上应用于企业一线职工的教育和培训。当前和今后一个时期，要将职工教育培训经费的重点投向技能型人才特别是高技能人才的培养以及在岗人员的技术培训和继续学习。

（九）企业职工参加社会上的学历教育以及个人为取得学位而参加的在职教育，所需费用应由个人承担，不能挤占企业的职工教育培训经费。

（十）对于企业高层管理人员的境外培训和考察，其一次性单项支出较高的费用应从其他管理费用中支出，避免挤占日常的职工教育培训经费开支。

（十一）矿山和建筑企业等聘用外来农民工较多的企业，以及在城市化进程中接受农村转移劳动力较多的企业，对农民工和农村转移劳动力培训所需的费用，可从职工教育培训经费中支出。

四、企业职工教育培训经费的补充

（一）企业新建项目，应充分考虑岗位技术技能要求、设备操作难度等因素，按照国家规定的相关标准，在项目投资中列支技术技能培训费用。

（二）企业进行技术改造和项目引进、研究开发新技术、试制新产品，应按相关规定从项目投入中提取职工技术技能培训经费，重点保证专业技术骨干、高技能人才和急需紧缺人才培养的需要。

（三）企业工会年度内按规定留成的工会经费中，应有一定部分用于职工教育与培训，列入工会预算掌握使用。

五、加强职工教育培训经费的管理

（一）建立健全企业职工教育培训经费提取和使用的规章制度，严格按照规定范围和控制额度开支。企业的经营者应确保本企业职工教育经费的提取与使用。

（二）企业职工教育培训主管部门要根据职工教育与培训计划合理安排职工教育培训经费使用，大型企业集团提取的职工教育培训经费可与二级单位（或二级法人单位）划分一定的比例分别管理与使用。

（三）鼓励各企业建立职工个人学习与培训账户制度，采取单位、个人、工会共同向账户注资方法，支持职工个人学习与培训，并建立学习档案，完整记录职工学习与培训的情况。

（四）对自身没有能力开展职工培训，以及未开展高技能人才培训的企业，应按照《意见》要求，由县级以上地方人民政府对其职工教育培训经费实行统筹，由劳动保障等部门统一组织培训服务。

六、完善经费提取与使用的监督

（一）企业工会应当积极组织开展"创建学习型组织，争做知识型职工"活动，切实维护职工的学习权利，督促企业履行对职工的培训义务，并依据已签订的集体合同中有关职工教育培训的条款参与监督企业职工教育培训经费的提取与使用。

（二）企业职工代表大会或职工大会、企业审计等有关部门要分别履行监督企业提取与使用职工教育培训经费的职责。

（三）企业应将职工教育培训经费的提取与使用情况列为厂务公开的内容，向职工代表大会或职工大会报告，定期或不定期进行公开，接受职工代表的质询和全体职工的监督。

（四）各级劳动保障、审计部门要加强对企业职工教育培训经费提取与使用情况的监督，引导企业落实职工培训特别是高技能人才培训任务。

（五）充分发挥公众舆论依照国家有关法律法规实施监督的作用，促进企业按要求承担职工教育与培训义务。

基层工会经费收支管理办法

(2017年12月15日 总工办发〔2017〕32号)

第一章 总 则

第一条 为加强基层工会收支管理，规范基层工会经费使用，根据《中华人民共和国工会法》和《中国工会章程》《工会会计制度》《工会预算管理办法》的有关规定，结合中华全国总工会（以下简称"全国总工会"）贯彻落实中央有关规定的相关要求，制定本办法。

第二条 本办法适用于企业、事业单位、机关和其他经济社会组织单独或联合建立的基层工会委员会。

第三条 基层工会经费收支管理应遵循以下原则：

（一）遵纪守法原则。基层工会应依据《中华人民共和国工会法》的有关规定，依法组织各项收入，严格遵守国家法律法规，严格执行全国总工会有关制度规定，严肃财经纪律，严格工会经费使用，加强工会经费收支管理。

（二）经费独立原则。基层工会应依据全国总工会关于工会法人登记管理的有关规定取得工会法人资格，依法享有民事权利、承担民事义务，并根据财政部、中国人民银行的有关规定，设立工会经费银行账户，实行工会经费独立核算。

（三）预算管理原则。基层工会应按照《工会预算管理办法》的要求，将单位各项收支全部纳入预算管理。基层工会经费年度收支预算（含调整预算）需经同级工会委员会和工会经费审查委员会审查同意，并报上级主管工会批准。

（四）服务职工原则。基层工会应坚持工会经费正确的使用方向，优化工会经费支出结构，严格控制一般性支出，将更多的工会经费用于为职工服务和开展工会活动，维护职工的合法权益，增强工会组织服务职工的能力。

（五）勤俭节约原则。基层工会应按照党中央、国务院关于厉行勤俭节约反对奢侈浪费的有关规定，严格控制工会经费开支范围和开支标准，经费使用要精打细算，少花钱多办事，节约开支，提高工会经费使用效益。

（六）民主管理原则。基层工会应依靠会员管好用好工会经费。年度工会经费收支情况应定期向会员大会或会员代表大会报告，建立经费收支信息公开制度，主动接受会员监督。同时，接受上级工会监督，依法接受国家审计监督。

第二章 工会经费收入

第四条 基层工会经费收入范围包括：

（一）会费收入。会费收入是指工会会员依照全国总工会规定按本人工资收入的5‰向所在基层工会缴纳的会费。

（二）拨缴经费收入。拨缴经费收入是指建立工会组织的单位按全部职工工资总额2%依法向工会拨缴的经费中的留成部分。

（三）上级工会补助收入。上级工会补助收入是指基层工会收到的上级工会拨付的各类补助款项。

（四）行政补助收入。行政补助收入是指基层工会所在单位依法对工会组织给予的各项经费补助。

（五）事业收入。事业收入是指基层工会独立核算的所属事业单位上缴的收入和非独立核算的附属事业单位的各项事业收入。

（六）投资收益。投资收益是指基层工会依据相关规定对外投资取得的收益。

（七）其他收入。其他收入是指基层工会取得的资产盘盈、固定资产处置净收入、接受捐赠收入和利息收入等。

第五条 基层工会应加强对各项经费收入的管理。要按照会员工资收入和规定的比例，按时收取全部会员应交的会费。要严格按照国家统计局公布的职工工资总额口径和所在省级工会规定的分成比例，及时足额拨缴工会经费；实行财政划拨或委托税务代收部分工会经费的基层工会，应加强与本单位党政部门的沟通，依法足额落实基层工会按照省级工会确定的留成比例应当留成的经费。要统筹安排行政补助收入，按照预算确定的用途开支，不得将与工会无关的经费以行政补助名义纳入账户管理。

第三章 工会经费支出

第六条 基层工会经费主要用于为职工服务和开展工会活动。

第七条 基层工会经费支出范围包括：职工活动支出、维权支出、业务支出、资本性支出、事业支出和其他支出。

第八条 职工活动支出是指基层工会组织开展职工教育、文体、宣传等活动所发生的支出和工会组织的职工集体福利支出。包括：

（一）职工教育支出。用于基层工会举办政治、法律、科技、业务等专题培训和职工技能培训所需的教材资料、教学用品、场地租金等方面的支出，用于支付职工教育活动聘请授课人员的酬金，用于基层工会组织的职工素质提升补助和职工教育培训优秀学员的奖励。对优秀学员的奖励应以精神鼓励为主、物质激励为辅。授课人员酬金标准参照国家有关规定执行。

(二)文体活动支出。用于基层工会开展或参加上级工会组织的职工业余文体活动所需器材、服装、用品等购置、租赁与维修方面的支出以及活动场地、交通工具的租金支出等,用于文体活动优胜者的奖励支出,用于文体活动中必要的伙食补助费。文体活动奖励应以精神鼓励为主、物质激励为辅。奖励范围不得超过参与人数的三分之二;不设置奖项的,可为参加人员发放少量纪念品。文体活动中开支的伙食补助费,不得超过当地差旅费中的伙食补助标准。

基层工会可以用会员会费组织会员观看电影、文艺演出和体育比赛等,开展春游秋游,为会员购买当地公园年票。会费不足部分可以用工会经费弥补,弥补部分不超过基层工会当年会费收入的三倍。基层工会组织会员春游秋游应当日往返,不得到有关部门明令禁止的风景名胜区开展春游秋游活动。

(三)宣传活动支出。用于基层工会开展重点工作、重大主题和重大节日宣传活动所需的材料消耗、场地租金、购买服务等方面的支出,用于培育和践行社会主义核心价值观,弘扬劳模精神和工匠精神等经常性宣传活动方面的支出,用于基层工会开展或参加上级工会举办的知识竞赛、宣讲、演讲比赛、展览等宣传活动支出。

(四)职工集体福利支出。用于基层工会逢年过节和会员生日、婚丧嫁娶、退休离岗的慰问支出等。基层工会逢年过节可以向全体会员发放节日慰问品。逢年过节的年节是指国家规定的法定节日(即:新年、春节、清明节、劳动节、端午节、中秋节和国庆节)和经自治区以上人民政府批准设立的少数民族节日。节日慰问品原则上为符合中国传统节日习惯的用品和职工群众必需的生活用品等,基层工会可结合实际采取便捷灵活的发放方式。工会会员生日慰问可以发放生日蛋糕等实物慰问品,也可以发放指定蛋糕店的蛋糕券。工会会员结婚生育时,可以给予一定金额的慰问品。工会会员生病住院、工会会员或其直系亲属去世时，可以给予一定金额的慰问金。工会会员退休离岗，可以发放一定金额的纪念品。

（五）其他活动支出。用于工会组织开展的劳动模范和先进职工疗休养补贴等其他活动支出。

第九条 维权支出是指基层工会用于维护职工权益的支出。包括：劳动关系协调费、劳动保护费、法律援助费、困难职工帮扶费、送温暖费和其他维权支出。

（一）劳动关系协调费。用于推进创建劳动关系和谐企业活动、加强劳动争议调解和队伍建设、开展劳动合同咨询活动、集体合同示范文本印制与推广等方面的支出。

（二）劳动保护费。用于基层工会开展群众性安全生产和职业病防治活动、加强群监员队伍建设、开展职工心理健康维护等促进安全健康生产、保护职工生命安全为宗旨开展职工劳动保护发生的支出等。

（三）法律援助费。用于基层工会向职工群众开展法治宣传、提供法律咨询、法律服务等发生的支出。

（四）困难职工帮扶费。用于基层工会对困难职工提供资金和物质帮助等发生的支出。工会会员本人及家庭因大病、意外事故、子女就学等原因致困时，基层工会可给予一定金额的慰问。

（五）送温暖费。用于基层工会开展春送岗位、夏送清凉、金秋助学和冬送温暖等活动发生的支出。

（六）其他维权支出。用于基层工会补助职工和会员参加互助互济保障活动等其他方面的维权支出。

第十条 业务支出是指基层工会培训工会干部、加强自身建设以及开展业务工作发生的各项支出。包括：

（一）培训费。用于基层工会开展工会干部和积极分子培训发生的支出。开支范围和标准以有关部门制定的培训费管理办法为准。

（二）会议费。用于基层工会会员大会或会员代表大会、委员会、常委会、经费审查委员会以及其他专业工作会议的各项支出。开支范围和标准以有关部门制定的会议费管理办法为准。

（三）专项业务费。用于基层工会开展基层工会组织建设、建家活动、劳模和工匠人才创新工作室、职工创新工作室等创建活动发生的支出，用于基层工会开办的图书馆、阅览室和职工书屋等职工文体活动阵地所发生的支出，用于基层工会开展专题调研所发生的支出，用于基层工会开展女职工工作性支出，用于基层工会开展外事活动方面的支出，用于基层工会组织开展合理化建议、技术革新、发明创造、岗位练兵、技术比武、技术培训等劳动和技能竞赛活动支出及其奖励支出。

（四）其他业务支出。用于基层工会发放兼职工会干部和专职社会化工会工作者补贴，用于经上级批准评选表彰的优秀工会干部和积极分子的奖励支出，用于基层工会必要的办公费、差旅费，用于基层工会支付代理记账、中介机构审计等购买服务方面的支出。基层工会兼职工会干部和专职社会化工会工作者发放补贴的管理办法由省级工会制定。

第十一条 资本性支出是指基层工会从事工会建设工程、设备工具购置、大型修缮和信息网络购建而发生的支出。

第十二条 事业支出是指基层工会对独立核算的附属事业单位的补助和非独立核算的附属事业单位的各项支出。

第十三条 其他支出是指基层工会除上述支出以外的其他各项支出。包括：资产盘亏、固定资产处置净损失、捐赠、赞助等。

第十四条 根据《中华人民共和国工会法》的有关规定，基层工会专职工作人员的工资、奖励、补贴由所在单位承担，基层工会办公和开展活动必要的设施和活动场所等物质条件由所在单位提供。所在单位保障不足且基层工会经费预算足以保证的前提下,可以用工会经费适当弥补。

第四章 财务管理

第十五条 基层工会主席对基层工会会计工作和会计资料的真实性、完整性负责。

第十六条 基层工会应根据国家和全国总工会的有关政策规定以及上级工会的要求,制订年度工会工作计划,依法、真实、完整、合理地编制工会经费年度预算,依法履行必要程序后报上级工会批准。严禁无预算、超预算使用工会经费。年度预算原则上一年调整一次,调整预算的编制审批程序与预算编制审批程序一致。

第十七条 基层工会应根据批准的年度预算,积极组织各项收入,合理安排各项支出,并严格按照《工会会计制度》的要求,科学设立和登记会计账簿,准确办理经费收支核算,定期向工会委员会和经费审查委员会报告预算执行情况。基层工会经费年度财务决算需报上级工会审批。

第十八条 基层工会应加强财务管理制度建设,健全完善财务报销、资产管理、资金使用等内部管理制度。基层工会应依法组织工会经费收入,严格控制工会经费支出,各项收支实行工会委员会集体领导下的主席负责制,重大收支须集体研究决定。

第十九条 基层工会应根据自身实际科学设置会计机构、合理配备会计人员,真实、完整、准确、及时反映工会经费收支情况和财务管理状况。具备条件的基层工会,应当设置会计机构或在有关机构中设置专职会计人员;不具备条件的,由设立工会财务结算中心的乡镇(街道)、开发区(工业园区)工会实行集中核算,分户管理,或者委托本单位财务部门或经批准设立从事会计代理记账业务的中介机构或聘请兼职会计人员代理记账。

第五章 监督检查

第二十条 全国总工会负责对全国工会系统工会经费的收入、支出和使用管理情况进行监督检查。按照"统一领导、分级管理"的管理体制，省以下各级工会应加强对本级和下一级工会经费收支与使用管理情况的监督检查，下一级工会应定期向本级工会委员会和上一级工会报告财务监督检查情况。

第二十一条 基层工会应加强对本单位工会经费使用情况的内部会计监督和工会预算执行情况的审查审计监督，依法接受并主动配合国家审计监督。内部会计监督主要对原始凭证的真实性合法性、会计账簿与财务报告的准确性及时性、财产物资的安全性完整性进行监督，以维护财经纪律的严肃性。审查审计监督主要对单位财务收支情况和预算执行情况进行审查监督。

第二十二条 基层工会应严格执行以下规定：

（一）不准使用工会经费请客送礼。

（二）不准违反工会经费使用规定，滥发奖金、津贴、补贴。

（三）不准使用工会经费从事高消费性娱乐和健身活动。

（四）不准单位行政利用工会账户，违规设立"小金库"。

（五）不准将工会账户并入单位行政账户，使工会经费开支失去控制。

（六）不准截留、挪用工会经费。

（七）不准用工会经费参与非法集资活动，或为非法集资活动提供经济担保。

（八）不准用工会经费报销与工会活动无关的费用。

第二十三条 各级工会对监督检查中发现违反基层工会经费收支管理办法的问题，要及时纠正。违规问题情节较轻的，要限期整改；涉及违纪的，由纪检监察部门依照有关规定，追究直接责任人和相关领导责任；构成犯罪的，依法移交司法机关处理。

第六章　附　　则

第二十四条　各省级工会应根据本办法的规定，结合本地区、本产业和本系统工作实际，制定具体实施细则，细化支出范围，明确开支标准，确定审批权限，规范活动开展。各省级工会制定的实施细则须报全国总工会备案。基层工会制定的相关办法须报上级工会备案。

第二十五条　本办法自印发之日起执行。《中华全国总工会办公厅关于加强基层工会经费收支管理的通知》（总工办发〔2014〕23号）和《全总财务部关于〈关于加强基层工会经费收支管理的通知〉的补充通知》（工财发〔2014〕69号）同时废止。

第二十六条　基层工会预算编制审批管理办法由全国总工会另行制定。

第二十七条　本办法由全国总工会负责解释。

国家机关事务管理局 中共中央直属机关事务管理局 财政部 人力资源社会保障部 住房城乡建设部关于在京中央和国家机关职工住宅区物业管理和供热采暖改革的意见（节选）

（2014年11月6日 国管房改〔2014〕504号）

附表

在京中央和国家机关职工住房采暖补贴标准表

公务员和参照公务员法管理的事业单位人员住房采暖补贴标准

职级	科员以下	正、副科级	副处级	正处级	副司（局）级	正司（局）级
补贴标准（元/采暖季）	1 850	2 100	2 350	2 750	3 150	3 700

事业单位管理人员住房采暖补贴标准

岗位等级	25年以下工龄聘用在九、十级职员岗位的人员	聘用在七、八级职员岗位的人员和25年（含）以上工龄聘用在九、十级职员岗位的人员	聘用在六级职员岗位的人员	聘用在五级职员岗位的人员	聘用在四级职员岗位的人员	聘用在三级职员岗位的人员
补贴标准（元/采暖季）	1 850	2 100	2 350	2 750	3 150	3 700

事业单位专业技术人员住房采暖补贴标准

岗位等级	25年以下工龄聘用在十一至十三级岗位的人员	25年（含）以上工龄聘用在十一至十三级岗位以及聘用在八至十级岗位的人员	聘用在五至七级岗位的人员	聘用在二至四级岗位的人员
补贴标准（元/采暖季）	1 850	2 100	2 750	3 150

机关及事业单位工勤人员住房采暖补贴标准

岗位技术等级	25年以下工龄的初、中级工和普通工人	高级工、技师和25年（含）以上工龄的初、中级工与普通工人	高级技师
补贴标准（元/采暖季）	1 850	2 100	2 350

人力资源社会保障部 财政部关于印发《企业职工基本养老保险遗属待遇暂行办法》的通知

(2021年2月22日 人社部发〔2021〕18号)

各省、自治区、直辖市及新疆生产建设兵团人力资源社会保障厅(局)、财政厅(局):

为保障企业职工基本养老保险参保人员及其遗属的合法权益,按照党中央、国务院改革和完善养老保险制度的部署和社会保险法要求,我们制定了《企业职工基本养老保险遗属待遇暂行办法》,现印发给你们,请结合实际,认真贯彻落实。实施中遇到新情况、新问题,请及时向两部报告。

企业职工基本养老保险遗属待遇暂行办法

第一条 为保障企业职工基本养老保险参保人员及其遗属的合法权益,依据社会保险法有关规定,制定本办法。

第二条 参加企业职工基本养老保险的人员(包括在职人员和退休人员,以下简称参保人员)因病或非因工死亡的,其遗属可以领取丧葬补助金和抚恤金(合称遗属待遇)。

第三条 遗属待遇为一次性待遇,所需资金从企业职工基本养老保险统筹基金中列支。

第四条 丧葬补助金的标准，按照参保人员死亡时本省（自治区、直辖市，以下简称本省）上一年度城镇居民月人均可支配收入的2倍计算。

第五条 抚恤金标准按以下办法确定：

（一）在职人员（含灵活就业等以个人身份参保人员），以死亡时本省上一年度城镇居民月人均可支配收入为基数，根据本人的缴费年限（包括实际缴费年限和视同缴费年限，下同）确定发放月数。

缴费年限不满5年的，发放月数为3个月；

缴费年限满5年不满10年的，发放月数为6个月；

缴费年限满10年不超过15年（含15年）的，发放月数为9个月；

缴费年限15年以上的，每多缴费1年，发放月数增加1个月。缴费年限30年以上的，按照30年计算，发放月数最高为24个月。

（二）退休人员（含退职人员），以死亡时本省上一年度城镇居民月人均可支配收入为基数，根据本人在职时的缴费年限确定最高发放月数（计算方法与在职人员相同），每领取1年基本养老金减少1个月，发放月数最低为9个月。

本条所述缴费年限和领取基本养老金时间计算到月。

第六条 参保人员因病或非因工死亡，累计缴费年限不足5年的，其遗属待遇标准不得超过其个人缴费之和（灵活就业等以个人身份参保人员以记入个人账户部分计算）。

第七条 在职参保人员死亡的遗属待遇领取地为其最后养老保险关系所在地（含临时基本养老保险缴费账户所在地），由最后养老保险关系所在地社会保险经办机构负责核定参保人员缴费年限等相关信息，并支付遗属待遇。退休人员死亡的遗属待遇领取地为其企业职工基本养老保险待遇领取地。

第八条 参保人员因病或非因工死亡，同时符合企业职工基本养老保险、城乡居民基本养老保险遗属待遇条件的，由其遗属选择其中一种领取。已办理企业职工基本养老保险和城乡居民基本养老保险制度衔接手续并领取城乡居民基本养老保险待遇后死亡的，其遗属不再享受企业职工基本养老保险遗属待遇。

第九条 参保人员因下落不明被人民法院宣告死亡的，以人民法院宣告的死亡日期作为其死亡时间，其遗属可以领取遗属待遇。被宣告死亡参保人员再次出现的，已领取的遗属待遇应予退还。

第十条 本办法自2021年9月1日起施行。对在社会保险法实施后至本办法施行前死亡参保人员的遗属尚未享受遗属待遇的，由各省妥善予以处理。

四、中长期激励类

中华人民共和国促进科技成果转化法(节选)

(1996年5月15日第八届全国人民代表大会常务委员会第十九次会议通过 根据2015年8月29日第十二届全国人民代表大会常务委员会第十六次会议《关于修改〈中华人民共和国促进科技成果转化法〉的决定》修正)

第一章 总 则

第一条 为了促进科技成果转化为现实生产力,规范科技成果转化活动,加速科学技术进步,推动经济建设和社会发展,制定本法。

第二条 本法所称科技成果,是指通过科学研究与技术开发所产生的具有实用价值的成果。职务科技成果,是指执行研究开发机构、高等院校和企业等单位的工作任务,或者主要是利用上述单位的物质技术条件所完成的科技成果。

本法所称科技成果转化,是指为提高生产力水平而对科技成果所进行的后续试验、开发、应用、推广直至形成新技术、新工艺、新材料、新产品,发展新产业等活动。

第四章 技术权益

第四十三条 国家设立的研究开发机构、高等院校转化科技成果所获得的收入全部留归本单位,在对完成、转化职务科技成果做出重要贡献的人员给予奖励和报酬后,主要用于科学技术研究开发与成果转化等相关工作。

第四十四条 职务科技成果转化后,由科技成果完成单位对完成、转化该项科技成果做出重要贡献的人员给予奖励和报酬。

科技成果完成单位可以规定或者与科技人员约定奖励和报酬的方式、数额和时限。单位制定相关规定,应当充分听取本单位科技人员的意见,并在本单位公开相关规定。

第四十五条 科技成果完成单位未规定、也未与科技人员约定奖励和报酬的方式和数额的,按照下列标准对完成、转化职务科技成果做出重要贡献的人员给予奖励和报酬:

(一)将该项职务科技成果转让、许可给他人实施的,从该项科技成果转让净收入或者许可净收入中提取不低于百分之五十的比例;

(二)利用该项职务科技成果作价投资的,从该项科技成果形成的股份或者出资比例中提取不低于百分之五十的比例;

(三)将该项职务科技成果自行实施或者与他人合作实施的,应当在实施转化成功投产后连续三至五年,每年从实施该项科技成果的营业利润中提取不低于百分之五的比例。

国家设立的研究开发机构、高等院校规定或者与科技人员约定奖励和报酬的方式和数额应当符合前款第一项至第三项规定的标准。

国有企业、事业单位依照本法规定对完成、转化职务科技成果做出重要贡献的人员给予奖励和报酬的支出计入当年本单位工资总额，但不受当年本单位工资总额限制、不纳入本单位工资总额基数。

第六章 附 则

第五十二条 本法自1996年10月1日起施行。

证监会关于上市公司实施员工持股计划试点的指导意见

(2014年6月20日 中国证券监督管理委员会公告〔2014〕33号)

为了贯彻《中共中央关于全面深化改革若干重大问题的决定》中关于"允许混合所有制经济实行企业员工持股,形成资本所有者和劳动者利益共同体"的精神,落实《国务院关于进一步促进资本市场健康发展的若干意见》(国发〔2014〕17号)中关于"允许上市公司按规定通过多种形式开展员工持股计划"的要求,经国务院同意,中国证监会依照《公司法》《证券法》相关规定,在上市公司中开展员工持股计划实施试点。上市公司实施员工持股计划试点,有利于建立和完善劳动者与所有者的利益共享机制,改善公司治理水平,提高职工的凝聚力和公司竞争力,使社会资金通过资本市场实现优化配置。为稳妥有序开展员工持股计划试点,现提出以下指导意见。

一、员工持股计划基本原则

(一)依法合规原则

上市公司实施员工持股计划,应当严格按照法律、行政法规的规定履行程序,真实、准确、完整、及时地实施信息披露。任何人不得利用员工持股计划进行内幕交易、操纵证券市场等证券欺诈行为。

（二）自愿参与原则

上市公司实施员工持股计划应当遵循公司自主决定，员工自愿参加，上市公司不得以摊派、强行分配等方式强制员工参加本公司的员工持股计划。

（三）风险自担原则

员工持股计划参与人盈亏自负，风险自担，与其他投资者权益平等。

二、员工持股计划的主要内容

（四）员工持股计划是指上市公司根据员工意愿，通过合法方式使员工获得本公司股票并长期持有，股份权益按约定分配给员工的制度安排。员工持股计划的参加对象为公司员工，包括管理层人员。

（五）员工持股计划的资金和股票来源

1. 员工持股计划可以通过以下方式解决所需资金：

（1）员工的合法薪酬；（2）法律、行政法规允许的其他方式。

2. 员工持股计划可以通过以下方式解决股票来源：

（1）上市公司回购本公司股票；（2）二级市场购买；（3）认购非公开发行股票；（4）股东自愿赠与；（5）法律、行政法规允许的其他方式。

（六）员工持股计划的持股期限和持股计划的规模

1. 每期员工持股计划的持股期限不得低于12个月，以非公开发行方式实施员工持股计划的，持股期限不得低于36个月，自上市公司公告标的股票过户至本期持股计划名下时起算；上市公司应当在员工持股计划届满前6个月公告到期计划持有的股票数量。

2. 上市公司全部有效的员工持股计划所持有的股票总数累计不得超过公司股本总额的10%，单个员工所获股份权益对应的股票总数累计不得超过公司股本总额的1%。员工持股计划持有的股票总数不包括员工在公司首次公开发行股票上市前获得的股份、通过二级市场自行购买的股份及通过股权激励获得的股份。

(七)员工持股计划的管理

1. 参加员工持股计划的员工应当通过员工持股计划持有人会议选出代表或设立相应机构,监督员工持股计划的日常管理,代表员工持股计划持有人行使股东权利或者授权资产管理机构行使股东权利。

2. 上市公司可以自行管理本公司的员工持股计划,也可以将本公司员工持股计划委托给下列具有资产管理资质的机构管理:(1)信托公司;(2)保险资产管理公司;(3)证券公司;(4)基金管理公司;(5)其他符合条件的资产管理机构。

3. 上市公司自行管理本公司员工持股计划的,应当明确持股计划的管理方,制定相应的管理规则,切实维护员工持股计划持有人的合法权益,避免产生上市公司其他股东与员工持股计划持有人之间潜在的利益冲突。

4. 员工享有标的股票的权益;在符合员工持股计划约定的情况下,该权益可由员工自身享有,也可以转让、继承。员工通过持股计划获得的股份权益的占有、使用、收益和处分的权利,可以依据员工持股计划的约定行使;参加员工持股计划的员工离职、退休、死亡以及发生不再适合参加持股计划事由等情况时,其所持股份权益依照员工持股计划约定方式处置。

5. 上市公司委托资产管理机构管理本公司员工持股计划的,应当与资产管理机构签订资产管理协议。资产管理协议应当明确当事人的权利义务,切实维护员工持股计划持有人的合法权益,确保员工持股计划的财产安全。资产管理机构应当根据协议约定管理员工持股计划,同时应当遵守资产管理业务相关规则。

6. 员工持股计划管理机构应当为员工持股计划持有人的最

大利益行事，不得与员工持股计划持有人存在利益冲突，不得泄露员工持股计划持有人的个人信息。

7. 员工持股计划管理机构应当以员工持股计划的名义开立证券交易账户。员工持股计划持有的股票、资金为委托财产，员工持股计划管理机构不得将委托财产归入其固有财产。员工持股计划管理机构因依法解散、被依法撤销或者被依法宣告破产等原因进行清算的，委托财产不属于其清算财产。

三、员工持股计划的实施程序及信息披露

（八）上市公司实施员工持股计划前，应当通过职工代表大会等组织充分征求员工意见。

（九）上市公司董事会提出员工持股计划草案并提交股东大会表决，员工持股计划草案至少应包含如下内容：

1. 员工持股计划的参加对象及确定标准、资金、股票来源；

2. 员工持股计划的存续期限、管理模式、持有人会议的召集及表决程序；

3. 公司融资时员工持股计划的参与方式；

4. 员工持股计划的变更、终止，员工发生不适合参加持股计划情况时所持股份权益的处置办法；

5. 员工持股计划持有人代表或机构的选任程序；

6. 员工持股计划管理机构的选任、管理协议的主要条款、管理费用的计提及支付方式；

7. 员工持股计划期满后员工所持有股份的处置办法；

8. 其他重要事项。

非金融类国有控股上市公司实施员工持股计划应当符合相关国有资产监督管理机构关于混合所有制企业员工持股的有关要求。

金融类国有控股上市公司实施员工持股计划应当符合财政部关于金融类国有控股上市公司员工持股的规定。

（十）独立董事和监事会应当就员工持股计划是否有利于上市公司的持续发展，是否损害上市公司及全体股东利益，公司是否以摊派、强行分配等方式强制员工参加本公司持股计划发表意见。上市公司应当在董事会审议通过员工持股计划草案后的2个交易日内，公告董事会决议、员工持股计划草案摘要、独立董事及监事会意见及与资产管理机构签订的资产管理协议。

（十一）上市公司应当聘请律师事务所对员工持股计划出具法律意见书，并在召开关于审议员工持股计划的股东大会前公告法律意见书。员工持股计划拟选任的资产管理机构为公司股东或股东关联方的，相关主体应当在股东大会表决时回避；员工持股计划涉及相关董事、股东的，相关董事、股东应当回避表决；公司股东大会对员工持股计划作出决议的，应当经出席会议的股东所持表决权的半数以上通过。

（十二）股东大会审议通过员工持股计划后2个交易日内，上市公司应当披露员工持股计划的主要条款。

（十三）采取二级市场购买方式实施员工持股计划的，员工持股计划管理机构应当在股东大会审议通过员工持股计划后6个月内，根据员工持股计划的安排，完成标的股票的购买。上市公司应当每月公告一次购买股票的时间、数量、价格、方式等具体情况。

上市公司实施员工持股计划的，在完成标的股票的购买或将标的股票过户至员工持股计划名下的2个交易日内，以临时公告形式披露获得标的股票的时间、数量等情况。

（十四）员工因参加员工持股计划，其股份权益发生变动，依据法律应当履行相应义务的，应当依据法律履行；员工持股计划持有公司股票达到公司已发行股份总数的5%时，应当依据法律规定履行相应义务。

（十五）上市公司至少应当在定期报告中披露报告期内下列

员工持股计划实施情况：

1. 报告期内持股员工的范围、人数；

2. 实施员工持股计划的资金来源；

3. 报告期内员工持股计划持有的股票总额及占上市公司股本总额的比例；

4. 因员工持股计划持有人处分权利引起的计划股份权益变动情况；

5. 资产管理机构的变更情况；

6. 其他应当予以披露的事项。

四、员工持股计划的监管

（十六）除非公开发行方式外，中国证监会对员工持股计划的实施不设行政许可，由上市公司根据自身实际情况决定实施。

（十七）上市公司公布、实施员工持股计划时，必须严格遵守市场交易规则，遵守中国证监会关于信息敏感期不得买卖股票的规定，严厉禁止利用任何内幕信息进行交易。

（十八）中国证监会对上市公司实施员工持股计划进行监管，对利用员工持股计划进行虚假陈述、操纵证券市场、内幕交易等违法行为的，中国证监会将依法予以处罚。

（十九）法律禁止特定行业公司员工持有、买卖股票的，不得以员工持股计划的名义持有、买卖股票。

（二十）证券交易所在其业务规则中明确员工持股计划的信息披露要求；证券登记结算机构在其业务规则中明确员工持股计划登记结算业务的办理要求。

中共中央办公厅　国务院办公厅印发《关于实行以增加知识价值为导向分配政策的若干意见》

(2016年11月7日　新华社受权发布)

为加快实施创新驱动发展战略，激发科研人员创新创业积极性，在全社会营造尊重劳动、尊重知识、尊重人才、尊重创造的氛围，现就实行以增加知识价值为导向的分配政策提出以下意见。

一、总体要求

（一）基本思路

全面贯彻党的十八大和十八届三中、四中、五中全会以及全国科技创新大会精神，深入学习贯彻习近平总书记系列重要讲话精神，加快实施创新驱动发展战略，实行以增加知识价值为导向的分配政策，充分发挥收入分配政策的激励导向作用，激发广大科研人员的积极性、主动性和创造性，鼓励多出成果、快出成果、出好成果，推动科技成果加快向现实生产力转化。统筹自然科学、哲学社会科学等不同科学门类，统筹基础研究、应用研究、技术开发、成果转化全创新链条，加强系统设计、分类管理。充分发挥市场机制作用，通过稳定提高基本工资、加大绩效工资分配激励力度、落实科技成果转化奖励等激励措施，使科研人员收入与岗位职责、工作业绩、实际贡献紧密联系，在全社会形成知识创造价值、价值创造者得到合理回报的良性循环，构建体现增加知识价值的收入分配机制。

(二) 主要原则

——坚持价值导向。针对我国科研人员实际贡献与收入分配不完全匹配、股权激励等对创新具有长期激励作用的政策缺位、内部分配激励机制不健全等问题，明确分配导向，完善分配机制，使科研人员收入与其创造的科学价值、经济价值、社会价值紧密联系。

——实行分类施策。根据不同创新主体、不同创新领域和不同创新环节的智力劳动特点，实行有针对性的分配政策，统筹宏观调控和定向施策，探索知识价值实现的有效方式。

——激励约束并重。把人作为政策激励的出发点和落脚点，强化产权等长期激励，健全中长期考核评价机制，突出业绩贡献。合理调控不同地区、同一地区不同类型单位收入水平差距。

——精神物质激励结合。采用多种激励方式，在加大物质收入激励的同时，注重发挥精神激励的作用，大力表彰创新业绩突出的科研人员，营造鼓励探索、激励创新的社会氛围。

二、推动形成体现增加知识价值的收入分配机制

(一) 逐步提高科研人员收入水平。在保障基本工资水平正常增长的基础上，逐步提高体现科研人员履行岗位职责、承担政府和社会委托任务等的基础性绩效工资水平，并建立绩效工资稳定增长机制。加大对做出突出贡献科研人员和创新团队的奖励力度，提高科研人员科技成果转化收益分享比例。强化绩效评价与考核，使收入分配与考核评价结果挂钩。

(二) 发挥财政科研项目资金的激励引导作用。对不同功能和资金来源的科研项目实行分类管理，在绩效评价基础上，加大对科研人员的绩效激励力度。完善科研项目资金和成果管理制度，对目标明确的应用型科研项目逐步实行合同制管理。对社会

科学研究机构和智库，推行政府购买服务制度。

（三）鼓励科研人员通过科技成果转化获得合理收入。积极探索通过市场配置资源加快科技成果转化、实现知识价值的有效方式。财政资助科研项目所产生的科技成果在实施转化时，应明确项目承担单位和完成人之间的收益分配比例。对于接受企业、其他社会组织委托的横向委托项目，允许项目承担单位和科研人员通过合同约定知识产权使用权和转化收益，探索赋予科研人员科技成果所有权或长期使用权。逐步提高稿费和版税等付酬标准，增加科研人员的成果性收入。

三、扩大科研机构、高校收入分配自主权

（一）引导科研机构、高校实行体现自身特点的分配办法。赋予科研机构、高校更大的收入分配自主权，科研机构、高校要履行法人责任，按照职能定位和发展方向，制定以实际贡献为评价标准的科技创新人才收入分配激励办法，突出业绩导向，建立与岗位职责目标相统一的收入分配激励机制，合理调节教学人员、科研人员、实验设计与开发人员、辅助人员和专门从事科技成果转化人员等的收入分配关系。对从事基础性研究、农业和社会公益研究等研发周期较长的人员，收入分配实行分类调节，通过优化工资结构，稳步提高基本工资收入，加大对重大科技创新成果的绩效奖励力度，建立健全后续科技成果转化收益反馈机制，使科研人员能够潜心研究。对从事应用研究和技术开发的人员，主要通过市场机制和科技成果转化业绩实现激励和奖励。对从事哲学社会科学研究的人员，以理论创新、决策咨询支撑和社会影响作为评价基本依据，形成合理的智力劳动补偿激励机制。完善相关管理制度，加大对科研辅助人员的激励力度。科学设置考核周期，合理确定评价时限，避免短期频繁考核，形成长期激励导向。

（二）完善适应高校教学岗位特点的内部激励机制。把教学业绩和成果作为教师职称晋升、收入分配的重要依据。对专职从事教学的人员，适当提高基础性绩效工资在绩效工资中的比重，加大对教学型名师的岗位激励力度。对高校教师开展的教学理论研究、教学方法探索、优质教学资源开发、教学手段创新等，在绩效工资分配中给予倾斜。

（三）落实科研机构、高校在岗位设置、人员聘用、绩效工资分配、项目经费管理等方面自主权。对科研人员实行岗位管理，用人单位根据国家有关规定，结合实际需要，合理确定岗位等级的结构比例，建立各级专业技术岗位动态调整机制。健全绩效工资管理，科研机构、高校自主决定绩效考核和绩效分配办法。赋予财政科研项目承担单位对间接经费的统筹使用权。合理调节单位内部各类岗位收入差距，除科技成果转化收入外，单位内部收入差距要保持在合理范围。积极解决部分岗位青年科研人员和教师收入待遇低等问题，加强学术梯队建设。

（四）重视科研机构、高校中长期目标考核。结合科研机构、高校分类改革和职责定位，加强对科研机构、高校中长期目标考核，建立与考核评价结果挂钩的经费拨款制度和员工收入调整机制，对评价优秀的加大绩效激励力度。对有条件的科研机构，探索实行合同管理制度，按合同约定的目标完成情况确定拨款、绩效工资水平和分配办法。完善科研机构、高校财政拨款支出、科研项目收入与支出、科研成果转化及收入情况等内部公开公示制度。

四、进一步发挥科研项目资金的激励引导作用

（一）发挥财政科研项目资金在知识价值分配中的激励作用。根据科研项目特点完善财政资金管理，加大对科研人员的激励力度。对实验设备依赖程度低和实验材料耗费少的基础研究、软件开发和软科学研究等智力密集型项目，项目承担单位应在国家政策框架内，建立健全符合自身特点的劳务费、间接经费管理方式。项目承担单位可结合科研人员工作实绩，合理安排间接经费中绩效支出。建立符合科技创新规律的财政科技经费监管制度，探索在有条件的科研项目中实行经费支出负面清单管理。个人收入不与承担项目多少、获得经费高低直接挂钩。

（二）完善科研机构、高校横向委托项目经费管理制度。对于接受企业、其他社会组织委托的横向委托项目，人员经费使用按照合同约定进行管理。技术开发、技术咨询、技术服务等活动的奖酬金提取，按照《中华人民共和国促进科技成果转化法》及《实施〈中华人民共和国促进科技成果转化法〉若干规定》执行；项目合同没有约定人员经费的，由单位自主决定。科研机构、高校应优先保证科研人员履行科研、教学等公益职能；科研人员承担横向委托项目，不得影响其履行岗位职责、完成本职工作。

（三）完善哲学社会科学研究领域项目经费管理制度。对符合条件的智库项目，探索采用政府购买服务制度，项目资金由项目承担单位按照服务合同约定管理使用。修订国家社会科学基金、教育部高校哲学社会科学繁荣计划的项目资金管理办法，取消劳务费比例限制，明确劳务费开支范围，加大对项目承担单位间接成本补偿和科研人员绩效激励力度。

五、加强科技成果产权对科研人员的长期激励

（一）强化科研机构、高校履行科技成果转化长期激励的法人责任。坚持长期产权激励与现金奖励并举，探索对科研人员实施股权、期权和分红激励，加大在专利权、著作权、植物新品种权、集成电路布图设计专有权等知识产权及科技成果转化形成的股权、岗位分红权等方面的激励力度。科研机构、高校应建立健全科技成果转化内部管理与奖励制度，自主决定科技成果转化收益分配和奖励方案，单位负责人和相关责任人按照《中华人民共和国促进科技成果转化法》及《实施〈中华人民共和国促进科技成果转化法〉若干规定》予以免责，构建对科技人员的股权激励等中长期激励机制。以科技成果作价入股作为对科技人员的奖励涉及股权注册登记及变更的，无需报科研机构、高校的主管部门审批。加快出台科研机构、高校以科技成果作价入股方式投资未上市中小企业形成的国有股，在企业上市时豁免向全国社会保障基金转持的政策。

（二）完善科研机构、高校领导人员科技成果转化股权奖励管理制度。科研机构、高校的正职领导和领导班子成员中属中央管理的干部，所属单位中担任法人代表的正职领导，在担任现职前因科技成果转化获得的股权，任职后应及时予以转让，逾期未转让的，任期内限制交易。限制股权交易的，在本人不担任上述职务一年后解除限制。相关部门、单位要加快制定具体落实办法。

（三）完善国有企业对科研人员的中长期激励机制。尊重企业作为市场经济主体在收入分配上的自主权，完善国有企业科研人员收入与科技成果、创新绩效挂钩的奖励制度。国有企业科研人员按照合同约定薪酬，探索对聘用的国际高端科技人才、高端技能人才实行协议工资、项目工资等市场化薪酬制度。符合条件的国有科技型企业，可采取股权出售、股权奖励、股权期权等股权方式，或项目收益分红、岗位分红等分红方式进行激励。

（四）完善股权激励等相关税收政策。对符合条件的股票期权、股权期权、限制性股票、股权奖励以及科技成果投资入股等实施递延纳税优惠政策，鼓励科研人员创新创业，进一步促进科技成果转化。

六、允许科研人员和教师依法依规适度兼职兼薪

（一）允许科研人员从事兼职工作获得合法收入。科研人员在履行好岗位职责、完成本职工作的前提下，经所在单位同意，可以到企业和其他科研机构、高校、社会组织等兼职并取得合法报酬。鼓励科研人员公益性兼职,积极参与决策咨询、扶贫济困、科学普及、法律援助和学术组织等活动。科研机构、高校应当规定或与科研人员约定兼职的权利和义务,实行科研人员兼职公示制度,兼职行为不得泄露本单位技术秘密,损害或侵占本单位合法权益,违反承担的社会责任。兼职取得的报酬原则上归个人,建立兼职获得股权及红利等收入的报告制度。担任领导职务的科研人员兼职及取酬,按中央有关规定执行。经所在单位批准,科研人员可以离岗从事科技成果转化等创新创业活动。兼职或离岗创业收入不受本单位绩效工资总量限制,个人须如实将兼职收入报单位备案,按有关规定缴纳个人所得税。

(二)允许高校教师从事多点教学获得合法收入。高校教师经所在单位批准,可开展多点教学并获得报酬。鼓励利用网络平台等多种媒介,推动精品教材和课程等优质教学资源的社会共享,授课教师按照市场机制取得报酬。

七、加强组织实施

(一)强化联动。各地区各部门要加强组织领导,健全工作机制,强化部门协同和上下联动,制定实施细则和配套政策措施,加强督促检查,确保各项任务落到实处。加强政策解读和宣传,加强干部学习培训,激发广大科研人员的创新创业热情。

(二)先行先试。选择一些地方和单位结合实际情况先期开展试点,鼓励大胆探索、率先突破,及时推广成功经验。对基层因地制宜的改革探索建立容错机制。

(三)加强考核。各地区各部门要抓紧制定以增加知识价值为导向的激励、考核和评价管理办法,建立第三方评估评价机制,规范相关激励措施,在全社会形成既充满活力又规范有序的正向激励。

本意见适用于国家设立的科研机构、高校和国有独资企业

（公司）。其他单位对知识型、技术型、创新型劳动者可参照本意见精神，结合各自实际，制定具体收入分配办法。国防和军队系统的科研机构、高校、企业收入分配政策另行制定。

国资委　财政部　证监会关于印发《关于国有控股混合所有制企业开展员工持股试点的意见》的通知

（2016年8月2日　国资发改革〔2016〕133号）

各省、自治区、直辖市人民政府、国务院各部委、各直属机构：

经国务院同意，现将《关于国有控股混合所有制企业开展员工持股试点的意见》印发给你们，请结合实际认真贯彻执行。

关于国有控股混合所有制企业开展员工持股试点的意见

为全面贯彻党的十八大和十八届三中、四中、五中全会精神，落实"四个全面"战略布局和创新、协调、绿色、开放、共享的发展理念，根据《中共中央　国务院关于深化国有企业改革的指导意见》有关要求，经国务院同意，现就国有控股混合所有制企业开展员工持股试点提出以下意见。

一、试点原则

（一）坚持依法合规，公开透明。依法保护各类股东权益，严格遵守国家有关法律法规和国有企业改制、国有产权管理等有关规定，确保规则公开、程序公开、结果公开，杜绝暗箱操作，严禁利益输送，防止国有资产流失。不得侵害企业内部非持股员工合法权益。

（二）坚持增量引入，利益绑定。主要采取增资扩股、出资新设方式开展员工持股，并保证国有资本处于控股地位。建立健全激励约束长效机制，符合条件的员工自愿入股，入股员工与企业共享改革发展成果，共担市场竞争风险。

（三）坚持以岗定股，动态调整。员工持股要体现爱岗敬业的导向，与岗位和业绩紧密挂钩，支持关键技术岗位、管理岗位和业务岗位人员持股。建立健全股权内部流转和退出机制，避免持股固化僵化。

（四）坚持严控范围，强化监督。严格试点条件，限制试点数量，防止"一哄而起"。严格审批程序，持续跟踪指导，加强评价监督，确保试点工作目标明确、操作规范、过程可控。

二、试点企业条件

（一）主业处于充分竞争行业和领域的商业类企业。

（二）股权结构合理，非公有资本股东所持股份应达到一定比例，公司董事会中有非公有资本股东推荐的董事。

（三）公司治理结构健全，建立市场化的劳动人事分配制度和业绩考核评价体系，形成管理人员能上能下、员工能进能出、收入能增能减的市场化机制。

（四）营业收入和利润90%以上来源于所在企业集团外部市场。

优先支持人才资本和技术要素贡献占比较高的转制科研院所、高新技术企业、科技服务型企业（以下统称科技型企业）开展员工持股试点。中央企业二级（含）以上企业以及各省、自治区、直辖市及计划单列市和新疆生产建设兵团所属一级企业原则上暂不开展员工持股试点。违反国有企业职工持股有关规定且未按要求完成整改的企业，不开展员工持股试点。

三、企业员工入股

（一）员工范围。参与持股人员应为在关键岗位工作并对公司经营业绩和持续发展有直接或较大影响的科研人员、经营管理人员和业务骨干，且与本公司签订了劳动合同。

党中央、国务院和地方党委、政府及其部门、机构任命的国有企业领导人员不得持股。外部董事、监事（含职工代表监事）不参与员工持股。如直系亲属多人在同一企业时，只能一人持股。

（二）员工出资。员工入股应主要以货币出资，并按约定及时足额缴纳。按照国家有关法律法规，员工以科技成果出资入股的，应提供所有权属证明并依法评估作价，及时办理财产权转移手续。上市公司回购本公司股票实施员工持股，须执行有关规定。

试点企业、国有股东不得向员工无偿赠与股份，不得向持股员工提供垫资、担保、借贷等财务资助。持股员工不得接受与试点企业有生产经营业务往来的其他企业的借款或融资帮助。

（三）入股价格。在员工入股前，应按照有关规定对试点企业进行财务审计和资产评估。员工入股价格不得低于经核准或备案的每股净资产评估值。国有控股上市公司员工入股价格按证券监管有关规定确定。

（四）持股比例。员工持股比例应结合企业规模、行业特点、企业发展阶段等因素确定。员工持股总量原则上不高于公司总股本的30%，单一员工持股比例原则上不高于公司总股本的1%。企业可采取适当方式预留部分股权，用于新引进人才。国有控股上市公司员工持股比例按证券监管有关规定确定。

（五）股权结构。实施员工持股后，应保证国有股东控股地位，且其持股比例不得低于公司总股本的34%。

（六）持股方式。持股员工可以个人名义直接持股，也可通过公司制企业、合伙制企业、资产管理计划等持股平台持有股权。通过资产管理计划方式持股的，不得使用杠杆融资。持股平台不得从事除持股以外的任何经营活动。

四、企业员工股权管理

（一）股权管理主体。员工所持股权一般应通过持股人会议等形式选出代表或设立相应机构进行管理。该股权代表或机构应制定管理规则，代表持股员工行使股东权利，维护持股员工合法权益。

（二）股权管理方式。公司各方股东应就员工股权的日常管理、动态调整和退出等问题协商一致，并通过公司章程或股东协议等予以明确。

（三）股权流转。实施员工持股，应设定不少于36个月的锁定期。在公司公开发行股份前已持股的员工，不得在公司首次公开发行时转让股份，并应承诺自上市之日起不少于36个月的锁定期。锁定期满后，公司董事、高级管理人员每年可转让股份不得高于所持股份总数的25%。

持股员工因辞职、调离、退休、死亡或被解雇等原因离开本公司的，应在12个月内将所持股份进行内部转让。转让给持股平台、符合条件的员工或非公有资本股东的，转让价格由双方协商确定；转让给国有股东的，转让价格不得高于上一年度经审计的每股净资产值。国有控股上市公司员工转让股份按证券监管有关规定办理。

（四）股权分红。员工持股企业应处理好股东短期收益与公司中长期发展的关系，合理确定利润分配方案和分红率。企业及国有股东不得向持股员工承诺年度分红回报或设置托底回购条款。持股员工与国有股东和其他股东享有同等权益，不得优先于国有股东和其他股东取得分红收益。

（五）破产重整和清算。员工持股企业破产重整和清算时，持股员工、国有股东和其他股东应以出资额为限，按照出资比例共同承担责任。

五、试点工作实施

（一）试点企业数量。选择少量企业开展试点。各省、自治区、直辖市及计划单列市和新疆生产建设兵团可分别选择5~10户企业，国务院国资委可从中央企业所属子企业中选择10户企业，开展首批试点。

（二）试点企业确定。开展员工持股试点的地方国有企业，由省级人民政府国有资产监督管理机构协调有关部门，在审核申报材料的基础上确定。开展试点的中央企业所属子企业，由国有股东单位在审核有关申报材料的基础上，报履行出资人职责的机构确定。

（三）员工持股方案制订。企业开展员工持股试点，应深入分析实施员工持股的必要性和可行性，以适当方式向员工充分提示持股风险，严格按照有关规定制订员工持股方案，并对实施员工持股的风险进行评估，制订应对预案。员工持股方案应对持股员工条件、持股比例、入股价格、出资方式、持股方式、股权分红、股权管理、股权流转及员工岗位变动调整股权等操作细节作出具体规定。

（四）员工持股方案审批及备案。试点企业应通过职工代表大会等形式充分听取本企业职工对员工持股方案的意见，并由董事会提交股东（大）会进行审议。地方试点企业的员工持股方案经股东（大）会审议通过后，报履行出资人职责的机构备案，同时抄报省级人民政府国有资产监督管理机构；中央试点企业的员工持股方案经股东（大）会审议通过后，报履行出资人职责的机构备案。

（五）试点企业信息公开。试点企业应将持股员工范围、持股比例、入股价格、股权流转、中介机构以及审计评估等重要信息在本企业内部充分披露，切实保障员工的知情权和监督权。国有控股上市公司执行证券监管有关信息披露规定。

（六）规范关联交易。国有企业不得以任何形式向本企业集团内的员工持股企业输送利益。国有企业购买本企业集团内员工持股企业的产品和服务，或者向员工持股企业提供设备、场地、技术、劳务、服务等，应采用市场化方式，做到价格公允、交易公平。有关关联交易应由一级企业以适当方式定期公开，并列入企业负责人经济责任审计和财务审计内容。

六、组织领导

实施员工持股试点，事关国有企业改革发展大局，事关广大员工切身利益，各地区、各有关部门要高度重视，加强领导，精心组织，落实责任，确保试点工作规范有序开展。国务院国资委负责中央企业试点工作，同时负责指导地方国有资产监督管理机构做好试点工作，重要问题应及时向国务院国有企业改革领导小组报告。首批试点原则上在2016年启动实施，各有关履行出资人职责的机构要严格审核试点企业申报材料，成熟一户开展一户，2018年年底进行阶段性总结，视情况适时扩大试点。试点企业要按照要求规范操作，严格履行有关决策和审批备案程序，扎实细致开展员工持股试点工作，积极探索员工持股有效模式，切实转换企业经营机制，激发企业活力。各有关履行出资人职责的机构要对试点企业进行定期跟踪检查，及时掌握情况，发现问题，纠正不规范行为。试点过程中出现制度不健全、程序不规范、管理不到位等问题，致使国有资产流失、损害有关股东合法权益或严重侵害企业职工合法权益的，要依法依纪追究相关责任人的责任。

金融、文化等国有企业实施员工持股，中央另有规定的依其规定执行。国有科技型企业的股权和分红激励，按国务院有关规定执行。已按有关规定实施员工持股的企业，继续规范实施。国有参股企业的员工持股不适用本意见。

国有科技型企业股权和分红激励暂行办法

(2016年2月26日　财资〔2016〕4号)

第一章　总　则

第一条　为加快实施创新驱动发展战略，建立国有科技型企业自主创新和科技成果转化的激励分配机制，调动技术和管理人员的积极性和创造性，推动高新技术产业化和科技成果转化，依据《中华人民共和国促进科技成果转化法》《中华人民共和国公司法》《中华人民共和国企业国有资产法》等国家法律法规，制定本办法。

第二条　本办法所称国有科技型企业，是指中国境内具有公司法人资格的国有及国有控股未上市科技企业（含全国中小企业股份转让系统挂牌的国有企业），具体包括：

(一) 转制院所企业、国家认定的高新技术企业。

(二) 高等院校和科研院所投资的科技企业。

(三) 国家和省级认定的科技服务机构。

第三条　本办法所称股权激励，是指国有科技型企业以本企业股权为标的，采取股权出售、股权奖励、股权期权等方式，对企业重要技术人员和经营管理人员实施激励的行为。

分红激励，是指国有科技型企业以科技成果转化收益为标的，采取项目收益分红方式；或者以企业经营收益为标的，采取岗位分红方式,对企业重要技术人员和经营管理人员实施激励的行为。

第四条 国有科技型企业实施股权和分红激励应当遵循以下原则:

(一)依法依规,公正透明。严格遵守国家法律法规和本办法的规定,有序开展激励工作,操作过程公开、公平、公正,坚决杜绝利益输送,防止国有资产流失。

(二)因企制宜,多措并举。统筹考虑企业规模、行业特点和发展阶段,采取一种或者多种激励方式,科学制订激励方案。建立合理激励、有序流转、动态调整的机制。

(三)利益共享,风险共担。激励对象按照自愿原则,获得股权和分红激励,应当诚实守信,勤勉尽责,自觉维护企业和全体股东利益,共享改革发展成果,共担市场竞争风险。

(四)落实责任,强化监督。建立健全企业内部监督机制,依法维护企业股东和员工的权益。履行国有资产监管职责单位及同级财政、科技部门要加强监管,依法追责。

第五条 国有科技型企业负责拟订股权和分红激励方案,履行内部审议和决策程序,报经履行出资人职责或国有资产监管职责的部门、机构、企业审核后,对符合条件的激励对象实施激励。

第二章 实施条件

第六条 实施股权和分红激励的国有科技型企业应当产权明晰、发展战略明确、管理规范、内部治理结构健全并有效运转,同时具备以下条件:

(一)企业建立了规范的内部财务管理制度和员工绩效考核评价制度。年度财务会计报告经过中介机构依法审计,且激励方案制订近3年(以下简称近3年)没有因财务、税收等违法违规行为受到行政、刑事处罚。成立不满3年的企业,以实际经营年限计算。

(二)对于本办法第二条中的(一)、(二)类企业,近3年研发费用占当年企业营业收入均在3%以上,激励方案制订的上一年度企业研发人员占职工总数10%以上。成立不满3年的企业,以实际经营年限计算。

(三)对于本办法第二条中的(三)类企业,近3年科技服务性收入不低于当年企业营业收入的60%。

上款所称科技服务性收入是指国有科技服务机构营业收入中属于研究开发及其服务、技术转移服务、检验检测认证服务、创业孵化服务、知识产权服务、科技咨询服务、科技金融服务、科学技术普及服务等收入。

企业成立不满3年的,不得采取股权奖励和岗位分红的激励方式。

第七条 激励对象为与本企业签订劳动合同的重要技术人员和经营管理人员,具体包括:

(一)关键职务科技成果的主要完成人,重大开发项目的负责人,对主导产品或者核心技术、工艺流程做出重大创新或者改进的主要技术人员。

(二)主持企业全面生产经营工作的高级管理人员,负责企业主要产品(服务)生产经营的中、高级经营管理人员。

(三)通过省、部级及以上人才计划引进的重要技术人才和经营管理人才。

企业不得面向全体员工实施股权或者分红激励。

企业监事、独立董事不得参与企业股权或者分红激励。

第三章 股权激励

第八条 企业可以通过以下方式解决激励标的股权来源:

（一）向激励对象增发股份。
（二）向现有股东回购股份。
（三）现有股东依法向激励对象转让其持有的股权。

第九条 企业可以采取股权出售、股权奖励、股权期权等一种或多种方式对激励对象实施股权激励。

大、中型企业不得采取股权期权的激励方式。

企业的划型标准，按照国家统计局《关于印发统计上大中小微型企业划分办法的通知》（国统字〔2011〕75号）等有关规定执行。

第十条 大型企业的股权激励总额不超过企业总股本的5%；中型企业的股权激励总额不超过企业总股本的10%；小、微型企业的股权激励总额不超过企业总股本的30%，且单个激励对象获得的激励股权不得超过企业总股本的3%。

企业不能因实施股权激励而改变国有控股地位。

第十一条 企业实施股权出售，应按不低于资产评估结果的价格，以协议方式将企业股权有偿出售给激励对象。资产评估结果，应当根据国有资产评估的管理规定，报相关部门、机构或者企业核准或者备案。

第十二条 企业实施股权奖励，除满足本办法第六条规定外，近3年税后利润累计形成的净资产增值额应当占近3年年初净资产总额的20%以上，实施激励当年年初未分配利润为正数。

近3年税后利润累计形成的净资产增值额，是指激励方案制订上年末账面净资产相对于近3年首年初账面净资产的增加值，不包括财政及企业股东以各种方式投资或补助形成的净资产和已经向股东分配的利润。

第十三条 企业用于股权奖励的激励额不超过近3年税后利润累计形成的净资产增值额的15%。企业实施股权奖励，必须与股权出售相结合。

股权奖励的激励对象,仅限于在本企业连续工作3年以上的重要技术人员。单个获得股权奖励的激励对象,必须以不低于1∶1的比例购买企业股权,且获得的股权奖励按激励实施时的评估价值折算,累计不超过300万元。

第十四条 企业用于股权奖励的激励额,应当依据经核准或者备案的资产评估结果折合股权,并确定向每个激励对象奖励的股权。

第十五条 企业股权出售或者股权奖励原则上应一次实施到位。

第十六条 小、微型企业采取股权期权方式实施激励的,应当在激励方案中明确规定激励对象的行权价格。

确定行权价格时,应当综合考虑科技成果成熟程度及其转化情况、企业未来至少5年的盈利能力、企业拟授予全部股权数量等因素,且不低于制订股权期权激励方案时经核准或者备案的每股评估价值。

第十七条 企业应当与激励对象约定股权期权授予和行权的业绩考核目标等条件。

业绩考核指标可以选取净资产收益率、主营业务收入增长率、现金营运指数等财务指标,但应当不低于企业近3年平均业绩水平及同行业平均业绩水平。成立不满3年的企业,以实际经营年限计算。

第十八条 企业应当在激励方案中明确股权期权的授权日、可行权日和行权有效期。

股权期权授权日与获授股权期权首次可行权日之间的间隔不得少于1年,股权期权行权的有效期不得超过5年。

企业应当规定激励对象在股权期权行权的有效期内分期行权。有效期过后,尚未行权的股权期权自动失效。

第十九条 企业以股权期权方式授予的股权,激励对象分期缴纳相应出资额的,以实际出资额对应的股权参与企业利润分配。

第二十条 企业不得为激励对象购买股权提供贷款以及其他形式的财务资助,包括为激励对象向其他单位或者个人贷款提供担保。企业要坚持同股同权,不得向激励对象承诺年度分红回报或设置托底回购条款。

第二十一条 激励对象可以采用直接或间接方式持有激励股权。采用间接方式的,持股单位不得与企业存在同业竞争关系或发生关联交易。

第二十二条 股权激励的激励对象,自取得股权之日起,5年内不得转让、捐赠,特殊情形按以下规定处理:

(一)因本人提出离职或者个人原因被解聘、解除劳动合同,取得的股权应当在半年内全部退回企业,其个人出资部分由企业按上一年度审计后净资产计算退还本人。

(二)因公调离本企业的,取得的股权应当在半年内全部退回企业,其个人出资部分由企业按照上一年度审计后净资产计算与实际出资成本孰高的原则返还本人。

在职激励对象不得以任何理由要求企业收回激励股权。

第四章 分红激励

第二十三条 企业实施项目收益分红,应当依据《中华人民共和国促进科技成果转化法》,在职务科技成果完成、转化后,按照企业规定或者与重要技术人员约定的方式、数额和时限执行。企业制定相关规定,应当充分听取本企业技术人员的意见,并在本企业公开相关规定。

企业未规定、也未与重要技术人员约定的,按照下列标准执行:

(一)将该项职务科技成果转让、许可给他人实施的,从该项科技成果转让净收入或者许可净收入中提取不低于50%的比例。

（二）利用该项职务科技成果作价投资的，从该项科技成果形成的股份或者出资比例中提取不低于50%的比例。

（三）将该项职务科技成果自行实施或者与他人合作实施的，应当在实施转化成功投产后连续3至5年，每年从实施该项科技成果的营业利润中提取不低于5%的比例。

转让、许可净收入为企业取得的科技成果转让、许可收入扣除相关税费和企业为该项科技成果投入的全部研发费用及维护、维权费用后的金额。企业将同一项科技成果使用权向多个单位或者个人转让、许可的，转让、许可收入应当合并计算。

第二十四条　企业实施项目收益分红，应当按照具体项目实施财务管理，并按照国家统一的会计制度进行核算，反映具体项目收益分红情况。

第二十五条　企业实施岗位分红，除满足本办法第六条规定外，近3年税后利润累计形成的净资产增值额应当占企业近3年年初净资产总额的10%以上，且实施激励当年年初未分配利润为正数。

第二十六条　企业年度岗位分红激励总额不高于当年税后利润的15%。企业应当按照岗位在科技成果产业化中的重要性和贡献，确定不同岗位的分红标准。

第二十七条　激励对象应当在该岗位上连续工作1年以上，且原则上每次激励人数不超过企业在岗职工总数的30%。

激励对象获得的岗位分红所得不高于其薪酬总额的2/3。激励对象自离岗当年起，不再享有原岗位分红权。

第二十八条　岗位分红激励方案有效期原则上不超过3年。激励方案中应当明确年度业绩考核指标，原则上各年度净利润增长率应当高于企业实施岗位分红激励近3年平均增长水平。

企业未达到年度考核要求的,应当终止激励方案的实施,再次实施岗位分红激励需重新申报。

激励对象未达到年度考核要求的,应当按约定的条款扣减、暂缓或停止分红激励。

第二十九条 企业实施分红激励所需支出计入工资总额,但不受当年本单位工资总额限制、不纳入本单位工资总额基数,不作为企业职工教育经费、工会经费、社会保险费、补充养老及补充医疗保险费、住房公积金等的计提依据。

第五章 激励方案的管理

第三十条 企业总经理班子或者董事会(以下统称企业内部决策机构)负责拟订企业股权和分红激励方案(格式参见附件)。

第三十一条 对同一激励对象就同一职务科技成果或者产业化项目,企业只能采取一种激励方式、给予一次激励。对已按照本办法实施股权激励的激励对象,企业在5年内不得再对其实施股权激励。

第三十二条 激励方案涉及的财务数据和资产评估结果,应当经具有相关资质的会计师事务所审计和资产评估机构评估,并按有关规定办理核准或备案手续。

第三十三条 企业内部决策机构拟订激励方案时,应当通过职工代表大会或者其他形式充分听取职工的意见和建议。

第三十四条 企业内部决策机构应当将激励方案及听取职工意见情况,先行报履行出资人职责或国有资产监管职责的部门、机构、企业(以下简称审核单位)批准。

中央企业集团公司相关材料报履行出资人职责的部门或机构批准;中央企业集团公司所属子企业,相关材料报中央企业集团公司批准。履行出资人职责的国有资本投资、运营公司所属子企业,相关材料报国有资本投资、运营公司批准。

中央部门及事业单位所属企业,按国有资产管理权属,相关材料报中央主管部门或机构批准。

地方国有企业相关材料,按现行国有资产管理体制,报同级履行国有资产监管职责的部门或机构批准。

第三十五条 审核单位应当严格审核企业申报的激励方案,必要时要求企业法律事务机构或者外聘律师对激励方案出具法律意见书,对以下事项发表专业意见:

(一)激励方案是否符合有关法律、法规和本办法的规定。

(二)激励方案是否存在明显损害企业及现有股东利益的情形。

(三)激励方案是否充分披露影响激励结果的重大信息。

(四)激励方案可能引发的法律纠纷等风险,以及应对风险的法律建议。

(五)其他重要事项。

审核单位自受理企业股权和分红激励方案之日起20个工作日内,提出书面审定意见。

第三十六条 审核单位批准企业实施股权和分红激励后,企业内部决策机构应将批准的激励方案提请股东(大)会审议。

在股东(大)会审议激励方案时,国有股东代表应当按照审批单位书面审定意见发表意见。

未设立股东(大)会的企业,按照审批单位批准的方案实施。

第三十七条 除国家另有规定外,企业应当在股东(大)会审议通过激励方案后5个工作日内,将以下材料报送审核单位备案:

(一)经股东(大)会审议通过的激励方案。

(二)相关批准文件、股东(大)会决议。

企业股东应当依法行使股东权利，督促企业内部决策机构严格按照激励方案实施激励。

第三十八条 在激励方案实施期间内，企业应于每年1月底前向审核单位报告上一年度激励方案实施情况：

（一）实施激励涉及的业绩条件、净收益等财务信息。

（二）激励对象在报告期内各自获得的激励情况。

（三）报告期内的股权激励数量及金额，引起的股本变动情况，以及截至报告期末的累计额。

（四）报告期内的分红激励金额，以及截至报告期末的累计额。

（五）激励支出的列支渠道和会计核算情况。

（六）其他应报告的事项。

中央主管部门、机构和中央企业集团公司，应当对所属企业年度股权和分红激励实施情况进行总结，包括实施股权和分红激励企业户数、激励方式、激励人数、激励落实情况、存在的突出问题以及有关政策建议等，并于3月底前将上一年度实施情况的总结报告报送财政部、科技部。

地方省级财政部门、科技部门，负责对本省地方国有企业年度股权和分红激励实施情况进行总结，并于3月底前将上一年度实施情况的总结报告报送财政部、科技部。

第三十九条 企业实施股权或者分红激励，应当按照《企业财务通则》（财政部令第41号）和国家统一会计制度的规定，规范财务管理和会计核算。

第四十条 企业实施激励导致注册资本规模、股权结构或者组织形式变动的，应当按照有关规定，根据相关批准文件、股东（大）会决议等，及时办理国有资产产权登记和工商变更登记手续。

第四十一条 因出现特殊情形需要调整激励方案的，企业应当重新履行内部审议和外部审核的程序。

因出现特殊情形需要终止实施激励的,企业内部决策机构应当向审核单位报告并向股东(大)会说明情况。

第四十二条 企业实施激励过程中,应当接受审核单位及财政、科技部门监督。对违反有关法律法规及本办法规定、损害国有资产合法权益的情形,审核单位应当责令企业中止方案实施,并追究相关人员的法律责任。

第六章 附　　则

第四十三条 企业不符合本办法规定激励条件而向管理者转让国有产权的,应当通过产权交易市场公开进行,并按照国家关于产权交易监督管理的有关规定执行。

第四十四条 尚未实施公司制改革的全民所有制企业可参照本办法,实施项目收益分红和岗位分红激励政策。

第四十五条 本办法由财政部、科技部负责解释。各地方、部门可根据本办法制定具体实施细则。

第四十六条 本办法自2016年3月1日起施行。企业依据《财政部　科技部关于印发〈中关村国家自主创新示范区企业股权和分红激励实施办法〉的通知》(财企〔2010〕8号)、《财政部　科技部关于〈中关村国家自主创新示范区企业股权和分红激励实施办法〉的补充通知》(财企〔2011〕1号)制订并正在实施的激励方案,可继续执行,实施期满,新的激励方案统一按本办法执行。

附件:"企业股权和分红激励方案"提纲

附件

"企业股权和分红激励方案"提纲

企业拟订的激励方案应包括但不限于以下内容:

一、基本情况

(一)企业基本情况及其发展战略。

(二)企业近3年的业务发展和财务状况。

(三)企业产权是否清晰,目前的股权结构。

(四)激励方案拟订和实施的管理机构及其成员。

(五)企业未来三年技术创新规划,包括企业技术创新目标,以及为实现技术创新目标在体制机制、创新人才、创新投入、创新能力、创新管理等方面将采取的措施。

(六)其他重要事项。

二、激励方案

(一)企业符合本办法规定实施激励条件的情况说明。

(二)激励对象的确定依据、具体名单及其职位和主要贡献。

(三)激励方式的选择及考虑因素。

(四)实施股权激励的,说明所需股权来源、数量及其占企业实收资本(股本)总额的比例,与激励对象约定的业绩条件;拟分次实施的,说明每次拟授予股权的来源、数量及其占比。

(五)实施股权激励的,说明股权出售价格或者股权期权行权价格的确定依据。

(六)实施分红激励的,说明具体激励水平及考虑因素。

(七)每个激励对象预计可获得的股权数量、激励金额。

（八）企业与激励对象各自的权利、义务。

（九）激励对象通过其他方式间接持股的，说明必要性、直接持股单位的基本情况，必要时应当出具直接持股单位与企业不存在同业竞争关系或者不发生关联交易的书面承诺。

（十）发生企业控制权变更、合并、分立，激励对象职务变更、离职、被解聘、被解除劳动合同、死亡等特殊情形时的调整性规定。

（十一）激励方案的审批、变更、终止程序。

（十二）其他重要事项。

三、其他需说明的特殊事项说明

国资委 财政部关于规范国有控股上市公司实施股权激励制度有关问题的通知

(2008年10月21日 国资发分配〔2008〕171号)

各省、自治区、直辖市及计划单列市和新疆生产建设兵团国资委、财政厅(局),各中央企业:

国资委、财政部《关于印发〈国有控股上市公司(境外)实施股权激励试行办法〉的通知》(国资发分配〔2006〕8号)和《关于印发〈国有控股上市公司(境内)实施股权激励试行办法〉的通知》(国资发分配〔2006〕175号)印发后,境内、外国有控股上市公司(以下简称上市公司)积极探索试行股权激励制度。由于上市公司外部市场环境和内部运行机制尚不健全,公司治理结构有待完善,股权激励制度尚处于试点阶段,为进一步规范实施股权激励,现就有关问题通知如下:

一、严格股权激励的实施条件,加快完善公司法人治理结构

上市公司国有控股股东必须切实履行出资人职责,并按照国资发分配〔2006〕8号、国资发分配〔2006〕175号文件的要求,建立规范的法人治理结构。上市公司在达到外部董事(包括独立董事)占董事会成员一半以上、薪酬委员会全部由外部董事组成的要求之后,要进一步优化董事会的结构,健全通过股东大会选举和更换董事的制度,按专业化、职业化、市场化的原则确定董事会成员人选,逐步减少国有控股股东的负责人、高级管理

人员及其他人员担任上市公司董事的数量,增加董事会中由国有资产出资人代表提名的、由公司控股股东以外人员任职的外部董事或独立董事数量,督促董事提高履职能力,恪守职业操守,使董事会真正成为各类股东利益的代表和重大决策的主体,董事会选聘、考核、激励高级管理人员的职能必须到位。

二、完善股权激励业绩考核体系,科学设置业绩指标和水平

(一) 上市公司实施股权激励,应建立完善的业绩考核体系和考核办法。业绩考核指标应包含反映股东回报和公司价值创造等综合性指标,如净资产收益率(ROE)、经济增加值(EVA)、每股收益等;反映公司赢利能力及市场价值等成长性指标,如净利润增长率、主营业务收入增长率、公司总市值增长率等;反映企业收益质量的指标,如主营业务利润占利润总额比重、现金营运指数等。上述三类业绩考核指标原则上至少各选一个。相关业绩考核指标的计算应符合现行会计准则等相关要求。

(二) 上市公司实施股权激励,其授予和行使(指股票期权和股票增值权的行权或限制性股票的解锁,下同)环节均应设置应达到的业绩目标,业绩目标的设定应具有前瞻性和挑战性,并切实以业绩考核指标完成情况作为股权激励实施的条件。

1. 上市公司授予激励对象股权时的业绩目标水平,应不低于公司近3年平均业绩水平及同行业(或选取的同行业境内、外对标企业,行业参照证券监管部门的行业分类标准确定,下同)平均业绩(或对标企业50分位值)水平。

2. 上市公司激励对象行使权利时的业绩目标水平,应结合上市公司所处行业特点和自身战略发展定位,在授予时业绩水平的基础上有所提高,并不得低于公司同行业平均业绩(或对标企业75分位值)水平。凡低于同行业平均业绩(或对标企业75分位值)水平以下的不得行使。

(三) 完善上市公司股权激励对象业绩考核体系,切实将股权的授予、行使与激励对象业绩考核结果紧密挂钩，并根据业绩考核结果分档确定不同的股权行使比例。

（四）对科技类上市公司实施股权激励的业绩指标，可以根据企业所处行业的特点及成长规律等实际情况，确定授予和行使的业绩指标及其目标水平。

（五）对国有经济占控制地位的、关系国民经济命脉和国家安全的行业以及依法实行专营专卖的行业，相关企业的业绩指标，应通过设定经营难度系数等方式，剔除价格调整、宏观调控等政策因素对业绩的影响。

三、合理控制股权激励收益水平，实行股权激励收益与业绩指标增长挂钩浮动

按照上市公司股价与其经营业绩相关联、激励对象股权激励收益增长与公司经营业绩增长相匹配的原则，实行股权激励收益兑现与业绩考核指标完成情况挂钩的办法。即在达到实施股权激励业绩考核目标要求的基础上，以期初计划核定的股权激励预期收益为基础，按照股权行使时间限制表，综合上市公司业绩和股票价格增长情况，对股权激励收益增幅进行合理调控。具体方法如下：

（一）对股权激励收益在计划期初核定收益水平以内且达到考核标准的，可按计划予以行权。

（二）对行权有效期内股票价格偏高，致使股票期权（或股票增值权）的实际行权收益超出计划核定的预期收益水平的上市公司，根据业绩考核指标完成情况和股票价格增长情况合理控制股权激励实际收益水平。即在行权有效期内，激励对象股权激励收益占本期股票期权（或股票增值权）授予时薪酬总水平（含股权激励收益，下同）的最高比重，境内上市公司及境外H股公司原则上不得超过40%，境外红筹股公司原则上不得超过50%。股权激励实际收益超出上述比重的，尚未行权的股票期权

（或股票增值权）不再行使或将行权收益上交公司。

（三）上述条款应在上市公司股权激励管理办法或股权授予协议上予以载明。随着资本市场的逐步完善以及上市公司市场化程度和竞争性的不断提高，将逐步取消股权激励收益水平限制。

四、进一步强化股权激励计划的管理，科学规范实施股权激励

（一）完善限制性股票授予方式，以业绩考核结果确定限制性股票的授予水平。

1. 上市公司应以严格的业绩考核作为实施限制性股票激励计划的前提条件。上市公司授予限制性股票时的业绩目标应不低于下列业绩水平的高者：公司前3年平均业绩水平；公司上一年度实际业绩水平；公司同行业平均业绩（或对标企业50分位值）水平。

2. 强化对限制性股票激励对象的约束。限制性股票激励的重点应限于对公司未来发展有直接影响的高级管理人员。限制性股票的来源及价格的确定应符合证券监管部门的相关规定，且股权激励对象个人出资水平不得低于按证券监管规定确定的限制性股票价格的50%。

3. 限制性股票收益（不含个人出资部分的收益）的增长幅度不得高于业绩指标的增长幅度（以业绩目标为基础）。

（二）严格股权激励对象范围，规范股权激励对象离职、退休等行为的处理方法。

上市公司股权激励的重点应是对公司经营业绩和未来发展有直接影响的高级管理人员和核心技术骨干，不得随意扩大范围。未在上市公司任职、不属于上市公司的人员（包括控股股东公司的员工）不得参与上市公司股权激励计划。境内、境外上市公司监事不得成为股权激励的对象。

股权激励对象正常调动、退休、死亡、丧失民事行为能力时，授予的股权当年已达到可行使时间限制和业绩考核条件的，可行使的部分可在离职之日起的半年内行使,尚未达到可行使时间限制和业绩考核条件的不再行使。股权激励对象辞职、被解雇时,尚未行使的股权不再行使。

(三)规范股权激励公允价值计算参数,合理确定股权激励预期收益。

对实行股票期权(或股票增值权)激励方式的,上市公司应根据企业会计准则等有关规定,结合国际通行做法,选取适当的期权定价模型进行合理估值。其相关参数的选择或计算应科学合理。

对实行限制性股票激励方式的,在核定股权激励预期收益时,除考虑限制性股票赠与部分价值外,还应参考期权估值办法考虑赠与部分未来增值收益。

(四)规范上市公司配股、送股、分红后股权激励授予数量的处理。

上市公司因发行新股、转增股本、合并、分立、回购等原因导致总股本发生变动或其他原因需要调整股权授予数量或行权价格的,应重新报国有资产监管机构备案后由股东大会或授权董事会决定。对于其他原因调整股票期权(或股票增值权)授予数量、行权价格或其他条款的,应由董事会审议后经股东大会批准;同时,上市公司应聘请律师就上述调整是否符合国家相关法律法规、公司章程以及股权激励计划规定出具专业意见。

(五)规范履行相应程序,建立社会监督和专家评审工作机制。

建立上市公司国有控股股东与国有资产监管机构沟通协调机制。上市公司国有控股股东在上市公司董事会审议其股权激励计划之前,应与国有资产监管机构进行沟通协调,并应在上市公司股东大会审议公司股权激励计划之前,将上市公司董事会审议通过的股权激励计划及相应的管理考核办法等材料报国有资产监管机构审核，经股东大会审议通过后实施。

建立社会监督和专家评审工作机制。上市公司董事会审议通过的股权激励计划草案除按证券监管部门的要求予以公告外，同时还应在国有资产监管机构网站上予以公告，接受社会公众的监督和评议。同时国有资产监管机构将组织有关专家对上市公司股权激励方案进行评审。社会公众的监督、评议意见与专家的评审意见，将作为国有资产监管机构审核股权激励计划的重要依据。

建立中介服务机构专业监督机制。为上市公司拟订股权激励计划的中介咨询机构，应对股权激励计划的规范性、合规性、是否有利于上市公司的持续发展，以及对股东利益的影响发表专业意见。

（六）规范国有控股股东行为，完善股权激励报告、监督制度。

国有控股股东应增强法制观念和诚信意识，带头遵守法律法规，规范执行国家政策，维护出资人利益。

国有控股股东应按照国资发分配〔2006〕8号、国资发分配〔2006〕175号文件及本通知的要求，完善股权激励报告制度。国有控股股东向国有资产监管机构报送上市公司股东大会审议通过的股权激励计划时，应同时抄送财政部门。国有控股股东应当及时将股权激励计划的实施进展情况以及激励对象年度行使情况等报国有资产监管机构备案；国有控股股东有监事会的，应同时报送公司控股企业监事会。

国有控股股东应监督上市公司按照《企业财务通则》和企业会计准则的规定，为股权激励的实施提供良好的财务管理和会计核算基础。

国有资产监管机构将对上市公司股权激励的实施进展情况，包括公司的改革发展、业绩指标完成情况以及激励对象薪酬水平、股权行使及其股权激励收益、绩效考核等信息实行动态管理和对外披露。

在境外和境内同时上市的公司,原则上应当执行国资发分配〔2006〕175号文件。公司高级管理人员和管理技术骨干应在同一个资本市场(境外或境内)实施股权激励。

对本通知印发之前已经实施股权激励的国有控股上市公司,其国有控股股东应按照本通知要求,督促和要求上市公司对股权激励计划进行修订完善并报国资委备案,经股东大会(或董事会)审议通过后实施。

上市公司股权激励管理办法

(2016年7月13日 中国证券监督管理委员会令第126号根据2018年8月15日中国证券监督管理委员会《关于修改〈上市公司股权激励管理办法〉的决定》修正)

第一章 总 则

第一条 为进一步促进上市公司建立健全激励与约束机制,依据《中华人民共和国公司法》(以下简称《公司法》)、《中华人民共和国证券法》(以下简称《证券法》)及其他法律、行政法规的规定,制定本办法。

第二条 本办法所称股权激励是指上市公司以本公司股票为标的,对其董事、高级管理人员及其他员工进行的长期性激励。

上市公司以限制性股票、股票期权实行股权激励的,适用本办法;以法律、行政法规允许的其他方式实行股权激励的,参照本办法有关规定执行。

第三条 上市公司实行股权激励,应当符合法律、行政法规、本办法和公司章程的规定,有利于上市公司的持续发展,不得损害上市公司利益。

上市公司的董事、监事和高级管理人员在实行股权激励中应当诚实守信,勤勉尽责,维护公司和全体股东的利益。

第四条 上市公司实行股权激励,应当严格按照本办法和其他相关规定的要求履行信息披露义务。

第五条 为上市公司股权激励计划出具意见的证券中介机构和人员,应当诚实守信、勤勉尽责,保证所出具的文件真实、准确、完整。

第六条 任何人不得利用股权激励进行内幕交易、操纵证券市场等违法活动。

第二章 一般规定

第七条 上市公司具有下列情形之一的,不得实行股权激励:

(一)最近一个会计年度财务会计报告被注册会计师出具否定意见或者无法表示意见的审计报告;

(二)最近一个会计年度财务报告内部控制被注册会计师出具否定意见或无法表示意见的审计报告;

(三)上市后最近36个月内出现过未按法律法规、公司章程、公开承诺进行利润分配的情形;

(四)法律法规规定不得实行股权激励的;

(五)中国证监会认定的其他情形。

第八条 激励对象可以包括上市公司的董事、高级管理人员、核心技术人员或者核心业务人员,以及公司认为应当激励的对公司经营业绩和未来发展有直接影响的其他员工,但不应当包括独立董事和监事。外籍员工任职上市公司董事、高级管理人员、核心技术人员或者核心业务人员的,可以成为激励对象。

单独或合计持有上市公司5%以上股份的股东或实际控制人及其配偶、父母、子女,不得成为激励对象。下列人员也不得成为激励对象:

(一)最近12个月内被证券交易所认定为不适当人选;

（二）最近12个月内被中国证监会及其派出机构认定为不适当人选；

（三）最近12个月内因重大违法违规行为被中国证监会及其派出机构行政处罚或者采取市场禁入措施；

（四）具有《公司法》规定的不得担任公司董事、高级管理人员情形的；

（五）法律法规规定不得参与上市公司股权激励的；

（六）中国证监会认定的其他情形。

第九条 上市公司依照本办法制订股权激励计划的，应当在股权激励计划中载明下列事项：

（一）股权激励的目的；

（二）激励对象的确定依据和范围；

（三）拟授出的权益数量，拟授出权益涉及的标的股票种类、来源、数量及占上市公司股本总额的百分比；分次授出的，每次拟授出的权益数量、涉及的标的股票数量及占股权激励计划涉及的标的股票总额的百分比、占上市公司股本总额的百分比；设置预留权益的，拟预留权益的数量、涉及标的股票数量及占股权激励计划的标的股票总额的百分比；

（四）激励对象为董事、高级管理人员的，其各自可获授的权益数量、占股权激励计划拟授出权益总量的百分比；其他激励对象（各自或者按适当分类）的姓名、职务、可获授的权益数量及占股权激励计划拟授出权益总量的百分比；

（五）股权激励计划的有效期，限制性股票的授予日、限售期和解除限售安排，股票期权的授权日、可行权日、行权有效期和行权安排；

（六）限制性股票的授予价格或者授予价格的确定方法，股票期权的行权价格或者行权价格的确定方法；

（七）激励对象获授权益、行使权益的条件；

（八）上市公司授出权益、激励对象行使权益的程序；

（九）调整权益数量、标的股票数量、授予价格或者行权价格的方法和程序；

（十）股权激励会计处理方法、限制性股票或股票期权公允价值的确定方法、涉及估值模型重要参数取值合理性、实施股权激励应当计提费用及对上市公司经营业绩的影响；

（十一）股权激励计划的变更、终止；

（十二）上市公司发生控制权变更、合并、分立以及激励对象发生职务变更、离职、死亡等事项时股权激励计划的执行；

（十三）上市公司与激励对象之间相关纠纷或争端解决机制；

（十四）上市公司与激励对象的其他权利义务。

第十条 上市公司应当设立激励对象获授权益、行使权益的条件。拟分次授出权益的，应当就每次激励对象获授权益分别设立条件；分期行权的，应当就每次激励对象行使权益分别设立条件。

激励对象为董事、高级管理人员的，上市公司应当设立绩效考核指标作为激励对象行使权益的条件。

第十一条 绩效考核指标应当包括公司业绩指标和激励对象个人绩效指标。相关指标应当客观公开、清晰透明，符合公司的实际情况，有利于促进公司竞争力的提升。

上市公司可以公司历史业绩或同行业可比公司相关指标作为公司业绩指标对照依据，公司选取的业绩指标可以包括净资产收益率、每股收益、每股分红等能够反映股东回报和公司价值创造的综合性指标，以及净利润增长率、主营业务收入增长率等能够反映公司盈利能力和市场价值的成长性指标。以同行业可比公司相关指标作为对照依据的，选取的对照公司不少于3家。

激励对象个人绩效指标由上市公司自行确定。

上市公司应当在公告股权激励计划草案的同时披露所设定指标的科学性和合理性。

第十二条 拟实行股权激励的上市公司,可以下列方式作为标的股票来源:

(一)向激励对象发行股份;

(二)回购本公司股份;

(三)法律、行政法规允许的其他方式。

第十三条 股权激励计划的有效期从首次授予权益日起不得超过10年。

第十四条 上市公司可以同时实行多期股权激励计划。同时实行多期股权激励计划的,各期激励计划设立的公司业绩指标应当保持可比性,后期激励计划的公司业绩指标低于前期激励计划的,上市公司应当充分说明其原因与合理性。

上市公司全部在有效期内的股权激励计划所涉及的标的股票总数累计不得超过公司股本总额的10%。非经股东大会特别决议批准,任何一名激励对象通过全部在有效期内的股权激励计划获授的本公司股票,累计不得超过公司股本总额的1%。

本条第二款所称股本总额是指股东大会批准最近一次股权激励计划时公司已发行的股本总额。

第十五条 上市公司在推出股权激励计划时,可以设置预留权益,预留比例不得超过本次股权激励计划拟授予权益数量的20%。

上市公司应当在股权激励计划经股东大会审议通过后12个月内明确预留权益的授予对象;超过12个月未明确激励对象的,预留权益失效。

第十六条 相关法律、行政法规、部门规章对上市公司董事、高级管理人员买卖本公司股票的期间有限制的,上市公司不得在相关限制期间内向激励对象授出限制性股票,激励对象也不得行使权益。

第十七条 上市公司启动及实施增发新股、并购重组、资产注入、发行可转债、发行公司债券等重大事项期间，可以实行股权激励计划。

第十八条 上市公司发生本办法第七条规定的情形之一的，应当终止实施股权激励计划，不得向激励对象继续授予新的权益，激励对象根据股权激励计划已获授但尚未行使的权益应当终止行使。

在股权激励计划实施过程中，出现本办法第八条规定的不得成为激励对象情形的，上市公司不得继续授予其权益，其已获授但尚未行使的权益应当终止行使。

第十九条 激励对象在获授限制性股票或者对获授的股票期权行使权益前后买卖股票的行为，应当遵守《证券法》《公司法》等相关规定。

上市公司应当在本办法第二十条规定的协议中，就前述义务向激励对象作出特别提示。

第二十条 上市公司应当与激励对象签订协议，确认股权激励计划的内容，并依照本办法约定双方的其他权利义务。

上市公司应当承诺，股权激励计划相关信息披露文件不存在虚假记载、误导性陈述或者重大遗漏。

所有激励对象应当承诺，上市公司因信息披露文件中有虚假记载、误导性陈述或者重大遗漏，导致不符合授予权益或行使权益安排的，激励对象应当自相关信息披露文件被确认存在虚假记载、误导性陈述或者重大遗漏后，将由股权激励计划所获得的全部利益返还公司。

第二十一条 激励对象参与股权激励计划的资金来源应当合法合规，不得违反法律、行政法规及中国证监会的相关规定。

上市公司不得为激励对象依股权激励计划获取有关权益提供

贷款以及其他任何形式的财务资助，包括为其贷款提供担保。

第三章 限制性股票

第二十二条 本办法所称限制性股票是指激励对象按照股权激励计划规定的条件，获得的转让等部分权利受到限制的本公司股票。

限制性股票在解除限售前不得转让、用于担保或偿还债务。

第二十三条 上市公司在授予激励对象限制性股票时，应当确定授予价格或授予价格的确定方法。授予价格不得低于股票票面金额，且原则上不得低于下列价格较高者：

（一）股权激励计划草案公布前 1 个交易日的公司股票交易均价的 50%；

（二）股权激励计划草案公布前 20 个交易日、60 个交易日或者 120 个交易日的公司股票交易均价之一的 50%。

上市公司采用其他方法确定限制性股票授予价格的，应当在股权激励计划中对定价依据及定价方式作出说明。

第二十四条 限制性股票授予日与首次解除限售日之间的间隔不得少于 12 个月。

第二十五条 在限制性股票有效期内，上市公司应当规定分期解除限售，每期时限不得少于 12 个月，各期解除限售的比例不得超过激励对象获授限制性股票总额的 50%。

当期解除限售的条件未成就的，限制性股票不得解除限售或递延至下期解除限售，应当按照本办法第二十六条规定处理。

第二十六条 出现本办法第十八条、第二十五条规定情形，或者其他终止实施股权激励计划的情形或激励对象未达到解除限售条件的，上市公司应当回购尚未解除限售的限制性股票，并按照《公司法》的规定进行处理。

对出现本办法第十八条第一款情形负有个人责任的，或出现本办法第十八条第二款情形的，回购价格不得高于授予价格；出现其他情形的，回购价格不得高于授予价格加上银行同期存款利息之和。

第二十七条　上市公司应当在本办法第二十六条规定的情形出现后及时召开董事会审议回购股份方案，并依法将回购股份方案提交股东大会批准。回购股份方案包括但不限于以下内容：

（一）回购股份的原因；

（二）回购股份的价格及定价依据；

（三）拟回购股份的种类、数量及占股权激励计划所涉及的标的股票的比例、占总股本的比例；

（四）拟用于回购的资金总额及资金来源；

（五）回购后公司股本结构的变动情况及对公司业绩的影响。

律师事务所应当就回购股份方案是否符合法律、行政法规、本办法的规定和股权激励计划的安排出具专业意见。

第四章　股票期权

第二十八条　本办法所称股票期权是指上市公司授予激励对象在未来一定期限内以预先确定的条件购买本公司一定数量股份的权利。

激励对象获授的股票期权不得转让、用于担保或偿还债务。

第二十九条　上市公司在授予激励对象股票期权时，应当确定行权价格或者行权价格的确定方法。行权价格不得低于股票票面金额，且原则上不得低于下列价格较高者：

（一）股权激励计划草案公布前1个交易日的公司股票交易均价；

（二）股权激励计划草案公布前20个交易日、60个交易日或者120个交易日的公司股票交易均价之一。

上市公司采用其他方法确定行权价格的,应当在股权激励计划中对定价依据及定价方式作出说明。

第三十条 股票期权授权日与获授股票期权首次可行权日之间的间隔不得少于12个月。

第三十一条 在股票期权有效期内,上市公司应当规定激励对象分期行权,每期时限不得少于12个月,后一行权期的起算日不得早于前一行权期的届满日。每期可行权的股票期权比例不得超过激励对象获授股票期权总额的50%。

当期行权条件未成就的,股票期权不得行权或递延至下期行权,并应当按照本办法第三十二条第二款规定处理。

第三十二条 股票期权各行权期结束后,激励对象未行权的当期股票期权应当终止行权,上市公司应当及时注销。

出现本办法第十八条、第三十一条规定情形,或者其他终止实施股权激励计划的情形或激励对象不符合行权条件的,上市公司应当注销对应的股票期权。

第五章 实 施 程 序

第三十三条 上市公司董事会下设的薪酬与考核委员会负责拟订股权激励计划草案。

第三十四条 上市公司实行股权激励,董事会应当依法对股权激励计划草案作出决议,拟作为激励对象的董事或与其存在关联关系的董事应当回避表决。

董事会审议本办法第四十六条、第四十七条、第四十八条、第四十九条、第五十条、第五十一条规定中有关股权激励计划实施的事项时,拟作为激励对象的董事或与其存在关联关系的董事应当回避表决。

董事会应当在依照本办法第三十七条、第五十四条的规定履行公示、公告程序后,将股权激励计划提交股东大会审议。

第三十五条 独立董事及监事会应当就股权激励计划草案是否有利于上市公司的持续发展,是否存在明显损害上市公司及全体股东利益的情形发表意见。

独立董事或监事会认为有必要的,可以建议上市公司聘请独立财务顾问,对股权激励计划的可行性、是否有利于上市公司的持续发展、是否损害上市公司利益以及对股东利益的影响发表专业意见。上市公司未按照建议聘请独立财务顾问的,应当就此事项作特别说明。

第三十六条 上市公司未按照本办法第二十三条、第二十九条定价原则,而采用其他方法确定限制性股票授予价格或股票期权行权价格的,应当聘请独立财务顾问,对股权激励计划的可行性、是否有利于上市公司的持续发展、相关定价依据和定价方法的合理性、是否损害上市公司利益以及对股东利益的影响发表专业意见。

第三十七条 上市公司应当在召开股东大会前,通过公司网站或者其他途径,在公司内部公示激励对象的姓名和职务,公示期不少于10天。

监事会应当对股权激励名单进行审核,充分听取公示意见。上市公司应当在股东大会审议股权激励计划前5日披露监事会对激励名单审核及公示情况的说明。

第三十八条 上市公司应当对内幕信息知情人在股权激励计划草案公告前6个月内买卖本公司股票及其衍生品种的情况进行自查,说明是否存在内幕交易行为。

知悉内幕信息而买卖本公司股票的,不得成为激励对象,法律、行政法规及相关司法解释规定不属于内幕交易的情形除外。

泄露内幕信息而导致内幕交易发生的,不得成为激励对象。

第三十九条 上市公司应当聘请律师事务所对股权激励计划出具法律意见书,至少对以下事项发表专业意见:

（一）上市公司是否符合本办法规定的实行股权激励的条件；

（二）股权激励计划的内容是否符合本办法的规定；

（三）股权激励计划的拟订、审议、公示等程序是否符合本办法的规定；

（四）股权激励对象的确定是否符合本办法及相关法律法规的规定；

（五）上市公司是否已按照中国证监会的相关要求履行信息披露义务；

（六）上市公司是否为激励对象提供财务资助；

（七）股权激励计划是否存在明显损害上市公司及全体股东利益和违反有关法律、行政法规的情形；

（八）拟作为激励对象的董事或与其存在关联关系的董事是否根据本办法的规定进行了回避；

（九）其他应当说明的事项。

第四十条 上市公司召开股东大会审议股权激励计划时，独立董事应当就股权激励计划向所有的股东征集委托投票权。

第四十一条 股东大会应当对本办法第九条规定的股权激励计划内容进行表决，并经出席会议的股东所持表决权的2/3以上通过。除上市公司董事、监事、高级管理人员、单独或合计持有上市公司5%以上股份的股东以外，其他股东的投票情况应当单独统计并予以披露。

上市公司股东大会审议股权激励计划时，拟为激励对象的股东或者与激励对象存在关联关系的股东，应当回避表决。

第四十二条 上市公司董事会应当根据股东大会决议，负责实施限制性股票的授予、解除限售和回购以及股票期权的授权、行权和注销。

上市公司监事会应当对限制性股票授予日及期权授予日激励

对象名单进行核实并发表意见。

第四十三条 上市公司授予权益与回购限制性股票、激励对象行使权益前,上市公司应当向证券交易所提出申请,经证券交易所确认后,由证券登记结算机构办理登记结算事宜。

第四十四条 股权激励计划经股东大会审议通过后,上市公司应当在60日内授予权益并完成公告、登记;有获授权益条件的,应当在条件成就后60日内授出权益并完成公告、登记。上市公司未能在60日内完成上述工作的,应当及时披露未完成的原因,并宣告终止实施股权激励,自公告之日起3个月内不得再次审议股权激励计划。根据本办法规定上市公司不得授出权益的期间不计算在60日内。

第四十五条 上市公司应当按照证券登记结算机构的业务规则,在证券登记结算机构开设证券账户,用于股权激励的实施。

激励对象为外籍员工的,可以向证券登记结算机构申请开立证券账户。

尚未行权的股票期权,以及不得转让的标的股票,应当予以锁定。

第四十六条 上市公司在向激励对象授出权益前,董事会应当就股权激励计划设定的激励对象获授权益的条件是否成就进行审议,独立董事及监事会应当同时发表明确意见。律师事务所应当对激励对象获授权益的条件是否成就出具法律意见。

上市公司向激励对象授出权益与股权激励计划的安排存在差异时,独立董事、监事会(当激励对象发生变化时)、律师事务所、独立财务顾问(如有)应当同时发表明确意见。

第四十七条 激励对象在行使权益前,董事会应当就股权激励计划设定的激励对象行使权益的条件是否成就进行审议,独立董事及监事会应当同时发表明确意见。律师事务所应当对激励对象行使权益的条件是否成就出具法律意见。

第四十八条 因标的股票除权、除息或者其他原因需要调整权益价格或者数量的,上市公司董事会应当按照股权激励计划规定的原则、方式和程序进行调整。

律师事务所应当就上述调整是否符合本办法、公司章程的规定和股权激励计划的安排出具专业意见。

第四十九条 分次授出权益的,在每次授出权益前,上市公司应当召开董事会,按照股权激励计划的内容及首次授出权益时确定的原则,决定授出的权益价格、行使权益安排等内容。

当次授予权益的条件未成就时,上市公司不得向激励对象授予权益,未授予的权益也不得递延下期授予。

第五十条 上市公司在股东大会审议通过股权激励方案之前可对其进行变更。变更需经董事会审议通过。

上市公司对已通过股东大会审议的股权激励方案进行变更的,应当及时公告并提交股东大会审议,且不得包括下列情形:

(一)导致加速行权或提前解除限售的情形;

(二)降低行权价格或授予价格的情形。

独立董事、监事会应当就变更后的方案是否有利于上市公司的持续发展,是否存在明显损害上市公司及全体股东利益的情形发表独立意见。律师事务所应当就变更后的方案是否符合本办法及相关法律法规的规定、是否存在明显损害上市公司及全体股东利益的情形发表专业意见。

第五十一条 上市公司在股东大会审议股权激励计划之前拟终止实施股权激励的,需经董事会审议通过。

上市公司在股东大会审议通过股权激励计划之后终止实施股权激励的,应当由股东大会审议决定。

律师事务所应当就上市公司终止实施激励是否符合本办法及相关法律法规的规定、是否存在明显损害上市公司及全体股东利益的情形发表专业意见。

第五十二条 上市公司股东大会或董事会审议通过终止实施股权激励计划决议，或者股东大会审议未通过股权激励计划的，自决议公告之日起3个月内，上市公司不得再次审议股权激励计划。

第六章 信息披露

第五十三条 上市公司实行股权激励，应当真实、准确、完整、及时、公平地披露或者提供信息，不得有虚假记载、误导性陈述或者重大遗漏。

第五十四条 上市公司应当在董事会审议通过股权激励计划草案后，及时公告董事会决议、股权激励计划草案、独立董事意见及监事会意见。

上市公司实行股权激励计划依照规定需要取得有关部门批准的，应当在取得有关批复文件后的2个交易日内进行公告。

第五十五条 股东大会审议股权激励计划前，上市公司拟对股权激励方案进行变更的，变更议案经董事会审议通过后，上市公司应当及时披露董事会决议公告，同时披露变更原因、变更内容及独立董事、监事会、律师事务所意见。

第五十六条 上市公司在发出召开股东大会审议股权激励计划的通知时，应当同时公告法律意见书；聘请独立财务顾问的，还应当同时公告独立财务顾问报告。

第五十七条 股东大会审议通过股权激励计划及相关议案后，上市公司应当及时披露股东大会决议公告、经股东大会审议通过的股权激励计划，以及内幕信息知情人买卖本公司股票情况的自查报告。股东大会决议公告中应当包括中小投资者单独计票结果。

第五十八条 上市公司分次授出权益的，分次授出权益的议案经董事会审议通过后，上市公司应当及时披露董事会决议公告，对拟授出的权益价格、行使权益安排、是否符合股权激励计划的安排等内容进行说明。

第五十九条 因标的股票除权、除息或者其他原因调整权益价格或者数量的，调整议案经董事会审议通过后，上市公司应当及时披露董事会决议公告，同时公告律师事务所意见。

第六十条 上市公司董事会应当在授予权益及股票期权行权登记完成后、限制性股票解除限售前，及时披露相关实施情况的公告。

第六十一条 上市公司向激励对象授出权益时，应当按照本办法第四十四条规定履行信息披露义务，并再次披露股权激励会计处理方法、公允价值确定方法、涉及估值模型重要参数取值的合理性、实施股权激励应当计提的费用及对上市公司业绩的影响。

第六十二条 上市公司董事会按照本办法第四十六条、第四十七条规定对激励对象获授权益、行使权益的条件是否成就进行审议的，上市公司应当及时披露董事会决议公告，同时公告独立董事、监事会、律师事务所意见以及独立财务顾问意见（如有）。

第六十三条 上市公司董事会按照本办法第二十七条规定审议限制性股票回购方案的，应当及时公告回购股份方案及律师事务所意见。回购股份方案经股东大会批准后，上市公司应当及时公告股东大会决议。

第六十四条 上市公司终止实施股权激励的，终止实施议案经股东大会或董事会审议通过后，上市公司应当及时披露股东大会决议公告或董事会决议公告，并对终止实施股权激励的原因、股权激励已筹划及实施进展、终止实施股权激励对上市公司的可能影响等作出说明，并披露律师事务所意见。

第六十五条 上市公司应当在定期报告中披露报告期内股权

激励的实施情况,包括:

(一)报告期内激励对象的范围;

(二)报告期内授出、行使和失效的权益总额;

(三)至报告期末累计已授出但尚未行使的权益总额;

(四)报告期内权益价格、权益数量历次调整的情况以及经调整后的最新权益价格与权益数量;

(五)董事、高级管理人员各自的姓名、职务以及在报告期内历次获授、行使权益的情况和失效的权益数量;

(六)因激励对象行使权益所引起的股本变动情况;

(七)股权激励的会计处理方法及股权激励费用对公司业绩的影响;

(八)报告期内激励对象获授权益、行使权益的条件是否成就的说明;

(九)报告期内终止实施股权激励的情况及原因。

第七章 监督管理

第六十六条 上市公司股权激励不符合法律、行政法规和本办法规定,或者上市公司未按照本办法、股权激励计划的规定实施股权激励的,上市公司应当终止实施股权激励,中国证监会及其派出机构责令改正,并书面通报证券交易所和证券登记结算机构。

第六十七条 上市公司未按照本办法及其他相关规定披露股权激励相关信息或者所披露的信息有虚假记载、误导性陈述或者重大遗漏的,中国证监会及其派出机构对公司及相关责任人员采取责令改正、监管谈话、出具警示函等监管措施;情节严重的,依照《证券法》予以处罚;涉嫌犯罪的,依法移交司法机关追究刑事责任。

第六十八条 上市公司因信息披露文件有虚假记载、误导性陈述或者重大遗漏，导致不符合授予权益或行使权益安排的，未行使权益应当统一回购注销，已经行使权益的，所有激励对象应当返还已获授权益。对上述事宜不负有责任的激励对象因返还已获授权益而遭受损失的，可按照股权激励计划相关安排，向上市公司或负有责任的对象进行追偿。

董事会应当按照前款规定和股权激励计划相关安排收回激励对象所得收益。

第六十九条 上市公司实施股权激励过程中，上市公司独立董事及监事未按照本办法及相关规定履行勤勉尽责义务的，中国证监会及其派出机构采取责令改正、监管谈话、出具警示函、认定为不适当人选等措施；情节严重的，依照《证券法》予以处罚；涉嫌犯罪的，依法移交司法机关追究刑事责任。

第七十条 利用股权激励进行内幕交易或者操纵证券市场的，中国证监会及其派出机构依照《证券法》予以处罚；情节严重的，对相关责任人员实施市场禁入等措施；涉嫌犯罪的，依法移交司法机关追究刑事责任。

第七十一条 为上市公司股权激励计划出具专业意见的证券服务机构和人员未履行勤勉尽责义务，所发表的专业意见存在虚假记载、误导性陈述或者重大遗漏的，中国证监会及其派出机构对相关机构及签字人员采取责令改正、监管谈话、出具警示函等措施；情节严重的，依照《证券法》予以处罚；涉嫌犯罪的，依法移交司法机关追究刑事责任。

第八章 附 则

第七十二条 本办法下列用语具有如下含义：

标的股票：指根据股权激励计划，激励对象有权获授或者购买的上市公司股票。

权益：指激励对象根据股权激励计划获得的上市公司股票、

股票期权。

授出权益（授予权益、授权）：指上市公司根据股权激励计划的安排，授予激励对象限制性股票、股票期权的行为。

行使权益（行权）：指激励对象根据股权激励计划的规定，解除限制性股票的限售、行使股票期权购买上市公司股份的行为。

分次授出权益（分次授权）：指上市公司根据股权激励计划的安排，向已确定的激励对象分次授予限制性股票、股票期权的行为。

分期行使权益（分期行权）：指根据股权激励计划的安排，激励对象已获授的限制性股票分期解除限售、已获授的股票期权分期行权的行为。

预留权益：指股权激励计划推出时未明确激励对象、股权激励计划实施过程中确定激励对象的权益。

授予日或者授权日：指上市公司向激励对象授予限制性股票、股票期权的日期。授予日、授权日必须为交易日。

限售期：指股权激励计划设定的激励对象行使权益的条件尚未成就，限制性股票不得转让、用于担保或偿还债务的期间，自激励对象获授限制性股票完成登记之日起算。

可行权日：指激励对象可以开始行权的日期。可行权日必须为交易日。

授予价格：上市公司向激励对象授予限制性股票时所确定的、激励对象获得上市公司股份的价格。

行权价格：上市公司向激励对象授予股票期权时所确定的、激励对象购买上市公司股份的价格。

标的股票交易均价：标的股票交易总额/标的股票交易总量。

本办法所称的"以上""以下"含本数，"超过""低于""少于"不含本数。

第七十三条 国有控股上市公司实施股权激励，国家有关部门对其有特别规定的，应当同时遵守其规定。

第七十四条 本办法适用于股票在上海、深圳证券交易所上市的公司。

第七十五条 本办法自 2016 年 8 月 13 日起施行。原《上市公司股权激励管理办法（试行）》（证监公司字〔2005〕151 号）及相关配套制度同时废止。

国有控股上市公司（境外）实施
股权激励试行办法

（2006年1月27日　国资发分配〔2006〕8号）

第一章　总　　则

第一条　为指导国有控股上市公司（境外）依法实施股权激励，建立中长期激励机制，根据《中华人民共和国公司法》《企业国有资产监督管理暂行条例》等法律、行政法规，制定本办法。

第二条　本办法适用于中央非金融企业改制重组境外上市的国有控股上市公司（以下简称上市公司）。

第三条　本办法所称股权激励主要指股票期权、股票增值权等股权激励方式。

股票期权是指上市公司授予激励对象在未来一定期限内以预先确定的价格和条件购买本公司一定数量股票的权利。股票期权原则上适用于境外注册、国有控股的境外上市公司。股权激励对象有权行使该项权利，也有权放弃该项权利。股票期权不得转让和用于担保、偿还债务等。

股票增值权是指上市公司授予激励对象在一定的时期和条件下，获得规定数量的股票价格上升所带来的收益的权利。股票增值权主要适用于发行境外上市外资股的公司。股权激励对象不拥有这些股票的所有权,也不拥有股东表决权、配股权。股票增值权不能转让和用于担保、偿还债务等。

上市公司还可根据本行业和企业特点,借鉴国际通行做法,探索实行其他中长期激励方式,如限制性股票、业绩股票等。

第四条 实施股权激励应具备以下条件:

(一)公司治理结构规范,股东会、董事会、监事会、经理层各负其责,协调运转,有效制衡。董事会中有3名以上独立董事并能有效履行职责;

(二)公司发展战略目标和实施计划明确,持续发展能力良好;

(三)公司业绩考核体系健全、基础管理制度规范,进行了劳动、用工、薪酬制度改革。

第五条 实施股权激励应遵循以下原则:

(一)坚持股东利益、公司利益和管理层利益相一致,有利于促进国有资本保值增值和上市公司的可持续发展;

(二)坚持激励与约束相结合,风险与收益相对称,适度强化对管理层的激励力度;

(三)坚持依法规范,公开透明,遵循境内外相关法律法规和境外上市地上市规则要求;

(四)坚持从实际出发,循序渐进,逐步完善。

第二章 股权激励计划的拟订

第六条 股权激励计划应包括激励方式、激励对象、授予数量、行权价格及行权价格的确定方式、行权期限等内容。

第七条 股权激励对象原则上限于上市公司董事、高级管理人员(以下简称高管人员)以及对上市公司整体业绩和持续发展有直接影响的核心技术人才和管理骨干,股权激励的重点是上市公司的高管人员。

本办法所称上市公司董事包括执行董事、非执行董事。独立非执行董事不参与上市公司股权激励计划。

本办法所称上市公司高管人员是指对公司决策、经营、管理负有领导职责的人员，包括总经理、副总经理、公司财务负责人（包括其他履行上述职责的人员）、董事会秘书和公司章程规定的其他人员。

上市公司核心技术人才、管理骨干由公司董事会根据其对上市公司发展的重要性和贡献等情况确定。高新技术企业可结合行业特点和高科技人才构成情况界定核心技术人才的激励范围，但须就确定依据、授予范围及数量等情况作出说明。在股权授予日，任何持有上市公司5%以上有表决权的股份的人员，未经股东大会批准，不得参加股权激励计划。

第八条 上市公司母公司（控股公司）负责人在上市公司任职的，可参与股权激励计划，但只能参与一家上市公司的股权激励计划。

第九条 在股权激励计划有效期内授予的股权总量，应结合上市公司股本规模和股权激励对象的范围、薪酬结构及中长期激励预期收益水平合理确定。

（一）在股权激励计划有效期内授予的股权总量累计不得超过公司股本总额的10%。

（二）首次股权授予数量应控制在上市公司股本总额的1%以内。

第十条 在股权激励计划有效期内任何12个月期间授予任一人员的股权（包括已行使的和未行使的股权）超过上市公司发行总股本1%的，上市公司不再授予其股权。

第十一条 授予高管人员的股权数量按下列办法确定：

（一）在股权激励计划有效期内，高管人员预期股权激励收益水平原则上应控制在其薪酬总水平的40%以内。高管人员薪酬总水平应根据本公司业绩考核与薪酬管理办法,并参考境内外同类人员薪酬市场价位、本公司员工平均收入水平等因素综合确定。各高管人员薪酬总水平和预期股权收益占薪酬总水平的比例应根据上市公司岗位分析、岗位测评、岗位职责按岗位序列确定。

(二)按照国际通行的期权定价模型,计算股票期权或股票增值权的公平市场价值,确定每股股权激励预期收益。

(三)按照上述原则和股权授予价格(行权价格),确定高管人员股权授予的数量。

第十二条 股权的授予价格根据公平市场价原则,按境外上市规则及本办法的有关规定确定。

上市公司首次公开发行上市时实施股权激励计划的,其股权的授予价格按上市公司首次公开发行上市满30个交易日以后,依据境外上市规则规定的公平市场价格确定。

上市公司上市后实施的股权激励计划,其股权的授予价格不得低于授予日的收盘价或前5个交易日的平均收盘价,并不再予以折扣。

第十三条 上市公司因发行新股、转增股本、合并、分立等原因导致总股本发生变动或其他原因需要调整行权价格或股权授予数量的,可以按照股权激励计划规定的原则和方式进行调整,但应由公司董事会做出决议并经公司股东大会审议批准。

第十四条 股权激励计划有效期一般不超过10年,自股东大会通过股权激励计划之日起计算。

第十五条 在股权激励计划有效期内,每一次股权激励计划的授予间隔期应在一个完整的会计年度以上,原则上每两年授予一次。

第十六条 行权限制期为股权授予日至股权生效日的期限。股权限制期原则上定为两年,在限制期内不得行权。

第十七条　行权有效期为股权限制期满后至股权终止日的时间，由上市公司根据实际情况确定，原则上不得低于3年。在行权有效期内原则上采取匀速分批行权办法，或按照符合境外上市规则要求的办法行权。超过行权有效期的，其权利自动失效，并不可追溯行使。

第十八条　上市公司不得在董事会讨论审批或公告公司年度、半年度、季度业绩报告等影响股票价格的敏感事项发生时授予股权或行权。

第三章　股权激励计划的审核

第十九条　国有控股股东代表在股东大会审议批准上市公司拟实施的股权激励计划之前，应将拟实施的股权激励计划及管理办法报履行国有资产出资人职责的机构或部门审核，并根据其审核意见在股东大会行使表决权。

第二十条　国有控股股东代表申报的股权激励计划报告应包括以下内容：

（一）上市公司的简要情况。

（二）上市公司股权激励计划方案和股权激励管理办法。主要应载明以下内容：股权授予的人员范围、授予数量、授予价格和行权时间的确定、权利的变更及丧失，以及股权激励计划的管理、监督等；选择的期权定价模型及股票期权或股票增值权预期收益的测算等情况的说明。

（三）上市公司绩效考核评价制度和股权激励计划实施的说明。绩效考核评价制度应当包括岗位职责核定、绩效考核评价指标和标准、年度及任期绩效责任目标、考核评价程序等内容。

（四）上市公司实施股权激励计划的组织领导和工作方案。

第二十一条　上市公司按批准的股权激励计划实施的分期股权授予方案，国有控股股东代表应当报履行国有资产出资人职责的机构或部门备案。其中因实施股权激励计划而增发股票及调整股权授予范围、超出首次股权授予规模等，应按本办法规定履行相应申报程序。

第二十二条　上市公司终止股权激励计划并实施新计划，国有控股股东代表应按照本办法规定重新履行申报程序。原股权激励计划终止后，不得根据已终止的计划再授予股权。

第四章　股权激励计划的管理

第二十三条　国有控股股东代表应要求和督促上市公司制定严格的股权激励管理办法，建立规范的绩效考核评价制度；按照上市公司股权激励管理办法和绩效考核评价办法确定对高管人员股权的授予和行权；对已经授予的股权数量在行权时可根据年度业绩考核情况进行动态调整。

第二十四条　股权激励对象应承担行权时所发生的费用，并依法纳税。上市公司不得对股权激励对象行权提供任何财务资助。

第二十五条　股权激励对象因辞职、调动、被解雇、退休、死亡、丧失行为能力等原因终止服务时，其股权的行使应作相应调整，采取行权加速、终止等处理方式。

第二十六条　参与上市公司股权激励计划的上市公司母公司（控股公司）的负责人，其股权激励计划的实施应符合《中央企业负责人经营业绩考核暂行办法》（国资委令第2号）的有关规定。上市公司或其母公司（控股公司）为中央金融企业的，企业负责人股权激励计划的实施应符合财政部有关国有金融企业绩效考核的规定。

第二十七条　上市公司高管人员的股票期权应保留一定比例在任职期满后根据任期考核结果行权，任职（或任期）期满后的行权比例不得低于授权总量的20%；对授予的股票增值权，其行权所获得的现金收益需进入上市公司为股权激励对象开设的账户，账户中的现金收益应有不低于20%的部分至任职（或任期）期满考核合格后方可提取。

第二十八条 有以下情形之一的，当年年度可行权部分应予取消：

（一）上市公司年度绩效考核达不到股权激励计划规定的业绩考核标准的；

（二）年度财务报告被注册会计师出具否定意见或无法表示意见的；

（三）监事会或审计部门对上市公司业绩或年度财务报告提出重大异议的。

第二十九条 股权激励对象有以下情形之一的，应取消其行权资格：

（一）严重失职、渎职的；

（二）违反国家有关法律法规、上市公司章程规定的；

（三）上市公司有足够的证据证明股权持有者在任职期间，由于受贿索贿、贪污盗窃、泄露上市公司经营和技术秘密、实施关联交易损害上市公司利益、声誉和对上市公司形象有重大负面影响的行为，给上市公司造成损失的。

第三十条 国有控股股东代表应要求和督促上市公司在实施股权激励计划的财务、会计处理及其税收等方面严格执行境内外有关法律法规、财务制度、会计准则、税务制度和上市规则。

第三十一条 国有控股股东代表应将下列事项在上市公司年度报告披露后10日内报履行国有资产出资人职责的机构或部门备案：

（一）公司股权激励计划的授予和行使情况；

（二）公司董事、高管人员持有股权的数量、期限、本年度已经行权和未行权的情况及其所持股权数量与期初所持数量的对

比情况;

（三）公司实施股权激励绩效考核情况及实施股权激励对公司费用及利润的影响情况等。

第五章 附 则

第三十二条 中央金融企业、地方国有或国有控股企业改制重组境外上市的公司比照本办法执行。

第三十三条 原经批准已实施股权激励计划的上市公司，在按原计划分期实施或拟订新计划时应按照本办法的规定执行。

第三十四条 本办法自 2006 年 3 月 1 日起施行。

国资委关于印发《中央科技型企业实施分红激励工作指引》的通知

(2017年8月25日 国资厅发考分〔2017〕47号)

各中央企业:

为指导和推动中央科技型企业加快落实国家股权和分红激励政策,根据《关于做好中央科技型企业股权和分红激励工作的通知》(国资发分配〔2016〕274号)分类分步实施激励的有关要求,我们制定了《中央科技型企业实施分红激励工作指引》,现印发给你们,请结合实际,认真执行。

中央科技型企业实施分红激励工作指引

第一章 总 则

第一条 为推动中央企业加快实施创新驱动发展战略,进一步落实《国有科技型企业股权和分红激励暂行办法》(财资〔2016〕4号)要求,建立完善有利于自主创新和科技成果转化的分红激励机制,调动技术、管理人员的积极性和创造性,根据中央企业科技创新激励工作部署和《关于做好中央科技型企业股权和分红激励工作的通知》(国资发分配〔2016〕274号)规定,制定本指引。

第二条 本指引适用于国务院国有资产监督管理委员会（以下简称国资委）履行出资人职责的中央企业及所属控股（含实际控制）未上市科技企业（以下简称中央科技型企业，含全国中小企业股份转让系统挂牌企业）。上述企业应当具有公司法人资格并在中国境内注册，具体包括以下几种类型：

（一）国家认定的高新技术企业。

（二）转制院所企业。

（三）中央企业所属高等院校和科研院所投资的科技企业。

（四）国家和省级认定的科技服务机构。

第三条 本指引用于指导中央科技型企业的国有控股股东依法履行出资人职责，按照本指引及相关规定要求，指导所属科技型企业科学制订分红激励计划、规范履行决策程序，做好分红激励计划的实施管理工作。

第二章 方案的制订

第一节 激励方式

第四条 分红激励包括岗位分红激励和项目收益分红激励两种方式。

（一）岗位分红激励，是指企业实施科技创新和成果产业化，以企业经营收益为标的，按照相应岗位在科技成果产业化中的重要性和贡献，确定激励总额和不同岗位的分红标准，并对激励对象实施激励的行为。

（二）项目收益分红激励，是指企业通过成果转让（许可）、作价投资、自行或合作实施等方式进行职务科技成果转化，以形成的收益为标的，采取项目收益分成方式对激励对象实施激励的行为。

第五条 中央科技型企业应当结合自身实际，科学选择分红激励方式。原则上同一企业应当采取一种分红方式,对同一激励对象就同一职务科技成果或产业化项目,给予一次激励。

第二节 实施条件

第六条 实施分红激励的中央科技型企业应当制定明确的发展战略,主业突出、成长性好。内部治理结构健全并有效运转,管理制度完善,人事、劳动、分配制度改革取得积极进展。具有发展所需的关键技术、自主知识产权和持续创新能力。

第七条 实施分红激励的中央科技型企业年度财务会计报告必须经过中介机构依法审计,且激励方案制订近3年(以下简称近3年)没有发生财务、税收等方面违法违规行为,未出现重大收入分配违规违纪事项。

第八条 实施分红激励的中央科技型企业原则上应当成立满3年。除本指引第二条第(四)类企业外,其他企业近3年研发费用占当年营业收入均应当在3%以上,激励方案制订的上一年度企业研发人员占职工总数(以上人数均按平均数统计)应当在10%以上,相关数据原则上应当以企业年度财务会计报告为依据。对成立不满3年的初创企业,可以实际经营年限计算。

第九条 对于本指引第二条第(四)类企业,成立应当满3年,且近3年科技服务性收入不低于当年企业营业收入的60%。科技服务性收入是指国有科技型服务机构营业收入中属于研究开发及其服务、技术转移服务、检验检测认证服务、创业孵化服务、知识产权服务、科技咨询服务、科技金融服务、科学技术普及服务等收入。

第十条 中央科技型企业实施岗位分红激励,除满足以上条件外,企业还应当建立规范的岗位管理和评估体系,岗位序列清晰、岗位价值明确。企业近3年税后利润累计形成的净资产增值额应当占企业近3年年初净资产总额的10%以上,且实施激励当年年初未分配利润为正数。成立不满3年的，不得采取岗位分红的激励方式。

近3年税后利润累计形成的净资产增值额，是指激励方案制订上年末账面净资产相对于近3年首年初账面净资产的增加值，不包括财政及企业股东以各种方式投资或补助形成的净资产和已经向股东分配的利润。

第十一条 中央科技型企业实施项目收益分红激励，除满足第六条至第九条规定外，企业还应当建立规范的项目管理和收益评估制度。项目资产、人员边界清晰，核算独立、收支明确。

第十二条 以下类型中央科技型企业或职务科技成果转化项目可以优先开展分红激励：

（一）符合《"十三五"国家科技创新规划》战略布局和中央企业"十三五"科技创新研发方向，承担国家科技创新重大专项、重大工程、国家重点研发计划的。

（二）收入和利润来源于所在中央企业外部市场占比较高的。

（三）符合所在中央企业主业发展方向的。

（四）自主创新能力较强、成果技术水平较高、市场前景较好的。

第三节 激励对象

第十三条 企业应当综合考虑职工岗位价值、实际贡献、承担风险和服务年限等因素确定分红激励对象，激励对象应当与本企业签订劳动合同，具体包括：

（一）在科技创新和成果转化过程中发挥重要作用的技术人员，包括关键职务科技成果的主要完成人、重大开发项目的负责人、对主导产品或者核心技术及工艺流程做出重大创新或者改进的主要技术人员。

（二）主持企业全面生产经营工作的高级管理人员，负责企业主要产品（服务）生产经营的中、高级经营管理人员。

（三）通过省、部级及以上人才计划引进的重要技术人才和经营管理人才。

第十四条 岗位分红激励对象应当通过公开招聘、企业内部竞争上岗或者其他市场化方式产生，且应当在该岗位连续工作1年以上。每次激励人数不得超过企业在岗职工总数的30%。

第十五条 项目收益分红激励对象应当由企业和项目组共同确定，激励对象名单应当随同激励方案一并听取职工意见和建议。

第十六条 中央科技型企业不得面向全体员工实施分红激励，不得把以下人员确定为激励对象：

（一）未与企业签订劳动合同的人员，包括事业编制人员以及人事代理、劳务派遣、劳务外包等其他人员。

（二）企业监事（包括职工监事）、独立董事。

（三）与企业科技创新和成果转化无直接关联的管理人员。

（四）有关政策法规明确不得成为激励对象的人员。

第四节 激励额度

第十七条 中央科技型企业应当以推动科技成果转化、提升企业经营效益为目标，坚持增量激励、效益导向的原则，统筹考虑企业经营发展战略、自身效益状况以及人工成本承受能力等因素合理确定分红激励额度。

第十八条 实施岗位分红激励的企业，应当以反映企业盈利能力或价值创造的绝对指标（如税后利润、税后利润增加值、经济增加值、经济增加改善值等）作为提取基数，科学设计计提模式，合理确定提取比例。年度分红激励总额不得高于当年税后利润的15%，并统筹好与当期工资总额和效益增量的比例关系，避免因实施分红激励出现工资效益不匹配问题。

第十九条 实施岗位分红激励的企业,应当按照岗位在科技成果产业化中的重要性以及激励对象个人的贡献情况,确定不同岗位激励对象的分红标准。激励对象个人年度分红所得不得高于其年度薪酬总额(不含分红所得)的2/3。同一企业内激励对象个人最高和最低激励额度的倍数设定应当充分考虑岗位价值评估结果,并且根据个人贡献、企业内部收入分配关系等因素综合确定。

第二十条 实施项目收益分红的企业,应当在职务科技成果完成、转化后,按照与重要技术人员约定或企业有关规定,合理确定激励额度(包括提取模式、比例等)和执行时限。不同的科技成果转化方式,可以按照以下原则确定有关事项:

(一)将该项职务科技成果转让、许可给他人实施的,以该项科技成果转让净收入或许可净收入作为提取基数,按约定或规定比例提取激励额度,原则上一次性激励到位。

(二)利用该项职务科技成果作价投资,以科技成果作价入股的股份(或出资比例)形成的投资收益作为提取基数的,按照约定或规定比例提取激励额度,原则上有效期不得超过5年;以职务科技成果作价入股形成的股份(或出资比例)作为提取基数的,应当按照股权激励有关规定约定相应激励额度、比例和其他事项。

(三)将该项职务科技成果自行实施或者与他人合作实施的,应当在实施转化成功投产后连续3至5年,按照约定或规定比例每年从实施该项科技成果的营业利润中提取激励额度。

转让、许可净收入是指企业取得的科技成果转让、许可收入扣除相关税费和企业为该项科技成果投入的全部研发费用及维护、维权费用后的金额。企业将同一项科技成果使用权向多个单位或者个人转让、许可的,转让、许可收入应当合并计算。

第二十一条 实施项目收益分红激励的企业,应当把握好项目投入产出与收益分配的关系,按照以下原则对激励额度和水平进行约定:

(一)总体激励额度应当结合项目来源、项目级别、项目规模、发展阶段以及创新贡献等因素约定。对于国家立项、创新贡献较大的项目可以适当加大激励力度。对于项目所在企业成立时间不满3年或实施当年未盈利的,应当结合项目收益情况控制总体额度,或采取分批分次的方式兑现。

(二)个人激励水平应当结合激励对象人数、薪酬水平、市场对标等因素,根据激励对象个人在职务成果完成和转化过程中的贡献以及绩效考核结果约定。对于关键科研任务、重大开发项目、主导产品或核心技术的主要完成人、负责人等可以适当提高分配比例。对于个人收入明显高于市场水平或同时参与多个项目激励的人员应当合理控制个人激励标准或项目分红总收入。

第二十二条 中央科技型企业制定项目收益分红激励相关规定应当充分听取技术人员的意见,有关规定或约定事项应当在本企业公开。出现实施激励当年项目所在企业处于亏损状态、项目分红激励总额偏大、单个激励对象水平偏高等特殊情况的,应当向中央企业集团公司报备。

第二十三条 中央科技型企业未建立有效规定或未及时与重要技术人员约定的,按照《中华人民共和国促进科技成果转化法》等国家有关制度执行,并在激励方案有效期内制定相关制度,在实施下一期项目分红激励计划时从其约定。

第五节 考核要求

第二十四条 岗位分红激励方案有效期原则上不超过3年(自制订方案当年起)。中央科技型企业应当建立完善的业绩考核体系和考核办法,在激励方案中明确除净利润增长率应当高于企业实施岗位分红激励近3年平均增长水平（复合增长率）的要求外，还应当结合企业经营特点、发展阶段以及科技创新等情况，从以下维度综合确定年度考核指标（原则上三类指标至少各选一个）：

（一）财务类指标，如净利润增长率（必选）、净资产收益率、主营业务收入增长率等。

（二）科技创新类指标，如科技创新收入增长率、科技创新收入占营业收入比重、新增（成果转化）合同额增长率、专利数量等。

（三）管理类指标，如核心人才保留率、劳动生产率、成本费用占营业收入比重等。

第二十五条 对于处于初创阶段等特殊情况的企业，根据企业功能定位、发展前景等因素，合理设置考核指标，可以管理类、科技创新类指标为主，体现初创阶段的发展导向。

第二十六条 项目收益分红激励方案有效期应当结合职务科技成果转化方式合理确定。其中，以职务科技成果作价投资、自行实施或者与他人合作实施方式开展项目收益分红激励的，应当结合企业科技创新以及项目实施情况，从以下维度约定年度考核指标（原则上三类指标至少各选一个）：

（一）项目财务类指标，如项目收入增长率、项目投资回报率、项目净利润增长率等。

（二）项目创新类指标，如项目专利和知识产权数量、项目获奖情况等。

（三）项目管理类指标，如项目研发费用占营业收入比重、新增项目合同数（额）增长率、合同履约率等。

以职务科技成果转让、许可给他人实施的，若不采取一次性激励的方式，原则上也应当按照以上要求制定激励有效期内的考核办法。

第二十七条　中央科技型企业以自身历史业绩水平纵向比较为主，鼓励具备条件的企业（或项目）采取与同行业或对标企业业绩横向对标的方式，综合确定考核目标水平。

（一）在激励方案中应当载明考核目标的确定方式，选择企业对标的，应当说明对标企业的选取原则。

（二）考核目标水平设置应当结合企业经营状况、行业周期以及科技发展规划等因素综合确定。原则上相关指标不低于上一年度实际业绩水平或本企业近3年平均业绩水平（实施岗位分红的，年度净利润增长率指标必须高于近3年平均增长水平）。引入行业对标的，相关指标应当不低于同行业平均（或对标企业50分位值）业绩水平。

第二十八条　中央科技型企业应当建立健全与分红激励配套的员工绩效考核评价体系，全面、客观、准确地评价激励对象业绩贡献。

第二十九条　中央科技型企业（科技成果转化项目）的考核结果应当与分红激励总额度挂钩，个人绩效考核评价结果应当应用于个人分红激励兑现。

第三十条　中央科技型企业实施分红激励，应当重点加强对财务类指标的考核，岗位分红激励年度净利润增长率低于近3年平均增长水平的，应当终止实施方案；项目收益分红激励财务类指标未达到考核目标的，原则上应当终止实施方案。其他指标未达到考核目标的，应当按照约定或规定扣减额度或终止实施方案。

第三十一条　激励对象未达到个人年度绩效考核要求的，应当按规定或约定扣减、暂缓或停止分红激励。

第六节　财务及工资管理

第三十二条　中央科技型企业实施分红激励应当严格执行财

务会计及税收处理等有关规定。激励方案涉及的财务数据和资产评估结果，应当经具有相关资质的会计师事务所审计和资产评估机构评估，并按有关规定办理核准或备案手续。

第三十三条　中央企业集团公司应当将所属科技型企业分红激励计划纳入工资总额预算管理。按照有关规定申报年度分红激励预算，结合企业生产经营和科技创新实施情况进行预算调整，并根据财务决算结果兑现激励额度、开展预算执行情况清算评价工作。

第三十四条　分红激励所需支出应当计入本企业工资总额，实行单列管理，不纳入本企业工资总额基数，不作为企业职工教育经费、工会经费、社会保险费、补充养老及补充医疗保险费、住房公积金等的计提依据。

第三章　组织与实施

第三十五条　中央企业集团公司应当按照国家有关规定和本指引要求，制定分红激励相关管理制度，明确实施主体、主要职责、决策程序和工作流程等。制订总体工作方案和推进计划，统筹规划所属科技型企业分红激励工作，并在实施前向国资委报告。

第三十六条　纳入总体工作方案和推进计划的中央科技型企业，由本企业总经理班子或者董事会（以下简称内部决策机构）制订分红激励具体方案。

第三十七条　中央科技型企业内部决策机构制订激励方案时，应当通过职工代表大会或者其他形式充分听取职工的意见和建议，并将激励方案及听取职工意见情况报中央企业集团公司批准和备案。

第三十八条　中央企业集团公司主要从实施条件、实施程序以及实施方案的合法、合规性等方面对所属科技型企业分红激励方案进行评审。并自受理方案之日起 20 个工作日内，提出书面审定意见。

第三十九条 中央科技型企业分红激励方案经审核同意后，提交本企业股东（大）会审议。

第四十条 除国家另有规定外，中央科技型企业应当在股东（大）会审议通过激励方案后 5 个工作日内，将决议、批准文件以及审议通过的激励方案报中央企业集团公司备案，并按照方案实施激励。未设立股东（大）会的企业，按照中央企业集团公司批准的方案实施。

第四十一条 中央科技型企业内部决策机构在召开股东（大）会前撤销分红激励计划或者股东（大）会审议未通过分红激励计划的，应当向中央企业集团公司提交撤销原分红激励计划审核（备案）的报告，且原则上当年不再提交有关激励计划。

第四十二条 国资委对中央企业总体分红激励工作给予政策指导。中央企业整体作为科技型企业实施分红激励的，应当由内部决策机构制订实施方案，并经相关民主程序听取职工意见后，报国资委批准后实施。

第四章 管理与监督

第四十三条 中央科技型企业因出现特殊情形需要调整激励方案的（如激励对象范围变化、单个对象激励水平变化等情况），应当重新履行内部审议和外部审核程序。出现以下情形的，应当终止实施分红激励方案，再次实施的，按照规定重新申报审核：

（一）激励方案发生重大调整的（如激励方式变化、业绩考核指标调整等情况）。

（二）分红激励考核指标未达标，根据约定或规定应当终止方案实施的。

（三）会计师事务所、资产评估机构、法律事务机构等第三方中介组织对激励方案涉及的数据、结果等事项出具否定意见的。

（四）企业股权或产权结构发生重大变化，导致激励方案无法实施的。

（五）其他需要终止方案实施的情形。

终止激励方案，企业内部决策机构应当向中央企业集团公司报告并向股东（大）会说明情况。

第四十四条 激励对象因辞职、调动、免职、退休、死亡、丧失民事行为能力、违法违规等原因与企业解除或者终止劳动关系的，应当终止其分红激励资格。

第四十五条 中央企业集团公司应当严格审核所属科技型企业的分红激励方案，必要时可以要求企业法律事务机构或者外聘律师对激励方案出具法律意见书。

第四十六条 中央企业集团公司应当遵守法律法规和有关制度规定，建立对所属科技型企业分红激励工作的考核评价机制，并依据考核结果对激励方案实施动态管理。

第四十七条 中央企业集团公司应当建立分红激励工作定期报告制度，并于每年2月底前将上一年度实施分红激励的总体情况报送国资委。

第四十八条 国资委将中央科技型企业分红激励工作纳入收入分配监督检查事项范围，采取抽查和专项检查等方式，对企业实施情况进行监督评估。对违反法律法规及政策规定、损害国有资产权益的企业，国资委将责令调整或终止方案，并追究相关企业和人员责任。

第四十九条 按照《中关村国家自主创新示范区企业股权和分红激励实施办法》（财企〔2010〕8号）和《关于在部分中央企业开展分红权激励试点工作的通知》（国资发改革〔2010

148号）规定，已经国资委批准的分红激励方案可继续执行，实施期满后，新的激励方案统一按照国家有关规定和本指引执行。

第五十条 全民所有制中央科技型企业应当积极按照国家有关规定，推动公司制改革，在不断提升内部管理水平和健全完善制度体系的基础上，实施分红激励。

附件（略）

国资委关于进一步做好中央企业控股上市公司股权激励工作有关事项的通知

(2019年10月24日 国资发考分规〔2019〕102号)

各中央企业：

为深入贯彻习近平新时代中国特色社会主义思想和党的十九大精神，认真落实党中央、国务院决策部署，积极支持中央企业控股上市公司建立健全长效激励约束机制，充分调动核心骨干人才的积极性，推动中央企业实现高质量发展，根据有关法律法规规定，现就进一步做好中央企业控股上市公司（以下简称上市公司）股权激励工作的有关事项通知如下：

一、科学制订股权激励计划

（一）中央企业应当结合本集团产业发展规划，积极推动所控股上市公司建立规范、有效、科学的股权激励机制，综合运用多种激励工具，系统构建企业核心骨干人才激励体系。股权激励对象应当聚焦核心骨干人才队伍，应当结合企业高质量发展需要、行业竞争特点、关键岗位职责、绩效考核评价等因素综合确定。中央和国资委管理的中央企业负责人不纳入股权激励对象范围。

（二）股权激励方式应当按照股票上市交易地监管规定，根据所在行业经营规律、企业改革发展实际等因素科学确定，一般为股票期权、股票增值权、限制性股票等方式，也可以结合股票交易市场其他公司实施股权激励的进展情况，探索试行法律、行政法规允许的其他激励方式。

（三）鼓励上市公司根据企业发展规划，采取分期授予方式实施股权激励，充分体现激励的长期效应。每期授予权益数量应当与公司股本规模、激励对象人数，以及权益授予价值等因素相匹配。中小市值上市公司及科技创新型上市公司，首次实施股权激励计划授予的权益数量占公司股本总额的比重，最高可以由1%上浮至3%。上市公司两个完整年度内累计授予的权益数量一般在公司总股本的3%以内，公司重大战略转型等特殊需要的可以适当放宽至总股本的5%以内。

（四）上市公司应当按照股票上市交易地监管规定和上市规则，确定权益授予的公平市场价格。股票期权、股票增值权的行权价格按照公平市场价格确定，限制性股票的授予价格按照不低于公平市场价格的50%确定。股票公平市场价格低于每股净资产的，限制性股票授予价格原则上按照不低于公平市场价格的60%确定。

（五）上市公司应当依据本公司业绩考核与薪酬管理办法，结合公司经营效益情况，并参考市场同类人员薪酬水平、本公司岗位薪酬体系等因素，科学设置激励对象薪酬结构，合理确定激励对象薪酬水平、权益授予价值与授予数量。董事、高级管理人员的权益授予价值，境内外上市公司统一按照不高于授予时薪酬总水平（含权益授予价值）的40%确定，管理、技术和业务骨干等其他激励对象的权益授予价值，由上市公司董事会合理确定。股权激励对象实际获得的收益，属于投资性收益，不再设置调控上限。

二、完善股权激励业绩考核

（六）上市公司应当建立健全股权激励业绩考核及激励对象绩效考核评价体系。股权激励的业绩考核，应当体现股东对公司经营发展的业绩要求和考核导向。在权益授予环节，业绩考核目标应当根据公司发展战略规划合理设置，股权激励计划无分次实施安排的，可以不设置业绩考核条件。在权益生效（解锁）环节，业绩考核目标应当结合公司经营趋势、所处行业发展周期科学设置，体现前瞻性、挑战性，可以通过与境内外同行业优秀企业业绩水平横向对标的方式确定。上市公司在公告股权激励计划草案时，应当披露所设定业绩考核指标与目标水平的科学性和合理性。

（七）上市公司应当制定规范的股权激励管理办法，以业绩考核指标完成情况为基础对股权激励计划实施动态管理。上市公司按照股权激励管理办法和业绩考核评价办法，以业绩考核完成情况决定对激励对象全体和个人权益的授予和生效（解锁）。

三、支持科创板上市公司实施股权激励

（八）中央企业控股科创板上市公司实施股权激励，原则上按照科创板有关上市规则制订股权激励计划。

（九）科创板上市公司以限制性股票方式实施股权激励的，若授予价格低于公平市场价格的50%，上市公司应当适当延长限制性股票的禁售期及解锁期，并设置不低于公司近三年平均业绩水平或同行业75分位值水平的解锁业绩目标条件。

（十）尚未盈利的科创板上市公司实施股权激励的，限制性股票授予价格按照不低于公平市场价格的60%确定。在上市公司实现盈利前，可生效的权益比例原则上不超过授予额度的40%，对于属于国家重点战略行业且因行业特性需要较长时间才可实现盈利的，应当在股权激励计划中明确提出调整权益生效安排的申请。

四、健全股权激励管理体制

（十一）中央企业集团公司应当切实履行出资人职责，根据国有控股上市公司实施股权激励的有关政策规定，通过规范的公司治理程序，认真指导所属各级控股上市公司规范实施股权激励，充分调动核心骨干人才创新创业的积极性，共享企业改革发展成果。

（十二）中央企业控股上市公司根据有关政策规定，制订股权激励计划，在股东大会审议之前，国有控股股东按照公司治理和股权关系，经中央企业集团公司审核同意，并报国资委批准。

（十三）国资委不再审核股权激励分期实施方案（不含主营业务整体上市公司），上市公司依据股权激励计划制订的分期实施方案，国有控股股东应当在董事会审议决定前，报中央企业集团公司审核同意。

（十四）国资委依法依规对中央企业控股上市公司股权激励实施情况进行监督管理。未按照法律、行政法规及相关规定实施股权激励计划的，中央企业应当督促上市公司立即进行整改，并对公司及相关责任人依法依规追究责任。在整改期间，中央企业集团公司应当停止受理该公司实施股权激励的申请。

（十五）国有控股股东应当要求和督促上市公司真实、准确、完整、及时地公开披露股权激励实施情况，不得有虚假记载、误导性陈述或者重大遗漏。上市公司应当在年度报告中披露报告期内股权激励的实施情况和业绩考核情况。中央企业应当于上市公司年度报告披露后，将本企业所控股上市公司股权激励实施情况报告国资委。

（十六）本通知适用于国资委履行出资人职责的中央企业，与本通知不一致的，按照本通知执行。

中央企业控股上市公司实施股权激励工作指引

(2020年4月23日 国资考分〔2020〕178号)

第一章 总 则

第一条 为进一步推动中央企业控股上市公司建立健全长效激励约束机制，完善股权激励计划的制订和实施工作，充分调动上市公司核心骨干人才的积极性，促进国有资产保值增值，推动国有资本做强做优做大，根据《中华人民共和国公司法》《中华人民共和国企业国有资产法》《关于修改〈上市公司股权激励管理办法〉的决定》（证监会令第148号）和国有控股上市公司实施股权激励的有关政策规定，制定本指引，供企业在工作中参考使用。

第二条 本指引适用于国务院国有资产监督管理委员会（以下简称国资委）履行出资人职责的中央企业及其各级出资企业控股或实际控制的上市公司（以下简称上市公司）。

第三条 本指引所称股权激励，是指上市公司以本公司股票或者其衍生权益为标的，对其董事、高级管理人员及管理、技术和业务骨干实施的长期激励。

第四条 本指引用于指导中央企业、上市公司国有控股股东依法履行出资人职责，按照本指引及相关规定指导上市公司科学制订股权激励计划、规范履行决策程序，做好股权激励计划的实施管理工作。

第五条 上市公司实施股权激励应当遵循以下原则：

（一）坚持依法规范，公开透明，遵循法律法规和公司章程规定，完善现代企业制度，健全公司治理机制。

（二）坚持维护股东利益、公司利益和激励对象利益，促进上市公司持续发展，促进国有资本保值增值。

（三）坚持激励与约束相结合，风险与收益相匹配，强化股权激励水平与业绩考核双对标，充分调动上市公司核心骨干人才的积极性。

（四）坚持分类分级管理，从企业改革发展和资本市场实际出发，充分发挥市场机制，规范起步，循序渐进，积极探索，不断完善。

第六条 上市公司实施股权激励应当具备以下条件：

（一）公司治理规范，股东大会、董事会、监事会、经理层组织健全，职责明确。股东大会选举和更换董事的制度健全，董事会选聘、考核、激励高级管理人员的职权到位。

（二）外部董事（包括独立董事）人数应当达到董事会成员的半数以上。薪酬与考核委员会全部由外部董事组成，薪酬与考核委员会制度健全，议事规则完善，运行规范。

（三）基础管理制度规范，内部控制制度健全，三项制度改革到位，建立了符合市场竞争要求的管理人员能上能下、员工能进能出、收入能增能减的劳动用工、业绩考核、薪酬福利制度体系。

（四）发展战略明确，资产质量和财务状况良好，经营业绩稳健。近三年无财务会计、收入分配和薪酬管理等方面的违法违规行为。

（五）健全与激励机制对称的经济责任审计、信息披露、延期支付、追索扣回等约束机制。

（六）证券监督管理机构规定的其他条件。

第七条 国有控股股东应当增强法治观念和诚信意识，遵守法律法规，执行国家政策，维护出资人利益。上市公司董事、监事和高级管理人员在实施股权激励计划过程中应当诚实守信、恪尽职守、勤勉尽责，维护上市公司和股东的利益。

第二章　股权激励计划的制订

第一节　一般规定

第八条 上市公司股权激励计划应当依据法律法规和股票交易上市地监管规定科学制订，对上市公司、激励对象具有约束力，股权激励计划应当包括下列事项：

（一）股权激励的目的。

（二）激励对象的确定依据和范围。

（三）激励方式、标的股票种类和来源。

（四）拟授出的权益数量，拟授出权益涉及标的股票数量及占上市公司股本总额的百分比；分期授出的，本计划拟授予期数，每期拟授出的权益数量、涉及标的股票数量及占股权激励计划涉及标的股票总额的百分比、占上市公司股本总额的百分比；设置预留权益的，拟预留权益的数量、涉及标的股票数量及占股权激励计划涉及标的股票总额的百分比。

（五）激励对象为董事、高级管理人员的，其各自可获授的权益数量、权益授予价值占授予时薪酬总水平的比例；其他各类激励对象可获授的权益数量、占股权激励计划拟授出权益总量的百分比。

（六）股票期权（股票增值权）的行权价格及其确定方法，限制性股票的授予价格及其确定方法。

（七）股权激励计划的有效期，股票期权（股票增值权）的授予日、生效日（可行权日）、行权有效期和行权安排，限制性股票的授予日、限售期和解除限售安排。

（八）激励对象获授权益、行使权益的条件，包括公司业绩考核条件及激励对象个人绩效考核条件，上市公司据此制定股权激励业绩考核办法。

（九）上市公司授出权益、激励对象行使权益的程序，上市公司据此制定股权激励管理办法。

（十）调整权益数量、标的股票数量、授予价格或者行权价格的方法和程序。

（十一）股权激励会计处理方法、限制性股票或股票期权公允价值的确定方法、涉及估值模型重要参数取值合理性、实施股权激励应当计提费用及对上市公司经营业绩的影响。

（十二）股权激励计划的变更、终止。

（十三）上市公司发生控制权变更、合并、分立以及激励对象发生职务变更、离职、死亡等事项时股权激励计划的执行。

（十四）上市公司与激励对象之间相关纠纷或争端解决机制。

（十五）上市公司与激励对象其他的权利义务，以及其他需要说明的事项。

第九条 上市公司应当与激励对象签订权益授予协议，确认股权激励计划、股权激励管理办法、业绩考核办法等有关约定的内容，并依照有关法律法规和公司章程约定双方的其他权利义务。

上市公司应当承诺，股权激励计划相关信息披露文件不存在虚假记载、误导性陈述或者重大遗漏。

所有激励对象应当承诺，上市公司因信息披露文件中有虚假记载、误导性陈述或者重大遗漏，导致不符合授予权益或行使权益安排的,激励对象应当自相关信息披露文件被确认存在虚假记载、误导性陈述或者重大遗漏后,将由股权激励计划所获得的全部利益返还公司。

第二节 激励方式和标的股票来源

第十条 上市公司股权激励方式包括股票期权、股票增值权、限制性股票,以及法律法规允许的其他方式。

(一)股票期权,是指上市公司授予激励对象在未来一定期限内以预先确定的价格和条件购买本公司一定数量股票的权利。激励对象有权行使或者放弃这种权利。股票期权不得转让、用于担保或偿还债务。

(二)股票增值权,是指上市公司授予激励对象在一定的时期和条件下,获得规定数量的股票价格上升所带来的收益的权利。股权激励对象不拥有这些股票的所有权,也不拥有股东表决权、配股权。股票增值权不得转让、用于担保或偿还债务。

(三)限制性股票,是指上市公司按照股权激励计划规定的条件授予激励对象转让等权利受到限制的本公司股票。激励对象自授予日起享有限制性股票的所有权,但在解除限售前不得转让、用于担保或偿还债务。

第十一条 上市公司应当根据实施股权激励的目的,按照股票交易上市地监管规定,结合所处行业经营规律、企业改革发展实际、股权激励市场实践等因素科学确定激励方式。

第十二条 股票增值权原则上适用于境内注册、发行中国香港上市外资股的上市公司(H股公司)。

股票增值权应当由公司统一管理,达到可行权条件后原则上由公司统一组织行权,并根据激励对象个人业绩完成情况兑现收益。

第十三条 上市公司确定实施股权激励所需标的股票来源,

应当符合法律法规、股票交易上市地监管规定和上市规则。应当根据企业实际情况，采取向激励对象发行股份（增量）、回购本公司股份（存量）及其他合规方式确定标的股票来源，不得仅由国有股东等部分股东支付股份或其衍生权益。对于股票市场价格低于每股净资产或股票首次公开发行价格的，鼓励通过回购本公司股份的方式确定标的股票来源。

第三节 股权激励对象

第十四条 股权激励对象应当聚焦核心骨干人才队伍，一般为上市公司董事、高级管理人员以及对上市公司经营业绩和持续发展有直接影响的管理、技术和业务骨干。

第十五条 上市公司确定激励对象，应当根据企业高质量发展需要、行业竞争特点、关键岗位职责、绩效考核评价等因素综合考虑，并说明其与公司业务、业绩的关联程度，以及其作为激励对象的合理性。

第十六条 上市公司国有控股股东或中央企业的管理人员在上市公司担任除监事以外职务的，可以参加上市公司股权激励计划，但只能参加一家任职上市公司的股权激励计划，应当根据所任职上市公司对控股股东公司的影响程度、在上市公司担任职务的关键程度决定优先参加其中一家所任职上市公司的股权激励计划。

中央和国资委党委管理的中央企业负责人不参加上市公司股权激励。市场化选聘的职业经理人可以参加任职企业的股权激励。

第十七条 激励对象不得以"代持股份"或者"名义持股"等不规范方式参加上市公司股权激励计划。

第十八条 下列人员不得参加上市公司股权激励计划：

（一）未在上市公司或其控股子公司任职、不属于上市公司或其控股子公司的人员。

（二）上市公司独立董事、监事。

（三）单独或合计持有上市公司5%以上股份的股东或者实际控制人及其配偶、父母、子女。

（四）国有资产监督管理机构、证券监督管理机构规定的不得成为激励对象的人员。

第十九条 上市公司公告董事会审议通过的股权激励计划草案和实施方案（亦称授予方案，下同）后，应当将股权激励对象姓名、职务等信息在公司内部进行公示，履行民主监督程序。监事会应当对股权激励名单进行审核，充分听取公示意见。

上市公司应当按照股票交易上市地监管规定和上市规则履行激励对象的信息披露程序。

第四节 权益授予数量

第二十条 在股权激励计划有效期内，上市公司授予的权益总量应当结合公司股本规模大小、激励对象范围和股权激励水平等因素合理确定。上市公司全部在有效期内的股权激励计划所涉及标的股票总数累计不得超过公司股本总额的10%（科创板上市公司累计不超过股本总额的20%）。不得因实施股权激励导致国有控股股东失去实际控制权。

第二十一条 上市公司首次实施股权激励计划授予的权益所涉及标的股票数量原则上应当控制在公司股本总额的1%以内。

中小市值上市公司及科技创新型上市公司可以适当上浮首次实施股权激励计划授予的权益数量占股本总额的比例，原则上应当控制在3%以内。

第二十二条 非经股东大会特别决议批准，任何一名激励对象通过全部在有效期内的股权激励计划获授权益（包括已行使和未行使的）所涉及标的股票数量，累计不得超过公司股本总额的1%。

第二十三条 鼓励上市公司根据企业发展规划，采取分期授予方式实施股权激励，充分体现激励的长期效应。

每期授予权益数量应当与公司股本规模、激励对象人数，以及激励对象同期薪酬水平和权益授予价值等因素相匹配。有关权益授予价值确定等具体要求，按照本章第七节规定执行。

上市公司连续两个完整年度内累计授予的权益数量一般在公司股本总额的3%以内，公司重大战略转型等特殊需要的可以适当放宽至股本总额的5%以内。

第二十四条 上市公司需为拟市场化选聘人员设置预留权益的，预留权益数量不得超过该期股权激励计划拟授予权益数量的20%，并在计划中就预留原因及预留权益管理规定予以说明。预留权益应当在股权激励计划经股东大会审议通过后12个月内明确授予对象，原则上不重复授予本期计划已获授的激励对象。超过12个月未明确授予对象的，预留权益失效。

第五节 行权价格和授予价格

第二十五条 上市公司拟授予的股票期权、股票增值权的行权价格，或者限制性股票的授予价格，应当根据公平市场价格原则确定。公平市场价格一般按如下方法确定：

（一）境内上市公司定价基准日为股权激励计划草案公布日。公平市场价格不得低于下列价格较高者：股权激励计划草案公布前1个交易日公司标的股票交易均价，股权激励计划草案公布前20个交易日、60个交易日或者120个交易日的公司标的股票交易均价之一。

（二）境外上市公司定价基准日为权益授予日。公平市场价格不得低于下列价格较高者：授予日公司标的股票收盘价、授予日前5个交易日公司标的股票平均收盘价。

(三)股票交易上市地监管规定和上市规则另有规定的,从其规定。

第二十六条 股票期权、股票增值权的行权价格不低于按上条所列方法确定的公平市场价格,以及公司标的股票的单位面值。限制性股票的授予价格不得低于公平市场价格的 50%,以及公司标的股票的单位面值。

(一)股票公平市场价格低于每股净资产的,限制性股票授予价格不应低于公平市场价格的 60%。

(二)中央企业集团公司应当依据限制性股票解锁时的业绩目标水平,指导上市公司合理确定限制性股票的授予价格折扣比例与解锁时间安排。

第二十七条 上市公司首次公开发行股票(IPO)时拟实施的股权激励计划,应当在股票发行上市满 30 个交易日以后,依据本指引第二十五条、第二十六条规定确定其拟授权益的行权价格或者授予价格。

第六节 计划有效期和时间安排

第二十八条 股权激励计划的有效期自股东大会通过之日起计算,一般不超过 10 年。股权激励计划有效期满,上市公司不得依据该计划授予任何权益。

第二十九条 在股权激励计划有效期内,采取分期实施方式授予权益的,每期权益的授予间隔期应当在 1 年(12 个月)以上,一般为两年,即权益授予日 2 年(24 个月)间隔期满后方可再次授予权益。

第三十条 上市公司每期授予权益的有效期,应当自授予日起计算,一般不超过 10 年。超过有效期的,权益自动失效,并不可追溯行使。每期授予的权益在有效期内,区分不同激励方式,按照以下规定行使:

（一）股票期权、股票增值权激励方式：应当设置行权限制期和行权有效期，行权限制期自权益授予日至权益生效日止，原则上不得少于2年（24个月），在限制期内不可以行使权益；行权有效期自权益生效日至权益失效日止，由上市公司根据实际确定，但不得少于3年，在行权有效期内原则上采取匀速分批生效的办法。

（二）限制性股票激励方式：应当设置限售期和解锁期，限售期自股票授予日起计算，原则上不得少于2年（24个月），在限售期内不得出售股票；限售期满可以在不少于3年的解锁期内匀速分批解除限售。

第三十一条　在董事会讨论审批或者公告公司定期业绩报告等影响股票价格的敏感事项发生时，以及相关法律法规、监管规定对上市公司董事、高级管理人员买卖本公司股票的期间有限制的，上市公司不得在相关限制期间内向激励对象授予权益，激励对象也不得行使权益。具体办法按照证券监督管理机构的有关规定执行。

第三十二条　上市公司董事、高级管理人员转让、出售其通过股权激励计划所得的股票，应当符合有关法律法规及证券监督管理机构的有关规定。

第七节　权益的公允价值、授予数量和收益水平

第三十三条　上市公司实行股票期权（股票增值权）激励方式的，应当根据企业会计准则选取适当的期权定价模型，对拟授予的单位股票期权（股票增值权）的公允价值进行科学合理的估算。在计算单位权益的公允价值时，应当参照本指引附件1的有关参数选择、计算原则。

上市公司实行限制性股票激励方式的，在计算单位权益公允价值时，不应低于限制性股票授予时公平市场价格与授予价格的

差额。

第三十四条 上市公司应当根据授予激励对象权益的公允价值占其薪酬总水平的比重,合理确定授予激励对象的权益数量,科学设置激励对象薪酬结构。

(一)董事、高级管理人员的权益授予价值,根据业绩目标确定情况,不高于授予时薪酬总水平的40%。

(二)管理、技术和业务骨干等其他激励对象的权益授予价值,比照本条上款办法,由上市公司董事会合理确定。

第三十五条 激励对象授予时薪酬总水平是确定股权激励收益、授予数量的重要依据,计算时应当符合以下原则:

(一)上市公司董事、高级管理人员薪酬水平原则上与上市公司年度报告披露的薪酬水平(同口径)一致。

(二)在上市公司任职的中央企业管理人员,其薪酬总水平按照中央企业核定水平确定。

(三)薪酬总水平偏低或偏高的,可以依据本公司业绩考核与薪酬管理办法,结合公司经营效益情况,并参考市场同类人员薪酬水平、本公司岗位薪酬体系等因素合理确定权益授予水平。

第三十六条 股权激励对象实际获得的收益,属于投资性收益,不再设置调控上限。

第三十七条 对于短期市场大幅波动导致实际收益过高的,上市公司应当引导激励对象延长持有期限,维护市场对公司长期发展的信心和股权激励机制的良好形象。

第三章 股权激励的业绩考核

第一节 公司业绩考核

第三十八条 上市公司实施股权激励,应当建立完善的公司业绩考核体系,结合企业经营特点、发展阶段、所处行业等情

况,科学设置考核指标,体现股东对公司经营发展的业绩要求和考核导向,原则上应当包含以下三类考核指标:

(一)反映股东回报和公司价值创造等综合性指标,如净资产收益率、总资产报酬率、净资产现金回报率(EOE)、投资资本回报率(ROIC)等。

(二)反映企业持续成长能力的指标,如净利润增长率、营业利润增长率、营业收入增长率、创新业务收入增长率、经济增加值增长率等。

(三)反映企业运营质量的指标,如经济增加值改善值(ΔEVA)、资产负债率、成本费用占收入比重、应收账款周转率、营业利润率、总资产周转率、现金营运指数等。

中央企业主营业务上市公司,一般应当选择经济增加值(EVA)或经济增加值改善值作为考核指标。债务风险较高的企业(资产负债率超过80%),一般应当选择资产负债率作为考核指标。

净利润的计算口径一般为扣除非经常性损益后归属于母公司所有者的净利润,或根据对标企业情况选择相同的口径。

第三十九条 上市公司应当同时采取与自身历史业绩水平纵向比较和与境内外同行业优秀企业业绩水平横向对标方式确定业绩目标水平。

(一)选取的同行业企业或者对标企业,均应当在股权激励计划或者考核办法中载明所属行业范围、选择的原则与依据及对标企业名单。

(二)对标企业在权益授予后的考核期内原则上不调整,如因对标企业退市、主营业务发生重大变化、重大资产重组导致经营业绩发生重大变化等特殊原因需要调整的,应当由董事会审议确定,并在公告中予以披露及说明。

第四十条 在权益授予和生效环节,应当与公司业绩考核指标完成情况进行挂钩。业绩目标水平的设定应当结合公司经营趋势、发展战略综合确定，并经股东大会审议通过。

（一）权益授予环节的业绩目标，是股权激励计划设定的分期授予权益的业绩条件，体现股东对公司持续发展的绩效考核基本要求。目标水平根据公司发展战略规划，结合计划制订时公司近三年平均业绩水平、上一年度实际业绩水平、同行业平均业绩（或者对标企业 50 分位值）水平合理确定。股权激励计划无分期实施安排的，可以不设置权益授予环节的业绩考核条件。

（二）权益生效（解锁）环节的业绩目标，是各期授予权益在生效（解锁）时的考核要求，由分期实施方案具体确定，体现股东对公司高质量发展的绩效挑战目标。目标水平应在授予时业绩目标水平的基础上有所提高，根据分期实施方案制订时公司近三年平均业绩水平、上一年度实际业绩水平、同行业平均业绩（或者对标企业 75 分位值）水平，结合公司经营趋势、所处行业特点及发展规律科学设置，体现前瞻性、挑战性。行业发展波动较大，难以确定业绩目标绝对值水平的，可以通过与境内外同行业优秀企业业绩水平横向对标的方式确定。

（三）分期实施股权激励计划的，各期实施方案设置的公司业绩指标和目标值原则上应当保持一致性、可比性，后期实施方案的公司业绩目标低于前期方案的，上市公司应当充分说明其原因与合理性。

第四十一条 上市公司应当在公告股权激励计划草案、实施方案的同时披露所设定指标的科学性和合理性。

对政府调控市场价格、依法实行专营专卖的行业，相关企业的业绩指标，应当事先约定剔除价格调整、政府政策调整等不可抗力因素对业绩影响的方法或原则。

第四十二条 上市公司业绩指标的考核，应当采用公司年度报告披露的财务数据，并且应当在对外披露中就股权激励业绩考核指标完成情况予以说明。

第四十三条 上市公司未满足股权激励计划设定的权益授予业绩目标的,当年不得授予权益。未满足设定的权益生效(解锁)业绩目标的,由公司按照以下办法处理:

(一)当年计划生效的股票期权、股票增值权不得生效,予以注销。

(二)当年计划解锁的限制性股票不得解除限售,由上市公司回购,回购价不高于授予价格与股票市价的较低者。

第二节 激励对象绩效考核评价

第四十四条 上市公司应当建立健全股权激励对象绩效考核评价机制,切实将权益的授予、生效(解锁)与激励对象个人绩效考核评价结果挂钩,根据考核评价结果决定其参与股权激励计划的资格,并分档确定权益生效(解锁)比例。

激励对象绩效考核评价不合格的,由公司按照本指引第四十三条办法处理。

第四十五条 授予上市公司董事、高级管理人员的权益,应当根据任期考核结果行权或者兑现。

境外上市公司授予的股票期权,应当将不低于获授量的20%留至限制期满后的任期(或者任职)期满考核合格后行权,或在激励对象行权后,持有不低于获授量20%的公司股票,至限制期满后的任期(或者任职)期满考核合格后方可出售;授予的股票增值权,其行权所获得的现金收益需进入上市公司为股权激励对象开设的账户,账户中现金收益应当有不低于20%的部分至任期(或者任职)期满考核合格后方可提取;授予的限制性股票,应当将不低于获授量的20%锁定至任期(或者任职)期满考核合格后解锁。

如果任期考核不合格或者经济责任审计中发现经营业绩不

实、国有资产流失、经营管理失职以及存在重大违法违纪的行为，对于相关责任人任期内已经行权的权益应当建立退回机制，由此获得的股权激励收益应当上交上市公司。

第三节 科创板上市公司实施股权激励的考核

第四十六条 中央企业控股科创板上市公司，根据国有控股上市公司实施股权激励的有关要求，按照《上海证券交易所科创板股票上市规则》等相关规定，规范实施股权激励。

第四十七条 科创板上市公司以限制性股票方式实施股权激励的，若授予价格低于公平市场价格的50%，上市公司应当适当延长限制性股票的限售期及解锁期，并设置不低于公司近三年平均业绩水平或同行业对标企业75分位值水平的解锁业绩目标条件。

第四十八条 尚未盈利的科创板上市公司实施股权激励的，限制性股票授予价格按照不低于公平市场价格的60%确定。

在上市公司实现盈利前，可生效的权益比例原则上不超过授予额度的40%，对于属于国家重点战略行业且因行业特性需要较长时间才可实现盈利的，应当在股权激励计划中明确提出调整权益生效安排的申请。

第四章 股权激励计划的管理

第一节 股权激励管理办法

第四十九条 国有控股股东应当依法行使股东权利，要求和督促上市公司制定规范的股权激励管理办法，并建立与之相适应的业绩考核评价制度，以业绩考核指标完成情况为基础对股权激励计划实施动态管理。

第五十条 上市公司股权激励管理办法，应当主要包括股权激励计划的管理机构及其职责权限、股权激励计划的实施程序、特殊情形处理、信息披露、财务会计与税收处理、监督管理等内容条款。

（一）治理机构及管理职责，一般包括公司股东大会、董事会、董事会薪酬与考核委员会及公司内部相关职能部门等涉及股权激励各实施环节的机构，及其承担的股权激励管理职责。

（二）股权激励计划实施程序，应当包括计划拟订、权益授予、权益生效（解锁）、激励对象权益行使与收益管理等工作。

（三）责任追究和特殊情形处理，一般包括公司及激励对象资格取消情形、激励对象离职处理、权益数量和行权价格的调整等内容。

第五十一条 上市公司按照股权激励管理办法和业绩考核办法，建立健全公司业绩考核及激励对象绩效考核评价体系，以业绩考核完成情况决定对激励对象全体或个人权益的授予和生效（解锁）。

（一）权益授予时，应当根据计划设定的公司业绩考核及激励对象绩效考核评价完成情况，决定对激励对象全体或个人是否授予权益，以及权益授予数量。

（二）已经授予的权益在生效（解锁）时，应当按照计划及实施方案约定，根据公司业绩考核和激励对象绩效考核评价完成情况，决定激励对象全体所获授权益在当期可以生效部分是否生效（解锁），以及激励对象个人获授权益的生效（解锁）比例。

第二节 责任追究和特殊情形处理

第五十二条 上市公司有下列情形之一的，国有控股股东应当依法行使股东权利，提出取消当年度可行使权益，同时终止实施股权激励计划，经股东大会或董事会审议通过，一年内不得向激励对象授予新的权益，激励对象也不得根据股权激励计划行使

权益或者获得激励收益:

(一)未按照规定程序和要求聘请会计师事务所开展审计的。

(二)年度财务报告、内部控制评价报告被注册会计师出具否定意见或者无法表示意见的审计报告。

(三)国有资产监督管理机构、监事会或者审计部门对上市公司业绩或者年度财务报告提出重大异议。

(四)发生重大违规行为,受到证券监督管理机构及其他有关部门处罚。

第五十三条 股权激励对象有下列情形之一的,上市公司国有控股股东应当依法行使股东权利,提出终止授予其新的权益、取消其尚未行使权益的行使资格、追回已获得的相关股权激励收益,并依据法律及有关规定追究其相应责任:

(一)经济责任审计等结果表明未有效履职或者严重失职、渎职的。

(二)违反国家有关法律法规、上市公司章程规定的。

(三)激励对象在任职期间,有受贿索贿、贪污盗窃、泄露上市公司商业和技术秘密、实施关联交易损害上市公司利益、声誉和对上市公司形象有重大负面影响等违法违纪行为,并受到处分的。

(四)激励对象未履行或者未正确履行职责,给上市公司造成较大资产损失以及其他严重不良后果的。

第五十四条 股权激励计划实施过程中,上市公司的财务会计文件或信息披露文件有虚假记载、误导性陈述或者重大遗漏,导致不符合授予权益或行使权益安排的,激励对象尚未行使的权益不再行使,上市公司应当收回激励对象由相关股权激励计划所获得的全部利益,不得再向负有责任的对象授予新的权益。

第五十五条 股权激励对象因调动、免职、退休、死亡、丧失民事行为能力等客观原因与企业解除或者终止劳动关系时,授予的权益当年达到可行使时间限制和业绩考核条件的,可行使部分可以在离职(或可行使)之日起半年内行使,半年后权益失效;当年未达到可行使时间限制和业绩考核条件的,原则上不再行使。尚未解锁的限制性股票,可以按授予价格由上市公司进行回购(可以按照约定考虑银行同期存款利息)。

股权激励对象辞职、因个人原因被解除劳动关系的,尚未行使的权益不再行使。尚未解锁的限制性股票按授予价格与市场价格孰低原则进行回购,已获取的股权激励收益按授予协议或股权激励管理办法规定协商解决。

第五十六条 股权激励管理办法对上市公司回购限制性股票的具体情形及回购后股票的处理作出规定,应当符合《中华人民共和国公司法》规定,回购价格根据回购原因分类管理。

(一)股权激励对象因调动、免职、退休、死亡、丧失民事行为能力等客观原因而导致的回购,按授予价格由上市公司进行回购(可以按照约定考虑银行同期存款利息)。

(二)上市公司未满足设定的权益生效(解锁)业绩目标,股权激励对象绩效考核评价未达标、辞职、个人原因被解除劳动关系,激励对象出现本指引第五十三条、第五十四条规定情形等其他原因而导致的回购,以及公司终止实施股权激励计划的,回购价格不得高于授予价格与股票市价的较低者。

(三)上市公司董事会应当公告回购股份方案,方案应当包括:回购股份的原因,回购价格及定价依据,回购股份的种类、数量及占股权激励计划所涉及标的股票的比例,拟用于回购的资金总额及来源,回购后公司股本结构的变动情况及对公司业绩的影响。

第五十七条 上市公司发生控制权变更、合并、分立等情形时,对激励对象未生效(解锁)权益不得做出加速生效或者提前解锁的安排。

第五十八条 上市公司股权激励管理办法就权益授出后标的股票除权、除息等原因调整授予数量及行权价格的原则、方式和程序等进行规定，应符合股票交易上市地监管规定和上市规则。

第五十九条 对于其他原因调整股票期权（或者股票增值权）授予数量、行权价格或者其他条款的，应当由上市公司董事会审议后，国有控股股东报中央企业集团公司审核同意，经股东大会通过后实施。

第三节 财务处理和税收规定

第六十条 国有控股股东应当要求和督促上市公司在实施股权激励计划的财务会计及税收处理等方面，严格执行境内外有关法律法规、财务制度、会计准则、税务制度和上市规则。

第六十一条 上市公司应当在股权激励计划中明确说明股权激励会计处理方法，测算并列明实施股权激励计划对公司各期业绩的影响；同时根据股权激励计划设定的条件，业绩指标完成情况以及实际行使权益情况等后续修正信息，按照会计准则有关规定确认对公司各期财务报告的影响，规范报表列报和信息披露。

第六十二条 股权激励对象应当承担行使权益或者购买股票时所发生的费用。上市公司不得直接或通过关联方间接为激励对象依股权激励计划获取有关权益提供贷款以及其他任何形式的财务资助，包括为其贷款提供担保。

第六十三条 股权激励对象应当就取得的股权激励收益依法缴纳个人所得税。具体计税规定按照国家有关规定执行。境外上市公司股权激励对象，应当同时遵守境外有关税收规定。

第五章 股权激励计划的实施程序

第一节 各级国有股东的职责

第六十四条 中央企业负责所出资控股上市公司股权激励计划及分期实施方案的审核职责。中央企业集团公司根据国家有关政策规定,结合本企业改革发展进程及战略规划,制订本企业实施股权激励的总体计划和管理办法。

第六十五条 上市公司国有股东应当切实履行出资人职责,根据国有控股上市公司实施股权激励的有关政策规定,通过规范的公司治理程序,按照中央企业的有关意见,认真指导上市公司规范实施股权激励,充分调动核心骨干人才创新创业的积极性,共享企业改革发展成果。

第六十六条 国资委加强对中央企业控股上市公司规范实施股权激励进行指导和监督。中央企业控股上市公司股权激励计划,经中央企业集团公司审核同意,报国资委批准。国资委不再审核上市公司(不含主营业务整体上市公司)依据股权激励计划制订的分期实施方案。上市公司国有控股股东关于实施股权激励的相关政策,中央企业可以向国资委进行咨询。

第二节 计划审议程序

第六十七条 上市公司董事会薪酬与考核委员会负责拟订股权激励计划草案并提交董事会审议。董事会应当依法对股权激励计划草案作出决议,履行法定程序后,提交上市公司股东大会审议。

第六十八条 上市公司应当按照相关法律法规和公司章程的规定,规范履行股权激励内部审议程序。

(一)独立董事及监事会应当就股权激励计划草案是否有利

于上市公司的持续发展，是否存在明显损害上市公司及全体股东利益的情形发表独立意见。

（二）董事会审议股权激励计划草案时，拟为激励对象的董事或者与激励对象存在关联关系的董事，应当回避表决。

（三）股东大会审议股权激励计划时，拟为激励对象的股东或者与激励对象存在关联关系的股东，应当回避表决。

第六十九条 上市公司应当在董事会审议通过股权激励计划草案后，根据股票上市地证券监管规定，及时公告董事会决议、股权激励计划草案、股权激励管理办法、独立董事意见、监事会意见、法律意见书等相关材料。

第三节 计划申报程序

第七十条 董事会审议通过股权激励计划草案后，上市公司国有控股股东应当在股东大会审议之前，将股权激励计划草案及相关申请文件按照公司治理和股权关系，报经中央企业集团公司审核同意、国资委批复后，提交上市公司股东大会审议。

第七十一条 上市公司股东大会召开前，股权激励计划草案未获得中央企业集团公司、国资委同意的，国有控股股东应当按照有关法律法规及相关规定，提议上市公司股东大会延期审议股权激励计划草案。

国有控股股东在上市公司召开股东大会时，应当按照中央企业集团公司的意见，对上市公司股权激励计划草案进行表决。

第七十二条 国有控股股东关于上市公司实施股权激励的申请文件应当包括以下内容：

（一）上市公司简要情况，包括历史沿革、上市时间、经营范围、主营业务及所处市场地位等情况；股本结构、公司治理结构、组织架构、员工人数及构成、薪酬管理制度等情况。

（二）上市公司实施股权激励条件的合规性说明。

（三）股权激励计划草案内容要点，包括股权激励计划和股权激励管理办法等应当由股东大会审议的事项及其相关说明，以及本期实施方案的内容概要。

（四）权益授予数量和授予价值的说明，应当就上市公司选择的期权定价模型及权益公允价值的测算，激励对象获授权益的价值及占授予时薪酬总水平的比例等情况进行说明。

（五）业绩考核条件说明，包括上市公司业绩考核评价制度及业绩目标水平的确定过程，公司历史业绩水平、同行业企业或对标企业业绩水平的数据比较和分析情况。

（六）各级国有控股股东对上市公司股权激励计划及其实施方案等内容的审核意见。

（七）有关监管规定要求的其他材料。

第七十三条 中央企业集团公司应当从实施条件、实施程序以及实施方案的合法性和合理性等方面对上市公司股权激励计划草案、分期实施方案进行评审。具体评审细则参考附件2。

第四节 计划的实施

第七十四条 股权激励计划及首期实施方案经股东大会通过后，上市公司董事会根据股东大会决议，负责股权激励的实施工作。以后年度实施的股权激励分期实施方案，应当依据股权激励计划制订，确定本期拟授予的激励对象名单、授予权益的数量、权益的行权（授予）价格、行使权益的时间安排及业绩考核条件等内容。

第七十五条 股权激励分期实施方案，应当根据股票上市地证券监管规定，履行相应的法律程序。在董事会审议决定前，国有控股股东应当报中央企业集团公司审核同意。中央企业主营业务整体上市公司的分期实施方案，报国资委审核同意后实施。

第七十六条 上市公司董事会应当根据股东大会决议，负责实施限制性股票的授予、解除限售和回购以及股票期权的授权、行权和注销。

上市公司监事会应当对股权激励对象名单进行审核，充分听取公示意见。

第七十七条 上市公司按照股权激励计划和实施方案向激励对象授出权益前，应当召开董事会就设定的公司授予权益的条件、激励对象获授权益的条件是否成就进行审议，独立董事及监事会应当同时发表明确意见。条件未成就时，上市公司不得向激励对象授予权益，未授予的权益也不得递延下期授予。

第七十八条 激励对象在行使权益前，董事会应当就股权激励计划和实施方案设定的激励对象行使权益的条件是否成就进行审议，独立董事及监事会应当同时发表明确意见。

第七十九条 因标的股票除权、除息或者其他原因需要调整权益价格或者数量的，上市公司董事会应当按照股权激励计划及其管理办法规定的原则、方式和程序进行调整。调整后，在年度报告中予以披露及说明。

第八十条 上市公司在股东大会审议通过股权激励计划草案或实施方案之前可对其进行变更。变更需经董事会审议通过，并报中央企业集团公司审核同意。

第八十一条 上市公司董事会对已通过股东大会审议的股权激励计划或实施方案进行变更的，应当及时公告，报中央企业集团公司审核同意，并根据上市地监管规定和股权激励计划要求提交股东大会审议。变更事项不得包括导致加速行权或提前解除限售、降低行权价格或授予价格的情形。

独立董事、监事会应当就变更后的计划或实施方案是否有利于上市公司的持续发展，是否存在明显损害上市公司及全体股东利益的情形发表独立意见。

第五节 计划的撤销、终止和重新申报

第八十二条 上市公司董事会在股东大会审议前撤销股权激励计划或者股东大会审议未通过股权激励计划的，上市公司国有控股股东应当在决议公告后5个工作日内，向中央企业集团公司报告撤销原股权激励计划审核。自决议公告之日起3个月内，上市公司不得再次审议股权激励计划。

第八十三条 上市公司终止已实施的股权激励计划，应当由股东大会或者股东大会授权董事会审议决定，说明终止理由、对公司业绩的影响并公告。上市公司国有控股股东应当在决议公告后5个工作日内，向中央企业集团公司报告终止原股权激励计划。自决议公告之日起3个月内，上市公司不得再次审议股权激励计划。

第八十四条 上市公司出现下列情况的，国有控股股东应当按照相关规定重新履行申报审核程序：

（一）上市公司终止股权激励计划、实施新计划、变更股权激励计划相关重要事项的。

（二）上市公司需要调整股权激励方式、激励对象范围、权益授予数量等股权激励计划主要内容的。

第六节 监督管理

第八十五条 上市公司董事会审议通过股权激励计划草案或分期实施方案后，按照证券监督管理机构的要求予以公告，国资委将关注社会公众等有关方面的评价意见，并作为审核股权激励计划、监督股权激励实施的重要参考。

第八十六条 境内上市公司股权激励的实施程序和信息披露应当符合中国证监会《上市公司股权激励管理办法》的有关规定。

境外上市公司股权激励的实施程序应当符合股票上市地证券监督管理的有关规定。

第八十七条 上市公司未按照法律法规及相关规定实施股权激励计划的，中央企业集团公司应当责令国有控股股东督促上市公司立即进行整改，并对公司及相关责任人依法依规追究责任；在整改期间，中央企业集团公司应当停止受理该公司实施股权激励的申请。

第八十八条 为上市公司股权激励计划出具专业意见的机构和人员，应当保证所出具的文件真实、准确、完整，未履行诚实守信、勤勉尽责义务，所发表的专业意见存在虚假记载、误导性陈述或者重大遗漏的，国资委、中央企业予以通报。

第七节 信息披露和报告

第八十九条 上市公司实行股权激励，应当真实、准确、完整、及时、公平地公开披露或者提供信息，不得有虚假记载、误导性陈述或者重大遗漏。

国有控股股东应当要求和督促上市公司按照有关规定严格履行信息披露义务，及时披露股权激励计划及其实施情况等相关信息。

第九十条 上市公司分期实施股权激励的，实施方案经董事会审议通过后，上市公司应当及时披露董事会决议公告，对拟授出的权益价格、行使权益安排、是否符合股权激励计划的安排等内容进行说明。

第九十一条 因标的股票除权、除息或者其他原因调整权益价格或者数量的，调整议案经董事会审议通过后，上市公司应当及时披露董事会决议公告。

第九十二条 上市公司董事会应当在授予权益及股票期权行权登记完成后、限制性股票解除限售前，及时披露相关实施情况的公告。

第九十三条 上市公司向激励对象授出权益时，应当按照规定履行信息披露义务，并再次披露股权激励会计处理方法、公允价值确定方法、涉及估值模型重要参数取值的合理性、实施股权激励应当计提的费用及对上市公司业绩的影响。

第九十四条 上市公司董事会对激励对象获授权益、行使权益的条件是否成就进行审议的，上市公司应当及时披露董事会决议公告，同时公告独立董事、监事会等方面的意见。

第九十五条 上市公司应当按照有关监管规定和上市规则要求，在年度报告中披露报告期内股权激励的实施情况和业绩考核情况，包含以下内容：

（一）各期次股权激励的授予时间和有效期、激励方式、激励对象范围和人数、权益授予价格和授予数量。

（二）各期次股权激励所涉权益的授予价格、权益数量历次调整的情况，以及经调整后的最新权益价格和权益数量。

（三）报告期初各期次权益累计已行使、失效情况和尚未行使的权益数量。

（四）报告期内全部激励对象各期次权益的授予、行使和失效总体情况，以及所引起的股本变动情况，至报告期末累计已授出但尚未行使的权益总额。

（五）公司董事、高级管理人员各自的姓名、职务以及各期次权益的获授价格、获授数量、有效期限，在报告期内历次获授权益行使价格、行使数量和失效的情况，至报告期末其所持权益数量。

（六）公司实施股权激励业绩考核情况，以及对各期次权益的解锁和生效的影响。

（七）股权激励的会计处理方法，以及股权激励费用对公司业绩的影响等。

（八）报告期内激励对象获授权益、行使权益的条件是否成就的说明。

（九）报告期内终止实施股权激励的情况及原因。

（十）有关监管规定要求披露的其他内容。

第九十六条　国有控股股东应当在上市公司年度报告披露之日起10个工作日内将上述情况报告中央企业集团公司。中央企业集团公司应当汇总所控股上市公司股权激励年度实施情况，报告国资委。

第六章　附　则

第九十七条　本指引下列用语的含义：

（一）高级管理人员，是指公司的经理、副经理、财务负责人、上市公司董事会秘书和公司章程规定的其他人员。

（二）外部董事，是指由非上市公司员工等外部人员担任的董事。外部董事不在公司担任除董事和董事会专门委员会有关职务外的其他职务，不负责执行层的事务，与其担任董事的公司不存在可能影响其公正履行外部董事职务的关系。控股股东公司员工担任的外部董事，参与上市公司股权激励的，在本指引第六条第二款中不视同为外部董事。

独立董事是指与所受聘的公司及其主要股东没有任何经济上的利益关系且不在上市公司担任除董事外的其他任何职务的人员。

（三）标的股票，是指根据股权激励计划，激励对象有权获授或者购买的上市公司股票。

（四）权益，是指激励对象根据股权激励计划获得的上市公司股票、股票期权或者股票增值权。

（五）股本总额，本指引第二十条、第二十一条和第二十二条所称股本总额是指股东大会批准最近一次股权激励计划时公司已发行的股本总额。

（六）授予日，是指上市公司向激励对象授予权益的日期，须确定在股权激励计划规定的授予条件满足之后。授予日必须为交易日。

（七）行使，是指激励对象根据股权激励计划，对获授的股票期权或者股票增值权进行行权，对限制性股票进行解除限售的行为。

（八）生效日，又称可行权日，是指激励对象获授的股票期权或者股票增值权可以开始行权的日期。生效日必须为可交易日。

（九）解锁日，又称解除限售日，是指激励对象获授的限制性股票可以开始出售的日期。解锁日必须为可交易日。

（十）行权价格，是指上市公司向激励对象授予股票期权或者股票增值权时所确定的、激励对象购买上市公司股票（或者计算增值收益）的价格。

（十一）授予价格，是上市公司向激励对象授予限制性股票的价格。

（十二）权益授予价值，是指激励对象获授权益的预期价值，按照单位权益公允价值与授予数量的乘积计算确定。单位股票期权或者股票增值权的公允价值，参照国际通行的期权定价模型进行测算；单位限制性股票的公允收益，为公司赠与部分当期价值，即授予价格与公平市场价格的差额。

（十三）授予时薪酬总水平，是指激励对象获授权益时距离下一期股权激励授予的间隔期内薪酬总水平（含股权激励收益），统计年限应当与股权激励计划的授予间隔期匹配。该年限应当在1年以上，但最高不超过3年。

（十四）股权激励实际收益，是指激励对象行使权益时实际兑现的税前账面收益，区分不同激励方式按照以下原则确定：

1. 股票期权、股票增值权：实际收益＝行权数量×（行权日公司标的股票收盘价－行权价格）。

2. 限制性股票：实际收益＝解锁数量×（解锁日公司标的股票收盘价－授予价格）。

3. 标的股票除权、除息的，按行权（解锁）时的调整情况，计算行权（解锁）数量和行权（授予）价格。

（十五）本指引所称的"以上"含本数，"超过""低于""少于"不含本数。

附件：1. 股票期权、股票增值权价值估算中相关参数的选择与计算原则

2. 中央企业控股上市公司股权激励计划草案评审细则（略）

附件1

股票期权、股票增值权价值估算中相关参数的选择与计算原则

本原则适用于单位权益的授予价值测算，上市地证券监管机构有明确规定的，从其规定。财务管理中关于授予权益的费用计提估值，应根据会计准则核算。

一、无风险利率：应当采取相同期限的国债年化利率。如不存在与股票期权或者股票增值权预期期限一致的国债，可以选取短于该期限的国债年化利率为替代。

二、股价波动率：应当基于可公开获得的信息，可以采取本公司、同行业企业历史数据，同时参考同行业可比企业在与本公司可比较时期内的历史数据。计算区间一般为1年，也可与股票

期权或者股票增值权的预期期限相当。

三、预期分红收益率：激励计划就标的股票现金分红除息调整股票期权（股票增值权）的行权价格的，预期分红率应当为0。

四、预期期限：预期期限=Σ每批生效比例×该批预期行权时间，预期行权时间=0.5×（期权生效时间+生效截止时间）。

五、行权价格、市场价格：按照本指引第二十五条所述公平市场价格确定。上市公司拟订授予方案时，按估值日的公平市场价格测算权益的预期价值。估值日以董事会审议授予方案前5个交易日为宜。

国资委关于做好中央科技型企业
股权和分红激励工作的通知

(2016年10月31日　国资发分配〔2016〕274号)

各中央企业：

　　为进一步贯彻落实《中华人民共和国促进科技成果转化法》《关于深化国有企业改革的指导意见》《关于深化人才发展体制机制改革的意见》和国家以增加知识价值为导向分配等政策精神，加快实施国家创新驱动发展战略，健全完善有利于中央企业自主创新和科技成果转化的中长期激励机制，根据《国有科技型企业股权和分红激励暂行办法》（财资〔2016〕4号，以下简称《暂行办法》），现就做好中央企业及所属国有科技型企业（以下简称中央科技型企业）股权和分红激励工作的有关事项通知如下：

　　一、充分认识实施股权和分红激励的重要性

　　中央企业是国家科技创新的主力军，是国家创新体系建设的重要力量。近年来，国资委相继开展了国有控股上市公司股权激励和中关村注册企业分红激励试点等工作，积极探索符合中央企业科技创新和改革发展需要的中长期激励方式，取得了一定成效。但总体看，中央企业创新激励机制建设尚不完善，激励力度和效果还不能与加快实施创新驱动发展战略、建设一流创新型企业的要求相匹配。《暂行办法》将中关村股权和分红激励试点政策在更大范围推广,是贯彻落实国家创新驱动发展战略,深化企业内部收入分配制度改革,建立激发人才活力中长期激励机制的重要举措,有利于完善技术、管理等要素按贡献参与分配的办法,有利于加快动力机制转换,有利于推动供给侧结构性改革和提质增效。中央企业要充分认识实施股权和分红激励的重要性,把握政策机遇,推进工作落实。

二、科学制订股权和分红激励实施方案

中央企业要准确把握股权和分红激励政策内涵,坚持"依法依规、公正透明,因企制宜、多措并举,利益共享、风险共担,落实责任、强化监督"的原则,科学制订激励方案。

(一)明确激励政策导向。

中央企业要以推动形成自主创新和科技成果转化的激励机制为主要目标,根据所属企业科技人才资本和技术要素贡献占比及投入产出效率等情况,合理确定实施企业范围和激励对象,建立导向清晰、层次分明、重点突出的中长期激励体系。优先支持符合《"十三五"国家科技创新规划》战略布局和中央企业"十三五"科技创新重点研发方向,创新能力较强、成果技术水平较高、市场前景较好的企业或项目实施股权和分红激励。企业应当综合考虑职工岗位价值、实际贡献、承担风险和服务年限等因素,重点激励在自主创新和科技成果转化中发挥主要作用的关键核心技术、管理人员。

(二)科学选择激励方式。

中央企业应当按照深化收入分配制度改革的总体要求,从所属企业规模、功能定位、所处行业及发展阶段等实际出发,结合配套制度完善情况,合理选择激励方式,优化薪酬资源配置。鼓励符合条件的企业优先开展岗位分红激励。科技成果转化和项目收支明确的企业可选择项目分红激励。稳妥实施股权激励,企业应当在积累试点经验的基础上逐步推进。在股权和分红激励起步阶段，同一企业原则上应当以一种方式为主。同一激励对象就同一职务科技成果或产业化项目，只能采取一种激励方式、给予一次激励。

（三）合理确定激励水平。

中央企业应当从经营发展战略以及自身经济效益状况出发，分类分步推进股权和分红激励工作。要坚持效益导向和增量激励原则，根据企业人工成本承受能力和经营业绩状况，合理确定总体激励水平。要坚持生产要素按贡献参与分配原则，从企业人才激励现状和用工市场化程度出发，建立健全以成果贡献为评价标准的科技创新人才薪酬制度，在科学评价科研团队、个人业绩的基础上，适度拉开激励对象收入分配差距。

岗位分红激励总额的确定应当统筹好与当期工资总额管理的关系，避免因实施分红激励出现工资效益不匹配。项目分红激励原则上应当采取与重要技术人员约定的方式进行，明确激励水平、兑现方式和违约责任等，激励总额根据项目规模、市场化程度合理确定。股权激励总额的确定应当从企业规模、发展阶段等实际出发，个人激励水平应当合理适度，确保激励的可持续性和公平性。

（四）严格规范制度执行。

中央企业开展股权和分红激励应当严格执行《暂行办法》有关规定，不得随意降低资格条件。实施股权激励的，应当建立相应的考核兑现办法，加强对授予、行权等事项的管理。实施岗位分红激励的，应当明确年度业绩考核指标，除企业处于初创阶段等特殊情况外，原则上各年度净利润增长率应当高于企业实施岗位分红激励近3年平均增长水平。实施项目分红激励的，应当建立健全项目成本核算、科技成果评估及收益分红等财务管理体系，并严格按照与激励对象约定情况，实施激励。

三、全面加强股权和分红激励的组织管理

(一)建立分级管理工作机制。

国资委作为监督管理部门,负责推动中央企业做好股权和分红激励政策贯彻落实工作,除承担中央企业集团公司激励方案审批外,主要侧重政策指导以及对执行情况的监督检查。

中央企业是实施股权和分红激励政策的责任主体,负责本企业股权和分红激励制度建设、组织实施及规范管理等工作,审批所属科技型企业激励方案,并且对其合规性负责。

(二)规范决策程序和工作流程。

中央企业应当按照国家有关规定和本通知要求,拟订本企业实施股权和分红激励的总体工作方案和推进计划,并且在实施前向国资委报告。

中央企业集团公司以及所属科技型企业股权和分红激励方案的拟订均应当严格履行内部决策程序,并通过职工大会、职代会或者其他形式充分听取职工意见和建议。企业拟订的激励方案应当按照出资关系,分别报送国资委或中央企业集团批准。未经批准,企业不得擅自实施激励方案。

建立中央科技型企业股权和分红激励实施情况定期报告制度,中央企业应当将年度股权和分红激励实施情况总结报告于次年2月底前报送国资委。

(三)强化监督检查。

中央企业应当将股权和分红激励计划纳入预算管理,在年度财务决算后兑现,其中分红激励总额纳入工资总额预算单列管理。国资委将中央科技型企业股权和分红激励工作纳入收入分配监督检查事项范围,采取抽查和专项检查等方式,对企业实施情况进行监督评估。对违反法律法规及政策规定、损害国有资产权益的企业,国资委将责令其调整或终止方案,并且追究相关企业和人员责任。

本通知印发之前有关中央企业经国资委批准的分红激励方案可继续执行，实施期满后，新的激励方案统一按照《暂行办法》和本通知要求执行。各中央企业在实施过程中遇到新情况新问题，要及时向国资委报告。

国资委关于在部分中央企业开展分红权激励试点工作的通知

（2010年10月11日　国资发改革〔2010〕148号）

中国核工业集团公司、中国航天科技集团公司、中国航天科工集团公司、中国航空工业集团公司、中国船舶重工集团公司、中国电子信息产业集团公司、中国节能环保集团公司、中国机械工业集团有限公司、机械科学研究总院、中国钢研科技集团有限公司、北京有色金属研究总院、北京矿冶研究总院、电信科学技术研究院：

为贯彻落实《国务院关于同意支持中关村科技园区建设国家自主创新示范区的批复》（国函〔2009〕28号）精神，加快形成中央企业创新体制机制，进一步提高中央企业自主创新能力，按照财政部、科技部《中关村国家自主创新示范区企业股权和分红激励实施办法》（财企〔2010〕8号，以下简称《实施办法》）的有关规定，国资委决定在部分中央企业开展分红权激励试点，现就有关事项通知如下：

一、基本原则

选择科技创新能力较强、业绩成长性较好、具有示范性的企业；区别情况、分类指导，采取岗位分红权或者项目收益分红方式，充分调动科技和管理骨干的积极性；将激励力度与业绩持续增长挂钩，促进企业科技创新能力不断提高；把分红权激励与转变经营机制结合起来,加快推进企业内部改革。

二、基本条件

(一)注册于中关村国家自主创新示范区内中央企业所属高新技术企业、院所转制企业及其他科技创新型企业(以下简称试点企业)。上市公司及已实施股权激励的企业暂不参与分红权激励试点。

(二)试点企业应当制定明确的发展战略,主业突出、成长性好,内部管理制度健全;人事、劳动、分配制度改革取得积极进展;具有发展所需的关键技术、自主知识产权和持续创新能力。

(三)实施岗位分红权的试点企业近3年研发费用占企业年销售收入比例均在2%(含)以上,且研发人员人数不低于在岗职工总数的10%。

三、试点的激励方式

试点企业实施分红权激励,主要采取岗位分红权和项目收益分红两种方式。

(一)岗位分红权激励。

1. 企业实施重大科技创新和科技成果产业化的,可以实施岗位分红权激励,按照岗位在科技成果产业化中的重要性和贡献,相应确定激励总额和不同岗位的分红标准。

2. 岗位分红权主要适用于岗位序列清晰、岗位职责明确、业绩考核规范的大中型企业(含中央企业所属的科研事业单位)。

3. 岗位分红权激励对象原则上限于在科技创新和科技成果产业化过程中发挥重要作用的企业核心科研、技术人员和管理骨干。激励对象应当在该岗位上连续工作1年以上。根据企业的行业特点和人才结构,参与岗位分红权激励的激励对象原则上不超过本企业在岗职工总数的30%。

4. 实施岗位分红权激励的人员，应为企业通过公开招聘、企业内部竞争上岗或者其他方式产生的岗位任职人员。

5. 实施岗位分红权激励的，企业近 3 年税后利润形成的净资产增值额应不低于企业近 3 年年初净资产总额的 10%，实施当年年初未分配利润没有赤字。

近 3 年税后利润形成的净资产增值额，是指激励方案批准日上年末账面净资产相对于近 3 年年初账面净资产的增加值，不包括财政补助直接形成的净资产和已向股东分配的利润。

6. 实施分红权激励期间，企业各年度净利润增长率应当高于企业试点前 3 年平均增长水平。

7. 企业年度岗位分红权激励总额不得高于当年税后利润的 15%，激励对象个人岗位分红权所得不得高于其薪酬水平与岗位分红之和的 40%。离开激励岗位的激励对象自离岗当年起，不得享有原岗位分红权。

(二) 项目收益分红激励。

1. 企业通过自行投资、合作转化、作价入股、成果转让等方式实施科技成果产业化，可以科技成果产业化项目形成的净收益为标的，采取项目收益分成方式对激励对象实施激励。

2. 鼓励试点企业自行投资或者吸收其他单位、个人共同开展科技成果产业化工作。

3. 项目收益分红激励对象应为科技成果项目的主要完成人，重大开发项目的负责人，对主导产品或者核心技术、工艺流程作出重大创新或改进的核心技术人员，项目产业化的主要经营管理人员。

4. 激励对象个人所获激励原则上不超过激励总额的 30%。

5. 企业以内部独立核算或者成立全资、控股子公司等方式实施科技成果产业化的，自产业化项目或者子公司开始盈利的年度起，在 3 年内，每年从当年投资产业化项目净收益中，提取不低于5%但不高于30%用于激励。分红提取比例与产业化项目净收益增长水平挂钩。

对于中央企业自行实施产业化的，项目净收益为该产业化项目营业收入扣除相应营业成本和项目应合理分摊的管理费用、销售费用、财务费用及税费后的金额。对于中央企业与其他投资者共同实施转化的，项目净收益为企业取得合作收入扣除相关税费后的金额；其中科技成果未作价入股的，要按照非国有股权比例扣除相应无形资产摊销费用。

6. 以科技成果作价入股其他企业、向企业外单位或者个人转让科技成果所有权、使用权的，其激励方式按照《实施办法》的有关规定执行。

（三）实施分红权激励的基本要求。

1. 试点企业不得面向全体员工实施分红权激励。中央企业负责人暂不纳入分红权激励范围。企业监事、独立董事、企业控股股东单位的经营管理人员不得参与试点企业的分红权激励。

2. 试点企业根据自身条件，选择岗位分红权激励或者项目收益分红激励中任何一种激励方式。企业同一激励对象不得就同一职务科技成果或者产业化项目进行重复激励。

3. 试点企业必须建立对激励对象的考核评价办法。

四、激励方案的制订与审批

（一）试点企业实施分红权激励，应制订激励方案，激励方案由中央企业负责组织，试点企业具体拟订，可以聘请中介机构共同参与激励方案的制订。

（二）激励方案主要包括以下内容：试点企业基本情况及近三年经营业务和财务状况，激励方案拟订和实施的管理机构及其成员，企业未来5年及长期技术创新规划，激励方式的选择及考虑因素，符合实施激励条件的情况说明等。其中，拟实施岗位分红权激励的，应在以下方面予以说明：各年度拟激励总额占当年企业税后净利润的比例,激励岗位的职责和确定依据,岗位对应的股份数量或者股权比例,拟激励对象名单及当前薪酬、预计分红、模拟测算结果等;拟实施项目收益分红激励的,应在以下方面予以说明:产业化项目及项目收益情况,激励提取比例,个人贡献及所获激励水平,模拟测算结果等。

(三)试点企业拟订激励方案,应当通过职工大会、职代会或者其他形式充分听取职工意见;激励方案经企业总经理办公会或者董事会讨论通过,申报材料由中央企业集团公司审核后报送国资委,国资委依据有关法律和行政法规,履行相关批准程序。

设有股东(大)会的试点企业应当将经国资委批准后的激励方案提请股东(大)会审议,审议过程中,国有股东代表应当按照国资委批准文件发表意见。

向国资委报送的材料主要包括:激励方案、试点企业上年度审计报告、听取职工意见情况、对激励对象的考核评价办法、国资委要求报送的其他材料。

(四)履行批准程序后,试点企业应在5个工作日内将有关材料抄送财政部、科技部。

五、激励方案的考核与管理

(一)激励方案有效期为3年。试点企业实施中当年业绩指标其中一项未能达到有关要求的,将终止激励方案的实施。再次实施分红权激励需重新申报。激励对象未达到考核标准的,应当取消该激励对象当年分红权。

(二)试点企业实施分红权激励,应当按照《企业财务通则》和国家统一会计制度的规定,规范财务管理和会计核算。

(三)试点企业实施分红权激励所需支出计入工资总额,但不纳入工资总额基数,不作为试点企业职工教育经费、工会经费、社会保险费、补充养老及补充医疗保险费、住房公积金等的计提依据。试点企业申报的年度工资总额方案中需对分红权激励项目、额度单独列示。

六、试点工作的组织

国资委拟组织有关中央企业选择部分符合条件的企业先期进行分红权激励试点,在此基础上,进一步完善政策,逐步扩大试点范围,并适时探索其他激励方式。

国资委成立由企业改革局、企业分配局等单位组成的分红权激励试点工作小组(办公室设在企业改革局),负责推进有关工作。试点企业由中央企业集团公司负责推荐。试点期间,中央企业集团公司每年须向国资委报送上年度激励方案执行情况。

各有关中央企业要充分认识分红权激励试点工作的重要意义,高度重视,精心组织,加强领导。要结合企业实际,选好试点企业,科学制订方案,积极推进落实。要加强监督管理,严格执行各项规定,保证试点工作顺利开展,加快推动中央企业科技创新和科技成果产业化,使中央企业逐步走上创新驱动的发展轨道。

"双百企业"和"科改示范企业"超额利润分享机制操作指引

(2021年1月19日)

为贯彻落实党中央、国务院关于健全国有企业市场化经营机制、提高国有企业活力的决策部署,落实国企改革三年行动有关工作要求,指导符合条件的国有企业灵活开展多种方式的中长期激励机制,规范实施超额利润分享机制,根据《中共中央 国务院关于深化国有企业改革的指导意见》《关于印发〈国企改革"双百行动"工作方案〉的通知》(国资发研究〔2018〕70号)、《关于支持鼓励"双百企业"进一步加大改革创新力度有关事项的通知》(国资改办〔2019〕302号)、《关于印发〈百户科技型企业深化市场化改革提升自主创新能力专项行动方案〉的通知》(国企改办发〔2019〕2号)等文件精神和有关政策规定,结合中央企业和地方国有企业相关工作实践,制定本操作指引。

鼓励商业一类"双百企业""科改示范企业"(以下简称为"企业",含其所属各级子企业,下同),以价值创造为导向,聚焦关键岗位核心人才,参考本操作指引,建立超额利润分享机制。本操作指引印发前,已根据党中央、国务院有关文件精神和政策规定,在本企业推行超额利润分享机制的,可以按照"孰优"原则参考本操作指引完善相关工作。

一、基本概念和应用原则

(一)基本概念。

本操作指引所称超额利润分享机制,是指企业综合考虑战略规划、业绩考核指标、历史经营数据和本行业平均利润水平,合理设定目标利润,并以企业实际利润超出目标利润的部分作为超额利润,按约定比例提取超额利润分享额,分配给激励对象的一种中长期激励方式。其中,目标利润是指企业为特定年度设定的预期利润值。

(二)应用原则。

企业在推行超额利润分享机制时,一般应把握以下原则:

一是战略引领。企业推行超额利润分享机制应以企业实现战略规划为目标,避免追求短期效应。

二是市场导向。超额利润分享机制要以要素市场化配置为导向,体现生产要素由市场评价贡献、按贡献决定报酬原则。

三是增量激励。企业推行超额利润分享机制应以创造利润增量为基础,以增量价值分配为核心,实现有效激励。

二、适用条件和工作职责

(一)适用条件。

推行超额利润分享机制的企业一般应具备以下条件:

1. 商业一类企业;

2. 企业战略清晰,中长期发展目标明确;

3. 《超额利润分享方案》制订当年已实现利润以及年初未分配利润为正值;

4. 法人治理结构健全,人力资源管理基础完善;

5. 建立了规范的财务管理制度,近三年没有因财务、税收等违法违规行为受到行政、刑事处罚。

(二)工作职责。

本企业负责制订《超额利润分享方案》《超额利润分享实施

细则》(以下简称《实施细则》)和《超额利润分享兑现方案》(以下简称《兑现方案》)。

企业的控股股东（含国有独资公司的国有股东，下同）负责审核把关企业《超额利润分享方案》《实施细则》和《兑现方案》，其中《超额利润分享方案》报中央企业集团公司、地方国资委监管一级企业履行相关决策程序。国有资本投资、运营公司可以授权所出资企业审批其子企业的《超额利润分享方案》，并报国有资本投资、运营公司备案。

地方国资委监管一级企业，其《超额利润分享方案》由地方国资委负责审核把关。

三、基本操作流程

企业推行超额利润分享机制，一般应履行以下基本操作流程：

（一）制订方案。

企业应结合实际制订《超额利润分享方案》，该方案一般以三年为一个周期，主要包括以下内容：企业基本情况、可行性分析、确定激励对象的原则和标准、设定目标利润的原则和标准、分享比例、实施及兑现流程、约束条件和退出规定、监督管理和组织保障等。

制订《超额利润分享方案》时，应以公示、召开职工代表大会等方式充分听取职工意见，履行企业内部民主决策程序。《超额利润分享方案》制订后，企业应按照"三重一大"决策机制及有关规定，按出资关系报中央企业集团公司、地方国资委监管一级企业、控股股东（适用于国有资本投资、运营公司）或地方国资委同意。

（二）制定《实施细则》。

《超额利润分享方案》经审核同意后，企业一般每年年初制定《实施细则》，确定当年目标利润，报控股股东同意。如遇不可抗力影响或其他特殊情况时,经控股股东同意,可对目标利润进行一次调整。

《实施细则》一般应与企业当年经营业绩考核方案同步制定,相互关联和匹配。

(三)制订《兑现方案》。

企业一般于次年上半年开展经营业绩考核,同步根据经审计的经营业绩结果等情况,核算年度超额利润、超额利润分享额和激励对象个人分享所得额,并据此制订《兑现方案》,报控股股东同意。

上年度《兑现方案》和本年度《实施细则》一般可同步制订并履行相关决策审批的程序。

(四)实施兑现。

企业根据经审核同意的《兑现方案》实施兑现,并将实际兑现结果报控股股东备案。

四、确定激励对象相关环节操作要点

激励对象一般为与本企业签订劳动合同,在该岗位上连续工作1年以上,对企业经营业绩和持续发展有直接重要影响的管理、技术、营销、业务等核心骨干人才,且一般每一期激励人数不超过企业在岗职工总数的30%。

集团公司或控股股东相关人员在本企业兼职的,按其主要履职的岗位职责、实际履职时间等因素综合确定是否可参与本企业超额利润分享机制。合乎条件的仅可在一家企业参与超额利润分享机制。

企业外部董事、独立董事、监事不得参与超额利润分享机制。

实施超额利润分享机制的企业,一般不在同期对同一对象开展岗位分红等现金类中长期激励机制。

五、设定目标利润相关环节操作要点

企业在设定目标利润时,应与战略规划充分衔接,年度目标利润原则上不低于以下利润水平的高者:

1. 企业的利润考核目标;
2. 按照企业上一年净资产收益率计算的利润水平;
3. 企业近三年平均利润;
4. 按照行业平均净资产收益率计算的利润水平。

企业设定目标利润时,可以根据实际情况选取利润总额、净利润、归母净利润等指标。

确定本行业平均利润水平时一般应选取境内外可比的对标企业(以下简称对标组)。对标组选取依据、范围等情况应在《超额利润分享方案》中说明。

六、确定超额利润分享额相关环节操作要点

(一)确定超额利润。

年度超额利润为企业当年实际利润与目标利润的差额。确定时一般应考虑剔除以下因素影响:

1. 重大资产处置等行为导致的本年度非经营性收益;
2. 并购、重组等行为导致的本年度利润变化;
3. 会计政策和会计估计变更导致的本年度利润变化;
4. 外部政策性因素导致的本年度利润变化;
5. 负责审批的单位认为其他应予考虑的剔除因素。

对科技进步要求高的企业,在计算超额利润时,可将研发投入视同利润加回。

(二)确定分享比例。

年度超额利润分享额一般不超过超额利润的30%。

企业高级管理人员(或经营班子)岗位合计所获得的超额利润分享比例一般不超过超额利润分享额的30%,其他额度应根据岗位贡献系数或个人绩效考核结果分配给核心骨干人才,重点向做出突出贡献的科技人才和关键科研岗位倾斜。

企业可以在《超额利润分享方案》中针对不同业务特点，确定差异化的超额利润分享比例。具体可采用统一比例或累进计提等不同方法。

七、实施兑现相关环节操作要点

（一）兑现方式。

超额利润分享额在工资总额中列支，一般采用递延方式予以兑现，分三年兑现完毕。由企业根据经营情况，确定各年度支付比例，第一年支付比例不高于50%。所产生的个人所得税由激励对象个人承担。

计划期（三年）内企业净利润一般应保持稳健增长，若出现大幅递减或亏损，审核单位有权对上一年度超额利润分享额未兑现部分进行扣减，并对已兑现部分进行追回。

（二）退出条件。

企业《超额利润分享方案》实施期间，激励对象因调动、退休、工伤、丧失民事行为能力、死亡等客观原因与企业解除或终止劳动关系，按照其在岗位任职时间比例（年度任职日/年度总工作日）兑现。以前年度未兑现部分，可按递延支付相关安排予以支付。

激励对象出现下列情况之一，不得继续参与超额利润分享兑现，以前年度递延支付部分，不再支付：

1. 个人绩效考核不合格；
2. 违反企业管理制度受到重大处分；
3. 因违纪违法行为受到相关部门处理；
4. 对重大决策失误、重大资产损失、重大安全事故等负有责任；
5. 本人提出离职或者个人原因被解聘、解除劳动合同；
6. 负责审批的单位认为其他不得继续参与超额利润分享兑

现的情况。

（三）终止实施。

企业出现以下情况之一，应终止实施《超额利润分享方案》：

1. 当年出现亏损；

2. 出现重大风险事故、重大安全及质量事故或违规违纪等情况；

3. 出现主审会计师事务所对企业年度财务报告出具保留意见、否定意见、无法表示意见等非标准审计意见或其他对财务信息公允性产生重大影响的情况；

4. 经营性现金流为负或者对企业日常经营活动开展产生重大负面影响的情况；

5. 其他不得开展中长期激励的情况。

八、监督管理相关环节操作要点

企业应建立健全对超额利润分享机制的监督体系，党组织、股东会、董事会、监事会等治理主体，以及纪检监察、巡视巡察、财务、审计等机构根据职责分工，做好监督工作。

对于推行超额利润分享机制的企业，如经查实存在兑现年度故意违反会计政策或财务制度、弄虚作假等行为的，除应及时终止实施《超额利润分享方案》外，还应对相关行为发生期间相关人员已兑现的超额利润分享所得予以追索扣回，并按照有关规定严肃追究相关人员责任。

附件：1. 超额利润分享方案（提纲）

2. 超额利润分享实施细则（提纲）

3. 超额利润分享兑现方案（提纲）

附件 1

超额利润分享方案（提纲）

《超额利润分享方案》一般包括但不限于以下内容：

一、企业基本情况

（一）发展历程和核心业务

（二）三到五年战略规划

（三）近三年财务状况、经营成果和业绩考核结果

（四）集团内部关联交易情况

二、可行性分析

（一）本行业市场竞争状态

（二）推行超额利润分享机制的可行性

三、激励对象确定的原则和标准

（一）拟纳入激励范围岗位确定原则

（二）拟纳入激励范围岗位超额利润内部分配原则

四、目标利润确定的原则和标准

（一）未来三年目标利润规划指标和主要依据

（二）行业对标企业清单和选取原则

（三）年度目标利润确定和调整原则

五、超额利润分享比例

（一）超额利润分享比例确定原则

（二）超额利润分享比例

六、实施与兑现

（一）实施与兑现主要流程

（二）递延支付相关安排

七、约束条件和退出规定
（一）退出条件
（二）终止实施条件
八、监督管理和组织保障
九、其他事项

附件2

超额利润分享实施细则（提纲）

《超额利润分享实施细则》一般包括但不限于以下内容：
一、三年目标利润规划完成情况
二、年度超额利润分享适用条件
三、年度目标利润计算基础
（一）年度利润考核目标值
（二）近三年企业实际利润金额
（三）本行业上年度平均利润水平
四、年度目标利润确定
（一）年度目标利润确定影响因素
（二）年度目标利润值
（三）年度目标利润值与三年目标规划值差异分析
五、年度超额利润的计算和分配规则
六、其他需说明的特殊事项

附件 3

超额利润分享兑现方案（提纲）

《超额利润分享兑现方案》一般包括但不限于以下内容：

一、实施兑现可行性

（一）年度实际利润值

（二）年度经营业绩考核结果

（三）年度超额利润计算结果

（四）年度实施兑现可行性

二、超额利润分享额

（一）需要进行利润调整的影响因素

（二）计算确定超额利润分享额

三、激励兑现方案

（一）当年激励对象、分配比例和金额

（二）约束条件和支付计划

四、备案安排

五、其他事项

五、财务会计类

企业财务通则

(2006年12月4日 中华人民共和国财政部令第41号)

第一章 总 则

第一条 为了加强企业财务管理,规范企业财务行为,保护企业及其相关方的合法权益,推进现代企业制度建设,根据有关法律、行政法规的规定,制定本通则。

第二条 在中华人民共和国境内依法设立的具备法人资格的国有及国有控股企业适用本通则。金融企业除外。

其他企业参照执行。

第三条 国有及国有控股企业(以下简称企业)应当确定内部财务管理体制,建立健全财务管理制度,控制财务风险。

企业财务管理应当按照制定的财务战略,合理筹集资金,有效营运资产,控制成本费用,规范收益分配及重组清算财务行为,加强财务监督和财务信息管理。

第四条 财政部负责制定企业财务规章制度。

各级财政部门(以下通称主管财政机关)应当加强对企业

财务的指导、管理、监督，其主要职责包括：

（一）监督执行企业财务规章制度，按照财务关系指导企业建立健全内部财务制度。

（二）制定促进企业改革发展的财政财务政策，建立健全支持企业发展的财政资金管理制度。

（三）建立健全企业年度财务会计报告审计制度，检查企业财务会计报告质量。

（四）实施企业财务评价，监测企业财务运行状况。

（五）研究、拟定企业国有资本收益分配和国有资本经营预算的制度。

（六）参与审核属于本级人民政府及其有关部门、机构出资的企业重要改革、改制方案。

（七）根据企业财务管理的需要提供必要的帮助、服务。

第五条　各级人民政府及其部门、机构，企业法人、其他组织或者自然人等企业投资者（以下通称投资者），企业经理、厂长或者实际负责经营管理的其他领导成员（以下通称经营者），依照法律、法规、本通则和企业章程的规定，履行企业内部财务管理职责。

第六条　企业应当依法纳税。企业财务处理与税收法律、行政法规规定不一致的，纳税时应当依法进行调整。

第七条　各级人民政府及其部门、机构出资的企业，其财务关系隶属同级财政机关。

第二章　企业财务管理体制

第八条　企业实行资本权属清晰、财务关系明确、符合法人治理结构要求的财务管理体制。

企业应当按照国家有关规定建立有效的内部财务管理级次。企业集团公司自行决定集团内部财务管理体制。

第九条 企业应当建立财务决策制度，明确决策规则、程序、权限和责任等。法律、行政法规规定应当通过职工（代表）大会审议或者听取职工、相关组织意见的财务事项，依照其规定执行。

企业应当建立财务决策回避制度。对投资者、经营者个人与企业利益有冲突的财务决策事项，相关投资者、经营者应当回避。

第十条 企业应当建立财务风险管理制度，明确经营者、投资者及其他相关人员的管理权限和责任，按照风险与收益均衡、不相容职务分离等原则，控制财务风险。

第十一条 企业应当建立财务预算管理制度，以现金流为核心，按照实现企业价值最大化等财务目标的要求，对资金筹集、资产营运、成本控制、收益分配、重组清算等财务活动，实施全面预算管理。

第十二条 投资者的财务管理职责主要包括：

（一）审议批准企业内部财务管理制度、企业财务战略、财务规划和财务预算。

（二）决定企业的筹资、投资、担保、捐赠、重组、经营者报酬、利润分配等重大财务事项。

（三）决定企业聘请或者解聘会计师事务所、资产评估机构等中介机构事项。

（四）对经营者实施财务监督和财务考核。

（五）按照规定向全资或者控股企业委派或者推荐财务总监。

投资者应当通过股东（大）会、董事会或者其他形式的内部机构履行财务管理职责，可以通过企业章程、内部制度、合同约定等方式将部分财务管理职责授予经营者。

第十三条 经营者的财务管理职责主要包括：

（一）拟定企业内部财务管理制度、财务战略、财务规划，编制财务预算。

（二）组织实施企业筹资、投资、担保、捐赠、重组和利润分配等财务方案，诚信履行企业偿债义务。

（三）执行国家有关职工劳动报酬和劳动保护的规定，依法缴纳社会保险费、住房公积金等，保障职工合法权益。

（四）组织财务预测和财务分析，实施财务控制。

（五）编制并提供企业财务会计报告，如实反映财务信息和有关情况。

（六）配合有关机构依法进行审计、评估、财务监督等工作。

第三章 资 金 筹 集

第十四条 企业可以接受投资者以货币资金、实物、无形资产、股权、特定债权等形式的出资。其中，特定债权是指企业依法发行的可转换债券、符合有关规定转作股权的债权等。

企业接受投资者非货币资产出资时，法律、行政法规对出资形式、程序和评估作价等有规定的，依照其规定执行。

企业接受投资者商标权、著作权、专利权及其他专有技术等无形资产出资的，应当符合法律、行政法规规定的比例。

第十五条 企业依法以吸收直接投资、发行股份等方式筹集权益资金的，应当拟订筹资方案，确定筹资规模，履行内部决策程序和必要的报批手续，控制筹资成本。

企业筹集的实收资本，应当依法委托法定验资机构验资并出具验资报告。

第十六条 企业应当执行国家有关资本管理制度，在获准工商登记后 30 日内，依据验资报告等向投资者出具出资证明书，确定投资者的合法权益。

企业筹集的实收资本,在持续经营期间可以由投资者依照法律、行政法规以及企业章程的规定转让或者减少,投资者不得抽逃或者变相抽回出资。

除《公司法》等有关法律、行政法规另有规定外,企业不得回购本企业发行的股份。企业依法回购股份,应当符合有关条件和财务处理办法,并经投资者决议。

第十七条 对投资者实际缴付的出资超出注册资本的差额(包括股票溢价),企业应当作为资本公积管理。

经投资者审议决定后,资本公积用于转增资本。国家另有规定的,从其规定。

第十八条 企业从税后利润中提取的盈余公积包括法定公积金和任意公积金,可以用于弥补企业亏损或者转增资本。法定公积金转增资本后留存企业的部分,以不少于转增前注册资本的25%为限。

第十九条 企业增加实收资本或者以资本公积、盈余公积转增实收资本,由投资者履行财务决策程序后,办理相关财务事项和工商变更登记。

第二十条 企业取得的各类财政资金,区分以下情况处理:

(一)属于国家直接投资、资本注入的,按照国家有关规定增加国家资本或者国有资本公积。

(二)属于投资补助的,增加资本公积或者实收资本。国家拨款时对权属有规定的,按规定执行;没有规定的,由全体投资者共同享有。

(三)属于贷款贴息、专项经费补助的,作为企业收益处理。

(四)属于政府转贷、偿还性资助的,作为企业负债管理。

(五)属于弥补亏损、救助损失或者其他用途的,作为企业收益处理。

第二十一条 企业依法以借款、发行债券、融资租赁等方式筹集债务资金的,应当明确筹资目的,根据资金成本、债务风险和合理的资金需求,进行必要的资本结构决策,并签订书面合同。

企业筹集资金用于固定资产投资项目的,应当遵守国家产业政策、行业规划、自有资本比例及其他规定。

企业筹集资金,应当按规定核算和使用,并诚信履行合同,依法接受监督。

第四章 资产营运

第二十二条 企业应当根据风险与收益均衡等原则和经营需要,确定合理的资产结构,并实施资产结构动态管理。

第二十三条 企业应当建立内部资金调度控制制度,明确资金调度的条件、权限和程序,统一筹集、使用和管理资金。企业支付、调度资金,应当按照内部财务管理制度的规定,依据有效合同、合法凭证,办理相关手续。

企业向境外支付、调度资金应当符合国家有关外汇管理的规定。

企业集团可以实行内部资金集中统一管理,但应当符合国家有关金融管理等法律、行政法规规定,并不得损害成员企业的利益。

第二十四条 企业应当建立合同的财务审核制度,明确业务流程和审批权限,实行财务监控。

企业应当加强应收款项的管理,评估客户信用风险,跟踪客户履约情况,落实收账责任,减少坏账损失。

第二十五条 企业应当建立健全存货管理制度,规范存货采购审批、执行程序,根据合同的约定以及内部审批制度支付货款。

企业选择供货商以及实施大宗采购,可以采取招标等方式进行。

第二十六条 企业应当建立固定资产购建、使用、处置制度。

企业自行选择、确定固定资产折旧办法,可以征询中介机构、有关专家的意见,并由投资者审议批准。固定资产折旧办法一经选用,不得随意变更。确需变更的,应当说明理由,经投资者审议批准。

企业购建重要的固定资产、进行重大技术改造,应当经过可行性研究,按照内部审批制度履行财务决策程序,落实决策和执行责任。

企业在建工程项目交付使用后,应当在一个年度内办理竣工决算。

第二十七条 企业对外投资应当遵守法律、行政法规和国家有关政策的规定,符合企业发展战略的要求,进行可行性研究,按照内部审批制度履行批准程序,落实决策和执行的责任。

企业对外投资应当签订书面合同,明确企业投资权益,实施财务监管。依据合同支付投资款项,应当按照企业内部审批制度执行。

企业向境外投资的,还应当经投资者审议批准,并遵守国家境外投资项目核准和外汇管理等相关规定。

第二十八条 企业通过自创、购买、接受投资等方式取得的无形资产,应当依法明确权属,落实有关经营、管理的财务责任。

无形资产出现转让、租赁、质押、授权经营、连锁经营、对外投资等情形时,企业应当签订书面合同,明确双方的权利义务,合理确定交易价格。

第二十九条 企业对外担保应当符合法律、行政法规及有关规定，根据被担保单位的资信及偿债能力，按照内部审批制度采取相应的风险控制措施，并设立备查账簿登记，实行跟踪监督。

企业对外捐赠应当符合法律、行政法规及有关财务规定，制订实施方案，明确捐赠的范围和条件，落实执行责任，严格办理捐赠资产的交接手续。

第三十条 企业从事期货、期权、证券、外汇交易等业务或者委托其他机构理财，不得影响主营业务的正常开展，并应当签订书面合同，建立交易报告制度，定期对账，控制风险。

第三十一条 企业从事代理业务，应当严格履行合同，实行代理业务与自营业务分账管理，不得挪用客户资金、互相转嫁经营风险。

第三十二条 企业应当建立各项资产损失或者减值准备管理制度。各项资产损失或者减值准备的计提标准，一经选用，不得随意变更。企业在制定计提标准时可以征询中介机构、有关专家的意见。

对计提损失或者减值准备后的资产，企业应当落实监管责任。能够收回或者继续使用以及没有证据证明实际损失的资产，不得核销。

第三十三条 企业发生的资产损失，应当及时予以核实、查清责任，追偿损失，按照规定程序处理。

企业重组中清查出的资产损失，经批准后依次冲减未分配利润、盈余公积、资本公积和实收资本。

第三十四条 企业以出售、抵押、置换、报废等方式处理资产时，应当按照国家有关规定和企业内部财务管理制度规定的权限和程序进行。其中，处理主要固定资产涉及企业经营业务调整或者资产重组的，应当根据投资者审议通过的业务调整或者资产重组方案实施。

第三十五条 企业发生关联交易的，应当遵守国家有关规定,按照独立企业之间的交易计价结算。投资者或者经营者不得利用关联交易非法转移企业经济利益或者操纵关联企业的利润。

第五章 成 本 控 制

第三十六条 企业应当建立成本控制系统,强化成本预算约束,推行质量成本控制办法,实行成本定额管理、全员管理和全过程控制。

第三十七条 企业实行费用归口、分级管理和预算控制,应当建立必要的费用开支范围、标准和报销审批制度。

第三十八条 企业技术研发和科技成果转化项目所需经费,可以通过建立研发准备金筹措,据实列入相关资产成本或者当期费用。

符合国家规定条件的企业集团,可以集中使用研发费用,用于企业主导产品和核心技术的自主研发。

第三十九条 企业依法实施安全生产、清洁生产、污染治理、地质灾害防治、生态恢复和环境保护等所需经费,按照国家有关标准列入相关资产成本或者当期费用。

第四十条 企业发生销售折扣、折让以及支付必要的佣金、回扣、手续费、劳务费、提成、返利、进场费、业务奖励等支出的,应当签订相关合同,履行内部审批手续。

企业开展进出口业务收取或者支付的佣金、保险费、运费,按照合同规定的价格条件处理。

企业向个人以及非经营单位支付费用的,应当严格履行内部审批及支付的手续。

第四十一条 企业可以根据法律、法规和国家有关规定,对经营者和核心技术人员实行与其他职工不同的薪酬办法,属于本级人民政府及其部门、机构出资的企业,应当将薪酬办法报主管财政机关备案。

第四十二条 企业应当按照劳动合同及国家有关规定支付职工报酬，并为从事高危作业的职工缴纳团体人身意外伤害保险费，所需费用直接作为成本（费用）列支。

经营者可以在工资计划中安排一定数额，对企业技术研发、降低能源消耗、治理"三废"、促进安全生产、开拓市场等作出突出贡献的职工给予奖励。

第四十三条 企业应当依法为职工支付基本医疗、基本养老、失业、工伤等社会保险费，所需费用直接作为成本（费用）列支。

已参加基本医疗、基本养老保险的企业，具有持续盈利能力和支付能力的，可以为职工建立补充医疗保险和补充养老保险，所需费用按照省级以上人民政府规定的比例从成本（费用）中提取。超出规定比例的部分，由职工个人负担。

第四十四条 企业为职工缴纳住房公积金以及职工住房货币化分配的财务处理，按照国家有关规定执行。

职工教育经费按照国家规定的比例提取，专项用于企业职工后续职业教育和职业培训。

工会经费按照国家规定比例提取并拨缴工会。

第四十五条 企业应当依法缴纳行政事业性收费、政府性基金以及使用或者占用国有资源的费用等。

企业对没有法律法规依据或者超过法律法规规定范围和标准的各种摊派、收费、集资，有权拒绝。

第四十六条 企业不得承担属于个人的下列支出：

（一）娱乐、健身、旅游、招待、购物、馈赠等支出。

（二）购买商业保险、证券、股权、收藏品等支出。

（三）个人行为导致的罚款、赔偿等支出。

（四）购买住房、支付物业管理费等支出。

（五）应由个人承担的其他支出。

第六章　收益分配

第四十七条　投资者、经营者及其他职工履行本企业职务或者以企业名义开展业务所得的收入，包括销售收入以及对方给予的销售折扣、折让、佣金、回扣、手续费、劳务费、提成、返利、进场费、业务奖励等收入，全部属于企业。

企业应当建立销售价格管理制度，明确产品或者劳务的定价和销售价格调整的权限、程序与方法，根据预期收益、资金周转、市场竞争、法律规范约束等要求，采取相应的价格策略，防范销售风险。

第四十八条　企业出售股权投资，应当按照规定的程序和方式进行。股权投资出售底价，参照资产评估结果确定，并按照合同约定收取所得价款。在履行交割时，对尚未收款部分的股权投资，应当按照合同的约定结算，取得受让方提供的有效担保。

上市公司国有股减持所得收益，按照国务院的规定处理。

第四十九条　企业发生的年度经营亏损，依照税法的规定弥补。税法规定年限内的税前利润不足弥补的，用以后年度的税后利润弥补，或者经投资者审议后用盈余公积弥补。

第五十条　企业年度净利润，除法律、行政法规另有规定外，按照以下顺序分配：

（一）弥补以前年度亏损。

（二）提取10%法定公积金。法定公积金累计额达到注册资本50%以后，可以不再提取。

（三）提取任意公积金。任意公积金提取比例由投资者决议。

（四）向投资者分配利润。企业以前年度未分配的利润，并入本年度利润，在充分考虑现金流量状况后，向投资者分配。属于各级人民政府及其部门、机构出资的企业，应当将应付国有利润上缴财政。

国有企业可以将任意公积金与法定公积金合并提取。股份有限公司依法回购后暂未转让或者注销的股份，不得参与利润分配；以回购股份对经营者及其他职工实施股权激励的，在拟订利润分配方案时，应当预留回购股份所需利润。

第五十一条　企业弥补以前年度亏损和提取盈余公积后，当年没有可供分配的利润时，不得向投资者分配利润，但法律、行政法规另有规定的除外。

第五十二条　企业经营者和其他职工以管理、技术等要素参与企业收益分配的，应当按照国家有关规定在企业章程或者有关合同中对分配办法作出规定，并区别以下情况处理：

（一）取得企业股权的，与其他投资者一同进行企业利润分配。

（二）没有取得企业股权的，在相关业务实现的利润限额和分配标准内，从当期费用中列支。

第七章　重组清算

第五十三条　企业通过改制、产权转让、合并、分立、托管等方式实施重组，对涉及资本权益的事项，应当由投资者或者授权机构进行可行性研究，履行内部财务决策程序，并组织开展以下工作：

（一）清查财产，核实债务，委托会计师事务所审计。

（二）制订职工安置方案，听取重组企业的职工、职工代表大会的意见或者提交职工代表大会审议。

（三）与债权人协商，制订债务处置或者承继方案。

（四）委托评估机构进行资产评估，并以评估价值作为净资产作价或者折股的参考依据。

（五）拟订股权设置方案和资本重组实施方案，经过审议后履行报批手续。

第五十四条 企业采取分立方式进行重组，应当明晰分立后的企业产权关系。企业划分各项资产、债务以及经营业务，应当按照业务相关性或者资产相关性原则制订分割方案。对不能分割的整体资产，在评估机构评估价值的基础上，经分立各方协商，由拥有整体资产的一方给予他方适当经济补偿。

第五十五条 企业可以采取新设或者吸收方式进行合并重组。企业合并前的各项资产、债务以及经营业务，由合并后的企业承继，并应当明确合并后企业的产权关系以及各投资者的出资比例。

企业合并的资产税收处理应当符合国家有关税法的规定，合并后净资产超出注册资本的部分，作为资本公积；少于注册资本的部分，应当变更注册资本或者由投资者补足出资。

对资不抵债的企业以承担债务方式合并的，合并方应当制定企业重整措施，按照合并方案履行偿还债务责任，整合财务资源。

第五十六条 企业实行托管经营，应当由投资者决定，并签订托管协议，明确托管经营的资产负债状况、托管经营目标、托管资产处置权限以及收益分配办法等，并落实财务监管措施。

受托企业应当根据托管协议制订相关方案，重组托管企业的资产与债务。未经托管企业投资者同意，不得改组、改制托管企业，不得转让托管企业及转移托管资产、经营业务，不得以托管企业名义或者以托管资产对外担保。

第五十七条 企业进行重组时，对已占用的国有划拨土地应当按照有关规定进行评估，履行相关手续，并区别以下情况处理：

（一）继续采取划拨方式的，可以不纳入企业资产管理，但企业应当明确划拨土地使用权权益，并按规定用途使用，设立备查账簿登记。国家另有规定的除外。

（二）采取作价入股方式的，将应缴纳的土地出让金转作国家资本，形成的国有股权由企业重组前的国有资本持有单位或者主管财政机关确认的单位持有。

（三）采取出让方式的，由企业购买土地使用权，支付出让费用。

（四）采取租赁方式的，由企业租赁使用，租金水平参照银行同期贷款利率确定，并在租赁合同中约定。

企业进行重组时，对已占用的水域、探矿权、采矿权、特许经营权等国有资源，依法可以转让的，比照前款处理。

第五十八条 企业重组过程中，对拖欠职工的工资和医疗、伤残补助、抚恤费用以及欠缴的基本社会保险费、住房公积金，应当以企业现有资产优先清偿。

第五十九条 企业被责令关闭、依法破产、经营期限届满而终止经营的，或者经投资者决议解散的，应当按照法律、法规和企业章程的规定实施清算。清算财产变卖底价，参照资产评估结果确定。国家另有规定的，从其规定。

企业清算结束，应当编制清算报告，委托会计师事务所审计，报投资者或者人民法院确认后，向相关部门、债权人以及其他的利益相关人通告。其中，属于各级人民政府及其部门、机构出资的企业，其清算报告应当报送主管财政机关。

第六十条 企业解除职工劳动关系，按照国家有关规定支付的经济补偿金或者安置费，除正常经营期间发生的列入当期费用以外，应当区别以下情况处理：

（一）企业重组中发生的，依次从未分配利润、盈余公积、资本公积、实收资本中支付。

（二）企业清算时发生的，以企业扣除清算费用后的清算财产优先清偿。

第八章 信息管理

第六十一条 企业可以结合经营特点,优化业务流程,建立财务和业务一体化的信息处理系统,逐步实现财务、业务相关信息一次性处理和实时共享。

第六十二条 企业应当逐步创造条件,实行统筹企业资源计划,全面整合和规范财务、业务流程,对企业物流、资金流、信息流进行一体化管理和集成运作。

第六十三条 企业应当建立财务预警机制,自行确定财务危机警戒标准,重点监测经营性净现金流量与到期债务、企业资产与负债的适配性,及时沟通企业有关财务危机预警的信息,提出解决财务危机的措施和方案。

第六十四条 企业应当按照有关法律、行政法规和国家统一的会计制度的规定,按时编制财务会计报告,经营者或者投资者不得拖延、阻挠。

第六十五条 企业应当按照规定向主管财政机关报送月份、季度、年度财务会计报告等材料,不得在报送的财务会计报告等材料上作虚假记载或者隐瞒重要事实。主管财政机关应当根据企业的需要提供必要的培训和技术支持。

企业对外提供的年度财务会计报告,应当依法经过会计师事务所审计。国家另有规定的,从其规定。

第六十六条 企业应当在年度内定期向职工公开以下信息:

(一)职工劳动报酬、养老、医疗、工伤、住房、培训、休假等信息。

(二)经营者报酬实施方案。

(三)年度财务会计报告审计情况。

(四)企业重组涉及的资产评估及处置情况。

(五)其他依法应当公开的信息。

第六十七条 主管财政机关应当建立健全企业财务评价体系，主要评估企业内部财务控制的有效性，评价企业的偿债能力、盈利能力、资产营运能力、发展能力和社会贡献。评估和评价的结果可以通过适当方式向社会发布。

第六十八条 主管财政机关及其工作人员应当恰当使用所掌握的企业财务信息，并依法履行保密义务，不得利用企业的财务信息谋取私利或者损害企业利益。

第九章 财务监督

第六十九条 企业应当依法接受主管财政机关的财务监督和国家审计机关的财务审计。

第七十条 经营者在经营过程中违反本通则有关规定的，投资者可以依法追究经营者的责任。

第七十一条 企业应当建立、健全内部财务监督制度。

企业设立监事会或者监事人员的，监事会或者监事人员依照法律、行政法规、本通则和企业章程的规定，履行企业内部财务监督职责。

经营者应当实施内部财务控制，配合投资者或者企业监事会以及中介机构的检查、审计工作。

第七十二条 企业和企业负有直接责任的主管人员和其他人员有以下行为之一的，县级以上主管财政机关可以责令限期改正、予以警告，有违法所得的，没收违法所得，并可以处以不超过违法所得3倍、但最高不超过3万元的罚款；没有违法所得的，可以处以1万元以下的罚款。

（一）违反本通则第三十九条、四十条、四十二条第一款、四十三条、四十六条规定列支成本费用的。

（二）违反本通则第四十七条第一款规定截留、隐瞒、侵占企业收入的。

（三）违反本通则第五十条、五十一条、五十二条规定进行利润分配的。但依照《公司法》设立的企业不按本通则第五十条第一款第二项规定提取法定公积金的，依照《公司法》的规定予以处罚。

（四）违反本通则第五十七条规定处理国有资源的。

（五）不按本通则第五十八条规定清偿职工债务的。

第七十三条 企业和企业负有直接责任的主管人员和其他人员有以下行为之一的，县级以上主管财政机关可以责令限期改正、予以警告。

（一）未按本通则规定建立健全各项内部财务管理制度的。

（二）内部财务管理制度明显与法律、行政法规和通用的企业财务规章制度相抵触，且不按主管财政机关要求修正的。

第七十四条 企业和企业负有直接责任的主管人员和其他人员不按本通则第六十四条、第六十五条规定编制、报送财务会计报告等材料的，县级以上主管财政机关可以依照《公司法》《企业财务会计报告条例》的规定予以处罚。

第七十五条 企业在财务活动中违反财政、税收等法律、行政法规的，依照《财政违法行为处罚处分条例》（国务院令第427号）及有关税收法律、行政法规的规定予以处理、处罚。

第七十六条 主管财政机关以及政府其他部门、机构有关工作人员，在企业财务管理中滥用职权、玩忽职守、徇私舞弊或者泄露国家机密、企业商业秘密的，依法进行处理。

第十章　附　　则

第七十七条 实行企业化管理的事业单位比照适用本通则。

第七十八条 本通则自2007年1月1日起施行。

金融企业财务规则

(2006年12月7日 中华人民共和国财政部令第42号)

第一章 总　　则

第一条 为了加强金融企业财务管理,规范金融企业财务行为,促进金融企业法人治理结构的建立和完善,防范金融企业财务风险,保护金融企业及其相关方合法权益,维护社会经济秩序,根据有关法律、行政法规和国务院相关规定,制定本规则。

第二条 在中华人民共和国境内依法设立的国有及国有控股金融企业、金融控股公司、担保公司,城市商业银行、农村商业银行、农村合作银行、信用社(以下简称金融企业)适用本规则。

其他金融企业参照本规则执行。

第三条 金融企业应当根据本规则的规定,以及自身发展的需要,建立健全内部财务管理制度,设置财务管理职能部门,配备专业财务管理人员,综合运用规划、预测、计划、预算、控制、监督、考核、评价和分析等方法,筹集资金,营运资产,控制成本,分配收益,配置资源,反映经营状况,防范和化解财务风险,实现持续经营和价值最大化。

第四条 各级人民政府财政部门(以下简称财政部门)依法指导、管理和监督本级金融企业的财务管理工作。

省级以上人民政府财政部门的派出机构,应当在规定职责范围内依法履行指导、管理和监督金融企业财务管理工作的职责。

金融企业在完成工商登记后 30 日内,应当向同级财政部门提交设立批准证书、营业执照、验资证明、章程等文件的复印件。

金融企业发生分立、合并、设立分支机构,以及主要工商登记事项发生变更时,在依法完成工商变更登记后 30 日内,应当向同级财政部门提交有关的变更文件复印件。

第五条 金融企业应当依法纳税。金融企业财务处理与税收法律、行政法规规定不一致的,纳税时应当依法进行调整。

第二章 职责、职权

第六条 财政部门履行下列财务管理职责:

(一)监督金融企业执行本规则以及其他的财务管理规定,指导、督促金融企业建立健全内部财务管理制度;

(二)指导、督促金融企业建立健全财务风险控制体系,监测金融企业财务风险及其营运状况,监督金融企业的财务行为;

(三)加强金融企业财务信息管理,实施金融企业财务评价;

(四)监督金融企业接受社会审计和资产评估;

(五)制定并实施促进金融企业改革和发展的财政、财务政策,组织金融企业财务管理人员的业务培训;

(六)有关法律、行政法规规定的其他财务管理职责。

第七条 金融企业的投资者(以下简称投资者)一般通过股东(大)会、董事会或者其他形式的治理机构行使下列财务管理职权:

(一)执行并督促经营者执行国家有关金融企业财务管理的规定;

（二）决定内部财务管理制度，明确经营者的财务管理权限；

（三）决定财务管理职能部门的设置；

（四）决定财务计划和财务预算，决定筹资、投资、处置重大资产、依法提供除主营担保业务范围以外的担保、捐赠、重组、经营者报酬、利润分配等重大财务事项；

（五）对经营者实施财务监督和财务考核，决定聘任或者解聘财务负责人；

（六）决定聘用或者解聘承办社会审计和资产评估等业务的社会中介机构；

（七）按照章程的规定，行使其他财务管理职权。

投资者可以通过制度规范、章程约定等方式，将投资者财务管理职权全部或者部分授予经营者。

金融企业按规定可以向其控股的企业委派或者推荐财务总监。

第八条 金融企业的经营者（以下简称经营者）按照规定行使下列财务管理职权：

（一）执行国家有关金融企业财务管理的规定；

（二）拟订内部财务管理制度，经投资者议定后报同级财政部门备案，并具体组织实施；

（三）组织财务预测，编制财务计划和财务预算草案，实施财务控制、分析和考核；

（四）组织实施筹资、投资、处置重大资产、担保、捐赠、重组和利润分配等财务管理方案；

（五）组织财务事项审批；

（六）组织缴纳税金、规费；

（七）执行国家有关职工劳动报酬和劳动保护的规定，依法缴纳社会保险费、住房公积金等，保障职工合法权益；

（八）归集财务信息，依法组织编制和报送财务会计报告；

（九）提请聘任或者解聘财务负责人；

（十）配合有关机构依法实施的审计、评估和监督检查；

（十一）按照章程的规定，以及股东（大）会或者董事会的要求，行使其他财务管理职权。

第三章　财务风险

第九条　金融企业应当根据本规则的规定，以及内部财务管理制度的要求，建立健全包括识别、计量、监测和控制等内容的财务风险控制体系，明确财务风险管理的权限、程序、应急方案和具体措施，以及财务风险形成当事人应承担的责任，防范和化解财务风险。

第十条　金融企业应当建立规范有效的资本补充机制，保持业务规模与资本规模相适应，在资本充足率、偿付能力等方面满足有关法律、法规的要求。

从事商业银行业务的金融企业，资本充足率不得低于8%，核心资本充足率不得低于4%；从事保险业务的金融企业，偿付能力充足率不得低于规定的数额；从事证券业务的金融企业，净资本负债率应满足规定的数额要求。

第十一条　金融企业应当按照保障相关各方利益、保证支付能力、实现持续经营的原则，根据有关法律、法规的规定，控制资产负债比例，足额提留用于清偿债务的资金。

从事银行业务的金融企业，应按规定交存存款准备金，留足备付金；从事保险业务的金融企业，应按注册资本的20%提取资本保证金，存入指定银行，除清算时用于清偿债务外，不得动用；从事证券业务的金融企业，负债与净资产的比例应满足规定的数额要求。

第十二条　金融企业应当定期或者至少于每年年终对各类资

产进行评价，并逐步实现动态评价，按照规定进行风险分类，对可收回金额低于账面价值的部分，按照国家有关规定计提资产减值准备。

金融企业对计提减值准备的资产，应当落实监管责任。对能够收回或者继续使用的，应当收回或者使用；对已经损失的，应当按照规定的程序核销；对已经核销的，应当实行账销案存管理。

第十三条 金融企业应当及时分析市场利率、汇率波动情况，预计可能发生的风险，并按照规定的程序，运用金融衍生工具，减少利率、汇率风险损失。

第十四条 金融企业发生关联交易，必须履行规定的程序，并按照规定控制总量和规模，遵循公开、公平、公正的原则，确定并及时结算资源、劳务或者义务的价款，不得利用关联交易操纵利润、逃避税收。

第十五条 金融企业委托其他机构理财或者从事其他业务，应当进行风险评估，依法签订书面合同，明确业务授权和具体操作程序，定期对账，制定风险防范的具体措施。

金融企业委托其他机构理财或者从事其他业务，投入的资金不得影响主营业务的开展，取得的收入应当纳入账内核算。

第十六条 金融企业依法受托发放贷款、经营衍生产品、进行证券期货交易、买卖黄金、管理资产以及开展其他业务，应当与自营业务分开管理，按照合同约定分配收益、承担责任，不得挪用客户资金，不得转嫁经营风险。

第十七条 金融企业对外提供担保应当符合法律、行政法规的规定，根据被担保对象的资信及偿债能力，采取相应的风险控制措施，并设立备查账簿登记，及时跟踪监督。

金融企业提供除主营担保业务范围以外的担保，应当由股东（大）会或者董事会决议；为金融企业投资者或者实际控制人提供担保的，应当由股东（大）会决议。

第十八条 金融企业应当根据资本规模控制表外业务总量。

金融企业应当按照风险程度对表外业务进行授权，并严格按照授权执行，禁止违规操作。

金融企业应当及时、完整记录所有表外业务，跟踪检查表外业务变动情况，预计可能发生的损失，并按照有关规定进行披露。

第十九条 金融企业设立分支机构，应当按照规定拨付与分支机构经营规模相适应的营运资金，并不得超过规定的限额。

金融企业应当对分支机构实行统一核算，统一调度资金，分级管理的财务管理制度。条件具备的，可以实行统一核算，统一调度资金，业务单元制管理的财务管理制度。

金融企业应当加强对分支机构的财务监管，关注资金异常变动，监督并跟踪分析分支机构财务指标的情况，督促境外分支机构遵守所在国家（地区）关于金融企业财务管理的规定。

第四章 资金筹集

第二十条 金融企业筹集资本金，应当符合国家有关资本金管理的规定，根据发展战略和经营规划拟订筹资方案，履行规定的程序。

金融企业在国家法律、行政法规允许的范围内，可以接受货币出资，也可以接受实物、知识产权、土地使用权等可以用货币估价并可以依法转让的非货币财产出资，或者采取发行股票等方式筹集资本金。

金融企业接受非货币财产出资，应当进行评估作价，核实财产，按照评估确认或者合同约定的价值计价；采取发行股票方式筹集的资本金，按照股票面值计价。

金融企业筹集资本金，应当聘请会计师事务所验资。办理工商登记后，应当向投资者出具出资证明书。

第二十一条　金融企业筹集的资本金，在持续经营期间，投资者除依法进行转让外，不得以任何方式抽走。

金融企业在筹集资本金活动中，投资者缴付的出资额超出资本金的差额（包括发行股票的溢价净收入），计入资本公积。

经投资者决议后，资本公积用于转增资本金。

第二十二条　金融企业以借款、吸收存款、发行债券、融资租赁、向人民银行再贷款等方式筹集资金，应当符合国家有关规定，明确筹资目的，考虑资金需求和债务风险，签订书面合同，不得擅自提高或者变相提高利率以及付费标准，并应适时合理调整负债结构，降低筹资成本。

第二十三条　金融企业取得国家投资、财政补助等财政资金，区分以下情况处理：

（一）属于国家直接投资的，按照国家有关规定增加国家资本金或者资本公积；

（二）属于投资补助的，增加资本公积或者资本金。国家拨款时对权属有规定的，按规定执行。没有规定的，由全体投资者共同享有；

（三）属于贷款贴息、专项经费补助的，作为收益处理；

（四）属于弥补亏损、救助损失或者其他用途的，作为收益处理；

（五）属于政府转贷、偿还性资助的，作为负债管理。

第五章　资产营运

第二十四条　金融企业应当统一管理资金账户，明确资金调度的条件、权限和程序。调度资金应当按照内部财务管理制度，依据有效合同和合法凭证办理手续，不得私存私放资金。

向境外调度资金必须符合国家外汇管理的有关规定，并履行相应的审批程序。

第二十五条 金融企业管理库存现金、库存金银、存放中央银行与同业的款项，以及其他形式的现金资产，应当满足流动性要求，并控制现金资产总量。

第二十六条 金融企业应当按照内部财务管理制度对合同进行财务审核，跟踪履约情况，明确债权，制定收账政策，及时清收应收款项。

第二十七条 金融企业在法律、法规允许的范围内，经股东（大）会或者董事会决议，可以用货币对外投资，也可以用实物、知识产权、土地使用权等可以用货币估价并可以依法转让的非货币财产对外投资，但不得以国家授予的特许经营权对外投资。

用非货币财产对外投资的，应当聘请资产评估机构进行评估并按评估确认后的价值计价。

对外投资应当签订书面合同，明确投资权益，按照内部财务管理制度规定的程序支付投资款项，所需资金纳入财务预算管理，不得在成本费用或者营业外支出中列支，并及时监控和考核投资项目的效益，落实项目决策者和实施者的责任。

向境外投资的，应当符合国家境外投资项目核准和外汇管理等相关规定。

第二十八条 金融企业收取、保管和处置抵债资产，应当按照内部财务管理制度规定的工作程序办理。

收取抵债资产应当按照规定确定接收价格，核实产权。

保管抵债资产应当按照安全、完整、有效的原则，及时进行账务处理，定期检查、账实核对。

处置抵债资产应当按照公开、透明的原则，聘请资产评估机构评估作价。一般采用公开拍卖的方式进行处置。采用其他方式的，应当引入竞争机制选择抵债资产买受人。

抵债资产不得转为自用。因客观条件需要转为自用的，应当履行规定的程序后，纳入相应的资产进行管理。

第二十九条　金融企业应当按照内部财务管理制度规定，定期清查核实各类固定资产，落实使用和管理责任。

购建重要固定资产、实施重大技术改造，应当进行可行性论证，并落实决策和执行责任。

固定资产折旧可以依据产业发展态势和技术进步的要求，结合固定资产经济寿命及其使用状况，确定折旧年限，选用折旧方法，按季（月）计提。固定资产折旧政策一经选用，一般不得变更，确需变更的，应当经股东（大）会或者董事会决议后执行。有关法律、行政法规规定必须披露变更理由的，应当及时披露。

已交付使用而未办理竣工决算的在建工程项目，应当比照固定资产进行管理。

金融企业固定资产账面价值和在建工程账面价值之和占净资产的比重，从事银行业务的最高不得超过40%，从事保险及其他非银行业务的最高不得超过50%。国家另有规定的，从其规定。

第三十条　金融企业通过自创、购买、接受投资等方式取得的商标权、著作权、专利权及专有技术等无形资产，应当依法明确权属，落实经营和管理责任。

变更无形资产权属时应当进行评估，并签订书面合同。

第三十一条　金融企业发生的资产损失，包括信贷资产损失、坏账损失、投资损失、固定资产及在建工程损失等，应当及时核实，查清责任，追偿损失，并按照国家有关规定进行处理。

金融企业以出售、出租、抵押、置换、报废等方式处置资产，应当根据有关法律、法规的规定，履行相应程序。

处置主营业务所用资产，涉及业务调整或者资产重组的，应当根据发展战略和经营规划，制订业务调整或者资产重组方案，履行规定的程序后执行。

金融企业对外捐赠应当符合有关法律、法规的规定，明确捐赠的范围和条件，落实执行责任，严格办理捐赠资产的交接手续。

第六章 成本、费用

第三十二条 金融企业应当结合自身特点，按照内部财务管理制度，强化成本费用预算约束，实行成本费用全员管理和全过程控制。

金融企业的成本费用支出应当按照国家规定纳入账内核算，不得违反规定进行调整。

第三十三条 金融企业在经营过程中发生的与经营有关的支出，包括各项利息支出（含贴息）扣除允许资本化的部分、手续费支出、佣金支出、业务给付支出、业务赔款支出、保护（保障、保险）基金支出、应计入损益的各种准备金和其他有关支出，应当按照国家有关规定计入当期损益。

第三十四条 金融企业的成本核算，应当严格区分本期成本与下期成本的界限、成本支出与营业外支出的界限、收益性支出与资本性支出的界限。

金融企业的成本核算，应当以季（月）、年为计算期。同一计算期内，核算成本和营业收入的起止日期、计算范围和口径应当一致。

第三十五条 金融企业应当注重费用支出与经济效益的配比，实行费用支出的归口、分级管理和预算控制，确定必要的费用支出范围、标准和报销审批程序。

除国家规定的专用账户外，金融企业每一独立核算单位分币种只能设立一个费用存款专户，除税金及附加、折旧、资产摊销、准备金和坏账损失以外的各项费用，应当从费用专户中开支。

金融企业应当强化费用支出约束，对业务宣传费、业务招待费、差旅费、会议费、通讯费、维修费、出国经费、董事会经费、捐赠等实行重点监控。

金融企业的业务宣传费、委托代办手续费、防预费、业务招待费一律按规定据实列支，不得预提。

第三十六条 金融企业技术研发和实施科技成果产业化所需经费应当纳入财务预算，形成的资产应当纳入相应的资产进行管理。

第三十七条 金融企业应当按照国家有关规定，以及与职工签订的劳动合同，核定和计发职工薪酬。

金融企业根据有关法律、法规和政策的规定，经股东（大）会或者董事会决议，可以对经营者、核心技术人员和核心管理人员实行与其他职工不同的薪酬办法。

金融企业经股东（大）会或者董事会决议，可以在工资计划中安排一定数额，对研发核心技术、促进安全营运、开拓市场等做出突出贡献的职工给予奖励。

第三十八条 金融企业根据有关法律、法规和政策的规定，为职工缴纳的基本医疗保险、基本养老保险、失业保险和工伤保险等社会保险费用，应当据实列入成本（费用）。

参加基本医疗保险、基本养老保险且按时足额缴费的金融企业，具有持续盈利能力和支付能力的，可以根据有关法律、法规的规定，为职工建立补充医疗保险和补充养老保险（企业年金）制度，相关费用应当按照国家有关规定列支。

第三十九条 金融企业为职工缴纳住房公积金以及职工住房货币化分配的处理，按照国家有关规定执行。

工会经费按照国家规定的比例提取，拨交工会使用。

职工教育经费按照国家规定的比例提取，用于职工教育和职业培训。

第四十条 金融企业应当依法缴纳行政事业性收费、政府性基金以及使用或者占用国有资源的费用等。

金融企业有权拒绝没有法律、法规和规章依据，或者超过法律、法规和规章规定范围和标准的收费。

第四十一条 金融企业根据经营情况支付必要的佣金、手续费等支出，应当签订合同，明确支出标准和执行责任。除对个人代理人外，不得以现金支付。

第七章 收益、分配

第四十二条 金融企业经营业务范围内的各项收入和其他营业收入、营业外收入，应当在依法设置的会计账簿上按照国家有关规定统一登记、核算，不得存放其他单位，或者以任何理由坐支。

投资者、经营者及其他职工履行本单位职务所得收入，包括业务收入以及对方给予的佣金、手续费等，全部属于金融企业，应当纳入账内核算，不得隐匿、转移、私存私放、坐支或者擅自用于职工福利。

第四十三条 金融企业发生年度亏损的，可以用下一年度的税前利润弥补；下一年度的税前利润不足以弥补的，可以逐年延续弥补；延续弥补期超过法定税前弥补期限的，可以用缴纳所得税后的利润弥补。

第四十四条 金融企业本年实现净利润（减弥补亏损，下同），应当按照提取法定盈余公积金、提取一般（风险）准备金、向投资者分配利润的顺序进行分配。法律、行政法规另有规定的从其规定。

法定盈余公积金按照本年实现净利润的10%提取，法定盈余公积金累计达到注册资本的50%时，可不再提取。

从事银行业务的,应当于每年年终根据承担风险和损失的资产余额的一定比例提取一般准备金,用于弥补尚未识别的可能性损失;从事其他业务的,应当按照国家有关规定从本年实现净利润中提取风险准备金,用于补偿风险损失。

以前年度未分配的利润,并入本年实现净利润向投资者分配。其中,股份有限公司按照下列顺序分配:

(一)支付优先股股利;

(二)提取任意盈余公积金;

(三)支付普通股股利;

(四)转作资本(股本)。

资本充足率、偿付能力充足率、净资本负债率未达到有关法律、行政法规规定标准的,不得向投资者分配利润。

任意盈余公积金按照公司章程或者股东(大)会决议提取和使用。

经股东(大)会决议,金融企业可以用法定盈余公积金和任意盈余公积金弥补亏损或者转增资本。法定盈余公积金转为资本时,所留存的该项公积金不得少于转增前金融企业注册资本的25%。

第四十五条 金融企业根据有关法律、法规的规定,经股东(大)会决议,可以对经营者和核心技术人员、核心管理人员实行股权激励。

经营者及其他职工以劳动、技术、管理等要素参与收益分配的,分配办法应当符合有关法律、法规和政策的规定,经股东(大)会决议后,区别以下情况处理:

(一)取得股权的,与其他投资者一同分配利润;

(二)没有取得股权的,在相关业务实现的利润限额和分配标准内,从当期费用中列支。

第八章 重组、清算

第四十六条 金融企业根据有关法律、法规的规定,可以通过分立、合并等方式进行重组。

实施重组应当进行可行性论证,履行规定程序,组织开展财产清查,聘请会计师事务所进行审计、资产评估机构进行资产评估,组织与债权人协商,制订债务处置或者承继、股权设置、资本重组的实施方案。

第四十七条 金融企业分立,应当按照资产相关性或者业务相关性原则分割财产、承担债务,并明确分立后的产权关系。

对不能分割的财产,在评估的基础上,经各方协商,由拥有财产的一方给予其他方经济补偿。

第四十八条 金融企业合并,应当由合并后存续的金融企业或者新设的金融企业承继合并各方的债权、债务,并明确合并后的产权关系。

金融企业合并净资产超出注册资本的部分,作为资本公积;少于注册资本的部分,应当变更注册资本或者由投资者补足出资。

对资不抵债金融企业以承担债务方式合并的,合并方应当采取重整措施,按照合并方案履行偿债义务。

第四十九条 金融企业实行托管经营,应当签订托管经营合同,明确被托管企业的财务状况、托管经营目标、托管财产处置权限以及收益分配办法等,并落实财务监管责任。

受托金融企业应当根据托管经营合同制订相关方案,重组托管金融企业的财产与债务、调整业务、安置职工。

托管经营合同没有约定且未经托管金融企业股东(大)会同意,受托金融企业不得擅自改组、改制、转让托管金融企业,不得非法转移托管金融企业的财产和业务,不得以托管金融企业名义或者以托管财产对外担保。

第五十条 金融企业进行重组时,对已占用的国有划拨土地应当按照有关规定进行评估,履行相关手续后,区别以下情况处理:

(一)继续采取划拨方式的,可以不纳入资产管理,但应当明确划拨土地使用权权益,并按规定用途使用,设立备查账簿登记;

(二)采取作价入股方式的,将应缴纳的土地出让金转作国家资本,形成的国有股权由重组前的国有资本持有单位或者财政部门确认的单位持有;

(三)采取出让方式的,由金融企业购买土地使用权,支付出让费用;

(四)采取租赁方式的,由金融企业租赁使用,租金水平参照银行同期贷款利率确定,并在租赁合同中约定。

金融企业进行重组时,对已占用的特许经营权等国有资源,依法可以转让的,比照前款处理。

第五十一条 金融企业重组过程中,对拖欠职工的工资和医疗、伤残补助、抚恤费用以及欠缴的基本社会保险费、住房公积金、工会经费等,应当以金融企业现有资产优先清偿。

第五十二条 金融企业被责令关闭、依法破产或者经营期限届满终止经营或者解散的,应当按照国家法律、行政法规和金融企业章程的规定实施清算。

金融企业自愿清算的,由金融企业股东(大)会决议后执行。

金融企业依法进行清算,应当对非货币财产进行资产评估。

第五十三条 金融企业的清算财产支付清算费用后,按照国家有关法律、行政法规规定的顺序清偿债务。

第五十四条 金融企业清算完毕,应当编制清算报告,聘用会计师事务所审计,并将清算报告和审计报告报投资者决议或者人民法院确认后,向相关部门、债权人以及其他利益相关人通告。

第五十五条 金融企业与职工解除劳动合同,应当按照国家有关规定支付职工经济补偿金,除正常经营期间发生的列入当期费用以外,应当区别以下情况处理:

(一)重组中发生的,依次从未分配利润、盈余公积、资本公积、实收资本中支付;

(二)清算时发生的,以扣除清算费用后的清算财产优先清偿。

第九章 财 务 信 息

第五十六条 金融企业应当在会计电算化的基础上,整合业务和信息流程,推行财务管理信息化,逐步实现财务、业务相关信息一次性处理和实时共享。

第五十七条 金融企业应当根据有关法律、行政法规的规定,以及财政部的统一要求编制中期财务会计报告和年度财务会计报告,并通过内部审核,在规定期限内向财政部门以及其他与金融企业有关的使用者报送,不得拒绝、拖延财务信息的披露。

第五十八条 金融企业报送的年度财务会计报告应当经会计师事务所审计。

金融企业不得编制和对外提供虚假的或者隐瞒重要事实的财务信息。

金融企业负责人对本企业财务信息的真实性、完整性负责。

第五十九条 财政部门应当建立健全金融企业财务评价制度,对金融企业资本充足状况、偿付能力状况、资产质量状况、盈利状况和社会贡献等进行评价。评价结果作为制定有关金融企业财务管理政策和考核有关金融企业的依据。

金融企业应当按财务评价制度的要求,对财务状况和经营成果进行总结、评价和考核。

第六十条 财政部门及其工作人员应当履行保密义务,谨慎、合法地保管、使用金融企业提供的财务信息,不得利用未公开的财务信息牟取利益或者损害金融企业利益。

第十章 罚 则

第六十一条 金融企业有下列情形之一的,由财政部门责令限期改正,或者予以通报批评:

(一)不按规定提交设立、变更文件的;

(二)财务风险控制未达到规定要求的;

(三)筹集和运用资金不符合规定要求的;

(四)不按规定开设和管理资金账户的;

(五)资产管理不符合规定,形成账外资产的;

(六)不按规定列支经营成本、费用的;

(七)不按规定确认经营收益的;

(八)不按规定计提减值准备、提留准备金、分配利润的;

(九)不按规定处理财政资金、国有资源的;

(十)不按规定顺序清偿债务、处理财产的;

(十一)不按规定处理职工社会保险费、经济补偿金的;

(十二)其他违反金融企业财务管理有关规定的。

第六十二条 金融企业有下列情形之一的,由财政部门责令限期改正,并对金融企业及其负责人和其他直接责任人员给予警告:

(一)不按照规定建立内部财务管理制度的;

(二)内部财务管理制度明显与国家法律、法规和统一的财务管理规章制度相抵触,且不按财政部门要求修改的;

(三)不按照规定提供财务信息的;

（四）拒绝、阻挠依法实施的财务监督的。

第六十三条 金融企业违反本规则，有关法律、法规另有规定的，依照其规定处理、处罚。

财政部门在依法实施财务监督中，对不属于本部门职责范围的事项，应当依法移送相关管理部门。

第六十四条 财政部门工作人员在履行财务管理职责过程中滥用职权、玩忽职守、徇私舞弊，或者泄露国家秘密、商业秘密的，依法进行处理。

第十一章 附 则

第六十五条 各省、自治区、直辖市、计划单列市财政部门可以依据本规则和财政部的其他规定，结合本地区金融企业实际，制定具体的实施办法，报财政部备案。

第六十六条 本规则自 2007 年 1 月 1 日起施行，《金融保险企业财务制度》〔（93）财商字第 11 号〕、《保险公司财务制度》（财债字〔1999〕8 号）、《证券公司财务制度》（财债字〔1999〕215 号）、《金融资产管理公司财务制度（试行）》（财金〔2000〕17 号）同时废止。

企业会计准则第 9 号——职工薪酬

(2014 年 1 月 27 日　财会〔2014〕8 号)

第一章　总　　则

第一条　为了规范职工薪酬的确认、计量和相关信息的披露，根据《企业会计准则——基本准则》，制定本准则。

第二条　职工薪酬，是指企业为获得职工提供的服务或解除劳动关系而给予的各种形式的报酬或补偿。职工薪酬包括短期薪酬、离职后福利、辞退福利和其他长期职工福利。企业提供给职工配偶、子女、受赡养人、已故员工遗属及其他受益人等的福利，也属于职工薪酬。

短期薪酬，是指企业在职工提供相关服务的年度报告期间结束后12个月内需要全部予以支付的职工薪酬，因解除与职工的劳动关系给予的补偿除外。短期薪酬具体包括：职工工资、奖金、津贴和补贴，职工福利费，医疗保险费、工伤保险费和生育保险费等社会保险费，住房公积金，工会经费和职工教育经费，短期带薪缺勤，短期利润分享计划，非货币性福利以及其他短期薪酬。

带薪缺勤，是指企业支付工资或提供补偿的职工缺勤，包括年休假、病假、短期伤残、婚假、产假、丧假、探亲假等。利润分享计划，是指因职工提供服务而与职工达成的基于利润或其他经营成果提供薪酬的协议。

离职后福利,是指企业为获得职工提供的服务而在职工退休或与企业解除劳动关系后,提供的各种形式的报酬和福利,短期薪酬和辞退福利除外。

辞退福利,是指企业在职工劳动合同到期之前解除与职工的劳动关系,或者为鼓励职工自愿接受裁减而给予职工的补偿。

其他长期职工福利,是指除短期薪酬、离职后福利、辞退福利之外所有的职工薪酬,包括长期带薪缺勤、长期残疾福利、长期利润分享计划等。

第三条 本准则所称职工,是指与企业订立劳动合同的所有人员,含全职、兼职和临时职工,也包括虽未与企业订立劳动合同但由企业正式任命的人员。

未与企业订立劳动合同或未由其正式任命,但向企业所提供服务与职工所提供服务类似的人员,也属于职工的范畴,包括通过企业与劳务中介公司签订用工合同而向企业提供服务的人员。

第四条 下列各项适用其他相关会计准则:

(一)企业年金基金,适用《企业会计准则第 10 号——企业年金基金》。

(二)以股份为基础的薪酬,适用《企业会计准则第 11 号——股份支付》。

第二章 短期薪酬

第五条 企业应当在职工为其提供服务的会计期间,将实际发生的短期薪酬确认为负债,并计入当期损益,其他会计准则要求或允许计入资产成本的除外。

第六条 企业发生的职工福利费,应当在实际发生时根据实际发生额计入当期损益或相关资产成本。职工福利费为非货币性福利的,应当按照公允价值计量。

第七条 企业为职工缴纳的医疗保险费、工伤保险费、生育保险费等社会保险费和住房公积金,以及按规定提取的工会经费和职工教育经费,应当在职工为其提供服务的会计期间,根据规定的计提基础和计提比例计算确定相应的职工薪酬金额,并确认相应负债,计入当期损益或相关资产成本。

第八条 带薪缺勤分为累积带薪缺勤和非累积带薪缺勤。企业应当在职工提供服务从而增加了其未来享有的带薪缺勤权利时,确认与累积带薪缺勤相关的职工薪酬,并以累积未行使权利而增加的预期支付金额计量。企业应当在职工实际发生缺勤的会计期间确认与非累积带薪缺勤相关的职工薪酬。

累积带薪缺勤,是指带薪缺勤权利可以结转下期的带薪缺勤,本期尚未用完的带薪缺勤权利可以在未来期间使用。

非累积带薪缺勤,是指带薪缺勤权利不能结转下期的带薪缺勤,本期尚未用完的带薪缺勤权利将予以取消,并且职工离开企业时也无权获得现金支付。

第九条 利润分享计划同时满足下列条件的,企业应当确认相关的应付职工薪酬:

(一)企业因过去事项导致现在具有支付职工薪酬的法定义务或推定义务。

(二)因利润分享计划所产生的应付职工薪酬义务金额能够可靠估计。属于下列三种情形之一的,视为义务金额能够可靠估计:

1. 在财务报告批准报出之前企业已确定应支付的薪酬金额。

2. 该短期利润分享计划的正式条款中包括确定薪酬金额的方式。

3. 过去的惯例为企业确定推定义务金额提供了明显证据。

第十条 职工只有在企业工作一段特定期间才能分享利润的,企业在计量利润分享计划产生的应付职工薪酬时,应当反映职工因离职而无法享受利润分享计划福利的可能性。

如果企业在职工为其提供相关服务的年度报告期间结束后12个月内，不需要全部支付利润分享计划产生的应付职工薪酬，该利润分享计划应当适用本准则其他长期职工福利的有关规定。

第三章 离职后福利

第十一条 企业应当将离职后福利计划分类为设定提存计划和设定受益计划。

离职后福利计划，是指企业与职工就离职后福利达成的协议，或者企业为向职工提供离职后福利制定的规章或办法等。其中，设定提存计划，是指向独立的基金缴存固定费用后，企业不再承担进一步支付义务的离职后福利计划；设定受益计划，是指除设定提存计划以外的离职后福利计划。

第十二条 企业应当在职工为其提供服务的会计期间，将根据设定提存计划计算的应缴存金额确认为负债，并计入当期损益或相关资产成本。

根据设定提存计划，预期不会在职工提供相关服务的年度报告期结束后12个月内支付全部应缴存金额的，企业应当参照本准则第十五条规定的折现率，将全部应缴存金额以折现后的金额计量应付职工薪酬。

第十三条 企业对设定受益计划的会计处理通常包括下列四个步骤：

（一）根据预期累计福利单位法，采用无偏且相互一致的精算假设对有关人口统计变量和财务变量等做出估计，计量设定受益计划所产生的义务，并确定相关义务的归属期间。企业应当按照本准则第十五条规定的折现率将设定受益计划所产生的义务予以折现，以确定设定受益计划义务的现值和当期服务成本。

（二）设定受益计划存在资产的，企业应当将设定受益计义务现值减去设定受益计划资产公允价值所形成的赤字或盈余确认为一项设定受益计划净负债或净资产。

设定受益计划存在盈余的，企业应当以设定受益计划的盈余和资产上限两项的孰低者计量设定受益计划净资产。其中，资产上限，是指企业可从设定受益计划退款或减少未来对设定受益计划缴存资金而获得的经济利益的现值。

（三）根据本准则第十六条的有关规定，确定应当计入当期损益的金额。

（四）根据本准则第十六条和第十七条的有关规定，确定应当计入其他综合收益的金额。

在预期累计福利单位法下，每一服务期间会增加一个单位的福利权利，并且需对每一个单位单独计量，以形成最终义务。企业应当将福利归属于提供设定受益计划的义务发生的期间。这一期间是指从职工提供服务以获取企业在未来报告期间预计支付的设定受益计划福利开始，至职工的继续服务不会导致这一福利金额显著增加之日为止。

第十四条 企业应当根据预期累计福利单位法确定的公式将设定受益计划产生的福利义务归属于职工提供服务的期间，并计入当期损益或相关资产成本。

当职工后续年度的服务将导致其享有的设定受益计划福利水平显著高于以前年度时，企业应当按照直线法将累计设定受益计划义务分摊确认于职工提供服务而导致企业第一次产生设定受益计划福利义务至职工提供服务不再导致该福利义务显著增加的期间。在确定该归属期间时，不应考虑仅因未来工资水平提高而导致设定受益计划义务显著增加的情况。

第十五条 企业应当对所有设定受益计划义务予以折现，包括预期在职工提供服务的年度报告期间结束后的12个月内支付的义务。折现时所采用的折现率应当根据资产负债表日与设定受益计划义务期限和币种相匹配的国债或活跃市场上的高质量公司债券的市场收益率确定。

第十六条 报告期末,企业应当将设定受益计划产生的职工薪酬成本确认为下列组成部分:

(一)服务成本,包括当期服务成本、过去服务成本和结算利得或损失。其中,当期服务成本,是指职工当期提供服务所导致的设定受益计划义务现值的增加额;过去服务成本,是指设定受益计划修改所导致的与以前期间职工服务相关的设定受益计划义务现值的增加或减少。

(二)设定受益计划净负债或净资产的利息净额,包括计划资产的利息收益、设定受益计划义务的利息费用以及资产上限影响的利息。

(三)重新计量设定受益计划净负债或净资产所产生的变动。

除非其他会计准则要求或允许职工福利成本计入资产成本,上述第(一)项和第(二)项应计入当期损益;第(三)项应计入其他综合收益,并且在后续会计期间不允许转回至损益,但企业可以在权益范围内转移这些在其他综合收益中确认的金额。

第十七条 重新计量设定受益计划净负债或净资产所产生的变动包括下列部分:

(一)精算利得或损失,即由于精算假设和经验调整导致之前所计量的设定受益计划义务现值的增加或减少。

(二)计划资产回报,扣除包括在设定受益计划净负债或净资产的利息净额中的金额。

(三)资产上限影响的变动,扣除包括在设定受益计划净负债或净资产的利息净额中的金额。

第十八条 在设定受益计划下,企业应当在下列日期孰早日将过去服务成本确认为当期费用:

（一）修改设定受益计划时。

（二）企业确认相关重组费用或辞退福利时。

第十九条 企业应当在设定受益计划结算时，确认一项结算利得或损失。

设定受益计划结算，是指企业为了消除设定受益计划所产生的部分或所有未来义务进行的交易，而不是根据计划条款和所包含的精算假设向职工支付福利。设定受益计划结算利得或损失是下列两项的差额：

（一）在结算日确定的设定受益计划义务现值。

（二）结算价格，包括转移的计划资产的公允价值和企业直接发生的与结算相关的支付。

第四章 辞 退 福 利

第二十条 企业向职工提供辞退福利的，应当在下列两者孰早日确认辞退福利产生的职工薪酬负债，并计入当期损益：

（一）企业不能单方面撤回因解除劳动关系计划或裁减建议所提供的辞退福利时。

（二）企业确认与涉及支付辞退福利的重组相关的成本或费用时。

第二十一条 企业应当按照辞退计划条款的规定，合理预计并确认辞退福利产生的应付职工薪酬。辞退福利预期在其确认的年度报告期结束后 12 个月内完全支付的，应当适用短期薪酬的相关规定；辞退福利预期在年度报告期结束后 12 个月内不能完全支付的，应当适用本准则关于其他长期职工福利的有关规定。

第五章 其他长期职工福利

第二十二条 企业向职工提供的其他长期职工福利，符合设定提存计划条件的，应当适用本准则第十二条关于设定提存计划的有关规定进行处理。

第二十三条 除上述第二十二条规定的情形外,企业应当适用本准则关于设定受益计划的有关规定,确认和计量其他长期职工福利净负债或净资产。在报告期末,企业应当将其他长期职工福利产生的职工薪酬成本确认为下列组成部分:

(一)服务成本。

(二)其他长期职工福利净负债或净资产的利息净额。

(三)重新计量其他长期职工福利净负债或净资产所产生的变动。

为简化相关会计处理,上述项目的总净额应计入当期损益或相关资产成本。

第二十四条 长期残疾福利水平取决于职工提供服务期间长短的,企业应当在职工提供服务的期间确认应付长期残疾福利义务,计量时应当考虑长期残疾福利支付的可能性和预期支付的期限;长期残疾福利与职工提供服务期间长短无关的,企业应当在导致职工长期残疾的事件发生的当期确认应付长期残疾福利义务。

第六章 披 露

第二十五条 企业应当在附注中披露与短期职工薪酬有关的下列信息:

(一)应当支付给职工的工资、奖金、津贴和补贴及其期末应付未付金额。

(二)应当为职工缴纳的医疗保险费、工伤保险费和生育保险费等社会保险费及其期末应付未付金额。

(三)应当为职工缴存的住房公积金及其期末应付未付金额。

(四)为职工提供的非货币性福利及其计算依据。

（五）依据短期利润分享计划提供的职工薪酬金额及其计算依据。

（六）其他短期薪酬。

第二十六条　企业应当披露所设立或参与的设定提存计划的性质、计算缴费金额的公式或依据，当期缴费金额以及期末应付未付金额。

第二十七条　企业应当披露与设定受益计划有关的下列信息：

（一）设定受益计划的特征及与之相关的风险。

（二）设定受益计划在财务报表中确认的金额及其变动。

（三）设定受益计划对企业未来现金流量金额、时间和不确定性的影响。

（四）设定受益计划义务现值所依赖的重大精算假设及有关敏感性分析的结果。

第二十八条　企业应当披露支付的因解除劳动关系所提供辞退福利及其期末应付未付金额。

第二十九条　企业应当披露提供的其他长期职工福利的性质、金额及其计算依据。

第七章　衔接规定

第三十条　对于本准则施行日存在的离职后福利计划、辞退福利、其他长期职工福利，除本准则三十一条规定外，应当按照《企业会计准则第 28 号——会计政策、会计估计变更和差错更正》的规定采用追溯调整法处理。

第三十一条　企业比较财务报表中披露的本准则施行之前的信息与本准则要求不一致的，不需要按照本准则的规定进行调整。

第八章 附 则

第三十二条 本准则自 2014 年 7 月 1 日起施行。

《企业会计准则第9号——职工薪酬》应用指南

(财会〔2006〕18号)

一、职工薪酬的范围

本准则将企业因获得职工提供服务而给予职工的各种形式的报酬或对价,全部纳入职工薪酬的范围。由《企业会计准则第11号——股份支付》规范的对职工的股份支付,也属于职工薪酬。

(一)职工,是指与企业订立劳动合同的所有人员,含全职、兼职和临时职工;也包括虽未与企业订立劳动合同但由企业正式任命的人员,如董事会成员、监事会成员等。

在企业的计划和控制下,虽未与企业订立劳动合同或未由其正式任命,但为其提供与职工类似服务的人员,也纳入职工范畴,如劳务用工合同人员。

(二)职工薪酬,包括企业为职工在职期间和离职后提供的全部货币性薪酬和非货币性福利。提供给职工配偶、子女或其他被赡养人的福利等,也属于职工薪酬。

(三)养老保险费,包括根据国家规定的标准向社会保险经办机构缴纳的基本养老保险费,以及根据企业年金计划向企业年金基金相关管理人缴纳的补充养老保险费。

以购买商业保险形式提供给职工的各种保险待遇,也属于职工薪酬。

（四）非货币性福利，包括企业以自产产品发放给职工作为福利、将企业拥有的资产无偿提供给职工使用、为职工无偿提供医疗保健服务等。

二、职工薪酬的确认和计量

在职工为企业提供服务的会计期间，企业应根据职工提供服务的受益对象，将应确认的职工薪酬（包括货币性薪酬和非货币性福利）计入相关资产成本或当期损益，同时确认为应付职工薪酬，但解除劳动关系补偿（下称"辞退福利"）除外。

（一）计量应付职工薪酬时，国家规定了计提基础和计提比例的，应当按照国家规定的标准计提。比如，应向社会保险经办机构等缴纳的医疗保险费、养老保险费（包括根据企业年金计划向企业年金基金相关管理人缴纳的补充养老保险费）、失业保险费、工伤保险费、生育保险费等社会保险费，应向住房公积金管理机构缴存的住房公积金，以及工会经费和职工教育经费等。

没有规定计提基础和计提比例的，企业应当根据历史经验数据和实际情况，合理预计当期应付职工薪酬。当期实际发生金额大于预计金额的，应当补提应付职工薪酬；当期实际发生金额小于预计金额的，应当冲回多提的应付职工薪酬。

对于在职工提供服务的会计期末以后一年以上到期的应付职工薪酬，企业应当选择恰当的折现率，以应付职工薪酬折现后的金额计入相关资产成本或当期损益；应付职工薪酬金额与其折现后金额相差不大的，也可按照未折现金额计入相关资产成本或当期损益。

（二）企业以其自产产品作为非货币性福利发放给职工的，应当根据受益对象，按照该产品的公允价值，计入相关资产成本或当期损益，同时确认应付职工薪酬。

将企业拥有的房屋等资产无偿提供给职工使用的，应当根据受益对象,将该住房每期应计提的折旧计入相关资产成本或当期损益,同时确认应付职工薪酬。租赁住房等资产供职工无偿使用的,应当根据受益对象,将每期应付的租金计入相关资产成本或当期损益,并确认应付职工薪酬。难以认定受益对象的非货币性福利,直接计入当期损益和应付职工薪酬。

三、辞退福利

(一)辞退福利包括:(1)职工劳动合同到期前,不论职工本人是否愿意,企业决定解除与职工的劳动关系而给予的补偿;(2)职工劳动合同到期前,为鼓励职工自愿接受裁减而给予的补偿,职工有权选择继续在职或接受补偿离职。

辞退福利通常采取在解除劳动关系时一次性支付补偿的方式,也有通过提高退休后养老金或其他离职后福利的标准,或者将职工工资支付至辞退后未来某一期间的方式。

(二)满足本准则第六条确认条件的解除劳动关系计划或自愿裁减建议的辞退福利应当计入当期管理费用,并确认应付职工薪酬。

正式的辞退计划或建议应当经过批准。辞退工作一般应当在一年内实施完毕,但因付款程序等原因使部分款项推迟至一年后支付的,视为符合应付职工薪酬的确认条件。

(三)企业应当根据本准则和《企业会计准则第13号——或有事项》的规定,严格按照辞退计划条款的规定,合理预计并确认辞退福利产生的应付职工薪酬。对于职工没有选择权的辞退计划,应当根据辞退计划条款规定的拟解除劳动关系的职工数量、每一职位的辞退补偿标准等,计提应付职工薪酬。

企业对于自愿接受裁减的建议,应当预计将会接受裁减建议的职工数量,根据预计的职工数量和每一职位的辞退补偿标准等,按照《企业会计准则第13号——或有事项》规定,计提应付职工薪酬。

符合本准则规定的应付职工薪酬确认条件、实质性辞退工作在一年内完成、但付款时间超过一年的辞退福利，企业应当选择恰当的折现率，以折现后的金额计量应付职工薪酬。

财政部关于企业重组有关职工安置费用财务管理问题的通知

(2009年6月25日 财企〔2009〕117号)

党中央有关部门、国务院各部委、各直属机构、总后勤部、武警总部、全国人大常委会办公厅、全国政协办公厅，各中央管理企业，各省、自治区、直辖市、计划单列市财政厅（局），新疆生产建设兵团财务局：

国家出资企业在改制、产权转让、合并、分立、托管等方式实施重组过程中，职工安置问题事关有关人员的切身利益、企业的健康持续发展以及构建和谐社会大局。当前，在有关职工安置费用的财务管理中，存在制度不健全、政策不统一、执行不规范等问题，导致国有资产流失和社会分配不公。为进一步规范企业重组行为，正确评估企业净资产价值，维护职工和国有权益，现就涉及产权关系变动、股权结构调整的企业重组中，有关职工安置费用财务管理问题通知如下：

一、企业重组过程中，按照国家有关规定支付给解除、终止劳动合同的职工的经济补偿，以及为移交社会保障机构管理的职工一次性缴付的社会保险费，按照《企业财务通则》（财政部令第41号）第六十条规定执行，其中产权转让的按本通知第七条规定执行。

二、企业重组过程中涉及的离退休人员和内退人员有关费用,应按照"人随资产、业务走"的原则,由承继重组前企业相关资产及业务的企业承担。

企业对上述费用实行预提的,在重组过程中评估企业净资产价值时,根据权责一致原则,对企业资产未来可能实现的收益,也应当予以评估确认。

企业对预提的上述费用不符合本通知规定的,在重组过程中评估企业净资产价值时,应当按照本通知规定予以调整确认。

三、企业重组过程中,对符合重组企业所在设区的市以上人民政府规定的离退休人员统筹外费用,经批准可以从重组前企业净资产中预提,预提年限应当按照中国保监会发布的《中国人寿保险业务经验生命表》计算。

国家对离休人员安置另有规定的,从其规定。

四、企业重组过程中,对符合法律、行政法规以及国务院劳动保障部门规定条件的内退人员,其内退期间的生活费和社会保险费,经批准可以从重组前企业净资产中预提。

内退人员的生活费标准不得低于本地区最低工资标准的70%,同时不得高于本企业平均工资的70%,并应与企业原有内退人员待遇条件相衔接,经职工代表大会审议后,在内退协议中予以明确约定。

五、重组企业按照本通知第三、四条预提的有关费用,应当分别计算离退休人员和内退人员的预提年限,并以重组基准日相关费用为基数,以同期限历史平均通胀率计算未来各期企业应支付的费用后,再按照同期限银行贷款利率进行贴现计算。预提费用计算公式如下:

$$一次性预提费用 = \sum_{t=1}^{T} \frac{f_t \times (1+r_1)^t}{(1+r_2)^t}$$

其中,T 为预提年限,f_t 为预提年限内第 t 期费用,r_1 为预提年限同期限内历史平均通胀率,r_2 为预提年限同期限银行贷款利率。

六、企业实行分立式重组,将离退休人员和内退人员移交存续企业或者由上级集团公司集中管理的,上述预提费用由重组后企业以货币资金形式支付给管理单位。重组后企业如货币资金不足,可以自重组完成日起5年内分期支付,但应当按照重组基准日5年期银行贷款利率向管理单位支付分期付款的利息。有关利息支出作为重组后企业财务费用处理。

七、企业重组涉及产权转让的,按照本通知第一条、第二条规定应当支付、缴付或者预提的各项职工安置费用,在资产评估之前不得从拟转让的净资产中扣除,也不得从转让价款中直接抵扣,应当从产权转让收入中优先支付。对已经按照《企业会计准则》预提的职工安置费用余额,在资产评估之前应当调增拟转让的净资产。

八、重组企业离退休人员及内退人员的管理单位应当对预提费用实行专户管理,并按约定从专户中向相关人员支付费用。预提资金不足支付相关费用的或者有结余的,按《企业会计准则》的相关规定计入管理单位当期损益。

九、本通知自发布之日起施行。以前各地区、各部门有关财务规定与本通知不一致的,以本通知为准。本通知施行前已经按规定报经批准的企业重组行为与本通知不一致的,不予追溯调整。

财政部关于中央企业重组中退休人员统筹外费用财务管理问题的通知

(2010年5月21日 财企〔2010〕84号)

党中央有关部门,国务院各部委、各直属机构,全国人大常委会办公厅、全国政协办公厅,解放军总后勤部、武警总部,各省、自治区、直辖市、计划单列市财政厅(局),新疆生产建设兵团财务局,各中央管理企业:

《财政部关于企业重组有关职工安置费用财务管理问题的通知》(财企〔2009〕117号)发布后,对规范企业重组有关职工安置费用财务处理行为,维护重组企业、职工和股东的合法权益发挥了积极作用。但在执行中,部分中央企业反映,退休人员统筹外费用预提依据不明确,不便执行。现就中央企业重组中退休人员有关统筹外费用的财务管理问题,进一步通知如下:

一、企业向重组基准日之前退休的人员支付的统筹外费用,符合以下情形之一的,经履行国有资产出资人职责的机构、部门批准后,可以从重组前企业净资产中预提:

(一)根据企业所在设区的市以上人民政府及其人力资源社会保障部门的文件规定支付的。

(二)根据2003年底以前企业的行业管理部门或者集团公司的制度规定支付的,或者已纳入企业2003年度财务会计报告并按规定经审计的。

（三）自 2004 年初至财企〔2009〕117 号通知印发前，为缓解物价上涨对退休人员生活待遇的影响，根据集团公司的制度规定支付给 2003 年底以前退休人员的。

集团公司指直接由履行国有资产出资人职责的机构、部门监管的企业集团本部（母公司）。集团公司的制度，应当是明确规定支付退休人员统筹外费用的对象、范围、条件、项目、标准等的正式文件。

二、不符合本通知第一条规定情形的退休人员统筹外费用，以及重组基准日之后退休的人员统筹外费用，均不得从重组前企业净资产中预提。仍需支付的，由重组后管理退休人员的企业自行承担。

企业重组不涉及财企〔2009〕117 号通知规定的产权关系变动、股权结构调整的，或者未发生重组的企业，其退休人员统筹外费用，应当作为职工福利费从当期费用中列支，不得从净资产中扣除或者预提。

三、履行国有资产出资人职责的机构、部门应当依法审核重组企业的退休人员统筹外费用预提方案。审核时，应当统筹考虑所监管范围内不同行业企业之间和企业集团内部的分配差距等因素。重复和雷同的统筹外费用项目，应当要求企业予以整合或者调整。

企业集团三级（孙公司）及以下企业，重组涉及退休人员统筹外费用预提的，履行国有资产出资人职责的机构、部门可以规定由集团公司按照本通知规定进行审核。

四、企业退休人员统筹外费用是国家为保障企业老职工退休后的养老、医疗等生活待遇，允许有条件的企业在基本养老保险、基本医疗保险之外发放的阶段性、过渡性、有限性福利补贴。企业应当按照以下原则和要求管理退休人员统筹外费用，并向退休人员做好政策解释工作：

（一）量力而行。连年亏损、资不抵债或者无法按时足额发放在职职工工资的企业，不具备发放统筹外费用的政策条件，不要与其他企业盲目攀比。

（二）公平合理。统筹外费用包括养老、医疗、丧葬费用项目，企业不得重复设置，不得随意提高标准，不得以工资形式发放。不同时期退休的人员间，统筹外费用项目及标准不搞"一刀切"。纳入企业补充养老保险（企业年金）的人员，企业不得在此之外再为其预提用于养老的统筹外费用。领取统筹外费用的退休人员，企业不得再将其纳入企业补充养老保险（企业年金）。

（三）制度规范。企业应当按国家有关规定建立健全统筹外费用管理制度，明确支付对象、范围、条件、项目、标准等，经职工代表大会审议，并报履行国有资产出资人职责的机构、部门或其授权的企业管理机构批准后执行。

五、企业应当在年度财务会计报告中，披露统筹外费用支付情况。会计师事务所在审计企业年度会计报表时，应当对企业统筹外费用的合法合规性及支付情况予以关注。

中共中央办公厅 国务院办公厅印发《关于进一步完善中央财政科研项目资金管理等政策的若干意见》

(2016年7月31日 新华社受权发布)

《中共中央 国务院关于深化体制机制改革加快实施创新驱动发展战略的若干意见》和《国务院关于改进加强中央财政科研项目和资金管理的若干意见》印发以来,有力激发了创新创造活力,促进了科技事业发展,但也存在一些改革措施落实不到位、科研项目资金管理不够完善等问题。为贯彻落实中央关于深化改革创新、形成充满活力的科技管理和运行机制的要求,进一步完善中央财政科研项目资金管理等政策,现提出以下意见。

一、总体要求

全面贯彻落实党的十八大和十八届三中、四中、五中全会及全国科技创新大会精神,以邓小平理论、"三个代表"重要思想、科学发展观为指导,深入学习贯彻习近平总书记系列重要讲话精神,按照党中央、国务院决策部署,牢固树立和贯彻落实创新、协调、绿色、开放、共享的发展理念,深入实施创新驱动发展战略,促进大众创业、万众创新,进一步推进简政放权、放管结合、优化服务,改革和创新科研经费使用和管理方式,促进形成充满活力的科技管理和运行机制,以深化改革更好激发广大科研人员积极性。

——坚持以人为本。以调动科研人员积极性和创造性为出发点和落脚点，强化激励机制，加大激励力度，激发创新创造活力。

——坚持遵循规律。按照科研活动规律和财政预算管理要求，完善管理政策，优化管理流程，改进管理方式，适应科研活动实际需要。

——坚持"放管服"结合。进一步简政放权、放管结合、优化服务，扩大高校、科研院所在科研项目资金、差旅会议、基本建设、科研仪器设备采购等方面的管理权限，为科研人员潜心研究营造良好环境。同时，加强事中事后监管，严肃查处违法违纪问题。

——坚持政策落实落地。细化实化政策规定，加强督查，狠抓落实，打通政策执行中的"堵点"，增强科研人员改革的成就感和获得感。

二、改进中央财政科研项目资金管理

（一）简化预算编制，下放预算调剂权限。根据科研活动规律和特点，改进预算编制方法，实行部门预算批复前项目资金预拨制度，保证科研人员及时使用项目资金。下放预算调剂权限，在项目总预算不变的情况下，将直接费用中的材料费、测试化验加工费、燃料动力费、出版/文献/信息传播/知识产权事务费及其他支出预算调剂权下放给项目承担单位。简化预算编制科目，合并会议费、差旅费、国际合作与交流费科目，由科研人员结合科研活动实际需要编制预算并按规定统筹安排使用，其中不超过直接费用10%的，不需要提供预算测算依据。

（二）提高间接费用比重，加大绩效激励力度。中央财政科技计划（专项、基金等）中实行公开竞争方式的研发类项目，均要设立间接费用，核定比例可以提高到不超过直接费用扣除设备购置费的一定比例：500万元以下的部分为20%，500万元至

1 000万元的部分为15%，1 000万元以上的部分为13%。加大对科研人员的激励力度，取消绩效支出比例限制。项目承担单位在统筹安排间接费用时，要处理好合理分摊间接成本和对科研人员激励的关系，绩效支出安排与科研人员在项目工作中的实际贡献挂钩。

（三）明确劳务费开支范围，不设比例限制。参与项目研究的研究生、博士后、访问学者以及项目聘用的研究人员、科研辅助人员等，均可开支劳务费。项目聘用人员的劳务费开支标准，参照当地科学研究和技术服务业从业人员平均工资水平，根据其在项目研究中承担的工作任务确定，其社会保险补助纳入劳务费科目列支。劳务费预算不设比例限制，由项目承担单位和科研人员据实编制。

（四）改进结转结余资金留用处理方式。项目实施期间，年度剩余资金可结转下一年度继续使用。项目完成任务目标并通过验收后，结余资金按规定留归项目承担单位使用，在2年内由项目承担单位统筹安排用于科研活动的直接支出；2年后未使用完的，按规定收回。

（五）自主规范管理横向经费。项目承担单位以市场委托方式取得的横向经费，纳入单位财务统一管理，由项目承担单位按照委托方要求或合同约定管理使用。

三、完善中央高校、科研院所差旅会议管理

（一）改进中央高校、科研院所教学科研人员差旅费管理。中央高校、科研院所可根据教学、科研、管理工作实际需要，按照精简高效、厉行节约的原则，研究制定差旅费管理办法，合理确定教学科研人员乘坐交通工具等级和住宿费标准。对于难以取得住宿费发票的，中央高校、科研院所在确保真实性的前提下，据实报销城市间交通费，并按规定标准发放伙食补助费和市内交通费。

(二) 完善中央高校、科研院所会议管理。中央高校、科研院所因教学、科研需要举办的业务性会议（如学术会议、研讨会、评审会、座谈会、答辩会等），会议次数、天数、人数以及会议费开支范围、标准等，由中央高校、科研院所按照实事求是、精简高效、厉行节约的原则确定。会议代表参加会议所发生的城市间交通费，原则上按差旅费管理规定由所在单位报销；因工作需要，邀请国内外专家、学者和有关人员参加会议，对确需负担的城市间交通费、国际旅费，可由主办单位在会议费等费用中报销。

四、完善中央高校、科研院所科研仪器设备采购管理

(一) 改进中央高校、科研院所政府采购管理。中央高校、科研院所可自行采购科研仪器设备，自行选择科研仪器设备评审专家。财政部要简化政府采购项目预算调剂和变更政府采购方式审批流程。中央高校、科研院所要切实做好设备采购的监督管理，做到全程公开、透明、可追溯。

(二) 优化进口仪器设备采购服务。对中央高校、科研院所采购进口仪器设备实行备案制管理。继续落实进口科研教学用品免税政策。

五、完善中央高校、科研院所基本建设项目管理

(一) 扩大中央高校、科研院所基本建设项目管理权限。对中央高校、科研院所利用自有资金、不申请政府投资建设的项目，由中央高校、科研院所自主决策，报主管部门备案，不再进行审批。国家发展改革委和中央高校、科研院所主管部门要加强对中央高校、科研院所基本建设项目的指导和监督检查。

(二) 简化中央高校、科研院所基本建设项目审批程序。中央高校、科研院所主管部门要指导中央高校、科研院所编制五年建设规划，对列入规划的基本建设项目不再审批项目建议书。简化中央高校、科研院所基本建设项目城乡规划、用地以及环评、能评等审批手续，缩短审批周期。

六、规范管理，改进服务

（一）强化法人责任，规范资金管理。项目承担单位要认真落实国家有关政策规定，按照权责一致的要求，强化自我约束和自我规范，确保接得住、管得好。制定内部管理办法，落实项目预算调剂、间接费用统筹使用、劳务费分配管理、结余资金使用等管理权限；加强预算审核把关，规范财务支出行为，完善内部风险防控机制，强化资金使用绩效评价，保障资金使用安全规范有效；实行内部公开制度，主动公开项目预算、预算调剂、资金使用（重点是间接费用、外拨资金、结余资金使用）、研究成果等情况。

（二）加强统筹协调，精简检查评审。科技部、项目主管部门、财政部要加强对科研项目资金监督的制度规范、年度计划、结果运用等的统筹协调，建立职责明确、分工负责的协同工作机制。科技部、项目主管部门要加快清理规范委托中介机构对科研项目开展的各种检查评审，加强对前期已经开展相关检查结果的使用，推进检查结果共享，减少检查数量，改进检查方式，避免重复检查、多头检查、过度检查。

（三）创新服务方式，让科研人员潜心从事科学研究。项目承担单位要建立健全科研财务助理制度，为科研人员在项目预算编制和调剂、经费支出、财务决算和验收等方面提供专业化服务，科研财务助理所需费用可由项目承担单位根据情况通过科研项目资金等渠道解决。充分利用信息化手段，建立健全单位内部科研、财务部门和项目负责人共享的信息平台，提高科研管理效率和便利化程度。制定符合科研实际需要的内部报销规定，切实解决野外考察、心理测试等科研活动中无法取得发票或财政性票据，以及邀请外国专家来华参加学术交流发生费用等的报销问题。

七、加强制度建设和工作督查,确保政策措施落地见效

(一)尽快出台操作性强的实施细则。项目主管部门要完善预算编制指南,指导项目承担单位和科研人员科学合理编制项目预算;制定预算评估评审工作细则,优化评估程序和方法,规范评估行为,建立健全与项目申请者及时沟通反馈机制;制定财务验收工作细则,规范委托中介机构开展的财务检查。2016年9月1日前,中央高校、科研院所要制定出台差旅费、会议费内部管理办法,其主管部门要加强工作指导和统筹;2016年年底前,项目主管部门要制定出台相关实施细则,项目承担单位要制定或修订科研项目资金内部管理办法和报销规定。以后年度承担科研项目的单位要于当年制定出台相关管理办法和规定。

(二)加强对政策措施落实情况的督查指导。财政部、科技部要适时组织开展对项目承担单位科研项目资金等管理权限落实、内部管理办法制定、创新服务方式、内控机制建设、相关事项内部公开等情况的督查,对督查情况以适当方式进行通报,并将督查结果纳入信用管理,与间接费用核定、结余资金留用等挂钩。审计机关要依法开展对政策措施落实情况和财政资金的审计监督。项目主管部门要督促指导所属单位完善内部管理,确保国家政策规定落到实处。

财政部、中央级社科类科研项目主管部门要结合社会科学研究的规律和特点,参照本意见尽快修订中央级社科类科研项目资金管理办法。

各地区要参照本意见精神,结合实际,加快推进科研项目资金管理改革等各项工作。

国务院办公厅关于改革完善中央财政科研经费管理的若干意见

(2021年8月5日 国办发〔2021〕32号)

各省、自治区、直辖市人民政府，国务院各部委、各直属机构：

党的十八大以来，党中央、国务院出台了《关于进一步完善中央财政科研项目资金管理等政策的若干意见》《关于优化科研管理提升科研绩效若干措施的通知》等一系列优化科研经费管理的政策文件和改革措施，有力地激发了科研人员的创造性和创新活力，促进了科技事业发展。但在科研经费管理方面仍然存在政策落实不到位、项目经费管理刚性偏大、经费拨付机制不完善、间接费用比例偏低、经费报销难等问题。为有效解决这些问题，更好贯彻落实党中央、国务院决策部署，进一步激励科研人员多出高质量科技成果、为实现高水平科技自立自强做出更大贡献，经国务院同意，现就改革完善中央财政科研经费管理提出如下意见：

一、扩大科研项目经费管理自主权

（一）简化预算编制。进一步精简合并预算编制科目，按设备费、业务费、劳务费三大类编制直接费用预算。直接费用中除50万元以上的设备费外，其他费用只提供基本测算说明，不需要提供明细。计算类仪器设备和软件工具可在设备费科目列支。合并项目评审和预算评审，项目管理部门在项目评审时同步开展预算评审。预算评审工作重点是项目预算的目标相关性、政策相符性、经济合理性，不得将预算编制细致程度作为评审预算的因素。（项目管理部门负责落实）

（二）下放预算调剂权。设备费预算调剂权全部下放给项目承担单位，不再由项目管理部门审批其预算调增。项目承担单位要统筹考虑现有设备配置情况、科研项目实际需求等，及时办理调剂手续。除设备费外的其他费用调剂权全部由项目承担单位下放给项目负责人，由项目负责人根据科研活动实际需要自主安排。（项目管理部门、项目承担单位负责落实）

（三）扩大经费包干制实施范围。在人才类和基础研究类科研项目中推行经费包干制，不再编制项目预算。项目负责人在承诺遵守科研伦理道德和作风学风诚信要求、经费全部用于与本项目研究工作相关支出的基础上，自主决定项目经费使用。鼓励有关部门和地方在从事基础性、前沿性、公益性研究的独立法人科研机构开展经费包干制试点。（项目管理部门、项目承担单位、财政部、单位主管部门负责落实）

二、完善科研项目经费拨付机制

（四）合理确定经费拨付计划。项目管理部门要根据不同类型科研项目特点、研究进度、资金需求等，合理制订经费拨付计划并及时拨付资金。首笔资金拨付比例要充分尊重项目负责人意见，切实保障科研活动需要。（项目管理部门负责落实）

（五）加快经费拨付进度。财政部、项目管理部门可在部门预算批复前预拨科研经费。项目管理部门要加强经费拨付与项目立项的衔接，在项目任务书签订后30日内，将经费拨付至项目承担单位。项目牵头单位要根据项目负责人意见，及时将经费拨付至项目参与单位。（财政部、项目管理部门、项目承担单位负责落实）

（六）改进结余资金管理。项目完成任务目标并通过综合绩效评价后,结余资金留归项目承担单位使用。项目承担单位要将结余资金统筹安排用于科研活动直接支出,优先考虑原项目团队科研需求,并加强结余资金管理,健全结余资金盘活机制,加快资金使用进度。(项目管理部门、项目承担单位负责落实)

三、加大科研人员激励力度

(七)提高间接费用比例。间接费用按照直接费用扣除设备购置费后的一定比例核定,由项目承担单位统筹安排使用。其中,500万元以下的部分,间接费用比例为不超过30%,500万元至1 000万元的部分为不超过25%,1 000万元以上的部分为不超过20%;对数学等纯理论基础研究项目,间接费用比例进一步提高到不超过60%。项目承担单位可将间接费用全部用于绩效支出,并向创新绩效突出的团队和个人倾斜。(项目管理部门、项目承担单位负责落实)

(八)扩大稳定支持科研经费提取奖励经费试点范围。将稳定支持科研经费提取奖励经费试点范围扩大到所有中央级科研院所。允许中央级科研院所从基本科研业务费、中科院战略性先导科技专项经费、有关科研院所创新工程等稳定支持科研经费中提取不超过20%作为奖励经费,由单位探索完善科研项目资金激励引导机制,激发科研人员创新活力。奖励经费的使用范围和标准由试点单位自主决定,在单位内部公示。(中央级科研院所负责落实)

(九)扩大劳务费开支范围。项目聘用人员的劳务费开支标准,参照当地科学研究和技术服务业从业人员平均工资水平,根据其在项目研究中承担的工作任务确定,其由单位缴纳的社会保险补助、住房公积金等纳入劳务费科目列支。(项目承担单位、项目管理部门负责落实)

(十)合理核定绩效工资总量。中央高校、科研院所、企业结合本单位发展阶段、类型定位、承担任务、人才结构、所在地区、现有绩效工资实际发放水平（主要依据上年度事业单位工资统计年报数据确定）、财务状况特别是财政科研项目可用于支出人员绩效的间接费用等实际情况，向主管部门申报动态调整绩效工资水平，主管部门综合考虑激发科技创新活力、保障基础研究人员稳定工资收入、调控不同单位（岗位、学科）收入差距等因素审批后报人力资源社会保障、财政部门备案。分配绩效工资时，要向承担国家科研任务较多、成效突出的科研人员倾斜。借鉴承担国家关键领域核心技术攻关任务科研人员年薪制的经验，探索对急需紧缺、业内认可、业绩突出的极少数高层次人才实行年薪制。（人力资源社会保障部、科技部、财政部、国务院国资委、单位主管部门负责落实）

（十一）加大科技成果转化激励力度。各单位要落实《中华人民共和国促进科技成果转化法》等相关规定，对持有的科技成果，通过协议定价、在技术交易市场挂牌交易、拍卖等市场化方式进行转化。科技成果转化所获收益可按照法律规定，对职务科技成果完成人和为科技成果转化做出重要贡献的人员给予奖励和报酬，剩余部分留归项目承担单位用于科技研发与成果转化等相关工作，科技成果转化收益具体分配方式和比例在充分听取本单位科研人员意见基础上进行约定。科技成果转化现金奖励计入所在单位绩效工资总量，但不受核定的绩效工资总量限制，不作为核定下一年度绩效工资总量的基数。（科技部、人力资源社会保障部、财政部等有关部门负责落实）

四、减轻科研人员事务性负担

（十二）全面落实科研财务助理制度。项目承担单位要确保每个项目配有相对固定的科研财务助理，为科研人员在预算编制、经费报销等方面提供专业化服务。科研财务助理所需人力成本费用（含社会保险补助、住房公积金），可由项目承担单位根据情况通过科研项目经费等渠道统筹解决。（项目承担单位负责

落实)

(十三)改进财务报销管理方式。项目承担单位因科研活动实际需要,邀请国内外专家、学者和有关人员参加由其主办的会议等,对确需负担的城市间交通费、国际旅费,可在会议费等费用中报销。允许项目承担单位对国内差旅费中的伙食补助费、市内交通费和难以取得发票的住宿费实行包干制。(项目承担单位负责落实)

(十四)推进科研经费无纸化报销试点。选择部分电子票据接收、入账、归档处理工作量比较大的中央高校、科研院所、企业,纳入电子入账凭证会计数据标准推广范围,推动科研经费报销数字化、无纸化。(财政部、税务总局、单位主管部门等负责落实)

(十五)简化科研项目验收结题财务管理。合并财务验收和技术验收,在项目实施期末实行一次性综合绩效评价。完善项目验收结题评价操作指南,细化明确预算调剂、设备管理、人员费用等财务、会计、审计方面具体要求,避免有关机构和人员在项目验收和检查中理解执行政策出现偏差。选择部分创新能力和潜力突出、创新绩效显著、科研诚信状况良好的中央高校、科研院所、企业作为试点单位,由其出具科研项目经费决算报表作为结题依据,取消科研项目结题财务审计。试点单位对经费决算报表内容的真实性、完整性、准确性负责,项目管理部门适时组织抽查。(科技部、财政部、项目管理部门负责落实)

(十六)优化科研仪器设备采购。中央高校、科研院所、企业要优化和完善内部管理规定,简化科研仪器设备采购流程,对科研急需的设备和耗材采用特事特办、随到随办的采购机制,可不进行招标投标程序。项目承担单位依法向财政部申请变更政府采购方式的,财政部实行限时办结制度,对符合要求的申请项目,原则上自收到变更申请之日起5个工作日内办结。有关部门要研究推动政府采购、招标投标等有关法律法规修订工作，进一步明确除外条款。（单位主管部门、项目承担单位、司法部、财政部负责落实）

（十七）改进科研人员因公出国（境）管理方式。对科研人员因公出国（境）开展国际合作与交流的管理应与行政人员有所区别，对为完成科研项目任务目标、从科研经费中列支费用的国际合作与交流按业务类别单独管理，根据需要开展工作。从科研经费中列支的国际合作与交流费用不纳入"三公"经费统计范围，不受零增长要求限制。（单位主管部门、财政部负责落实）

五、创新财政科研经费投入与支持方式

（十八）拓展财政科研经费投入渠道。发挥财政经费的杠杆效应和导向作用，引导企业参与，发挥金融资金作用，吸引民间资本支持科技创新创业。优化科技创新类引导基金使用，推动更多具有重大价值的科技成果转化应用。拓宽基础研究经费投入渠道，促进基础研究与需求导向良性互动。（财政部、科技部、人民银行、银保监会、证监会等负责落实）

（十九）开展顶尖领衔科学家支持方式试点。围绕国家重大战略需求和前沿科技领域，遴选全球顶尖的领衔科学家，给予持续稳定的科研经费支持，在确定的重点方向、重点领域、重点任务范围内，由领衔科学家自主确定研究课题，自主选聘科研团队，自主安排科研经费使用；3 至 5 年后采取第三方评估、国际同行评议等方式，对领衔科学家及其团队的研究质量、原创价值、实际贡献，以及聘用领衔科学家及其团队的单位服务保障措施落实情况等进行绩效评价，形成可复制可推广的改革经验。（项目管理部门、项目承担单位负责落实）

（二十）支持新型研发机构实行"预算+负面清单"管理模式。鼓励地方对新型研发机构采用与国际接轨的治理结构和市场化运行机制,实行理事会领导下的院(所)长负责制。创新财政科研经费支持方式,给予稳定资金支持,探索实行负面清单管理,赋予更大经费使用自主权。组织开展绩效评价,围绕科研投入、创新产出质量、成果转化、原创价值、实际贡献、人才集聚和培养等方面进行评估。除特殊规定外,财政资金支持产生的科技成果及知识产权由新型研发机构依法取得、自主决定转化及推广应用。(科技部、财政部负责指导)

六、改进科研绩效管理和监督检查

(二十一)健全科研绩效管理机制。项目管理部门要进一步强化绩效导向,从重过程向重结果转变,加强分类绩效评价,对自由探索型、任务导向型等不同类型科研项目,健全差异化的绩效评价指标体系;强化绩效评价结果运用,将绩效评价结果作为项目调整、后续支持的重要依据。项目承担单位要切实加强绩效管理,引导科研资源向优秀人才和团队倾斜,提高科研经费使用效益。(项目管理部门、项目承担单位负责落实)

(二十二)强化科研项目经费监督检查。加强审计监督、财会监督与日常监督的贯通协调,增强监督合力,严肃查处违纪违规问题。加强事中事后监管,创新监督检查方式,实行随机抽查、检查,推进监督检查数据汇交共享和结果互认。减少过程检查,充分利用大数据等信息技术手段,提高监督检查效率。强化项目承担单位法人责任,项目承担单位要动态监管经费使用并实时预警提醒,确保经费合理规范使用;对项目承担单位和科研人员在科研经费管理使用过程中出现的失信情况,纳入信用记录管理,对严重失信行为实行追责和惩戒。探索制定相关负面清单,明确科研项目经费使用禁止性行为,有关部门要根据法律法规和负面清单进行检查、评审、验收、审计,对尽职无过错科研人员免予问责。(审计署、财政部、项目管理部门、单位主管部门负责落实)

七、组织实施

（二十三）及时清理修改相关规定。有关部门要聚焦科研经费管理相关政策和改革举措落地"最后一公里"，加快清理修改与党中央、国务院有关文件精神不符的部门规定和办法，科技主管部门要牵头做好督促落实工作。项目承担单位要落实好科研项目实施和科研经费管理使用的主体责任，严格按照国家有关政策规定和权责一致的要求，强化自我约束和自我规范，及时完善内部管理制度，确保科研自主权接得住、管得好。（有关部门、项目承担单位负责落实）

（二十四）加大政策宣传培训力度。有关部门和单位要通过门户网站、新媒体等多种渠道以及开设专栏等多种方式，加强中央财政科研经费管理相关政策宣传解读，提高社会知晓度。同时，加大对科研人员、财务人员、科研财务助理、审计人员等的专题培训力度，不断提高经办服务能力水平。（科技部、财政部会同有关部门负责落实）

（二十五）强化政策落实督促指导。有关部门要加快职能转变，提高服务意识，加强跟踪指导，适时组织开展对项目承担单位科研经费管理政策落实情况的检查，及时发现并协调解决有关问题，推动改革落地见效，国务院办公厅要加强督查。要适时对有关试点政策举措进行总结评估，及时总结推广行之有效的经验和做法。（财政部、科技部会同有关部门负责落实）

财政部、中央级社科类科研项目主管部门要结合社会科学研究的规律和特点，参照本意见尽快修订中央级社科类科研项目资金管理办法。

各地区要参照本意见精神，结合实际，改革完善本地区财政科研经费管理。

财政部关于进一步加强国有金融企业财务管理的通知

（2022年7月20日 财金〔2022〕87号）

人民银行、银保监会、证监会，各省、自治区、直辖市、计划单列市财政厅（局），新疆生产建设兵团财政局，财政部各地监管局，各中央金融企业，其他各国有金融企业：

为深入贯彻落实党中央、国务院关于进一步严肃财经纪律、整饬财经秩序、规范财务管理的工作要求，引导金融企业规范有序健康平稳运行，促进金融业高质量发展，现就进一步加强国有金融企业财务管理通知如下：

一、规范金融企业收支管理，夯实财务基础，促进降本增效高质量发展

（一）加强财务预算管理，合理控制费用开支。金融企业应当严格遵守财经法律法规和制度规定，牢固树立过紧日子思想，以成本管控为中心，严格预算管理、强化内部控制，对非必要费用支出应减尽减，避免铺张浪费，及时纠正不必要、不规范的支出。

金融企业应当精简会议、差旅、培训、论坛、庆典等相关活动，加强地点相同、对象重叠、内容相近等活动整合，积极采用视频、电话、网络等新型方式开展，节约相关费用开支。严格控制一般性赞助支出，有效整合广告支出和企业文化建设支出。

金融企业应当从严从紧核定因公出国（境）、公车购置及运行、业务招待费预算。对无实质内容的因公出国（境）、业务招待等活动，要坚决予以取消。巩固公务用车制度改革成果，加强保留车辆使用管理，严格控制车辆报废更新，切实降低公务用车运行成本。严格控制业务招待活动数量和费用预算，分类按要求确定和落实商务、外事和其他公务招待标准，明确业务招待费的申请、审批、实施、报销等程序。

金融企业开展商务宴请严禁讲排场、杜绝奢侈浪费，严格按规定执行招待标准，严禁购买提供高档酒水。金融企业因商务招待活动需要赠送纪念品的，应当节约从简，以宣传企业形象、展示企业文化或体现地域文化等为主要内容。

金融企业应当严格规范办公用房管理，严禁违规购建办公用房，严禁豪华装饰办公用房以及配备高档办公家具；严格新增资产配置管理，与资产存量情况挂钩，办公用房等资产存在闲置或对外出租、具备再利用条件的，原则上在同一县级区域内不得申请新增（含租用）同类资产，对于闲置办公用房等资产要及时整合利用或处置，避免资源浪费。

金融企业集中采购应当遵循公开、公平、公正、诚实信用和效益原则，可以采用公开招标、邀请招标、竞争性谈判、竞争性磋商、单一来源采购、询价，以及有关管理部门认定的其他采购方式。金融企业应按采购计划实施集中采购，并纳入年度预算管理。计划外的集中采购事项，应按企业内部相关规定报批。采购计划的重大调整，应按程序报集中采购管理委员会审议。

金融企业应当严格执行国家关于职工个人待遇相关规定，由个人承担的娱乐、健身、旅游、招待、购物、馈赠等支出不得在企业成本费用中列支。其中，为职工建立补充医疗保险，所需费用按照国家规定的标准在成本费用中列支；超过规定标准部分或超过医疗保险报销范围部分，由职工个人负担。

（二）严格落实履职待遇、业务支出管理要求，进一步强化金融企业对下属部门和机构的管理责任。金融企业应当按规定严格落实履职待遇、业务支出管理要求，按标准规范配置公务用车、办公用房，国内出差、因公出国（境）按规定标准乘坐交通工具、落实住宿和餐饮标准，严格规范内部各级分支机构、子机构差旅、住宿、接待标准。

金融企业应当建立健全负责人公务用车管理制度，严格落实1人1车或多人1车为负责人配备（包括购置、租赁）公务用车，不得为参加车改人员既发放公务用车补贴又提供公务用车保障。

金融企业应当落实内部管理主体责任，及时传达和细化管理政策，督促下属部门和机构落实制度；按规定分级分档确定各级机构负责人履职待遇、业务支出各项标准，其他高级管理人员以及下属部门和机构主要负责人各项标准不超过总公司（或总行）副职负责人标准，下属部门和机构其他负责人应当低于总公司（或总行）副职负责人标准。

中央金融企业、各省份所属金融企业，以及相关部门所属金融企业应当按对应层级依规合理确定履职待遇、业务支出各项标准，并予以落实。

（三）积极优化内部收入分配结构，科学设计薪酬体系，合理控制岗位分配级差。金融企业应当主动优化内部收入分配结构，充分发挥工资薪酬的正向激励作用，有效落实总部职工平均工资增幅原则上应低于本企业在岗职工平均工资增幅，中高级管理岗位人员平均工资增幅原则上不高于本企业在岗职工平均工资增幅的政策要求。金融企业要有效履行对控股子公司、分支机构、直管企业以及其他实际控制企业薪酬管理的主体责任。

金融企业应当合理控制岗位分配级差，充分调动一线员工、基层员工的积极性，有效平衡好领导班子、中层干部和基层员工的收入分配关系,对于总部职工平均工资明显高于本企业在岗职工平均工资的,其年度工资总额要进一步加大向一线员工、基层员工倾斜力度。

金融企业应当严肃分配纪律,严格清理规范工资外收入,将所有工资性收入一律纳入工资总额管理,不得在工资总额之外以其他形式列支任何津贴、补贴等工资性支出,实现收入工资化、工资货币化、发放透明化。

(四)建立健全薪酬分配递延支付和追责追薪机制。金融企业应当综合考虑市场条件、业绩情况、承担风险、薪酬战略等因素,科学设定不同岗位薪酬标准,并合理确定一定比例的绩效薪酬。对于金融企业高级管理人员及对风险有直接或重要影响岗位的员工,基本薪酬一般不高于薪酬总额的35%,根据其所负责业务收益和风险分期考核情况进行绩效薪酬延期支付,绩效薪酬的40%以上应当采取延期支付方式,延期支付期限一般不少于3年,确保绩效薪酬支付期限与相应业务的风险持续期限相匹配,国家另有规定的从其规定。

金融企业应当制定绩效薪酬追索扣回制度,对于高级管理人员及对风险有直接或重要影响岗位的员工在自身职责内未能勤勉尽责,使得金融企业发生重大违法违规行为或者给金融企业造成重大风险损失的,金融企业应当依法依规并履行公司治理程序后将相应期限内已发放的部分或全部绩效薪酬追回,并止付未支付部分或全部薪酬。绩效薪酬追回期限原则上与相关责任人的行为发生期限一致。绩效薪酬追索扣回规定适用于已离职或退休人员。

二、加强金融资产管理,维护金融债权,有效防范金融风险

(五)做实资产风险分类,准确合理计提风险拨备,真实公允反映经营成果。金融企业应当加强资产质量管理,做实资产风险分类,定期对各类资产风险分类开展重检,真实准确反映资产

质量，不得以无效重组等方式隐瞒资产的真实风险状况。

其中，无效重组是指对不符合条件的债务人进行的债务协议重组（不包括法院主持下的破产重整等司法重组），或者重组后债务人难以实质性提质增效、化解风险的债务重组。不符合条件的债务人一般为已不能清偿到期债务，且资产不足以清偿全部债务或者明显缺乏清偿能力的债务企业，并具有下列条件之一：（1）已由国务院国资委或省级人民政府列入"僵尸企业"名单；（2）主要靠政府或企业总部补贴和银行续贷等方式维持生产经营，资产负债率超过85%且最近三个会计年度连续亏损，经营性净现金流为负值，并经债权金融企业评估存在实质性经营风险；（3）因生产经营困难已停产半年以上或半停产一年以上，并经债权金融企业评估复工无望。

金融企业应当综合评估自身资产状况，科学预测潜在风险，根据资产质量变化情况，客观合理评估资产减值损失，对承担风险和损失的资产根据有关规定及时足额提取各项准备金，增强风险抵御能力，真实反映盈利情况，不得通过人为调整准备金操纵利润。

（六）加强不良资产核销和处置管理，有效防范道德风险和国有资产流失。金融企业应当严格落实"符合认定条件、提供有效证据、账销案存、权在力催"基本原则，加大不良资产核销力度，用足用好现有核销政策。对于申请核销的不良资产，应当采取必要保全措施和实施必要追偿程序，切实履行对借款人及债务关联人、担保财产等尽职追索，认真查明原因，对于因履职不力等主观原因形成资产损失的，按规定确保相关责任认定和追究到位。

对于已核销资产，除依据国家有关规定权利义务已终结的外，金融企业应当实行账销案存管理，建立核销后资产管理制度，按年度向董事会报告不良资产核销管理情况，包括核销资产情况、已核销资产清收处置进展、责任认定和责任追究情况等。其中,对于提交董事会审议通过的核销资产,应当建立统计台账、逐笔跟踪、监测处置进展情况。

对已核销资产仍享有的合法权益,金融企业应当做到"账销案不销、追偿力不减、积极查线索、充分维权益",定期检查追偿情况,切实履行清收职责;建立健全追偿责任制度、明确责任人,并依据追偿效果动态调整不良资产核销授权。对于核销时仍有追偿回收价值的已核销资产,如连续三年以上无实质性清收处置进展,金融企业应当向同级财政部门和金融管理部门进行报告。

金融企业不良资产对外转让应当坚持"依法合规、公开透明、洁净转让、真实出售"原则,及时充分披露相关信息,严禁暗箱操作,防范道德风险,不得通过处置不良资产进行利益输送。严禁通过虚假转让不良资产,掩盖金融企业真实资产质量情况。所处置的不良资产(包括银行初次转让以及资产管理公司后续转让),除依照国家有关规定与原债务人及利益相关方债务重组、资产重整外,不得折价转让给该资产原债务人及关联企业等利益相关方。其中,资产管理公司以批量转让方式购入的不良资产应当主要采取清收、债务重组、债转股等方式进行处置。金融企业应当对不良资产处置建立检查抽查制度,严厉打击利益输送等违法违规行为。

(七)强化境外投资管理,有效防范跨境资产风险。金融企业境外投资应当遵循"依法合规、服务大局、商业运作、风险可控、廉洁自律、权责清晰"的原则,有效服务国家宏观政策和实体经济,按照市场化方式,审慎运作、严控风险、廉洁经营、权责对等,失责必问、问责必严。

金融企业境外投资决策要建立全流程、全链条管理机制,事前要实施尽职调查和可行性论证;事中要强化全面预算、逐级授权、项目跟踪、风险监测、资产监管和资金管控,实施决策、执行、监测不相容岗位分离机制,防范境外投资廉洁风险;事后开展绩效评价,实施追踪问效。对于发生损失的项目要依法落实责任认定、责任追究。

三、压实金融企业主体责任,准确实施会计核算,真实完整披露财务会计报告

(八)金融企业要依法依规做好会计核算、编制财务会计报告,确保财务会计报告真实完整。金融企业应当根据法律法规、国家统一的会计制度规定,依据实际发生的经济业务事项进行会计核算,填制会计凭证、登记会计账簿,做到数据真实、计算准确、来源可靠,保证账证相符、账账相符、账实相符、账表相符,不得混用科目,不得虚列、隐瞒、推迟或提前确认收入,不得虚增、多列、不列或少列费用、成本,不得虚增或虚减资产、负债、所有者权益,不得通过操纵会计信息调节财务指标和监管指标、隐匿风险,不得通过设计实施复杂交易等方式实现特定会计意图以规避监管要求。

金融企业应当依法依规编制财务会计报告,不得编制和对外提供虚假或者隐瞒重要事实的财务会计报告,切实履行会计信息质量主体责任;金融企业负责人对本企业财务会计报告的真实性、完整性负责。

(九)金融企业要依法接受会计师事务所独立审计,为其独立客观发表审计意见提供有效支持和保障。金融企业要为会计师事务所执业过程中落实对股东负责机制、畅通报告路径、履行必要审计程序、客观发表审计意见提供有效支持和保障。

为保障审计质量和独立性,金融企业应当严格落实定期轮换制度,按规定聘用年限轮换会计师事务所、审计项目主管合伙人和签字注册会计师。

金融企业外部审计会计师事务所选聘工作由股东(大)会

或董事会委托董事会审计委员会负责落实,具体事宜按照独立和不相容岗位分离原则,可由董事会审计委员会授权金融企业内部与财务报表编制职能无关的部门或机构办理;如金融企业未设立董事会审计委员会,可由内部与财务报表编制职能无关的部门或机构负责落实办理,确保外部审计独立性。对于未设股东(大)会或董事会的金融企业,会计师事务所选聘工作由履行出资人职责的机构决定或授权金融企业决定。

会计师事务所选聘方式可按规定采用公开招标、邀请招标、竞争性谈判、竞争性磋商等。会计师事务所选聘评价标准应当突出质量因素,不以报价水平为决定因素,对于低价竞争、恶意压标压价的会计师事务所,应在评标和计算平均报价时予以剔除。审计费用要根据市场公允水平、同业轮换普遍情况变化、审计工作量等因素合理确定。

四、财政部门要积极履行国有金融资本出资人职责,有效维护所有者权益

(十)各级财政部门要督促金融企业加强内部管理,促进金融治理规范有序。引导本级所属金融企业加强财务管理、健全风险管理和内控机制,完善法人治理结构,推动金融企业规范、有序、健康发展,促进国有金融资本保值增值。

(十一)各级财政部门要切实加强国有股权董事实质化管理,落实出资人监督机制。国有股权董事要在法律法规和有关操作指引规范下,行使权利、履行义务,有效发挥"参与决策、把握流程、执行监督、信息枢纽"作用,做到忠实勤勉,更好发挥对金融企业和管理层监督制约作用。

(十二)各级财政部门要压实会计师事务所独立审计责任,切实发挥独立审计的第三方监督作用。落实会计师事务所对金融企业股东负责机制,要求承担金融企业审计业务的会计师事务所独立客观地对金融企业财务状况、经营成果、现金流量发表审计意见，对于金融企业以通用目的为编制基础的财务报表出具适用于各利益相关方的审计报告。

同时，各级财政部门要加强金融风险信息监测，建立健全预测预警机制，有效防范金融风险外溢，切实防止地方金融风险向中央转移集聚；及时开展财会监督检查，严肃查处违反财经纪律、财务造假、内部控制失效等问题，筑牢金融企业财务管理根基，有效维护财经纪律。

五、其他

（十三）适用范围。本通知适用于国有金融企业，包括在中华人民共和国境内外依法设立的国有独资及国有控股金融企业（含国有实际控制金融企业）、主权财富基金、国有金融控股公司、国有金融投资运营机构，以及金融基础设施等实质性开展金融业务的其他企业或机构。其他金融企业可参照执行。

人民银行、银保监会、证监会请将本通知发送至所属金融基础设施等实质性开展金融业务的企业或机构执行。

各省、自治区、直辖市、计划单列市财政厅（局）及新疆生产建设兵团财政局请将本通知发送至辖内国有金融企业执行。

（十四）实施时间。本通知自印发之日起施行。

六、税收等其他类

中华人民共和国个人所得税法（节选）

(1980年9月10日第五届全国人民代表大会第三次会议通过　根据1993年10月31日第八届全国人民代表大会常务委员会第四次会议《关于修改〈中华人民共和国个人所得税法〉的决定》第一次修正　根据1999年8月30日第九届全国人民代表大会常务委员会第十一次会议《关于修改〈中华人民共和国个人所得税法〉的决定》第二次修正　根据2005年10月27日第十届全国人民代表大会常务委员会第十八次会议《关于修改〈中华人民共和国个人所得税法〉的决定》第三次修正　根据2007年6月29日第十届全国人民代表大会常务委员会第二十八次会议《关于修改〈中华人民共和国个人所得税法〉的决定》第四次修正　根据2007年12月29日第十届全国人民代表大会常务委员会第三十一次会议《关于修改〈中华人民共和国个人所得税法〉的决定》第五次修正　根据2011年6月30日第十一届全国人民代表大会常务委员会第二十一次会议《关于修改〈中华人民共和国个人所得税法〉的决定》第六次修正　根据

2018年8月31日第十三届全国人民代表大会常务委员会第五次会议《关于修改〈中华人民共和国个人所得税法〉的决定》第七次修正)

第一条　在中国境内有住所，或者无住所而一个纳税年度内在中国境内居住累计满一百八十三天的个人，为居民个人。居民个人从中国境内和境外取得的所得，依照本法规定缴纳个人所得税。

在中国境内无住所又不居住，或者无住所而一个纳税年度内在中国境内居住累计不满一百八十三天的个人，为非居民个人。非居民个人从中国境内取得的所得，依照本法规定缴纳个人所得税。

纳税年度，自公历一月一日起至十二月三十一日止。

第二条　下列各项个人所得，应当缴纳个人所得税：

（一）工资、薪金所得；

（二）劳务报酬所得；

（三）稿酬所得；

（四）特许权使用费所得；

（五）经营所得；

（六）利息、股息、红利所得；

（七）财产租赁所得；

（八）财产转让所得；

（九）偶然所得。

居民个人取得前款第一项至第四项所得（以下称综合所得），按纳税年度合并计算个人所得税；非居民个人取得前款第一项至第四项所得，按月或者按次分项计算个人所得税。纳税人取得前款第五项至第九项所得,依照本法规定分别计算个人所得税。

第三条 个人所得税的税率:

(一)综合所得,适用百分之三至百分之四十五的超额累进税率(税率表附后);

(二)经营所得,适用百分之五至百分之三十五的超额累进税率(税率表附后);

(三)利息、股息、红利所得,财产租赁所得,财产转让所得和偶然所得,适用比例税率,税率为百分之二十。

第四条 下列各项个人所得,免征个人所得税:

(一)省级人民政府、国务院部委和中国人民解放军军以上单位,以及外国组织、国际组织颁发的科学、教育、技术、文化、卫生、体育、环境保护等方面的奖金;

(二)国债和国家发行的金融债券利息;

(三)按照国家统一规定发给的补贴、津贴;

(四)福利费、抚恤金、救济金;

(五)保险赔款;

(六)军人的转业费、复员费、退役金;

(七)按照国家统一规定发给干部、职工的安家费、退职费、基本养老金或者退休费、离休费、离休生活补助费;

(八)依照有关法律规定应予免税的各国驻华使馆、领事馆的外交代表、领事官员和其他人员的所得;

(九)中国政府参加的国际公约、签订的协议中规定免税的所得;

(十)国务院规定的其他免税所得。

前款第十项免税规定,由国务院报全国人民代表大会常务委员会备案。

第五条 有下列情形之一的,可以减征个人所得税,具体幅

度和期限,由省、自治区、直辖市人民政府规定,并报同级人民代表大会常务委员会备案:

(一)残疾、孤老人员和烈属的所得;

(二)因自然灾害遭受重大损失的。

国务院可以规定其他减税情形,报全国人民代表大会常务委员会备案。

第六条 应纳税所得额的计算:

(一)居民个人的综合所得,以每一纳税年度的收入额减除费用六万元以及专项扣除、专项附加扣除和依法确定的其他扣除后的余额,为应纳税所得额。

(二)非居民个人的工资、薪金所得,以每月收入额减除费用五千元后的余额为应纳税所得额;劳务报酬所得、稿酬所得、特许权使用费所得,以每次收入额为应纳税所得额。

(三)经营所得,以每一纳税年度的收入总额减除成本、费用以及损失后的余额,为应纳税所得额。

(四)财产租赁所得,每次收入不超过四千元的,减除费用八百元;四千元以上的,减除百分之二十的费用,其余额为应纳税所得额。

(五)财产转让所得,以转让财产的收入额减除财产原值和合理费用后的余额,为应纳税所得额。

(六)利息、股息、红利所得和偶然所得,以每次收入额为应纳税所得额。

劳务报酬所得、稿酬所得、特许权使用费所得以收入减除百分之二十的费用后的余额为收入额。稿酬所得的收入额减按百分之七十计算。

个人将其所得对教育、扶贫、济困等公益慈善事业进行捐赠,捐赠额未超过纳税人申报的应纳税所得额百分之三十的部分,可以从其应纳税所得额中扣除;国务院规定对公益慈善事业捐赠实行全额税前扣除的，从其规定。

本条第一款第一项规定的专项扣除，包括居民个人按照国家规定的范围和标准缴纳的基本养老保险、基本医疗保险、失业保险等社会保险费和住房公积金等；专项附加扣除，包括子女教育、继续教育、大病医疗、住房贷款利息或者住房租金、赡养老人等支出，具体范围、标准和实施步骤由国务院确定，并报全国人民代表大会常务委员会备案。

第七条 居民个人从中国境外取得的所得，可以从其应纳税额中抵免已在境外缴纳的个人所得税税额，但抵免额不得超过该纳税人境外所得依照本法规定计算的应纳税额。

第八条 有下列情形之一的，税务机关有权按照合理方法进行纳税调整：

（一）个人与其关联方之间的业务往来不符合独立交易原则而减少本人或者其关联方应纳税额，且无正当理由；

（二）居民个人控制的，或者居民个人和居民企业共同控制的设立在实际税负明显偏低的国家（地区）的企业，无合理经营需要，对应当归属于居民个人的利润不作分配或者减少分配；

（三）个人实施其他不具有合理商业目的的安排而获取不当税收利益。

税务机关依照前款规定作出纳税调整，需要补征税款的，应当补征税款，并依法加收利息。

第九条 个人所得税以所得人为纳税人，以支付所得的单位或者个人为扣缴义务人。

纳税人有中国公民身份号码的，以中国公民身份号码为纳税人识别号；纳税人没有中国公民身份号码的，由税务机关赋予其纳税人识别号。扣缴义务人扣缴税款时，纳税人应当向扣缴义务人提供纳税人识别号。

第十条 有下列情形之一的，纳税人应当依法办理纳税申报：

（一）取得综合所得需要办理汇算清缴；

（二）取得应税所得没有扣缴义务人；

（三）取得应税所得，扣缴义务人未扣缴税款；

（四）取得境外所得；

（五）因移居境外注销中国户籍；

（六）非居民个人在中国境内从两处以上取得工资、薪金所得；

（七）国务院规定的其他情形。

扣缴义务人应当按照国家规定办理全员全额扣缴申报，并向纳税人提供其个人所得和已扣缴税款等信息。

第二十二条 本法自公布之日起施行。

附：

个人所得税税率表一（综合所得适用）

级数	全年应纳税所得额	税率（%）
1	不超过36 000元的	3
2	超过36 000元至144 000元的部分	10
3	超过144 000元至300 000元的部分	20
4	超过300 000元至420 000元的部分	25
5	超过420 000元至660 000元的部分	30
6	超过660 000元至960 000元的部分	35
7	超过960 000元的部分	45

（注1：本表所称全年应纳税所得额是指依照本法第六条的规定，居民个人取得综合所得以每一纳税年度收入额减除费用六万元以及专项扣除、专项附加扣除和依法确定的其他扣除后的余额。

注2：非居民个人取得工资、薪金所得，劳务报酬所得，稿酬所得和特许权使用费所得，依照本表按月换算后计算应纳税额。）

个人所得税税率表二（经营所得适用）

级数	全年应纳税所得额	税率（%）
1	不超过30 000元的	5
2	超过30 000元至90 000元的部分	10
3	超过90 000元至300 000元的部分	20
4	超过300 000元至500 000元的部分	30
5	超过500 000元的部分	35

（注：本表所称全年应纳税所得额是指依照本法第六条的规定，以每一纳税年度收入总额减除成本、费用以及损失后的余额。）

中华人民共和国个人所得税法
实施条例（节选）

（1994年1月28日中华人民共和国国务院令第142号发布　根据2005年12月19日《国务院关于修改〈中华人民共和国个人所得税法实施条例〉的决定》第一次修订　根据2008年2月18日《国务院关于修改〈中华人民共和国个人所得税法实施条例〉的决定》第二次修订　根据2011年7月19日《国务院关于修改〈中华人民共和国个人所得税法实施条例〉的决定》第三次修订　2018年12月18日中华人民共和国国务院令第707号第四次修订）

第一条　根据《中华人民共和国个人所得税法》（以下简称个人所得税法），制定本条例。

第二条　个人所得税法所称在中国境内有住所，是指因户籍、家庭、经济利益关系而在中国境内习惯性居住；所称从中国境内和境外取得的所得，分别是指来源于中国境内的所得和来源于中国境外的所得。

第三条　除国务院财政、税务主管部门另有规定外，下列所得，不论支付地点是否在中国境内，均为来源于中国境内的所得：

（一）因任职、受雇、履约等在中国境内提供劳务取得的所得；

（二）将财产出租给承租人在中国境内使用而取得的所得；

（三）许可各种特许权在中国境内使用而取得的所得；

（四）转让中国境内的不动产等财产或者在中国境内转让其他财产取得的所得；

（五）从中国境内企业、事业单位、其他组织以及居民个人取得的利息、股息、红利所得。

第六条 个人所得税法规定的各项个人所得的范围：

（一）工资、薪金所得，是指个人因任职或者受雇取得的工资、薪金、奖金、年终加薪、劳动分红、津贴、补贴以及与任职或者受雇有关的其他所得。

（二）劳务报酬所得，是指个人从事劳务取得的所得，包括从事设计、装潢、安装、制图、化验、测试、医疗、法律、会计、咨询、讲学、翻译、审稿、书画、雕刻、影视、录音、录像、演出、表演、广告、展览、技术服务、介绍服务、经纪服务、代办服务以及其他劳务取得的所得。

（三）稿酬所得，是指个人因其作品以图书、报刊等形式出版、发表而取得的所得。

（四）特许权使用费所得，是指个人提供专利权、商标权、著作权、非专利技术以及其他特许权的使用权取得的所得；提供著作权的使用权取得的所得，不包括稿酬所得。

（五）经营所得，是指：

1. 个体工商户从事生产、经营活动取得的所得，个人独资企业投资人、合伙企业的个人合伙人来源于境内注册的个人独资企业、合伙企业生产、经营的所得；

2. 个人依法从事办学、医疗、咨询以及其他有偿服务活动

取得的所得;

3. 个人对企业、事业单位承包经营、承租经营以及转包、转租取得的所得;

4. 个人从事其他生产、经营活动取得的所得。

（六）利息、股息、红利所得，是指个人拥有债权、股权等而取得的利息、股息、红利所得。

（七）财产租赁所得，是指个人出租不动产、机器设备、车船以及其他财产取得的所得。

（八）财产转让所得，是指个人转让有价证券、股权、合伙企业中的财产份额、不动产、机器设备、车船以及其他财产取得的所得。

（九）偶然所得，是指个人得奖、中奖、中彩以及其他偶然性质的所得。

个人取得的所得，难以界定应纳税所得项目的，由国务院税务主管部门确定。

第七条 对股票转让所得征收个人所得税的办法，由国务院另行规定，并报全国人民代表大会常务委员会备案。

第八条 个人所得的形式，包括现金、实物、有价证券和其他形式的经济利益；所得为实物的，应当按照取得的凭证上所注明的价格计算应纳税所得额，无凭证的实物或者凭证上所注明的价格明显偏低的，参照市场价格核定应纳税所得额；所得为有价证券的，根据票面价格和市场价格核定应纳税所得额；所得为其他形式的经济利益的，参照市场价格核定应纳税所得额。

第九条 个人所得税法第四条第一款第二项所称国债利息，是指个人持有中华人民共和国财政部发行的债券而取得的利息；所称国家发行的金融债券利息，是指个人持有经国务院批准发行的金融债券而取得的利息。

第十条 个人所得税法第四条第一款第三项所称按照国家统

一规定发给的补贴、津贴,是指按照国务院规定发给的政府特殊津贴、院士津贴,以及国务院规定免予缴纳个人所得税的其他补贴、津贴。

第十一条 个人所得税法第四条第一款第四项所称福利费,是指根据国家有关规定,从企业、事业单位、国家机关、社会组织提留的福利费或者工会经费中支付给个人的生活补助费;所称救济金,是指各级人民政府民政部门支付给个人的生活困难补助费。

第十二条 个人所得税法第四条第一款第八项所称依照有关法律规定应予免税的各国驻华使馆、领事馆的外交代表、领事官员和其他人员的所得,是指依照《中华人民共和国外交特权与豁免条例》和《中华人民共和国领事特权与豁免条例》规定免税的所得。

第十三条 个人所得税法第六条第一款第一项所称依法确定的其他扣除,包括个人缴付符合国家规定的企业年金、职业年金,个人购买符合国家规定的商业健康保险、税收递延型商业养老保险的支出,以及国务院规定可以扣除的其他项目。

专项扣除、专项附加扣除和依法确定的其他扣除,以居民个人一个纳税年度的应纳税所得额为限额;一个纳税年度扣除不完的,不结转以后年度扣除。

第十四条 个人所得税法第六条第一款第二项、第四项、第六项所称每次,分别按照下列方法确定:

(一)劳务报酬所得、稿酬所得、特许权使用费所得,属于一次性收入的,以取得该项收入为一次;属于同一项目连续性收入的,以一个月内取得的收入为一次。

(二)财产租赁所得,以一个月内取得的收入为一次。

(三)利息、股息、红利所得,以支付利息、股息、红利时取得的收入为一次。

（四）偶然所得，以每次取得该项收入为一次。

第二十八条 居民个人取得工资、薪金所得时，可以向扣缴义务人提供专项附加扣除有关信息，由扣缴义务人扣缴税款时减除专项附加扣除。纳税人同时从两处以上取得工资、薪金所得，并由扣缴义务人减除专项附加扣除的，对同一专项附加扣除项目，在一个纳税年度内只能选择从一处取得的所得中减除。

居民个人取得劳务报酬所得、稿酬所得、特许权使用费所得，应当在汇算清缴时向税务机关提供有关信息，减除专项附加扣除。

第三十六条 本条例自 2019 年 1 月 1 日起施行。

财政部 国家税务总局关于基本养老保险费、基本医疗保险费、失业保险费、住房公积金有关个人所得税政策的通知

(2006年6月27日 财税〔2006〕10号)

各省、自治区、直辖市、计划单列市财政厅（局）、国家税务局、地方税务局，财政部驻各省、自治区、直辖市、计划单列市财政监察专员办事处，新疆生产建设兵团财务局：

根据国务院2005年12月公布的《中华人民共和国个人所得税法实施条例》有关规定，现对基本养老保险费、基本医疗保险费、失业保险费、住房公积金有关个人所得税政策问题通知如下：

一、企事业单位按照国家或省（自治区、直辖市）人民政府规定的缴费比例或办法实际缴付的基本养老保险费、基本医疗保险费和失业保险费，免征个人所得税；个人按照国家或省（自治区、直辖市）人民政府规定的缴费比例或办法实际缴付的基本养老保险费、基本医疗保险费和失业保险费，允许在个人应纳税所得额中扣除。

企事业单位和个人超过规定的比例和标准缴付的基本养老保险费、基本医疗保险费和失业保险费，应将超过部分并入个人当期的工资、薪金收入，计征个人所得税。

二、根据《住房公积金管理条例》《建设部 财政部 中国

人民银行关于住房公积金管理若干具体问题的指导意见》（建金管〔2005〕5号）等规定精神，单位和个人分别在不超过职工本人上一年度月平均工资12%的幅度内，其实际缴存的住房公积金，允许在个人应纳税所得额中扣除。单位和职工个人缴存住房公积金的月平均工资不得超过职工工作地所在设区城市上一年度职工月平均工资的3倍，具体标准按照各地有关规定执行。

单位和个人超过上述规定比例和标准缴付的住房公积金，应将超过部分并入个人当期的工资、薪金收入，计征个人所得税。

三、个人实际领（支）取原提存的基本养老保险金、基本医疗保险金、失业保险金和住房公积金时，免征个人所得税。

四、上述职工工资口径按照国家统计局规定列入工资总额统计的项目计算。

五、各级财政、税务机关要按照依法治税的要求，严格执行本通知的各项规定。对于各地擅自提高上述保险费和住房公积金税前扣除标准的，财政、税务机关应予坚决纠正。

六、本通知发布后，《财政部　国家税务总局关于住房公积金、医疗保险金、养老保险金征收个人所得税问题的通知》（财税字〔1997〕144号）第一条、第二条和《国家税务总局关于失业保险费（金）征免个人所得税问题的通知》（国税发〔2000〕83号）同时废止。

国家税务总局关于中央企业负责人年度绩效薪金延期兑现收入和任期奖励征收个人所得税问题的通知

(2007年10月29日 国税发〔2007〕118号)

北京、天津、河北、辽宁、吉林、黑龙江、上海、山东、湖北、湖南、广东、四川、陕西省（市）地方税务局，大连、深圳市地方税务局：

为建立中央企业负责人薪酬激励与约束的机制，根据《中央企业负责人经营业绩考核暂行办法》《中央企业负责人薪酬管理暂行办法》规定，国务院国有资产监督管理委员会对中央企业负责人的薪酬发放采取按年度经营业绩和任期经营业绩考核的方式，具体办法是：中央企业负责人薪酬由基薪、绩效薪金和任期奖励构成，其中基薪和绩效薪金的60%在当年度发放，绩效薪金的40%和任期奖励于任期结束后发放。为公平税负，加强征管，现对中央企业负责人于任期结束后取得的绩效薪金的40%和任期奖励收入征收个人所得税的问题通知如下：

一、中央企业负责人任期结束后取得的绩效薪金40%部分和任期奖励，按照《国家税务总局关于调整个人取得全年一次性奖金等计算征收个人所得税方法问题的通知》（国税发〔2005〕7

号）第二条规定的方法，合并计算缴纳个人所得税。①

二、根据《中央企业负责人经营业绩考核暂行办法》等规定，本通知后附的《国资委管理的中央企业名单》中的下列人员，适用本通知第一条规定，其他人员不得比照执行：

（一）国有独资企业和未设董事会的国有独资公司的总经理（总裁）、副总经理（副总裁）、总会计师；

（二）设董事会的国有独资公司（国资委确定的董事会试点企业除外）的董事长、副董事长、董事、总经理（总裁）、副总经理（副总裁）、总会计师；

（三）国有控股公司国有股权代表出任的董事长、副董事长、董事、总经理（总裁），列入国资委党委管理的副总经理（副总裁）、总会计师；

（四）国有独资企业、国有独资公司和国有控股公司党委（党组）书记、副书记、常委（党组成员）、纪委书记（纪检组长）。

附件：国资委管理的中央企业名单（略）

---

① 第一条条款废止，参见《财政部 税务总局关于个人所得税法修改后有关优惠政策衔接问题的通知》（财税〔2018〕164号）。——编者注

国家税务总局关于企业工资薪金及职工福利费扣除问题的通知

(2009年1月4日 国税函〔2009〕3号)

各省、自治区、直辖市和计划单列市国家税务局、地方税务局：

为有效贯彻落实《中华人民共和国企业所得税法实施条例》（以下简称《实施条例》），现就企业工资薪金和职工福利费扣除有关问题通知如下：

一、关于合理工资薪金问题

《实施条例》第三十四条所称的"合理工资薪金"，是指企业按照股东大会、董事会、薪酬委员会或相关管理机构制定的工资薪金制度规定实际发放给员工的工资薪金。税务机关在对工资薪金进行合理性确认时，可按以下原则掌握：

（一）企业制定了较为规范的员工工资薪金制度。

（二）企业所制定的工资薪金制度符合行业及地区水平。

（三）企业在一定时期所发放的工资薪金是相对固定的，工资薪金的调整是有序进行的。

（四）企业对实际发放的工资薪金，已依法履行了代扣代缴个人所得税义务。

（五）有关工资薪金的安排，不以减少或逃避税款为目的。

二、关于工资薪金总额问题

《实施条例》第四十、四十一、四十二条所称的"工资薪金总额",是指企业按照本通知第一条规定实际发放的工资薪金总和,不包括企业的职工福利费、职工教育经费、工会经费以及养老保险费、医疗保险费、失业保险费、工伤保险费、生育保险费等社会保险费和住房公积金。属于国有性质的企业,其工资薪金,不得超过政府有关部门给予的限定数额;超过部分,不得计入企业工资薪金总额,也不得在计算企业应纳税所得额时扣除。

三、关于职工福利费扣除问题

《实施条例》第四十条规定的企业职工福利费,包括以下内容:

(一)尚未实行分离办社会职能的企业,其内设福利部门所发生的设备、设施和人员费用,包括职工食堂、职工浴室、理发室、医务所、托儿所、疗养院等集体福利部门的设备、设施及维修保养费用和福利部门工作人员的工资薪金、社会保险费、住房公积金、劳务费等。

(二)为职工卫生保健、生活、住房、交通等所发放的各项补贴和非货币性福利,包括企业向职工发放的因公外地就医费用、未实行医疗统筹企业职工医疗费用、职工供养直系亲属医疗补贴、供暖费补贴、职工防暑降温费、职工困难补贴、救济费、职工食堂经费补贴、职工交通补贴等。

(三)按照其他规定发生的其他职工福利费,包括丧葬补助费、抚恤费、安家费、探亲假路费等。

四、关于职工福利费核算问题

企业发生的职工福利费,应该单独设置账册,进行准确核算。没有单独设置账册准确核算的,税务机关应责令企业在规定的期限内进行改正。逾期仍未改正的,税务机关可对企业发生的职工福利费进行合理的核定。

五、本通知自2008年1月1日起执行。

国家税务总局关于企业工资薪金和职工福利费等支出税前扣除问题的公告

(2015年5月8日 国家税务总局公告2015年第34号)

根据《中华人民共和国企业所得税法》及其实施条例相关规定,现对企业工资薪金和职工福利费等支出企业所得税税前扣除问题公告如下:

一、企业福利性补贴支出税前扣除问题

列入企业员工工资薪金制度、固定与工资薪金一起发放的福利性补贴,符合《国家税务总局关于企业工资薪金及职工福利费扣除问题的通知》(国税函〔2009〕3号)第一条规定的,可作为企业发生的工资薪金支出,按规定在税前扣除。

不能同时符合上述条件的福利性补贴,应作为国税函〔2009〕3号文件第三条规定的职工福利费,按规定计算限额税前扣除。

二、企业年度汇算清缴结束前支付汇缴年度工资薪金税前扣除问题

企业在年度汇算清缴结束前向员工实际支付的已预提汇缴年度工资薪金,准予在汇缴年度按规定扣除。

三、企业接受外部劳务派遣用工支出税前扣除问题

企业接受外部劳务派遣用工所实际发生的费用,应分两种情况按规定在税前扣除:按照协议(合同)约定直接支付给劳务

派遣公司的费用，应作为劳务费支出；直接支付给员工个人的费用，应作为工资薪金支出和职工福利费支出。其中属于工资薪金支出的费用，准予计入企业工资薪金总额的基数，作为计算其他各项相关费用扣除的依据。

四、施行时间

本公告适用于 2014 年度及以后年度企业所得税汇算清缴。本公告施行前尚未进行税务处理的事项，符合本公告规定的可按本公告执行。

《国家税务总局关于企业所得税应纳税所得额若干税务处理问题的公告》（税务总局公告 2012 年第 15 号）第一条有关企业接受外部劳务派遣用工的相关规定同时废止。

特此公告。

财政部 国家税务总局 证监会关于上市公司股息红利差别化个人所得税政策有关问题的通知

(2015年9月7日 财税〔2015〕101号)

各省、自治区、直辖市、计划单列市财政厅（局）、国家税务局、地方税务局，新疆生产建设兵团财务局，上海、深圳证券交易所，全国中小企业股份转让系统有限责任公司，中国证券登记结算公司：

经国务院批准，现就上市公司股息红利差别化个人所得税政策等有关问题通知如下：

一、个人从公开发行和转让市场取得的上市公司股票，持股期限超过1年的，股息红利所得暂免征收个人所得税。

个人从公开发行和转让市场取得的上市公司股票，持股期限在1个月以内（含1个月）的，其股息红利所得全额计入应纳税所得额；持股期限在1个月以上至1年（含1年）的，暂减按50%计入应纳税所得额；上述所得统一适用20%的税率计征个人所得税。

二、上市公司派发股息红利时，对个人持股1年以内（含1年）的，上市公司暂不扣缴个人所得税；待个人转让股票时，证券登记结算公司根据其持股期限计算应纳税额，由证券公司等股份托管机构从个人资金账户中扣收并划付证券登记结算公司，证券登记结算公司应于次月5个工作日内划付上市公司，上市公司在收到税款当月的法定申报期内向主管税务机关申报缴纳。

三、上市公司股息红利差别化个人所得税政策其他有关操作事项，按照《财政部　国家税务总局　证监会关于实施上市公司股息红利差别化个人所得税政策有关问题的通知》（财税〔2012〕85号）的相关规定执行。

四、全国中小企业股份转让系统挂牌公司股息红利差别化个人所得税政策，按照本通知规定执行。其他有关操作事项，按照《财政部　国家税务总局　证监会关于实施全国中小企业股份转让系统挂牌公司股息红利差别化个人所得税政策有关问题的通知》（财税〔2014〕48号）的相关规定执行。

五、本通知自2015年9月8日起施行。

上市公司派发股息红利，股权登记日在2015年9月8日之后的，股息红利所得按照本通知的规定执行。本通知实施之日个人投资者证券账户已持有的上市公司股票，其持股时间自取得之日起计算。

财政部 国家税务总局 保监会关于将商业健康保险个人所得税试点政策推广到全国范围实施的通知

(2017年4月28日 财税〔2017〕39号)

各省、自治区、直辖市、计划单列市财政厅(局)、地方税务局、保监局,新疆生产建设兵团财务局:

自2017年7月1日起,将商业健康保险个人所得税试点政策推广到全国范围实施。现将有关问题通知如下:

一、关于政策内容

对个人购买符合规定的商业健康保险产品的支出,允许在当年(月)计算应纳税所得额时予以税前扣除,扣除限额为2 400元/年(200元/月)。单位统一为员工购买符合规定的商业健康保险产品的支出,应分别计入员工个人工资薪金,视同个人购买,按上述限额予以扣除。

2 400元/年(200元/月)的限额扣除为个人所得税法规定减除费用标准之外的扣除。

二、关于适用对象

适用商业健康保险税收优惠政策的纳税人,是指取得工资薪金所得、连续性劳务报酬所得的个人,以及取得个体工商户生产经营所得、对企事业单位的承包承租经营所得的个体工商户业主、个人独资企业投资者、合伙企业合伙人和承包承租经营者。

三、关于商业健康保险产品的规范和条件

符合规定的商业健康保险产品,是指保险公司参照个人税收优惠型健康保险产品指引框架及示范条款(见附件)开发的、符合下列条件的健康保险产品:

(一)健康保险产品采取具有保障功能并设立有最低保证收益账户的万能险方式,包含医疗保险和个人账户积累两项责任。被保险人个人账户由其所投保的保险公司负责管理维护。

(二)被保险人为16周岁以上、未满法定退休年龄的纳税人群。保险公司不得因被保险人既往病史拒保,并保证续保。

(三)医疗保险保障责任范围包括被保险人医保所在地基本医疗保险基金支付范围内的自付费用及部分基本医疗保险基金支付范围外的费用,费用的报销范围、比例和额度由各保险公司根据具体产品特点自行确定。

(四)同一款健康保险产品,可依据被保险人的不同情况,设置不同的保险金额,具体保险金额下限由保监会规定。

(五)健康保险产品坚持"保本微利"原则,对医疗保险部分的简单赔付率低于规定比例的,保险公司要将实际赔付率与规定比例之间的差额部分返还到被保险人的个人账户。

根据目标人群已有保障项目和保障需求的不同,符合规定的健康保险产品共有三类,分别适用于:

1. 对公费医疗或基本医疗保险报销后个人负担的医疗费用有报销意愿的人群;

2. 对公费医疗或基本医疗保险报销后个人负担的特定大额医疗费用有报销意愿的人群;

3. 未参加公费医疗或基本医疗保险,对个人负担的医疗费用有报销意愿的人群。

符合上述条件的个人税收优惠型健康保险产品,保险公司应按《保险法》规定程序上报保监会审批。

四、关于税收征管

（一）单位统一组织为员工购买或者单位和个人共同负担购买符合规定的商业健康保险产品，单位负担部分应当实名计入个人工资薪金明细清单，视同个人购买，并自购买产品次月起，在不超过200元/月的标准内按月扣除。一年内保费金额超过2400元的部分，不得税前扣除。以后年度续保时，按上述规定执行。个人自行退保时，应及时告知扣缴单位。个人相关退保信息保险公司应及时传递给税务机关。

（二）取得工资薪金所得或连续性劳务报酬所得的个人，自行购买符合规定的商业健康保险产品的，应当及时向代扣代缴单位提供保单凭证。扣缴单位自个人提交保单凭证的次月起，在不超过200元/月的标准内按月扣除。一年内保费金额超过2400元的部分，不得税前扣除。以后年度续保时，按上述规定执行。个人自行退保时，应及时告知扣缴义务人。

（三）个体工商户业主、企事业单位承包承租经营者、个人独资和合伙企业投资者自行购买符合条件的商业健康保险产品的，在不超过2400元/年的标准内据实扣除。一年内保费金额超过2400元的部分，不得税前扣除。以后年度续保时，按上述规定执行。

五、关于部门协作

商业健康保险个人所得税税前扣除政策涉及环节和部门多，各相关部门应密切配合，切实落实好商业健康保险个人所得税政策。

（一）财政、税务、保监部门要做好商业健康保险个人所得税优惠政策宣传解释，优化服务。税务、保监部门应建立信息共享机制，及时共享商业健康保险涉税信息。

（二）保险公司在销售商业健康保险产品时，要为购买健康保险的个人开具发票和保单凭证，载明产品名称及缴费金额等信息,作为个人税前扣除的凭据。保险公司要与商业健康保险信息平台保持实时对接,保证信息真实准确。

(三)扣缴单位应按照本通知及税务机关有关要求,认真落实商业健康保险个人所得税前扣除政策。

(四)保险公司或商业健康保险信息平台应向税务机关提供个人购买商业健康保险的相关信息,并配合税务机关做好相关税收征管工作。

六、关于实施时间

本通知自 2017 年 7 月 1 日起执行。自 2016 年 1 月 1 日起开展商业健康保险个人所得税政策试点的地区,自 2017 年 7 月 1 日起继续按本通知规定的政策执行。《财政部 国家税务总局 保监会关于开展商业健康保险个人所得税政策试点工作的通知》(财税〔2015〕56 号)、《财政部 国家税务总局 保监会关于实施商业健康保险个人所得税政策试点的通知》(财税〔2015〕126 号)同时废止。

附件(略)

财政部 税务总局 人力资源社会保障部 银保监会 证监会关于开展个人税收递延型商业养老保险试点的通知

(2018年4月2日 财税〔2018〕22号)

上海市、江苏省、福建省、厦门市财政厅（局）、地方税务局、人力资源社会保障厅（局）、银监局、证监局、保监局：

为贯彻落实党的十九大精神，推进多层次养老保险体系建设，对养老保险第三支柱进行有益探索，现就开展个人税收递延型商业养老保险试点有关问题通知如下：

一、关于试点政策

（一）试点地区及时间。

自2018年5月1日起，在上海市、福建省（含厦门市）和苏州工业园区实施个人税收递延型商业养老保险试点。试点期限暂定一年。

（二）试点政策内容。

对试点地区个人通过个人商业养老资金账户购买符合规定的商业养老保险产品的支出，允许在一定标准内税前扣除；计入个人商业养老资金账户的投资收益，暂不征收个人所得税；个人领取商业养老金时再征收个人所得税。具体规定如下：

1. 个人缴费税前扣除标准。取得工资薪金、连续性劳务报酬所得的个人，其缴纳的保费准予在申报扣除当月计算应纳税所得额时予以限额据实扣除，扣除限额按照当月工资薪金、连续性劳务报酬收入的6%和1 000元孰低办法确定。取得个体工商户生产经营所得、对企事业单位的承包承租经营所得的个体工商户业主、个人独资企业投资者、合伙企业自然人合伙人和承包承租经营者，其缴纳的保费准予在申报扣除当年计算应纳税所得额时予以限额据实扣除，扣除限额按照不超过当年应税收入的6%和12 000元孰低办法确定。

2. 账户资金收益暂不征税。计入个人商业养老资金账户的投资收益，在缴费期间暂不征收个人所得税。

3. 个人领取商业养老金征税。个人达到国家规定的退休年龄时，可按月或按年领取商业养老金，领取期限原则上为终身或不少于15年。个人身故、发生保险合同约定的全残或罹患重大疾病的，可以一次性领取商业养老金。

对个人达到规定条件时领取的商业养老金收入，其中25%部分予以免税，其余75%部分按照10%的比例税率计算缴纳个人所得税，税款计入"其他所得"项目。

（三）试点政策适用对象。

适用试点税收政策的纳税人，是指在试点地区取得工资薪金、连续性劳务报酬所得的个人，以及取得个体工商户生产经营所得、对企事业单位的承包承租经营所得的个体工商户业主、个人独资企业投资者、合伙企业自然人合伙人和承包承租经营者，其工资薪金、连续性劳务报酬的个人所得税扣缴单位，或者个体工商户、承包承租单位、个人独资企业、合伙企业的实际经营地均位于试点地区内。

取得连续性劳务报酬所得，是指纳税人连续6个月以上（含6个月）为同一单位提供劳务而取得的所得。

（四）试点期间个人商业养老资金账户和信息平台。

1. 个人商业养老资金账户是由纳税人指定的、用于归集税收递延型商业养老保险缴费、收益以及资金领取等的商业银行个人专用账户。该账户封闭运行,与居民身份证件绑定,具有唯一性。

2. 试点期间使用中国保险信息技术管理有限责任公司建立的信息平台(以下简称"中保信平台")。个人商业养老资金账户在中保信平台进行登记,校验其唯一性。个人商业养老资金账户变更银行须经中保信平台校验后,进行账户结转,每年允许结转一次。中保信平台与税务系统、商业保险机构和商业银行对接,提供账户管理、信息查询、税务稽核、外部监管等基础性服务。

(五)试点期间商业养老保险产品及管理。

个人商业养老保险产品按稳健型产品为主、风险型产品为辅的原则选择,采取名录方式确定。试点期间的产品是指由保险公司开发,符合"收益稳健、长期锁定、终身领取、精算平衡"原则,满足参保人对养老账户资金安全性、收益性和长期性管理要求的商业养老保险产品。具体商业养老保险产品指引由中国银行保险监督管理委员会提出,商财政部、人力资源社会保障部、税务总局后发布。

(六)试点期间税收征管。

1. 关于缴费税前扣除。个人购买符合规定的商业养老保险产品、享受递延纳税优惠时,以中保信平台出具的税延养老扣除凭证为扣税凭据。取得工资、薪金所得和连续性劳务报酬所得的个人,应及时将相关凭证提供给扣缴单位。扣缴单位应按照本通知有关要求,认真落实个人税收递延型商业养老保险试点政策,为纳税人办理税前扣除有关事项。

个人在试点地区范围内从两处或者两处以上取得所得的,只能选择在其中一处享受试点政策。

2. 关于领取商业养老金时的税款征收。个人按规定领取商业养老金时,由保险公司代扣代缴其应缴的个人所得税。

二、试点期间其他相关准备工作

试点期间,中国银行保险监督管理委员会、证监会做好相关准备工作,完善养老账户管理制度,制定银行、公募基金类产品指引等相关规定,指导相关金融机构产品开发。做好中国证券登记结算有限责任公司信息平台(以下简称"中登公司平台")与商业银行、税务等信息系统的对接准备工作。同时,由人力资源社会保障部、财政部牵头,联合税务总局、中国银行保险监督管理委员会、证监会等单位,共同研究建立第三支柱制度和管理服务信息平台。

试点结束后,根据试点情况,结合养老保险第三支柱制度建设的有关情况,有序扩大参与的金融机构和产品范围,将公募基金等产品纳入个人商业养老账户投资范围,相应将中登公司平台作为信息平台,与中保信平台同步运行。第三支柱制度和管理服务信息平台建成以后,中登公司平台、中保信平台与第三支柱制度和管理服务信息平台对接,实现养老保险第三支柱宏观监管。

三、部门协作

(一)信息平台应向税务机关提供个人税收递延型商业养老保险有关信息,并配合税务机关做好相关税收征管工作。

(二)保险公司在销售个人税收递延型商业养老保险产品时,应为购买商业养老保险产品的个人开具发票和保单凭证,载明产品名称及缴费金额等信息。保险公司与信息平台实时对接,保证信息真实准确。

(三)试点地区财政、人力资源社会保障部、税务、金融监管等相关部门应各司其职,密切配合,认真组织落实本通知,并及时总结、动态评估试点经验。对实施过程中遇到的困难和问题,及时向财政部、人力资源社会保障部、税务总局和金融监管部门反映。

财政部 税务总局 科技部关于科技人员取得职务科技成果转化现金奖励有关个人所得税政策的通知

(2018年5月29日 财税〔2018〕58号)

各省、自治区、直辖市、计划单列市财政厅（局）、地方税务局、科技厅（委、局），新疆生产建设兵团财政局、科技局：

为进一步支持国家大众创业、万众创新战略的实施，促进科技成果转化，现将科技人员取得职务科技成果转化现金奖励有关个人所得税政策通知如下：

一、依法批准设立的非营利性研究开发机构和高等学校（以下简称非营利性科研机构和高校）根据《中华人民共和国促进科技成果转化法》规定，从职务科技成果转化收入中给予科技人员的现金奖励，可减按50%计入科技人员当月"工资、薪金所得"，依法缴纳个人所得税。

二、非营利性科研机构和高校包括国家设立的科研机构和高校、民办非营利性科研机构和高校。

三、国家设立的科研机构和高校是指利用财政性资金设立的、取得《事业单位法人证书》的科研机构和公办高校，包括中央和地方所属科研机构和高校。

四、民办非营利性科研机构和高校，是指同时满足以下条件的科研机构和高校：

（一）根据《民办非企业单位登记管理暂行条例》在民政部门登记，并取得《民办非企业单位登记证书》。

（二）对于民办非营利性科研机构，其《民办非企业单位登记证书》记载的业务范围应属于"科学研究与技术开发、成果转让、科技咨询与服务、科技成果评估"范围。对业务范围存在争议的，由税务机关转请县级（含）以上科技行政主管部门确认。

对于民办非营利性高校，应取得教育主管部门颁发的《民办学校办学许可证》，《民办学校办学许可证》记载学校类型为"高等学校"。

（三）经认定取得企业所得税非营利组织免税资格。

五、科技人员享受本通知规定税收优惠政策，须同时符合以下条件：

（一）科技人员是指非营利性科研机构和高校中对完成或转化职务科技成果做出重要贡献的人员。非营利性科研机构和高校应按规定公示有关科技人员名单及相关信息（国防专利转化除外），具体公示办法由科技部会同财政部、税务总局制定。

（二）科技成果是指专利技术（含国防专利）、计算机软件著作权、集成电路布图设计专有权、植物新品种权、生物医药新品种，以及科技部、财政部、税务总局确定的其他技术成果。

（三）科技成果转化是指非营利性科研机构和高校向他人转让科技成果或者许可他人使用科技成果。现金奖励是指非营利性科研机构和高校在取得科技成果转化收入三年（36个月）内奖励给科技人员的现金。

（四）非营利性科研机构和高校转化科技成果，应当签订技术合同，并根据《技术合同认定登记管理办法》，在技术合同登记机构进行审核登记，并取得技术合同认定登记证明。

非营利性科研机构和高校应健全科技成果转化的资金核算，

不得将正常工资、奖金等收入列入科技人员职务科技成果转化现金奖励享受税收优惠。

六、非营利性科研机构和高校向科技人员发放现金奖励时,应按个人所得税法规定代扣代缴个人所得税,并按规定向税务机关履行备案手续。

七、本通知自 2018 年 7 月 1 日起施行。本通知施行前非营利性科研机构和高校取得的科技成果转化收入,自施行后 36 个月内给科技人员发放现金奖励,符合本通知规定的其他条件的,适用本通知。

财政部 税务总局关于个人所得税法修改后有关优惠政策衔接问题的通知

(2018年12月27日 财税〔2018〕164号)

各省、自治区、直辖市、计划单列市财政厅（局），国家税务总局各省、自治区、直辖市、计划单列市税务局，新疆生产建设兵团财政局：

为贯彻落实修改后的《中华人民共和国个人所得税法》，现将个人所得税优惠政策衔接有关事项通知如下：

一、关于全年一次性奖金、中央企业负责人年度绩效薪金延期兑现收入和任期奖励的政策

（一）居民个人取得全年一次性奖金，符合《国家税务总局关于调整个人取得全年一次性奖金等计算征收个人所得税方法问题的通知》（国税发〔2005〕9号）规定的，在2021年12月31日前，不并入当年综合所得，以全年一次性奖金收入除以12个月得到的数额，按照本通知所附按月换算后的综合所得税率表（以下简称月度税率表），确定适用税率和速算扣除数，单独计算纳税。计算公式为：

应纳税额＝全年一次性奖金收入×适用税率－速算扣除数

居民个人取得全年一次性奖金，也可以选择并入当年综合所得计算纳税。

自2022年1月1日起，居民个人取得全年一次性奖金，应

并入当年综合所得计算缴纳个人所得税。

（二）中央企业负责人取得年度绩效薪金延期兑现收入和任期奖励，符合《国家税务总局关于中央企业负责人年度绩效薪金延期兑现收入和任期奖励征收个人所得税问题的通知》（国税发〔2007〕118号）规定的，在2021年12月31日前，参照本通知第一条第（一）项执行；2022年1月1日之后的政策另行明确。

二、关于上市公司股权激励的政策

（一）居民个人取得股票期权、股票增值权、限制性股票、股权奖励等股权激励（以下简称股权激励），符合《财政部 国家税务总局关于个人股票期权所得征收个人所得税问题的通知》（财税〔2005〕35号）、《财政部 国家税务总局关于股票增值权所得和限制性股票所得征收个人所得税有关问题的通知》（财税〔2009〕5号）、《财政部 国家税务总局关于将国家自主创新示范区有关税收试点政策推广到全国范围实施的通知》（财税〔2015〕116号）第四条、《财政部 国家税务总局关于完善股权激励和技术入股有关所得税政策的通知》（财税〔2016〕101号）第四条第（一）项规定的相关条件的，在2021年12月31日前，不并入当年综合所得，全额单独适用综合所得税率表，计算纳税。计算公式为：

应纳税额=股权激励收入×适用税率-速算扣除数

（二）居民个人一个纳税年度内取得两次以上（含两次）股权激励的，应合并按本通知第二条第（一）项规定计算纳税。

（三）2022年1月1日之后的股权激励政策另行明确。

三、关于保险营销员、证券经纪人佣金收入的政策

保险营销员、证券经纪人取得的佣金收入，属于劳务报酬所得，以不含增值税的收入减除20%的费用后的余额为收入额，收入额减去展业成本以及附加税费后，并入当年综合所得，计算缴纳个人所得税。保险营销员、证券经纪人展业成本按照收入额的

25%计算。

扣缴义务人向保险营销员、证券经纪人支付佣金收入时,应按照《个人所得税扣缴申报管理办法(试行)》(国家税务总局公告2018年第61号)规定的累计预扣法计算预扣税款。

四、关于个人领取企业年金、职业年金的政策

个人达到国家规定的退休年龄,领取的企业年金、职业年金,符合《财政部 人力资源社会保障部 国家税务总局关于企业年金 职业年金个人所得税有关问题的通知》(财税〔2013〕103号)规定的,不并入综合所得,全额单独计算应纳税款。其中按月领取的,适用月度税率表计算纳税;按季领取的,平均分摊计入各月,按每月领取额适用月度税率表计算纳税;按年领取的,适用综合所得税率表计算纳税。

个人因出境定居而一次性领取的年金个人账户资金,或个人死亡后,其指定的受益人或法定继承人一次性领取的年金个人账户余额,适用综合所得税率表计算纳税。对个人除上述特殊原因外一次性领取年金个人账户资金或余额的,适用月度税率表计算纳税。

五、关于解除劳动关系、提前退休、内部退养的一次性补偿收入的政策

(一)个人与用人单位解除劳动关系取得一次性补偿收入(包括用人单位发放的经济补偿金、生活补助费和其他补助费),在当地上年职工平均工资3倍数额以内的部分,免征个人所得税;超过3倍数额的部分,不并入当年综合所得,单独适用综合所得税率表,计算纳税。

(二)个人办理提前退休手续而取得的一次性补贴收入,应按照办理提前退休手续至法定离退休年龄之间实际年度数平均分摊,确定适用税率和速算扣除数,单独适用综合所得税率表,计算纳税。计算公式:

应纳税额=｛［（一次性补贴收入÷办理提前退休手续至法定退休年龄的实际年度数）-费用扣除标准］×适用税率-速算扣除数｝×办理提前退休手续至法定退休年龄的实际年度数

（三）个人办理内部退养手续而取得的一次性补贴收入，按照《国家税务总局关于个人所得税有关政策问题的通知》（国税发〔1999〕58号）规定计算纳税。

六、关于单位低价向职工售房的政策

单位按低于购置或建造成本价格出售住房给职工，职工因此而少支出的差价部分，符合《财政部 国家税务总局关于单位低价向职工售房有关个人所得税问题的通知》（财税〔2007〕13号）第二条规定的，不并入当年综合所得，以差价收入除以12个月得到的数额，按照月度税率表确定适用税率和速算扣除数，单独计算纳税。计算公式为：

应纳税额=职工实际支付的购房价款低于该房屋的购置或建造成本价格的差额×适用税率-速算扣除数

七、关于外籍个人有关津补贴的政策

（一）2019年1月1日至2021年12月31日期间，外籍个人符合居民个人条件的，可以选择享受个人所得税专项附加扣除，也可以选择按照《财政部 国家税务总局关于个人所得税若干政策问题的通知》（财税〔1994〕20号）、《国家税务总局关于外籍个人取得有关补贴征免个人所得税执行问题的通知》（国税发〔1997〕54号）和《财政部 国家税务总局关于外籍个人取得港澳地区住房等补贴征免个人所得税的通知》（财税〔2004〕29号）规定，享受住房补贴、语言训练费、子女教育费等津补贴免税优惠政策，但不得同时享受。外籍个人一经选择，在一个纳税年度内不得变更。

（二）自2022年1月1日起，外籍个人不再享受住房补贴、语言训练费、子女教育费津补贴免税优惠政策，应按规定享受专项附加扣除。

八、除上述衔接事项外，其他个人所得税优惠政策继续按照原文件规定执行。

九、本通知自 2019 年 1 月 1 日起执行。下列文件或文件条款同时废止：

（一）《财政部　国家税务总局关于个人与用人单位解除劳动关系取得的一次性补偿收入征免个人所得税问题的通知》（财税〔2001〕157 号）第一条；

（二）《财政部　国家税务总局关于个人股票期权所得征收个人所得税问题的通知》（财税〔2005〕35 号）第四条第（一）项；

（三）《财政部　国家税务总局关于单位低价向职工售房有关个人所得税问题的通知》（财税〔2007〕13 号）第三条；

（四）《财政部　人力资源社会保障部　国家税务总局关于企业年金职业年金个人所得税有关问题的通知》（财税〔2013〕103 号）第三条第 1 项和第 3 项；

（五）《国家税务总局关于个人认购股票等有价证券而从雇主取得折扣或补贴收入有关征收个人所得税问题的通知》（国税发〔1998〕9 号）；

（六）《国家税务总局关于保险企业营销员（非雇员）取得的收入计征个人所得税问题的通知》（国税发〔1998〕13 号）；

（七）《国家税务总局关于个人因解除劳动合同取得经济补偿金征收个人所得税问题的通知》（国税发〔1999〕178 号）；

（八）《国家税务总局关于国有企业职工因解除劳动合同取得一次性补偿收入征免个人所得税问题的通知》（国税发〔2000〕77 号）；

（九）《国家税务总局关于调整个人取得全年一次性奖金等计算征收个人所得税方法问题的通知》（国税发〔2005〕9 号）

第二条；

（十）《国家税务总局关于保险营销员取得佣金收入征免个人所得税问题的通知》（国税函〔2006〕454号）；

（十一）《国家税务总局关于个人股票期权所得缴纳个人所得税有关问题的补充通知》（国税函〔2006〕902号）第七条、第八条；

（十二）《国家税务总局关于中央企业负责人年度绩效薪金延期兑现收入和任期奖励征收个人所得税问题的通知》（国税发〔2007〕118号）第一条；

（十三）《国家税务总局关于个人提前退休取得补贴收入个人所得税问题的公告》（国家税务总局公告2011年第6号）第二条；

（十四）《国家税务总局关于证券经纪人佣金收入征收个人所得税问题的公告》（国家税务总局公告2012年第45号）。

附件：按月换算后的综合所得税率表

附件

按月换算后的综合所得税率表

级数	全月应纳税所得额	税率（%）	速算扣除数
1	不超过3 000元的	3	0
2	超过3 000元至12 000元的部分	10	210
3	超过12 000元至25 000元的部分	20	1 410
4	超过25 000元至35 000元的部分	25	2 660
5	超过35 000元至55 000元的部分	30	4 410
6	超过55 000元至80 000元的部分	35	7 160
7	超过80 000元的部分	45	15 160

财政部 税务总局关于个人取得有关收入适用个人所得税应税所得项目的公告

（2019年6月13日 财政部、税务总局公告2019年第74号）

为贯彻落实修改后的《中华人民共和国个人所得税法》，做好政策衔接工作，现将个人取得的有关收入适用个人所得税应税所得项目的事项公告如下：

一、个人为单位或他人提供担保获得收入，按照"偶然所得"项目计算缴纳个人所得税。

二、房屋产权所有人将房屋产权无偿赠与他人的，受赠人因无偿受赠房屋取得的受赠收入，按照"偶然所得"项目计算缴纳个人所得税。按照《财政部 国家税务总局关于个人无偿受赠房屋有关个人所得税问题的通知》（财税〔2009〕78号）第一条规定，符合以下情形的，对当事双方不征收个人所得税：

（一）房屋产权所有人将房屋产权无偿赠与配偶、父母、子女、祖父母、外祖父母、孙子女、外孙子女、兄弟姐妹；

（二）房屋产权所有人将房屋产权无偿赠与对其承担直接抚养或者赡养义务的抚养人或者赡养人；

（三）房屋产权所有人死亡，依法取得房屋产权的法定继承人、遗嘱继承人或者受遗赠人。

前款所称受赠收入的应纳税所得额按照《财政部 国家税务

总局关于个人无偿受赠房屋有关个人所得税问题的通知》（财税〔2009〕78号）第四条规定计算。

三、企业在业务宣传、广告等活动中，随机向本单位以外的个人赠送礼品（包括网络红包，下同），以及企业在年会、座谈会、庆典以及其他活动中向本单位以外的个人赠送礼品，个人取得的礼品收入，按照"偶然所得"项目计算缴纳个人所得税，但企业赠送的具有价格折扣或折让性质的消费券、代金券、抵用券、优惠券等礼品除外。

前款所称礼品收入的应纳税所得额按照《财政部 国家税务总局关于企业促销展业赠送礼品有关个人所得税问题的通知》（财税〔2011〕50号）第三条规定计算。

四、个人按照《财政部 税务总局 人力资源社会保障部 银保监会 证监会关于开展个人税收递延型商业养老保险试点的通知》（财税〔2018〕22号）的规定，领取的税收递延型商业养老保险的养老金收入，其中25%部分予以免税，其余75%部分按照10%的比例税率计算缴纳个人所得税，税款计入"工资、薪金所得"项目，由保险机构代扣代缴后，在个人购买税延养老保险的机构所在地办理全员全额扣缴申报。

五、本公告自2019年1月1日起执行。下列文件或文件条款同时废止：

（一）《财政部 国家税务总局关于银行部门以超过国家利率支付给储户的揽储奖金征收个人所得税问题的批复》（财税字〔1995〕64号）；

（二）《国家税务总局对中国科学院院士荣誉奖金征收个人所得税问题的复函》（国税函〔1995〕351号）；

（三）《国家税务总局关于未分配的投资者收益和个人人寿保险收入征收个人所得税问题的批复》（国税函〔1998〕546号）第二条；

（四）《国家税务总局关于个人所得税有关政策问题的通知》（国税发〔1999〕58号）第三条；

（五）《国家税务总局关于股民从证券公司取得的回扣收入征收个人所得税问题的批复》（国税函〔1999〕627号）；

（六）《财政部 国家税务总局关于个人所得税有关问题的批复》（财税〔2005〕94号）第二条；

（七）《国家税务总局关于个人取得解除商品房买卖合同违约金征收个人所得税问题的批复》（国税函〔2006〕865号）；

（八）《财政部 国家税务总局关于个人无偿受赠房屋有关个人所得税问题的通知》（财税〔2009〕78号）第三条；

（九）《财政部 国家税务总局关于企业促销展业赠送礼品有关个人所得税问题的通知》（财税〔2011〕50号）第二条第1项、第2项；

（十）《财政部 税务总局 人力资源社会保障部 银保监会 证监会关于开展个人税收递延型商业养老保险试点的通知》（财税〔2018〕22号）第一条第（二）项第3点第二段；

（十一）《国家税务总局关于开展个人税收递延型商业养老保险试点有关征管问题的公告》（国家税务总局公告2018年第21号）第二条。

特此公告。

财政部 税务总局关于延续实施全年一次性奖金等个人所得税优惠政策的公告

(2021年12月31日 财政部、税务总局公告2021年第42号)

为扎实做好"六保"工作,进一步减轻纳税人负担,现将延续实施有关个人所得税优惠政策公告如下:

一、《财政部 税务总局关于个人所得税法修改后有关优惠政策衔接问题的通知》(财税〔2018〕164号)规定的全年一次性奖金单独计税优惠政策,执行期限延长至2023年12月31日;上市公司股权激励单独计税优惠政策,执行期限延长至2022年12月31日。

二、《财政部 税务总局关于个人所得税综合所得汇算清缴涉及有关政策问题的公告》(财政部、税务总局公告2019年第94号)规定的免于办理个人所得税综合所得汇算清缴优惠政策,执行期限延长至2023年12月31日。

特此公告。